农业转移人口选择性市民化研究

◎ 吴越菲 著

青 年 学 术 著 作 出 版 基 金 项 目

华东师范大学出版社

·上海·

图书在版编目(CIP)数据

农业转移人口选择性市民化研究/吴越菲著. —上海:华东师范大学出版社,2023

(华东师范大学青年学术著作出版基金)

ISBN 978-7-5760-3996-2

Ⅰ.①农… Ⅱ.①吴… Ⅲ.①农业人口-城市化-研究-中国 Ⅳ.①C924.24

中国国家版本馆 CIP 数据核字(2023)第 122289 号

华东师范大学青年学术著作出版基金资助出版

农业转移人口选择性市民化研究

著　　者　吴越菲
组稿编辑　孔繁荣
责任编辑　王海玲
责任校对　王丽平　时东明
装帧设计　郝　钰

出版发行　华东师范大学出版社
社　　址　上海市中山北路 3663 号　邮编 200062
网　　址　www.ecnupress.com.cn
电　　话　021-60821666　行政传真 021-62572105
客服电话　021-62865537　门市(邮购)电话 021-62869887
地　　址　上海市中山北路 3663 号华东师范大学校内先锋路口
网　　店　http://hdsdcbs.tmall.com

印 刷 者　上海新华印刷有限公司
开　　本　787 毫米×1092 毫米　1/16
印　　张　21.25
字　　数　366 千字
版　　次　2023 年 10 月第 1 版
印　　次　2023 年 10 月第 1 次
书　　号　ISBN 978-7-5760-3996-2
定　　价　89.00 元

出 版 人　王　焰

(如发现本版图书有印订质量问题,请寄回本社客服中心调换或电话 021-62865537 联系)

序　言

　　农业转移人口市民化是伴随着经济社会转型产生的必然现象，也是当代中国城乡关系变迁最为直接的表现。党的二十大报告指出，全面建设社会主义现代化国家，最艰巨最繁重的任务仍然在农村。乡村振兴战略是在我国城乡发展长期不平衡，乡村发展不充分的背景下提出的，其不仅是我们当前"抓重点、补短板、强弱项"的基本举措，更是解决"不平衡不充分发展"这一主要矛盾的重要抓手。全面推进乡村振兴是一个城乡联动的系统工程，在促进农村劳动力转移就业和农民增收的同时，要按照党的二十大报告提出的规划，"推进以人为核心的新型城镇化，加快农业转移人口市民化。以城市群、都市圈为依托构建大中小城市协调发展格局，推进以县城为重要载体的城镇化建设。坚持人民城市人民建、人民城市为人民，提高城市规划、建设、治理水平，加快转变超大特大城市发展方式，实施城市更新行动，加强城市基础设施建设，打造宜居、韧性、智慧城市"。说到底，乡村振兴的核心在人，在于农业人口的最终出路与转移问题。

　　从整体来看，目前我国的农业转移人口大致可以划分为三个主要类型：进城农民工、城郊失地农民、居村农民。每一种类型农业转移人口的市民化背景、特点不同，其市民化路径也有所不同。吴越菲博士这本专著的重要工作之一就是对农业转移人口市民化展开了类型学的分析。她以"选择性市民化"作为切入点，通过对进城农民工、城郊失地农民以及居村农民三类农业转移人口市民化的比较分析，从而对农业转移人口内部的流动分化和流动不平等问题开展深入研究，为当前学界理解中国农民的市民化提供了一幅更为完整和多元的图景。在她所关注的三种不同类型的市民化进程中，第一类进城农民工市民化的意识与要求最为强烈，承受的压力最大，需要的物质条件高，亟待突破的政策约束相对要多；第二类城郊失地农民的市民化意愿比进城农民工稍弱，其过程往往是被动的，其突出特点是常常因为拆迁安置、安置后就业、生活方式选择以及收入来源等问题影响社会稳定和农民的后续发展；第三类居村农民由于长期生活在农村并从事农业生产，这类农民的市民化意识相对较弱，对生产与生活条件改善的要求预期也较低，所需要的时间自然最长，更多需要借助于农村生产生活条件的系统性改善，素质与技能需要得到普遍性提高，新的生产方式和生活方式需要得到广泛性改进或更新。从农民转型的长远角度来看，进城农民工和城郊失地农民走农业转移人口市民化的发展道路比较容易，而第三类居村农民可以分两种情况实现转型：一部分条件比较好，已经就地实现了非农化就业的人也可以走农民市民化的道路，比如在东部经济比较发达的农村地区，农民实际上大都就地从事非农化工作，其生产生活方式、行为方式和价值观念等许多方面与城市居民并没有多大的差异，他们只是生活的地域在乡村，户籍和身份还是农民而已；另外一部分农民，其生产生活方式仍然以传统农业农村为主，这部分人一时还很难实现市民化，其发展方向就是向职业农民转型。比如，在目前经济欠发达的一些农村地区，农民转型可能主要就是实现就地的职业化发展，即通过职业培训和教育实现由传统农民逐步向新型职业农民的转型。

无论是哪一种类型的农民转型，在乡村振兴的大背景下，都不仅仅是农民职业和身份的转变与居住空间的转移过程，更是他们社会文化属性与角色内涵的转型过程，也是他们各种社会关系的重构过程以及对新的乡村生活或者城市生活的再适应过程。在吴越菲博士的专著中，她把"市民化"理解为农业转移人口跨越多重城乡边界而接近平等的权利和福祉的过程，其中涉及多维度的"市民化"内涵——经济参与、权利与城市福利获得、社会文化融入及心理角色转型。就农民转型而言，我认为户籍转变、地域转移、身份转化、职业转换等特征都只是农民转型的"外部特性",而更为重要的是如何在角色群体的内涵上实现真正转型。如果农民本身没有什么根本性的变化,没有获得足够的感、幸福感和安全感,那么再好的乡村振兴战略最终也是难以成功的。在这本书中,她将市民化的讨论拉回到对于流动性本身的讨论,集中展现了农民转型中流动性获得的群体差异性以及围绕市民化产生的结构与行动之间的拉锯与博弈。正如她在本书的开头所言,为什么不同类型的农业转移人口在跨越城乡边界的过程中表现出了不同程度以及不同形式的社会流动性,这构成了本书写作的中心问题。

农业转移人口的市民化转型是一个系统工程,它在宏观层面上反映了整个城乡社会结构与城乡制度体系的变迁,在中观层面上涉及社区、组织、群体等社会系统对于农民乡城流动的影响,在微观层面则表现为个体和家庭的流动选择以及日常生活所发生的诸多变化。不可否认的是,中国农业转移人口向非农部门和城市的转移过程极为复杂和特殊,在当前仍然面临着一系列结构性难题。吴越菲博士的著作以"选择性市民化"作为重要切入点,对农业转移人口市民化中的一些"门槛"和"边界"问题做出了讨论。本书的写作有两条主要线索:一条是纵向的时间线索,即从历时性的视角来看农业转移人口市民化宏观进程的历史嬗变以及不同时期的选择性特点;另一条是横向的类型线索,即从共时性的视角出发,从当前中国主导的三种城镇化模式入手,在差异化的地方情境中来考察农业转移人口市民化的现实状况。

我们可以看到,农业转移人口市民化不是简单地从"农民"转变为"市民"的户籍转变过程,而是被模式化的动态过程。在实践中,国家既可以通过制度设计强制个体从城市迁移到农村,也可以通过制度松动来引导个体从农村流向城市,个体总体上是按照国家意志来进行行为选择的。国家可以通过内在观念引导个体转向农村,也可以通过外在强制性政策实现城市人口管控;同时还可以通过制度变革来促进农业转移人口的城乡有序转移。在这一过程中,个体在结构变迁中获得了前所未有的机会,也面临着诸多行动上的束缚,尤其是受到宏观层面城乡关系的制约。城乡关系是生产力发展到一定阶段社会功能分化的产物,本质上具有社会分工的属性;但是,这种社会分工并非纯粹是城乡之间基于内在发展需要自然演化的结果,而是内外因素交互作用的结果。在各种外部因素中,国家意志作为一股强有力的变量,会根据经济发展的需要,有意识地调节城乡关系,并在一定程度上形塑城乡关系。城乡关系与国家意志是一种相互影响、相互决定的关系:一方面,国家根据经济社会发展的实际需要,设立制度,实施政策,左右着城乡关系的基本走向;另一方面,城乡关系的发展阶段与变迁路向又规定着国家的制度设计与政策实施,并在一定程度上决定了国家的意志取向。

在地方层面,吴越菲博士的市民化研究重点描绘了在差异的地方情境中结构性要素与农业转移人口主体之间产生的互动和碰撞。从微观层面来看,农业转移人口个体和家庭在城镇化的背景下扮演了积极主动融入城市的角色,这在一定程度上推动了城市社会的形成,极大地改变了传统中国的乡土形态,从外在形态上重塑了一种全新的社会样态,为乡土文明注入了城市元素,为个体提供了多样化的选择。可以说,在农业转移人口市民化的进程中,个体与社会在互动博弈的同时也在互相重塑着彼此。为此,加快推动农业转移人口市民化的顶层设计和相关制度安排应当是一个系统工程。

首先,从宏观层面来说,要着力建构农民转型的多元载体,加强相关配套制度和政策的支持力度,分类引导农民的整体转变。比如,要尽快建立农民转型的有序推进机制,全面加强对农业转移人口的制度与政策支持。同时,加快城乡融合发展的户籍和社会保障制度改革,促进农民与市民社会权利的均等化发展。同时,加强统筹规划、分类施策、典型引路,通过科学把握乡村的差异性和发展走势分化特征,做好顶层设计和规划引导,实现不同类型的农民差别化的转型发展。

其次,从中观层面来说,要重点通过社会支持系统的建设,全面推进传统农民在职业、身份、地域、角色等方面的深度转型。可以通过创新社区治理体系,完善社区管理制度,培育和发展农村社会组织,帮助农民扩大社会交往网络和社区参与的路径。同时,通过服务型社会组织的培育和专业社会工作的引入,为农民转型提供必要的就业、住房、医疗、文化、教育等方面的服务,提升其生活水平和满意度。此外,还可以通过宣传教育减少市民对农民的心理排斥,增加转型农民的社会支持网络和社会互动平台,帮助其更好更快地适应或融入新的社会环境。

再次,从微观层面来说,要按照"以人为本,共享公平"的原则,增强对转型农民的人力资本投入,推进其全面可持续发展。当前,要以提高农民的素质和技能为重点,完善公共就业创业服务体系,拓展农民的创业和就业渠道。同时,加强针对转型农民的专题教育和专项培训,不断促进其与新生活相适应的生活习惯、行为方式、文化观念的形成,重视农民的主体意愿和主观感受,防止农民在转型过程中出现的被剥夺感。

解决好农业农村农民问题仍是全党工作的重中之重,是关系国计民生的根本性问题。21世纪伊始,国内学界掀起了研究农民市民化的研究热潮。但值得反思的是,市民化背后隐含着城市中心主义的价值导向。"城市中心主义"指城市化过程中产生的以城市为本位的一整套思想观念的集合,突出表现为国家以城市为中心的制度安排与资源分配,社会以城市为主体的日常运转,个体形塑了一种以城市化为导向的思维方式和行为模式。城市被赋予优先考虑的地位,相比之下,农村处于一种被长期忽视、被管控,甚至被压制的状态。这些年来,我们提出了"农村城市化""农业工业化""农民市民化"等响亮的口号,却从来没有设想过"城市农村化""工业农业化""市民农民化",这实际上暗含着"城市""工业"和"市民"比"农村""农业"和"农民"更为重要的价值逻辑。这种带有明显的"城市中心主义"的价值预设和制度安排,弥漫在中国社会的方方面面,在很大程度上导致我们在对待城乡关系发展时步入误区。在不同时期我们提出过的"农村城市化""城乡一体化""城乡统筹发展"等战略设想,实际上都不同程度地存在一些难以落实的问题,也都是"城市中心主义"思想的产物:(1)"农村城市化"的提出,显然把城市化看作农村发展的归宿,这是建立在"城市"比"农村"更加发达、更加现代化的理念基础上的。实际上,"城市化"并不是农村发展的唯一归宿,农村迈向现代化,也可以通过"非城市化"的方式来实现。农业农村现代化并非只有"城市化"一条路。农村完全可以立足自身的条件,通过乡村振兴来实现自我的现代化发展。(2)"城乡一体化"的提法是建立在理想主义基础上的。"一体化"强调的是质的同一性,是一种体现在目标和结果层面上的同一性。"城市"和"农村"是两种完全不同属性的社区类型,也是人类社会都需要的社区类型,农村就是农村,城市就是城市,为什么一定要让"农村"和"城市"变成一体呢?放眼当今任何一个国家,农村都是作为一种有别于城市的社区类型而存在的,从来就没有一个国家设想把所有的农村地区变成城市社区。(3)"城乡统筹发展"看似一种促进城乡协调发展的方法,但在实践中,我们的做法往往是以"城"统"乡",农村则是靠依附城市来发展的,这也是用城市中心主义的思想来指导城乡建设,其结果就是用"城市"统筹"乡村"并逐步使农村社会被接纳。未来,中国城乡关系的发展如何摆脱城市中心主义的支配,将成为关系数亿农民转型、提升城镇化发展质量、实现乡村振兴的重要挑战。

党的二十大报告在论述全面推进乡村振兴时进一步指出,坚持农业农村优先发展,坚持城乡融合发展,畅通城乡要素流动。把"城乡融合发展"作为加快推进农业农村现代化的重要手段,我认为这是继"农村城市化""城乡一体化""城乡统筹发展"等提法之后,我国城乡关系发展史上一个崭新阶段,也是今后一段时间实施乡村振兴战略,构建新型城乡关系的重要指导思想和有效建设途径。"城乡融合发展"就是在新的条件下城市和农村都有新的发展,在很大程度上意味着我国城乡关系开始真正步入平等而独立的新发展阶段。城市化、工业化和市民化并非未来农村、农业、农民发展的最终归宿和唯一出路,因此,农业转移人口市民化研究也要改变立足于城市来发展乡村的旧思维,立足于农民转型的多向性和多元路径。应坚持以农民为核心,确立农民在社会学研究中的主体地位,通过跨学科的农民市民化研究来促进传统农民向现代职业农民或城市居民的转型发展,进一步推动乡村振兴和新型城乡关系的建构。吴越菲博士的这本专著无疑在这一研究领域做了很好的探索,对中国农民的未来发展乃至农业农村现代化都具有非常重要的理论和实践价值。

是为序。

2023 年春于上海·丽娃河畔

目录

图表索引

第一章 导 论

农业转移人口是经济社会转型的结果和特殊现象，也是影响各个国家城市化的关键力量。农业人口向非农部门以及城市地区转移引发了人口分布的根本性改变，带来了社会秩序、文化样态、组织方式、群体关系的全面重构，构成了现代化转型中最重要的发展议题。

第一节 研究背景与问题的提出

一、研究背景

20 世纪初期，发达国家的乡村人口向都市化的工业地区大举迁移。近 30 年来，亚洲和其他洲的发展中国家都在普遍经历着一个非农化的过程，并且伴随着劳动力移民、生活方式移民等不同类型的乡城迁移。发展中国家的人口城市化主要借由大规模的乡城迁移来完成（IOM，2003：14），这被视为国家现代化过程中所发生的第一次人口转型，农民的"迁移经验"由此取代"农耕经验"（罗伯逊，2000：15）。农业转移人口市民化在物理空间和社会空间双重意义上改变着社会的群体构成，并由此带动深刻的社会转型。然而，对后发现代化国家而言，其所面临的巨大挑战在于，在快速的城市化和工业化进程中需要同时应对农业转移人口经济活动上的"去农业化"、社会身份上的"去农民化"以及地理分布上的"去乡村化"(吴越菲 等,2016b),而这三个进程通常是相互交错和紧密相关的。

在中国,农业人口向非农部门和城市的转移过程更为复杂和特殊,并且在更大的语境中构成了农业转移人口市民化的论题。改革开放以来,伴随着工业化进程的加速,中国城镇化经历了一个低起点、快速度的发展过程,并且在自上而下的"城镇化运动"中越发成为一种被加速的社会变革工程(吴越菲,2016)。从1978年到2017年,中国城镇常住人口由1.7亿增加至8.1亿,城市数量由193个增加至657个,城镇化率年均提高约1个百分点。中国的城镇化率每增加一个百分点意味着上千万人从农村转移到城市。在未来20年,向城市转移的人口预计会接近每年1 300万~1 500万(Ann et al.,2014)。预计到城镇化基本完成之时,累计转移的农村人口将达到12亿,届时这个数量将占到人类总人口的六分之一(韩俊 等,2014)。2010年以来,从《加大统筹城乡发展力度,进一步夯实农业农村发展基础的若干意见》(2010)、《中华人民共和国国民经济和社会发展第十二个五年规划纲要》(2011)、党的十八大报告(2012)①,到党的十八届三中全会(2013)②、中央城镇化工作会议(2013)③、《国家新型城镇化规划(2014—2020年)》,农业人口向非农业部门、向城市地区的转移表现出显著活性。特别在户籍制度改革的背景下④,农业转移人口市民化在规模和速度上都达到了前所未有的程度。"有序推进农业转移

---

① 党的十八大报告提出,"坚持走中国特色新型工业化、信息化、城镇化、农业现代化道路,推动信息化和工业化深度融合、工业化和城镇化良性互动、城镇化和农业现代化相互协调,促进工业化、信息化、城镇化、农业现代化同步发展"。党的十八大报告和2013年的《政府工作报告》全面阐述了城镇化的战略意义,提出要着力提高城镇化质量,要把有序推进农业转移人口市民化作为重要任务抓实抓好。

② 2013年《中国共产党第十八届中央委员会第三次全体会议公报》提出:"必须健全体制机制,形成以工促农、以城带乡、工农互惠、城乡一体的新型工农城乡关系,让广大农民平等参与现代化进程,共同分享现代化成果。"

③ 2012年年底召开的中央经济工作会议指出,要积极稳妥推进城镇化,着力提高城镇化质量,同时明确城镇化是我国现代化建设的历史任务。

④ 2010年以来,各地围绕推进农业转移人口市民化开展了一系列地方性的户籍改革试验。2014年3月,国务院总理李克强在《政府工作报告》中表示,今后一个时期,着重解决好现有"三个1亿人"问题,促进约1亿农业转移人口落户城镇,改造约1亿人居住的城镇棚户区和城中村,引导约1亿人在中西部地区就近城镇化。2014年7月,国务院印发了《关于进一步推进户籍制度改革的意见》,旨在破解长期存在的城乡二元户籍制度,建立城乡统一的户口登记制度。特别是出台了中央"三个1亿人"等政策。

人口市民化"成为提升城镇化质量①、调整城乡关系的核心任务。

　　尽管中国成为世界上城市化增速最快的国家之一,然而城镇化的质量危机——"不充分的城镇化"②——已经构成未来经济社会结构转型的最大障碍。从经济方面来看,农村劳动力无限供给的人口红利正在消失,以往以低位薪资和福利排斥来拉动经济快速增长的模式已经难以维系。"不充分的城镇化"给经济转型带来了一系列结构性阻碍,包括城市化质量的低下、城乡收入的不平等、区域发展的不平衡、城市贫困的产生、城市化与工业化的不协调等。从图 1-1 中可以看到,中国的城乡收入差距并未随着农业人口大规模的职业非农化而产生显著收敛,抵达刘易斯拐点的中国③仍然远离两部门模型的预言,处于跨越中等收入陷阱的关键时期。从社会文化方面来看,农业转移人口市民化不仅是农村剩余劳动力跨越地区和经济部门边界的经济参与和分享问题,也同时涉及农业转移人口跨越社会文化边界的阶层整合和社会融入问题。在过去超过 50 年的时间里,以户籍制度为核心的城乡二元制度体系持续地在中国社会分层和空间分异中发挥制度效应。特别是其具有的附属功能(附属差异化的身份安排和福利供给)和限制功能(限制城乡人口流动和迁移),使得中国人口流动的规模和流向明显地与行政力量相缠绕,并在相当长的时间内成为生产累积性不平等的重要原因。在当前中国城镇化过程中,社会转型滞后于经济转型,人口城镇化滞后于土地城镇化,农业转移人口的身份转换滞后于职业转换。根据发达国家和东亚经济体的发展经验,完成经济和社会结构现代化的主要标志是农业对 GDP 贡献的持续走低以及农业人口在总人口中比重的大幅度下降。反观中国的情况,2017 年中国农业增加值占国内生产总值的比重下降至 7.92%,但同年农村户籍人口比例仍然高达 42.35%(中华人民共和国国家统计局,2018)。根据世界银行 1997 年的数据,中国有 65% 至 70% 的人口

---

① 传统城镇化道路带来"化地不化人"的问题,城镇化质量低下。新型城镇化旨在重新确立城镇化过程中"人"的核心地位,这不仅是一个概念的创新,还从根本上表征着一种有关于城乡关系的新哲学。以"人"为核心的城镇化必须把农业转移人口的市民化问题作为城镇化各项建设的重中之重来考虑。

② 也有学者采用类似的概念,比如左学金使用"浅度城市化",意指流动人口虽然在城市长期稳定居住,但是在就业、社会保障、城市住房领域等方面遭遇制度排斥,并未在真正意义上完成城市化转型(左学金,2010)。

③ 许多经济学家较为一致的结论是,中国在 2003 年以后已经到达刘易斯拐点:城市工资不断上涨,劳动密集型产业丧失比较优势,农业在 GDP 中的份额降至 10% 以下。

从事农业经济活动(World Bank,1997)。根据国家统计局 2017 年度的统计数据,第一产业就业人员比例已经下降至 27.0%(中华人民共和国国家统计局,2017)①,这意味着大量农村就业人员虽然离开了传统生产方式,但仍然被定义为"乡村人口"。同时,以户籍制度为核心的城乡二元制度体系以及城市社会的有限开放使农业转移人口市民化集中面临一系列社会文化紧张,包括:不同群体、不同阶层、不同社会系统之间缺乏必要的包容性,效率与公平、经济价值与文化价值的关系有欠协调,全体社会成员的参与与共享的程度还有待提升,社会排斥、群际冲突及社会不平等等问题构成影响社会和谐的潜在风险。

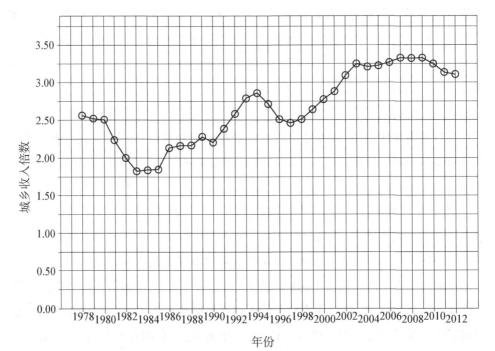

年份

图 1-1　中国城乡收入差距(1978—2012 年)

数据来源:中华人民共和国国家统计局 1978—2012 年关于"城镇居民人均可支配收入"和"农村居民家庭平均每人纯收入"两项内容的数据统计。由于国家统计局 2013 年前农村居民收支数据来源于独立开展的农村住户抽样调查,因此该数据只截至 2012 年②。

---

① 数据参见中华人民共和国国家统计局网站 2014 年度数据,http://data.stats.gov.cn/easyquery.htm?cn=C01。

② 2013—2015 年,城镇居民人均可支配收入分别为 26 467 元、28 843.85 元、31 194.83 元,农村居民人均可支配收入分别为 9 429.59 元、10 488.88 元、11 421.71 元。按这两项数据计算,2013—2015 年的城乡收入倍数分别为 2.81、2.75、2.73,城乡收入逐年缩小。

快速的市场化、工业化、城市化加速了城乡关系的变动，数以万计农业转移人口的农村退出和城市进入问题成为中国现代化进程面临的巨大挑战。改革开放以来，农业转移人口在不断放松束缚的制度变革中开始跨越城乡边界，传统"农民"正在中国大地上走向终结，由此带动城乡人口的空间再分布和身份再定位。为此，中国语境中"农民转变为市民"的问题更为迫切地需要重新表达为"如何在城乡二元结构的历史存留和多重社会分化机制的影响中实现农业转移人口的释放、转移、社会整合、阶层流动及融入现代文明"的问题。从这一意义来说，如今我们所关心的"三农"问题在新的时代背景中有了新的观照——对农业而言，建立在技术进步和土地流转之上的现代农业何以可能？对农村而言，城市化冲击下的乡土社会如何演化？对农民而言，徘徊在城市与乡村之间的农业转移人口何去何从？其中，农民问题的解决既是落脚点，又是归宿。

然而，农民终结的故事远比想象来得复杂和充满纠葛。传统"农民"正在以什么样的方式终结？是否会走向终结？与"进城"的简单叙事不同，市民化的故事涵盖了"农民"转变为"市民"的多重侧面。当"城乡一元化的开放社会"取代"城乡二元化的封闭社会"逐步成为主导的社会想象，"市民化"在中国转型的语境中重新关联了人的现代化与身份再造、社会不平等、社会整合及阶层流动等议题。从这一角度来说，当代中国社会的农业转移人口市民化进程将带领我们去重新审视现代化转型中人口分布、经济活动、身份体系、社会文化样态等方面的变化及其社会后果。可以说，农业转移人口是否能够被充分地纳入现代工商业主导的城市分工体系，并实现其身份、角色的全面转型，不仅是中国新型城镇化质量和水平的主要标志，也在长远的意义上涉及经济结构的现代化转型以及社会阶层结构的再造。如果大量农业人口难以转移至非农部门，工业和服务业就会缺乏发展动力，反过来也会强化农业的"过密化"而阻碍农业现代化转型。如果庞大的农民阶层无法重新分化并成长为融合于现代社会中的一员，社会结构的转型和社会系统的开放就难以达成。如此，城市不仅不会在聚集效应中获益，反而会因内在的区隔和排斥而成为矛盾集中爆发的空间。

二、问题意识：开放社会中的流动差异与流动不平等

现代性的主流叙事建立在传统农业社会和现代工业社会之间的基础二分之

上,并将从前者向后者的过渡视为一种必然的发展,其中包括农业转移人口从传统农业社会"脱嵌"而走向工业社会的转型过程。一般认为农业转移人口市民化是每个国家通往现代化的必由之路,这是一种具有正当性的、不可抗拒并且值得欢庆的发展走向(吴越菲,2016)。尽管农业转移人口的乡城流动和城市化进程普遍地出现在世界各国的现代化经验之中,然而像中国这样在城市化进程中集中遭遇市民化问题,在早发工业化国家的发展历程中是未曾出现的。"市民化"作为一个具有中国特色的语词,在现实中呈现出与其他国家农业转移人口乡城迁移所不同的经验和问题,在许多方面超越了国外乡城迁移理论所能解释的范畴。国外迁移研究中的"迁移"主要被操作化为前往异地工作或生活。中国语境下的农业转移人口市民化涉及迁移问题,但又超越了迁移问题。

在社会学的视角下,市民化作为社会流动的一种重要形式,是体现人的现代化转型和社会阶层结构变动的重要现象,其在很大程度上反映了社会结构的开放性以及对于多元存在的包容性。从这一意义来说,市民化的社会学研究更多回应的是城市化的非实体进程,也即"看不见的城市化"(invisible urbanization)[①],其关注农业转移人口跨越城乡经济、社会、文化等非实体边界的动态流动过程。相较于早期研究聚焦于对农业转移人口市民化的应然状态进行解答并基于特定群体理解其市民化的动因、特征、路径及障碍,近年来的研究越来越多地从实然中看到市民化既不是一个从农民到市民的必然过程,也不是一个同质性的过程。[②] 相反,农业转移人口凭借差异化的资源和机会获得,以内在分化的路径和形式来跨越乡城边界。可是,为什么有些农业转移人口在跨越乡城边界的过程中表现出充分的社会流动性,而有些农业转移人口却没有?为什么有些农业转移人口在经济、地域方面表现出充分的社会流动性,但在社会文化方面却没有?而另一些农业转移人口在社会

---

① 在这里,"看不见的城市化"与"看得见的城市化"相对应,两者分别关注城市化进程中的不同侧面。"看得见的城市化"主要关注可见的城市化进程,包括城市人口增长、城市地域扩大、城市景观等,涉及城乡之间实体边界的变动。而"看不见的城市化"则主要关注不可见的城市化进程,包括新来者角色转型、对城市社会的适应和融入、土客社会关系、城乡阶层结构变动等,涉及城乡之间非实体边界的变动。

② 近年来,农业转移人口市民化在整体上呈现出多群体、多路径并进的格局,并且同一群体内部市民化的差异性特征也越来越突出。从市民化的对象来看,除较早受到关注的进城务工的农民工群体外,失地(包括完全失地和半失地)农民、居村农民等都进入了当下农民市民化的整体图景之中,并且不同类型的市民化在其动因、路径、结果等方面呈现差异性特点。对市民化的一般化理解下可能隐藏着差异化的"故事"与"策略"。

文化方面表现出充分的社会流动性,但在经济、地域方面却没有? 在流动性(mobility)和非流动性(immobility)之间,农业转移人口市民化延伸至对于农业转移人口内部的流动差异和流动不平等问题的讨论,这构成了本书原初的问题意识。在这里,"市民"超越了制度身份的含义。

改革开放以来,快速的经济社会转型以及自上而下推进的城镇化使农业转移人口具备更多的资源和机会来实现乡城流动。特别是进入 2000 年以来,户籍制度改革从降低农业转移人口的城市就业门槛①转向为农业转移人口定居城市提供支持性的制度环境,从允许保留土地承包权进入城市到进城落户无需退出土地承包权②,从缩减农业户口与非农业户口的福利差距到不再区分"农业户口"和"非农业户口",缠绕在农业转移人口市民化过程中的制度壁垒和刚性限制逐步被打破。迈向一个城乡一体化的开放社会逐步成为主导的社会想象。问题是,乡城流动的刚性限制逐步被打破,是否意味着农业转移人口在跨越城乡边界的过程中就具备了充分的流动性? 二者显然难以简单等同。事实是,当我们在制度变革和经济社会转型的新语境中观察农业转移人口所表现出的乡城流动性时,全然陷入以"选择性"(selectivity)为中心的困惑当中。

(一)已有研究对结构性力量之"选择性"的困惑

对于流动资源和机会的获得,不同群体面临结构性的差异,也即与市民化相关的资源和机会分配在群体之间具有不均等性。到底哪些群体能够在资源和机会的获得上处于优势的结构地位? 社会学和经济学的相关研究中存在"正向选择"与"非正向选择"两种逻辑的争论。前者认为结构性力量在资源和机会配置上具有正向选择的偏好,人力资本更高的农业转移人口在市民化的过程中处于优势的结构地位,因此外出的和获得市民身份的农业转移人口主要是那些更具有生产力的人。而后者认为影响农业转移人口融入城市的并非生产力要素,而是歧视等非生产力要素。也就是说,结构性力量在资源和机会配置上并非以生产力为准则形成正向

---

① 在放开城市空间边界上,经历了一系列政策逐步放开的历程:从允许农民进入小城镇,到进入城市的某些行业,再到取消行业进入的制度壁垒。

② 2016 年 10 月,中共中央办公厅、国务院办公厅印发《关于完善农村土地所有权承包权经营权分置办法的意见》,意见指出不得违法调整农户承包地,不得以退出土地承包权作为农民进城落户的条件。

筛选的机制。比如研究发现更具有优势背景的农村儿童更有可能向城市流动并且获得城市户口,长时期的父母教育及父母的党员身份增加其获得城市户口的可能性(Deng et al., 2014)。先赋条件更优越的农业转移人口在市民化的过程中处于优势的结构地位。在一个日渐开放的社会,为什么结构性力量在褪去刚性限制后却转向隐性选择?其中的选择逻辑及其对农业转移人口流动分化的影响尚未清晰。

(二)已有研究对行动者主体力量之"选择性"的困惑

近 30 年来,后发现代化国家的乡城流动现象突破了早发工业化国家的经典迁移理论,特别是诸多基于个体理性的经济学假设。农村劳动力并非机械地遵照成本—收益的最大化来进行迁移选择,这带来了诸多有关于自选择(self-selection)的讨论。农业转移人口是否表现出充分的乡城流动性,既受制于结构性的资源与机会结构,也存在主体接近性(包括接近能力和接近意愿)的差异。近年来,农业转移人口市民化的过程中出现与原有理论预期(认为从农民到市民是农民一贯的理想追求)不相符的现实——农业转移人口"反市民化"的意愿和自觉选择的"半市民化"状态(吴越菲,2016a)。比如有实证研究显示:上海郊区农民对"农民市民化"持明确否定意愿的农民人数(53.8%)远远超过持赞成意愿(30.1%)的(文军,2012);许多失地农民完成了职业、地域和户籍的转型,但仍自觉延续农村的文化观念和生活方式,甚至在异地完成了乡村组织方式的复制;尽管新生态农民工定居城市的意愿相比第一代农民工要强,但他们却不愿意放弃农村的先赋资源(陆文荣 等,2014)。在一个日渐开放的社会,为什么农业转移人口中出现了对完整市民化转型的主动切割?其中的选择逻辑及其对农业转移人口流动分化的影响同样尚未清晰。

长期以来,"农业转移人口"始终徘徊于"临时"与"永久"假定间的拉锯之中,要么是将其作为流动人口来讨论,要么是将其作为具有恒定市民化意愿的群体来讨论,而较少关注农业转移人口内部的流动分化。能告诉我们到底哪些农业转移人口更能够融入城市,哪些更与农村保持紧密的关系,哪些更倾向于保持循环式的或短暂性的乡城流动的研究较少(Zhu et al., 2010)。在中国,农业转移人口市民化的决策与行为深深地受到诸多结构性力量的影响。除了关注农业转移人口的"自选择"对流动性获得的影响,还需要看到结构性力量的筛选作用对流动性获得的影响。这里就需要特别关注农业转移人口市民化过程中的"门槛"和"边界"问题。一方面,行动者主体基于一定的选择逻辑开始跨越乡城边界;另一方面,结构性力量通过对边界的塑造、运作和管理来实现城市进入的筛选。在经济社会转型、新型城镇化推进及户籍制度改革的背景下,当前农业转移人口市民化的进程突破了中央政府中心化运作的"农转非"模式,而从显性的"整体限制"转向隐性的"分化选择"。在新的语境中,政府、市场、社会及农业转移人口自身共同参与到"谁能够成为市民"的选择中来。

在对待国内人口所呈现的"流动性"问题上,无论是政策上还是学术上,对于这种"流动性"更多地倾向于做负面的理解,因此出现了在政策上去压制流动性,在学术研究上更多地聚焦于在不同层面去除这种因结构制约而产生的流动性。市民化因此潜在地包含降低流动性、前往城市定居和融合的价值意涵。但是在这个认识过程中,流动性本身却被忽略了。为此,市民化研究有必要重新回到理解社会流动性的中心,重新检视农业转移人口的社会流动性获得及其差异。

三、研究意义

久经农业社会习俗和规范熏陶的人们远离农地,迁往都市,这是 20 世纪世界历史的主轴之一,它发生于全球各地。如今,全球三分之一的人口正在进行从农村到城市的大迁移,这将是印刻于 21 世纪最夺目的记忆。美国社会学家罗伯特·帕克(Robert Park)曾将社会区分成两种构成——那些已经到达城市的人以及那些尚未抵达的人(Park,1935:167)。对任何国家而言,人口历史都是社会演变史的重要组成。对中国而言,农业大国的现代化所背负的是巨大的人口遗产(吴越菲等,2016b)。

农业转移人口市民化是一个极具系统性的进程。它既不能够单一化约为农业户口转变为非农业户口的技术问题,也不能够化约为农民从农村向城市转移的地理空间问题,同样也不能够化约为农村劳动力向非农业部门转移的经济问题。相反,它是一个多面向的问题,广泛地关联到社会阶层、社会地位、社会流动、福利制度、身份体系、社会变迁(性别、家庭、社区)等多重议题。正因如此,农业转移人口市民化不仅仅是农民变成市民的个体转型过程,而在更大层面上牵涉到一系列社会转型过程,包括以社会权利为核心的正义分配问题,以文化互动为核心的社会认同问题,以群际关系为核心的社会整合问题。如果农业转移人口不能在工业化和城市化的背景下获得充分的社会流动性,那么人与社会的现代化转型将会持续缺位。

本书围绕"选择性市民化"这一主题,以比较视野对当前农业转移人口市民化过程中的流动分化和流动不平等问题展开系统研究。这不仅对有序推进农业转移人口市民化、加快我国城乡发展一体化建设及构建社会主义和谐社会具有十分重要的现实意义,也在社会转型的理论语境下重新审视了国家、市场、社会、个人共同形塑的社会分化机制。具体来说,本书在实践和理论层面的研究意义集中体现在以下几个方面:

(一) 本书的实践意义

如何将大量农业转移人口导入现代经济社会体系是当前中国社会转型中的一个重大议题。2007—2027 年这 20 年,中国须从农村向城市转入 3 亿左右的人口,即每年从农村转入约 1 500 万人(国家人口发展战略研究课题组,2007:682)。数以万计的农业转移人口的农村退出和城市进入问题无疑是中国现代化进程面临的巨大挑战。从现实方面来说,农业转移人口市民化相关研究的进一步推进,对我国在当前国际、国内形势下更好地解决"三农"问题,协调城乡关系,实现包容性的新型城镇化道路,促进社会和谐发展都有十分重要的实践意义。

其一,农业转移人口市民化直接关系到"三农"问题的解决,可以说是破解人地关系紧张这一制约中国农民、农村、农业发展问题的突破口和出路,同时也是迈向包容性城镇化的重要挑战。中国正处于城市化的中期加速发展阶段,"三农"问题的解决以及城乡关系的调整,关系到中国能否成功进入高收入国家行列,实现经济社会全面发展。同时,新型城镇化也是供给侧结构性改革的重要领域。而这几个问题落到"人"身上,实际上就是农业转移人口的出路问题。农业转移人口市民化与新型城镇化的推进、城乡关系的调整及"三农"问题的解决彼此关联,密不可分。在很大程度上,农业转移人口的市民化是中国走出农本社会、完成现代社会结构转型的关键。其关系到城乡差距的缩小、城乡共同的和谐发展和经济社会结构的全面转型。

其二,厘清农业转移人口市民化过程中多重主体的选择逻辑,有助于进一步把握农业转移人口市民化的内在规律与特征,为有序推进农业转移人口市民化寻找新的突破口。新型城镇化在根本上是"人"的城镇化,其不仅要求我们将城镇化的突破口放在推进农业转移人口职业、地域、身份、角色"四位一体"的转型上,还要求我们从"人"的角度,采取一种底层的立场来深入研究农业转移人口市民化过程中的主体行动及其面临的问题,从而进一步把握城郊农业转移人口市民化的规律与特征。

其三,基于对市民化不同类型及其差异化演进路径的比较,为分类推进农业转移人口市民化的相关政策制定提供研究积累。农业转移人口市民化的程度是一个国家现代化水平的主要标志,也是现代化的必然过程。发达国家的成功经验昭示,依托工业化发展推动农业转移人口向非农部门、向城市的转移是一个国家通往现代化的必经过程。然而,新型城镇化的重要意涵是实现农村城镇化与城市化并进的格局。农业转移人口市民化伴随的是农业人口的多向分流,包括农村消化、城镇分流、城市转移。为此,更需要在现实中把握当下不同类型市民化的不同演进路径。

其四,聚焦于研究农业转移人口的选择性市民化,深入研究不同市民化类型之中选择性机制的形成及其带来的流动分化和流动不平等,并进一步剖析由此可能带来的社会后果,为城市治理和乡村治理提供借鉴。在当代中国,城镇化战略说到底是与数量庞大的农业人口的最终出路紧密联系在一起的。然而,农业转移人口在市民化过程中呈现出流动性获得的内在分化。效率与公平同时出现在城市化进程之中,这对乡村治理和城市治理都构成了极大的挑战。为此,只有深入研究农业转移人口市民化的内在规律,才能有效地防范社会风险,破解城乡社会治理的难题。

(二) 本书的理论意义

中国的农业转移人口市民化是一类极其特殊而复杂的社会流动类型,它同时具有横向(水平)和纵向(垂直)两方面的结构转型意义。从横向来看,市民化意味着农业转移人口从较小的农村社区进入较大的非农业社区,其涉及地理空间维度上的水平流动;从纵向而看,市民化包括生产方式、行为模式、态度、动机等在内的变革,从而突破农村边界而置身于城市存在,其涉及社会经济维度上的垂直流动。当我们用中国农业转移人口的市民化来与早发现代化国家的乡城迁移理论进行对话的时候,却发现其经验的特殊性,诸多经验都超越了西方国家劳动力迁移理论和人口转型理论所能解释的范畴。比如,农业转移人口市民化极大地与政治力量相缠绕,农业转移人口内部的流动形式表现出较大的差异性,农业转移人口出现横向流动与纵向流动之间的分离,市民化带有明显的阶段性转移特点,乡城流动并非单次单向的进程,而呈现出多次分散的特征。显然,这些问题的处理特别需要能反映本土情景特殊性(context-specific)的理论视角和解释框架。本书具有多方面的理论意义,有助于加入这场世界性的乡城流动和社会转型讨论。

其一,在西方移民研究中占据主导地位的六种理论范式,即新古典经济学、新迁移经济学、跨国主义理论、社会网络理论、结构取向的移民理论,以及心理取向的理论,无一能够妥帖地用以理解后发现代化国家,特别是中国农民的转型和城乡关系变动问题。这就需要立足本土经验,建构更具本土性的概念和理论来表述本土故事,并与西方思想进行碰撞。本书以中国特殊的"选择性市民化"为主题,将大量研究精力转向对多重"选择性"的解释和反思,集中呈现了国家、市场、社会及农业转移人口自身在塑造、管理、调整城乡边界中的选择性。

其二,为回应当下中国农业转移人口市民化日渐呈现出的差异化的图景,本书通过类型比较,着重关注农业转移人口市民化内在分化的机理,从而对农业转移人口社会流动性获得的差异和不平等展开理论和经验考察。这一方面有助于在社会转型中把握乡城流动的多种形式及其未来;另一方面,在一个逐步走向开放的社会中,将流动与不平等之间的关系重新带回理论思考的中心。

其三,对市民化做一种过程性的理解,并将其放在开放的实践中加以考察,这种理论阐释方式试图突破"从农民到市民"的线性发展假定,而回到农业转移人口的社会流动性本身。在农业转移人口的流动分化中可以看到,市民化的过程并非城市性无条件地替代乡村性的过程,而恰恰是乡村性和城市性不断交融糅杂的过程。本书以"选择性"作为切入口,对市民化过程的流动差异和流动不平等进行再研究,有助于我们进一步反思,甚至是突破中国社会发展研究中城乡二元的分析模式和静态单一的理论视角,从而丰富对于城乡关系的理论理解。

其四,重点关注与当代中国城镇化道路紧密相关的三类农业转移人口及其市民化进程——进城农民工的市民化、城郊失地农民的市民化及居村农民的市民化。研究借用类型学的方法,在帮助我们理解不同农业转移人口市民化差异特点的同时,也提供了一个整体性的理论视野,重新审视"个人史"与"社会史"之间的复杂关联。尤其在国家和市场主导城镇化道路的发展背景下,要改变以往城镇化进程中"化地不化人"的市民化困境,就必须深入理解不同国家设置和社会安排中结构性力量与主体性之间的关系模式,这将形成有利于实现新型城镇化战略的理论探索。

第二节　理解乡城流动性:文献回顾与市民化研究的再出发

在过去两个世纪,全球正在普遍地经历着"去农业化"的进程,与此相关的则是一个"去农民化"的过程——传统农民的终结。1800 年至今的工业化和城市化进程在将农民从农业部门拉出来的同时,也在重新塑造并产生着新农民。就全球范围而言,工业化和全球化快速地改变着人口分布格局和经济社会样态,"流动"已经成为最鲜明的世界图景。如何理解人类活动的乡城流动性(rural-urban mobility)成为对 21 世纪社会治理构成最大挑战的议题。一方面,与传统农民的终结相伴随的是多元而复杂的人口流动现象,其中最主要的是大规模农村人口跨越城乡边界的乡城迁移[①];另一方面,乡城流动不仅包括人口的地理流动,还包括与现代社会结构的形成息息相关的社会流动。在此,笔者一方面试图厘清国外农业转移人口市民化的相关研究进展。由于"市民化"是一个具有中国特色的概念,国外研究中缺少直接对应的研究成果,在此仅拾掇最相关的研究领域——"农民的终结"和乡城迁移研究以及其中的"选择性"——来进行回顾。另一方面,对国内市民化研究的相关成果进行梳理,在批判性检视前人研究的基础上再次展开市民化研究。

一、国外市民化的相关研究

在当代中国,农业转移人口的市民化无法直接借鉴西方"农民的终结"和人口城市化模式。然而在快速的现代化转型中,作为主体的"人"在生产方式、生活方式、社会文化观念及社会权利等方面所发生的巨大改变,却在不同的国家之间交织了共同的经验和对话点。无论是早发现代化国家还是后发现代化国家,关于"农民

---

① 传统农民的终结远比农民乡城迁移要复杂得多,其所涉及的内涵远超于人口的乡城迁移,两者不能简单等同。从人口流动形式来说,传统农民的终结所引发的人口流动形式具有多元性,不仅仅限于乡城流动。

的终结"和乡城移民研究的成果都相当丰硕,这对当前开展中国农业转移人口市民化研究具有十分重要的借鉴意义。

(一) 现代化进程中的"农民终结"

"站在工业文明入口处的农民"(孟德拉斯,2005)将何去何从? 这恐怕是当今社会科学必须回答的问题。在国外的农民研究(peasant studies)中,关于"农民的终结"的讨论持续地得到了各国研究者的回应。"农民的终结"涉及"农民"与"终结"这两个核心概念。何为农民? 何谓终结? 对这两个问题的不同回答折射出了不同国家极为不同的发展语境和路径。

究竟谁才是农民(peasants)? 或者说构成农民的特征或要素是什么? 这本身就是一大争议。在农民研究中,"农民"较多地被视为一个特殊的社会阶级来加以研究。然而"农民"概念是特定时空的产物,在不同历史时期和不同语境下具有不同的阐释。从政治的角度来看,农业社会中的农民通常被视为被剥夺的对象,缺乏制度化的参与方式和改变规则的能力(Moore,1969:11)。也就是说,农民通常是权力结构的依附者。除了政治上的认定,"peasants"和"farmers"在经济上的区分也常被提及。相较而言,"peasants"生存性地参与到耕作中来,并且能够进行自治性的行动决策。农民在经济上具有鲜明的特点:能够预测性地谋生,与市场保持一定距离,并且在相对狭小的范围内维持社会关系,生产要素相对具有非流动性,其参与市场的方式仅仅是以边际回报来售卖货品。"farmers"则相对充分地参与到市场中来,在更大的社会网络中参与社会地位的竞争,生产要素也具有相对的流动性。"farmers"在经济上具有超越地方社会来寻求最大化回报的能力,而非采取"peasants"偏爱的风险最小的决策方式。因此乔治·罗森(George Rosen)认为农民社会在目标上偏向于将损失最小化而不是将产出最大化(Rosen,1975),这显然与农民生存导向的经济决策相关。可以看到,农民研究中的"农民"被赋予诸多先赋性色彩,在政治上具有依附性,在经济上具有以生存为导向的"小农"特点。农民研究贯穿政治经济学的一个基本假设是:由于农民生活于剥夺和附属的政治经济环境中,其通常具有深深的不公平感,因此会采取一些对抗性、破坏性及反系统的政治行动策略。由此在政治领域引发了有关于农民集体行动的讨论,这也是詹姆斯·斯科特(James Scott)的核心议题(斯科特,2001)。

20世纪中叶的西方发达国家以及近半个世纪以来的发展中国家集中地激荡

着有关"农民的终结"的讨论。是否还有农民,是否还是一个农业社会,农民和农业该何去何从等一系列问题成为许多国家发展转型中的共同困惑。"最后的农民"(last peasant)究竟是一种危机还是一种机遇,始终纠葛于农民研究之中。

1. 早发现代化国家的"农民的终结"

在前工业时期的欧洲农业社会,农民事实上已经存在较为频繁的流动,这在很大程度上取决于农民与土地之间并非紧密的捆绑关系。农民通常出于农村人口压力、土地市场的状况及农业企业盈利等原因而发生流动,但这种流动主要限于本地。快速的国家现代化转型强有力地改变了这一事实,甚至带来了乡村性的溃败,宣告了农民时代的终结。从整体上看,工业化、城市化、市场化等进程在以下几个方面使传统"农民"发生了改变:第一,传统农民的地域活动空间被打破,推动农村人口不断迁出,农民在本地之外获得了更多的生活资源和空间,农村的重要性在不断降低。甚至一些交通不便的偏远村落由于村民的举家迁移而消失。第二,传统农民的经济活动空间被打破,工业化和技术化使农村释放了更多的剩余劳动力,推动农村人口职业和身份地位的变更,越来越多的农民开始从事兼业活动或者完全转向非农部门。19世纪欧洲地区发展起来的农村工业使相当一部分人口参与到工业活动中来。[①] 第三,传统农民社会的社会关系和阶层结构被打破,原有农民社会的社会关系和阶层关系便随着农民的流动而出现变动和分化,农业组织的活跃分子成为新乡村中产阶级的领导者,这个新的阶级对国家的社会平衡起着十分重要的作用(孟德拉斯,2005)。第四,传统农民所嵌入的村落共同体发生了根本转型——由封闭的生产空间转向开放的消费空间。"后生产主义"下村落的"去农业化""去社区化"已经使得作为地理的村落共同体逐步被现实挑战(毛丹 等,2014)。同时,自由主义者对传统共同体的概念极为挑剔,甚至经常充满敌意,因为他们将"共同体"视为内在阻碍人类自由并对社会变革充满敌意的概念(Brint,2001)。

可以看到,在西欧、北美国家,"农民的终结"动力主要来自工业化、城市化与市场化的联合推动。农民与土地之间在法律和文化上的联系相互强化,快速而彻底地产生了农民和工人的劳动力分化。除工业化、城市化和市场化的主力驱动外,国

---

① 比如在欧洲的弗兰德地区,17世纪、18世纪的农村建立了许多亚麻工厂来补充农业生产,工人大部分为兼职农民。

家力量对传统农民的改变在一些国家表现得尤为明显,比如俄罗斯。19 世纪到 20 世纪初,在俄罗斯的财政体制和村社制度的共同作用下,出现了大规模同时以农业经济和非农业经济作为收入来源的"农民工"(peasant-workers/*otkhodniki*)。国家财税体系对村社经济义务的分配和"国内通行体系"(the internal passport system)实行之后,由村社或家庭的权威来控制农村劳动力的外出。农民外出必须获取通行证,作为条件,他们需要担负相应的村社税收压力,这强有力地改变了经济社会条件、社会关系、生活习惯、风俗,以及那些未外出的人,由此形成了既不同于传统也不同于充分城市化的"第三种文化"(Burds, 1991)。

农民是否真的终结了? 当早发现代化国家认为自己已经充分现代化的时候,却发现资本主义经济和现代技术的发展给传统农民的转型带来了更多的复杂性,"农民的终结"并非定论,而是个未完成的讨论。尽管有占有巨大比例的城市人口,乡村性仍然深深地根植于公民意识之中(Loffe, 2006:9)。

2. 后发现代化国家的"农民的终结"

在过去的半个世纪中,全球城市发展主要是依靠亚洲和非洲来带动的,并且这种主导性至少要持续到 2030 年。到 2030 年,亚洲和非洲将分别有 54.5% 和 53.5% 的人口居住在城市中。仅就亚洲而言,其城市人口就占到全世界城市人口的一半(UN-Habitat, 2006)。一方面是快速的城市化进程,另一方面则是来自亚洲和非洲等后发现代化国家观察到的"农村世界"所发生的巨变,而其中尤以传统农民的终结为标志,以至于"消失的农民""最后的农民"成为亚洲、非洲、拉丁美洲的发展中国家近半个世纪以来讨论的焦点议题。

对后发现代化国家而言,传统农民所发生的诸多变化来源于多重机制的影响:第一,以非农产业驱动的城市化推动了农业人口的非农化转变。从早发现代化国家的发展经验来看,其早期快速的城市化主要由工业化来驱动。比如西欧国家在跨越 50% 城市化水平的时候伴随着高度的工业化水平。与工厂向城市的集中相伴随的是人口向城市的同步集中。而在后发现代化国家这里,城市化和工业化的协调在很大程度上并没有实现,城市化的驱动模式变得多元而复杂。同韩国、中国、墨西哥、马来西亚、南非这些工业化水平较高的发展中国家相比,加蓬、利比亚、阿尔及利亚、安哥拉等发展中国家尽管工业化水平较低,但在过去 50 年间却达到了与前面这些发展中国家差不多的城市化水平(Gollin et al., 2016)。这些发展中国家形成了资源导向的城市化发展,通过自然资源的出口而不是传统的工业驱动来推动城市化发展,其农村劳动力更多地转向服务、商业等非贸易部门,而不是制造业等贸易部门,这成为一部分发展中国家实现农村劳动力转移和城市发展的另一种方式。

第二,城市土地扩张带来了农民失地和生计的被迫改变。伴随着城市化成为国家经济社会发展的优先事项,农业土地缩减,用于非农活动的土地不断扩张,以获得更高的经济回报,而国家则成为城市化过程中最大的土地需求方和收买者。农民失去土地直接改变了农村主要的生产方式和生活方式。城市化与市场的结合催生了高土地价值,推动了农民土地的持续被剥夺。发展中国家在城市化过程中能够迅速地从农民手中集中土地,与其土地管理体系有密切的关系,甚至形成了一个完整的土地占有体系(Singh,2016)。在非洲,仅仅有10%的土地是登记的,绝大部分的土地处于未登记或非正式管理的状态,因此城市化的过程能够轻易地从农民手中剥夺土地,而缺乏公平的赔偿,由此产生了许多弱势的失地农民(Byamugi-sha,2013)。同时,城市化快速吞没农村,带来了许多城中村,使之成为具有贫民窟特征的城市贫困人口聚集地。

第三,在现代化力量的冲击下,农业、农村出现变迁,"新农民"得以产生。在过去半个世纪里,发展中国家经历的乡村剧变主要是现代化力量嵌入并影响的结果。对许多后发现代化国家而言,在过去50年间,农业在生产、消费、社会关系、生计等方面的改变超过了农业发展史上的任何时期。农村居住空间出现了集中化的趋势,包括从分散的农民向特定农村空间集中,以及分散的农民向远离农村空间的城市空间集中(Stone,1998)。与此同时,农村社会的社会分化产生了新的变化,带来了新的农民群体——与上一代农民不同的新农民(Rigg et al.,2012:7)。有学者指出,泰国传统农民(Chaona)在近40年间主要分化为商业农民(commercial farmers)、无地的劳动力(landless labourers)、乡城移民(rural-urban migrants)三种类型(Dayley et al.,2016),农民难以在农业领域获得维持生存的生产资源。总体上,我们看到发展中国家在农业和农村的双重变化:农业方面产生了"去农业化"和"再农业化"的进程,农村社会本身也正在经历一系列的改变、调整和再造而开始成为"后农业社会"。农业和农村的这种变化意味着"农民"概念开始超越于其原有的含义。原有的农业阶级(农民)不仅开始进入到另外的部门或生产体系之中,同时也被资本主义生产所再创造和分层。

第四,市场化和民主化运动带来更为积极的农民行动者。早期农民研究中的"农民"概念显然已经变化。从政治经济学的角度来说,传统的农民概念正在死亡。就经济地位而言,农民由生存性的、有租期的农业种植转向商品化的农业种植,由互惠的共同劳动转变为以薪酬为基础的契约劳动,由满足地主的需求转向满足全球市场的需求,农民开始超越地方边界而参与到经济资源的争夺中。就政治权力而言,农民逐渐将权力交付给国家而不是农村社会共同体,从前的农民逐渐转变为公民。但是,与依附于国家不同,农民在现代社会变得个体化和结构松散。特别是在一些发展中国家的民主化运动中,农民团体开始获得独立性,并成为新的农民利益代表,带来新的农民抗争。

(二) 乡城迁移的基本类型与模式

农业转移人口的乡城迁移是 20 世纪以来最具影响力的社会现象之一。作为一个跨学科的研究范畴,不同学科将不同侧面的理论和经验带回,展现了乡城迁移中的不同面向。从全球范围内看,农业转移人口的乡城迁移具有较强的多元性和差异性,不同国家农业转移人口的乡城迁移在不同的历史时期表现出不同的迁移传统和动力。目前学术界形成了不同的划分标准来考察乡城迁移的不同类型:按照流动原因的不同区分为就业驱动型、教育驱动型、生活方式驱动型、个人原因驱动型等,按照迁移的持续性区分为永久性乡城迁移和非永久性乡城迁移,按照决策主动性程度区分为主动迁移和被动迁移,等等。不过,对迁移的基本类型划分越来越困难,迁移的"内在不确定性"开始被强调,迁移者的决策与未知机会、重大生活事件的关联性越来越突出,这使得人类活动在空间上表现出越来越多的动态性、多样性和不确定性。这也是今天我们研究中国农业转移人口市民化需要关注的问题。

乡城迁移的模式涉及这一跨越边界的人口流动形式如何产生并维持等问题,这对于我们研究当前中国农业转移人口的乡城流动具有一定的借鉴意义。近期发展中国家的乡城迁移研究,尤其关注与永久性乡城迁移不同的非永久性乡城迁移模式。在英文表述中,"迁移"(migration)更多地指向以重新定居为目标,具有永久取向的流动形式。但是以永久性改变居住地为标准(去除原居住地的登记)所报告的移民量远低于实际的人口迁移水平,因为大量的迁移属于非永久性的、不确定的迁移。特别是在"非中心国家"的城市化进程中,这种迁移模式尤其突出地存在,比如季节性迁移和往返迁移。有学者用"不充分的迁移"(incomplete migration)来概念化这种钟摆式的流动形式(Okolski, 2001)。季节性迁移或往返迁移已经成为许多发展中国家农民重要的生产和生活方式,而不仅仅是农业活动的附属。在发达国家,它主要表现为迁移到发达国家一段时间后又返回发展中国家的家乡。因此在发达国家的政策视野中,通常将其假定为不具有永久性的迁移,认为它并非真正的"移民"。在这里,需要将季节性迁移和往返迁移中发生的返乡与逆城市化背景下的城乡迁移区别开来。

另外,"循环迁移"(circular migration)是20世纪70年代开启的国外移民研究的重要议题,至2008年仍被列为十大移民议题之首(MPI, 2008),各国研究共同聚焦于非永久性流动的重要性,并对当前现代稳态的农业社会提出质疑。循环迁移、季节性迁移和往返迁移三者之间经常有交叉。相较而言,循环迁移是由多次流出和返回构成的迁移集合。循环迁移在流动形式和组成上随时间产生的变化,使得在政策干预上面临模糊性和被动性,有学者因此主张以一种综合的取向来理解循环迁移(Wickramasekara, 2011)。较多的看法认为,循环性的迁移特征取决于迁移的目的地、步骤、生命历程以及是否扩展至家庭迁移(而非个体迁移)等因素(Stockdale, 2002)。

与就业、教育、生活方式、个人原因驱动型乡城迁移不同,生活方式迁移在迁移模式上有所不同,表现出相对的迁移稳定性。比如英国最近关于乡村外出迁移的研究中,同时出现了经济动机和非经济动机对于迁移的外出推动力,而非经济动机主要涉及与生活质量有关的议题。与主动的乡城迁移不同,被动的乡城迁移也表现出不同的迁移特征。被迫迁移者通常由于政治或环境的因素而被抛入一个具有挑战性的环境之中,流动性、不确定、风险和恐惧交织在一起(Gill et al., 2011)。

(三) 农业人口部门转移与乡城迁移的选择性

从全球范围而言,农业人口的部门转移与乡城迁移受到诸多因素的影响,并整体呈现出多元性和不均衡性。究竟是什么因素促使了农业人口向非农部门、向城市的转移并产生了差异化的图景?经济学、社会学、政治学、人口学等跨学科领域的相关研究均指向了"选择性"的问题,它又进一步延展出结构与行动的两条研究脉络。

行动者的主体决策是农业人口部门转移和乡城迁移研究中最为传统的研究议题,其关注行动者的职业和迁移选择如何形成。传统的研究取向和理论解释来自发展经济学,主要包括传统劳动力经济学和新劳动力经济学的相关论点。前者认为农村劳动力的职业和迁移选择主要依赖"两部门"的经济结构①,以及迁移者对收入和失业风险的个体预期(Harris et al.,1970;Todaro,1976)。与传统迁移经济学关注宏观结构性因素对迁移行为的影响不同,新劳动力经济学更多地吸收了社会学的视角,引入了"相对剥夺"对迁移决策的影响(Stark et al.,1989),将迁移决策放在国家或社会关系中加以考察。新劳动力经济学不再将乡城迁移视为一种个体决策、经济利益最大化的判断,转而将其视为一种导向收入多元化和风险最小化的家庭决策(Taylor et al.,2003)。农业人口的部门转移和迁移决策与家庭的组成、规模、财富等紧密相关,财富和机会成本会对流动性的程度构成阻碍。农村最贫穷的人通常缺少迁移的资源,因此首先向外迁移的通常是家庭条件比较好的人,家庭条件包括土地拥有、生产状况、资产、社会网络等(Lipton,1977;Skeldon,2002)。西非国家的研究发现,永久性的农村外出迁移主要集中在较为贫穷的家庭或规模大的家庭之中,规模越大的家庭在劳动力迁移上越具有包容性(De Haan et al.,2002b)。

在新近的农村劳动力转移和乡城迁移研究中,影响农村剩余劳动力的职业选择和迁移行为的结构性力量还凸显于中观层面的社会网络之中。在许多发展中国家,农业人口的转移依托社会关系网络,乡城迁移主要依靠"链式迁移"(chain migration)来实现,移出者对未移出者提供援助、信息和鼓励。这在历史上已经成为城市增长的首要机制。也正因如此,乡城迁移中存在一种结构性选择——因链式迁移而产生的"社会性聚丛"(York et al.,2011)。迁移网络一方面通过降低迁移的成本和风险来增加迁移的可能性;另一方面,也限制了迁移的可能性。从长远的角度来看,网络理论使农村劳动力转移成为一种动态、累积性的现象。一旦迁移形成,就会造成流出地社会经济状况的改变,进而带动下一轮迁移的可能性,从而

---

① 美国经济学家刘易斯(William Arthur Lewis)1954 年发表的《劳动力无限供给条件下的经济发展》认为,不发达国家或地区的经济可以分为两个不同性质的部门,即以制造业为中心的城市现代部门和以农业为主的农村传统部门。城市现代部门依靠经济增长和现代投资吸引农村剩余劳动力,而传统部门的劳动力则是无限供给的,城乡实际收入的差异是唯一决定劳动力转移的因素。

形成累积因果效应(扩散效应/回流效应)。由此可能出现一种因文化因素而推动的农村劳动力转移,比如流出地的规范性期待。

与关注影响行动者选择的结构性因素不同,另一脉研究则致力于彰显行动者的能动性。在行为移民理论(behavioral migration theory)中,行动者被视为一种需求满足者,而不是利益最优者,特别是当行动者面对相对不确定的环境和压力时。乡城迁移的研究较多地反映出乡城迁移者并非总体人口的一个随机样本,而具有明显的群体选择性(Mendola, 2012)。比如有一系列经验研究表明,农村人口减少的主要原因是经济上具有活跃性的农村年轻劳动者的外出(Auclair et al., 2002)以及缺乏就业机会和较低者收入居多(Dax et al., 2002)。男性比女性更多地迁移,农村外出甚至与年少时对农村评价的好坏相关(De Haan et al., 2002a)。在"人力资源取向"的解释中,农业人口的生计选择和迁移行为被视为一种长期或短期的投资决定,其背后假定不断变化的理性和意识(Halfacree et al., 2012)。个体差异带来了对于迁移与不迁移状况下期望收入的差异,因而对迁移产生了差异的倾向(Taylor et al., 2002)。在非农转移的决策上,迁移对象在教育和先前的迁移经验上表现出正向的选择性(Kandel et al., 2002)。因此,在农村中留守的往往是对迁移缺乏兴趣的、年幼的、年迈的、缺乏知识的及意志薄弱的人(Oucho, 1998)。

在新近的研究中,农业人口的职业选择和迁移选择被放到更长的时段中加以考察。在以往的研究中,无论是结构性力量的"推—拉"作用(push-pull)还是行动者基于"刺激—反应"(stimulus-response)和"收益—成本"(benefits-cost)的决策,农业人口职业选择和迁移选择都被视为一个独立的事件。超越于从 A 到 B 的关注,越来越多的研究开始强调停留在 B 地点的后续生活历程。职业选择和迁移选择从而成为一个"事件",围绕它形成持续的生活经验。有学者认为迁移者的经验伴随的转型过程会存在一种阈限,直到新生活方式的获得或因脱离流出地而产生的断裂经验被弥补(Hoey, 2005)。

二、国内市民化的相关研究

(一) 市民化的指涉对象与内涵

在市民化的指涉对象与内涵的认识上,经历了一个逐步延展和深入的过程。

从市民化的对象来看,有学者将其界定为"居住在本城镇半年以上,户口在本市(县)以外的农业人口"(黄朗辉 等,2002),即那些明显表现出长期居住特征、但只具有"准市民"身份的外来农民,主要包括永久性转型和常住性转移,而把兼业性转移和季节性转移排除在外。2003 年,陈映芳在界定市民化概念的时候将市民化的对象同时指向了农民和外来移民等(陈映芳,2003)。

从市民化的内涵来看,较为一致的学界共识在于"城市化"概念侧重于与国家、区域、结构层面的变化相对照,而"市民化"概念主要是指社会成员的变化,包括职业、地域、身份、社会生活、文化观念、心理角色等方面的转型过程。因此,市民化更是作为衡量城市化的内在尺度和重要部分而存在的。对于市民化内涵的认识,总体上经历了一个从外在资格的市民化到内在内涵的市民化的深化过程。我们大致可以根据目标取向从两个层面来理解农业转移人口市民化:首先指向市民权(citizenship),即与国家和政府相关的制度化、技术化的市民化进程,涉及职业的非农化、户籍城镇化及身份与权利的同等化,也即技术层面的市民化过程(文军,2006b)。进一步的是与人的转型相关的社会文化层面和心理角色转型的过程,即完成市民意识、市民生活样式及市民文化样态的角色转型(文军,2009),农民和市民一同共享现代城市文明。在"市民化"具体概念的界定上,有侧重于转型过程的界定,比如将市民化的内涵在整体上视为五个方面的"化",强调农业转移人口在户籍、职业、技能、身份、权利、角色等方面的变化过程。同时也有落脚于"市民"这一目标做出的界定,比如认为市民化是指作为职业的"农民"和作为社会身份的"农民"在向"市民"转变的进程中发展出相应的能力,学习并获得市民的基本资格,适应城市并且具备城市居民基本素质的过程(郑杭生,2005)。

(二) 在三类重点群体中延展的市民化研究:动因、意愿与障碍

如果按照对象进行分类来梳理市民化的研究进展,我们可以看到 2000 年以来国内农业转移人口市民化研究的相关成果基本上是围绕三类重点人群延展开来的,形成农民工市民化、失地农民市民化和居村农民市民化三大领域。尽管农民工、失地农民及居村农民构成了农业转移人口市民化研究中集中讨论的三大人群,但具体来说其各自又具有不同的讨论立场、核心问题和争论方式,由此形塑了市民化论域中既具有共性又内在分异的论域。

1. 农民工市民化研究

迄今为止,大批农民工如何完成市民化的转型仍然是农业转移人口市民化研究中研究数量最多的领域。许多学者以"主动—被动"的动因来划分中国农业转移人口市民化的基本类型。按此划分,农民工市民化被视为典型的主动型市民化,即通过各种社会流动的方式自觉地向城市转移,它的产生集中体现了改革开放以来贯穿城镇化发展的主线——"农民自主选择与社会秩序的统一"(解安 等,2015)。农业转移人口从被压抑到自主选择,农民工市民化可被视为个体理性选择和社会选择共同作用的结果。然而,农民工究竟是临时性的流动人口,还是常住性的移民? 对于这一问题的回答催生了一系列有关于农民工留城意愿的研究,并且产生了三种意见。一种意见认为农民进城务工这种处于三元的结构性位置是很表面化的,"民工荒"现象告诉人们,进入城市的农村流动人口仍然是临时进城的打工者,而不是从农村进入城市中的移民者(孙立平,2005)。有研究数据显示,相比投资型城市新移民和智力型城市新移民,劳力型城市新移民的定居意愿最弱,为52.19%(周大鸣,2014)。不过越来越多的学者仍提倡用"移民"的研究框架来替代对于农民工"流动性"的一般经验。有学者认为留城与返乡是一体两面的存在,农民工在返乡意愿上受到生命历程、生活事件、个体特征、文化因素及社会资本可得性等多方面的影响(陈锋 等,2015)。同时,农民工市民化意愿也在不同规模的城市、不同行业之间产生差异(李树茁 等,2014;叶俊焘 等,2016)。

有关于农民工市民化的路径,学界认为农业转移人口普遍地将经历一些阶段,包括职业非农化和市民权获得,以及在此基础上思想意识、价值观念、行为方式和生活方式等方面的变化(田珍,2009)。有学者认为市民化需要经历职业转变、地域转移和角色转型三个环节,而角色的转化则需要经过认知、移情、行为三个阶段(文军 等,2015)。尽管不同学者对农业转移人口市民化路径的概括不同,但大都涉及职业、权利、社会文化等维度。

对农民工市民化的困境及问题的讨论,一个较为一致的共识是制度性的市民化进程滞后于地域与职业市民化的进程,这构成了阻碍农民工市民化的最大结构性障碍。为此,反思并拓宽农民工市民化的制度约束成为解决农民工"非市民化"问题的主要策略,包括反思农村土地制度、城乡二元结构下的户籍制度及耦合于户籍之上的二元社会保障制度、公共服务、政治参与体系等在内的总体制度环境。同时，目前中国城市结构体系的不合理也成为影响农民工市民化的结构性力量，城市发展缺少推动农民工市民化的多样载体。除此之外，与社会文化相关的非正式制度也越来越多地受到关注，比如有学者认为城市居民的"集体自私"（文军 等，2011）、宗教信仰等都对农民工的城市融入产生影响。在微观层面，农民工的流动究竟受制于社会机会供给还是个体理性选择这一问题被提出，市民化能力因此被讨论。如果单一采用经济学"成本—收益"的理论分析（成本大于收益时滞留农村，成本小于收益时外出），很难对外出—回流的阶段性市民化进行很好的分析。为什么成本和收益会在市民化的过程中波动和变化并且影响农业转移人口的市民化选择？这在理论上仍然是不清晰的。在促进宏观制度变革、建构社会资本的同时，人力资本（教育水平和职业能力为核心）与职业转化能力、城市生存生活能力和城市融合发展能力之间的内在关联同样重要（王竹林 等，2015）。然而，困扰农民工市民化的最大难题是，在技术层面之外的认同和角色层面如何突破"内卷化"的困境，而使得农民工真正摆脱"双重边缘人"的社会身份和自我认同。

2. 失地农民市民化研究

20 世纪 90 年代末以来，伴随着我国城镇化快速发展的城市扩张，大量失地农民在城市郊区涌现。与农民工市民化不同，失地农民市民化研究的语境不同，它嵌于一个由政府主导、市场运作的城市化运动中，并且在城市扩张中被迫卷入。

围绕土地级差收入的国家、开发商、村集体的联盟决策与分配，为城市扩张打上了运动式的烙印，同时也通过权力—资本的杂交宰制社会。失地农民市民化，因此更多地成为国家强权和市场这只"看不见的手"两者介入下的产物，以至于失地农民市民化的问题突出地集中于"被市民化"问题（文军，2012）。失地农民常常因为拆迁安置、安置后就业、生活方式选择及收入来源等问题影响社会稳定。一些农民在失地后又没有其他稳定性的收入来源，造成了务农无地、上班无岗、低保无份的失地农民问题（刘文烈 等，2007），由此成为影响城市化质量、累积社会风险的巨大隐患。

在失地农民市民化相关研究中，集中展现了两幅图景：一是围绕补偿、选择、交换的框架，展现失地农民市民化过程中的经济逻辑——讨论的核心是国家、农村集体经济组织、开发商、农民等多元主体之间的利益关系，集中反映的是国家、社会、市场三者之间以及国家与农民之间的权利与利益关系，集中表现于征地补偿标准的公平性问题、腾退政策与腾退过程中的权力博弈及城市空间生产中的关系与权力结构再造。然而与此不同的是，很多学者在失地农民的经济诉求，以及基于经济理性基础之上的博弈行为之外关注非经济层面的社会逻辑，这构成了失地农民市民化的另一幅图景——与急速城市扩张形成反差，人类学家、社会学家开始关注城中村的内在秩序及其在城市化过程中所承担的功能，并展开对村落秩序和村落价值的"去污名化"。也有学者对城中村作为宜居城市社区和空间的非规划合理性进行了研究（黄伟文，2011）。

对失地农民来说，征地意味着失去稳定职业和生活保障，特别是原有土地的财产性收益权，包括土地使用收益权益、农业补贴权益、土地增值权益被剥离。同时，失地农民市民化还是一种被动的市民化类型（毛丹，2009），他们在市民化演进路径上遭遇来自主客观双重的阻隔。与此同时，征地在更深层的意义上隔断了原有的社会联系，在文化心理上割断了农民那种天然朴素的乡土情结。失地农民市民化更多地遭遇来自主体的纠葛，特别是在角色转变、生活方式、行为习惯、文化体系、社会适应上的转型难题。根据张海波、童星对失地农民社会适应情况的描述，失地农民面临职业和权力的边缘化，尽管拥有市民身份，但还没有彻底完成认同系统的转换（张海波 等，2006）。无论是客观因素（年龄、受教育水平、收入等个体特征），还是主观因素（思维方式、交往观念、市民化意愿），都影响到失地农民的市民化（叶继红，2007）。因此，有序推进失地农民市民化的重难点是促进农业转移人口社会文化层面的转型。

3. 居村农民市民化研究

居村农民市民化也被称作在地农民市民化。农业转移人口市民化的最终目标是实现城市化和现代化，最终达成城乡经济、服务一体化。居村农民（在地农民）是相对于农民工和失地农民而来的，有学者将"居村农民"界定为居住在农村，拥有农村户籍，并且仍然从事农业生产活动且拥有承包耕地的农民群体（吴业苗，2010a）。伴随着非农化进程，居村农民中也出现了许多非农业生产活动的人口。居村农民市民化与"迁移式"市民化不同，他们采取就地市民化的方法；与失地农民市民化不同的是，居村农民仍然保留土地权利。相对而言，居村农民市民化具有特殊的市民化优势：一方面，居村农民有可能从乡村城市化的自发过程中获得向非农部门转移的机会，就地实现市民化，而不用支付远距离迁移的成本；另一方面，村落的共同体是居民农民熟悉的环境,以农村为载体实现农业转移人口的市民化避免了社会网络断裂等市民化代价。

总的来说,学界对于居村农民的市民化主要关注城市近郊村落的发展,它指向中国城市化与农村城镇化双向演进的整体格局。近郊村落是一个极为特殊的社会空间,它依傍城镇的特殊区位意味着近郊村落近期将由农村社会转向城镇社会(卢福营,2014),其潜在地具有市民化能力。折晓叶等通过"超级村庄"研究提出了"城乡之间的第三领域"议题,作为边缘地带的"发展极核",形成了从乡一方反向推动城市化的力量(折晓叶 等,2013)。自发地融入宏观社会经济体系之中,并且促使乡村以内生现代化的方式发展,苏南地区的华西村、长江村等都是自然城市化的典范。因此,居村农民市民化是一种主要依靠内生型的转型,农村经济发展、国家政策扶持、新农村建设,以及城市社会的组织经营方式在农村社区管理上的运用等,都是居村农民市民化的有效动力;而居村农民市民化的实现需要城乡发展一体化的支持,只有城乡在公共服务方面实现基本均衡时,居村农民才能获得与城市居民相同的身份地位和社会权利(吴业苗,2010b)。

三、对已有研究的评价及反思

整体来评析当代国外市民化的相关研究,无论是关于"农民终结"的讨论,还是农业转移人口乡城迁移,都不断在呈现农业人口部门转移和乡城迁移现象的新特点,也同时在横向的比较中提示"乡城流动性"的复杂和多元。尤其是以下几个方面的研究进展和理论反思,有助于我们加深对当代中国农业转移人口市民化的理解,更新市民化研究的理论视角:第一,乡城流动的可逆转性。将乡城流动理解为永久性和直线性的单向位移显然是不充分的。静态描述被批评忽略了乡城流动的动态性,因此需要在更长的时段中动态考察农村人口的地理流动和社会流动。第二,乡城流动的多向性。快速发展的城市化进程所带动的人口流动具有多向性,超越了从乡到城的单向度流动形式。农业转移人口市民化可能通过多次的往返迁移来实现。在发展中国家,城市化发展也可能伴随逆城市化和城市人口迁出现象(Beauchemin, 2011)。第三,乡城流动的共时性。农业转移人口的乡城流动经常与"失序"相联系。发达国家的一些研究认为迁移到城市中的人失去了亲属联系而变得个体化,以此来适应工业社会。但这一论断在发展中国家的研究中一再遭到质疑,农业转移人口在进入城市的同时保留较强的城乡联系,城乡共时性成为应对城市贫困风险、降低经济脆弱性的一种主动策略(Potts,1997:447—494)。农业转移人口被认为生活在双重系统中(Gugler,1991)。因此,农民市民化无法单一从流入地或流出地来观察,而需要注意到流出地和流入地之间的网络构成。

但是,国外市民化的相关研究始终充满争议,甚至在研究对象、研究范式、分析单位、分析路径及价值取向上都难以达成基本的共识,这在很大程度上造成了研究困境。其一,从研究对象来说,何谓"农民"的争论至今未能得到统一。构成乡城移民的标准究竟是地理空间的转移还是社会—文化空间的转移?"移民"的构成标准在不断挑战传统地理取向的认识。特别跨国乡城迁移的研究表明,不仅在同一个地理空间能够形成不同社会空间的层叠,一个社会空间也能够在不同的地理空间中扩张(Pries,1999:4)。其二,从研究范式来说,国外市民化的相关研究分别开启了自上而下的宏观取向和自下而上的微观取向两条研究脉络,前者主要关注影响农业人口部门转移和乡城迁移的政策、市场力量、资源与机会分配情况,后者则关注移民个人及其家庭的经验。然而,两种研究范式之间的分割造成了对研究对象解释的狭窄和不充分(Massey et al.,1994)。其三,从价值取向来说,由于农业人口的部门转移和乡城迁移牵涉到对正义和平等的讨论,在对待农业转移人口市民化的问题上,无论是学术研究还是政府政策的价值导向都存在着内在的张力。一方面,在开放社会中表现出对乡城流动的尊重与支持;另一方面,则对其保持足够的警惕。对城市新移民而言,究竟应当倡导群体同化还是倡导包容性共存,是另一个价值两难。总体而言,来自发展中国家的经验仍然较少地能够参与到城市化和农民转型的全球讨论之中,发展中国家的经验具有相当大的差异性和特殊性,西方语境下的一些基本概念、理论框架和分析方式都应当在本土语境中得到反思和回应。

就国内市民化的相关研究而言,总体上的议题集中于讨论农业转移人口市民化的特征、动因、路径、阻碍、政策改进等方面,集中展现了三对既互动又充满张力的二元关系。首先是国家与社会(农业转移人口)的关系。作为贯穿市民化研究的一条主线,突出地表现为国家城市化和农业转移人口城市化之间的张力(朱晓阳等,2014)。国家与社会(农业转移人口)之间的利益博弈和权力边界的争夺集中地显现于"撤村建居"和"城中村"改造及失地农民的"痛感性变迁"中(卢福营,2014)。与斯科特意义上的"支配—抵抗"二元视角不同,市民化进程中的农业转移人口不能被简单地客体化为政治作用的对象或是"政治的承受者"(于建嵘，2008)，其采取的策略是极其隐忍、迂回和柔韧的(折晓叶，2008)，国家与社会(农业转移人口)的关系既有协力也有冲突。其次是城市与乡村的关系。农业转移人口市民化是城乡关系变动的产物，也是重新塑造中国城乡关系的主体过程。如今我们讨论市民化的一个基本参照系是城市—农村，农民—市民的二元连续统。在这一视角下，农业转移人口市民化的问题被视为城乡二元结构下职业与社会身份的城乡分离问题(申兵，2011)。最后是社会结构与个体行动的互动关系。以往国内市民化的相关研究比较重视以宏观视野来分析个人命运。近年来，多有市民化研究开始试图在历史社会事件所构筑的结构性安排下捕捉个体行为选择的差异性与能动性(陈文超 等，2014)。突破宏观与微观、结构与行动二元视角的理论努力也体现在市民化研究之中，特别是以互构的视角来展开市民化研究(胡杰成，2011:1)。

然而，国内市民化研究仍然存在诸多不足，其突出地表现在:第一，市民化的研究总体上仍然是城市本位的，农业转移人口的市民化经验被统一地框定在城乡二元结构的视野中加以解释，市民化的问题经常被单一地处理为从农民到市民的问题，忽视了农业转移人口市民化的内在分化，对乡城流动的"多重性"和"共时性"问题也缺少足够的关注和解释。第二，在市民化选择的问题上，解释框架较多地停留在"推—拉"要素的简单分析之中，并且主流的解释带有典型的工具主义倾向，这一点特别需要思考。农业转移人口的主体能动在很大程度上被表达为个体充分理性前提下对结构性力量的机械式回应。个体的非理性、不充分理性及情境特殊性对市民化选择的影响较少被关注。第三，对市民化的判断大多基于片段式的理解，而缺少过程性的理解。在人口地理学和实证主义方法论的主导下，量化数据与主体经验之间仍然缺乏足够的对话来更完整地理解市民化。

在国外的研究语境中，与乡城迁移同义的另一词是"乡村外移"(rural outmigration)，其关注的对象是从乡村中迁出、流向城镇或城市的人口，其更多涉及的是定居方式的选择差异。当代中国农业转移人口市民化的特殊性和复杂性在于，既包括"看得见"的乡城流动性获得，也包括"看不见"的乡城流动性获得①，而这两个过程可能并行，也可能分离。

---

① 在这里，"看得见"的乡城流动性主要指可见的一些变化，比如地点、职业、户籍身份等。而"看不见"的乡城流动性主要指社会关系、价值观念、行为习惯、心理认同等社会文化层面的改变。

第三节　核心概念界定

本书集中关注于不同类型农业转移人口市民化中的"选择性"问题。研究中主要涉及以下三个核心概念:"农业转移人口""市民化"和"选择性市民化"。以下将对这三个核心概念分别进行梳理并确定其在本书的具体内涵。

一、农业转移人口

农业转移人口是伴随着经济社会转型产生的一个特殊群体,城镇化的推进需要每天几百万至上千万的农民从农村转向城市,这部分人口被称为"农业转移人口"[①]。《中国城市发展报告》(2015)中对"农业转移人口"做了广义和狭义两个层面的定义。广义的"农业转移人口"涉及以下两类群体:一类是指地域上从农村转移到城市的农民群体,另一类是指职业上从农业生产转移到非农产业的农民群体(张方旭 等,2016),在形式上,既包括就地转移,也包括异地转移。从历时性上来看,农业转移人口可以包括已经市民化(以户籍转变和充分的经济社会文化融入为主要标志)、正在市民化(正在市民化的转变过程中)、即将市民化(已经纳入市民化计划但尚未正式启动)的三类人口。而狭义的"农业转移人口"主要是对"农民工"概念的替换。[②]

在本书中,农业转移人口主要是指在主要生计方式[③]从农业部门转移到非农部门的农业户籍人口或原农业户籍人口。依据居住空间(是否离乡)和土地关联(是否离土),可以将农业转移人口进行进一步划分。前者涉及本地转移还是异地

---

① "农业转移人口"称谓的产生和使用,最早可以追溯到2009年12月召开的中央经济工作会议。该会议在部署2010年经济工作的主要任务时明确提出,要把解决符合条件的农业转移人口逐步在城镇就业和落户作为推进城镇化的重要任务。

② 根据国家统计局《2013年全国农民工监测调查报告》中对"农民工"的定义,"农民工"被操作化为:目前户籍为农业户口,离开户口所在地超过半年、在城市务工或经商的调查对象(潘家华 等,2013:3)。

③ 在调查对象的选择上,主要以职业非农化程度作为筛选标准(非农收入成为最主要的个人收入来源)。

转移的区分,后者涉及土地权利是保留还是缺失/退出的区分。① 具体来说,可以依据这两个维度将农业转移人口划分为"本地—在地""本地—不在地""异地—在地""异地—不在地"四种类型。

由于农业转移人口指涉的对象较为复杂和多样,在一项研究中难以同时回应到所有类型。本书集中关注当代中国经济社会转型中与国家力量和市场力量的涉入紧密相关的三类农业转移人口——进城农民工、城郊失地农民和居村农民②,其分别对应的是"异地—在地""本地—不在地"和"本地—在地"三种农业转移人口类型。而通过上学、参军、工作、婚姻等社会流动方式完成市民化的农业转移人口(异地—不在地)不在本次研究的讨论之中。

另外,与"农业转移人口"相近的概念有"农村剩余劳动力"和"流动人口"等,在这里需要进一步加以区分。"农村剩余劳动力"通常被视为支撑非农劳动力供给的重要源泉,因此也被称为"可转移劳动力"。"农村剩余劳动力"的说法是相对于农业生产率而言的,意指在当时生产条件下,超出农业生产所需要人口数量的这一部分人口。③ 在西方农业剩余劳动力转移的理论中,"农业剩余劳动力"主要是指在农业部门中部分存在边际生产率为零的剩余劳动力;但是也有一些学者将滞留在农村的低收入工作者称为"农村剩余劳动力"(Fields et al.,2013)。因此农村剩余劳动力减少的数量与农业转移人口的含义不同。与"农业转移人口"相关的另一个概念是"流动人口"。目前关于流动人口的统计口径较为不同,统计的总量也不同。④

---

① 根据《中华人民共和国土地管理法》(2004年修正),依照土地使用性质的不同农村集体土地包括生产用途的耕地和居住用地。前者为家庭联产承包的耕地,农民具有对农村耕地的承包经营权。后者为宅基地,农民具有对宅基地的使用权以及宅基地地上房屋的所有权。因此,农民的土地权利主要指的是耕地的承包经营权和宅基地使用权,失去全部或部分的农民都可以被视为失地农民。

② 本书中"进城农民工""城郊失地农民"及"居村农民"的具体定义分别在正文章节中进行界定。详细定义可分别参见第四、第五、第六章。

③ 目前对于农村剩余劳动力数量的测算方法不同,比较常见的是用农产品的播种面积和每亩用工数量等统计数据来对农业生产实际需要的劳动力数量进行估算,再用从事农业活动的人数减去这一估算数量获得。根据韩俊、何宇鹏的测算,2011年我国农业转移人口规模为11 740.7万人(韩俊 等,2014:71)。

④ 2015年中国流动人口规模达到2.47亿,占总人口的18%。其采用的"流动人口"定义是:离开户籍所在地的县、市或者市辖区,以工作生活为目的、有常住趋势的异地居住的成年育龄人口。该调查的调查对象的年龄段为18—49周岁,不包括婚姻迁移,不包括县市内的流动。而根据全国第六次人口普查(2010),流动人口达2.21亿人,其采用的"流动人口"以人户分离(半年以上,包括县市内的流动)作为统计标准(国家卫生和计划生育委员会流动人口司,2016)。

流动人口在形式上存在多种类型,不能一概而论:既包括城乡间的流动,也包括城—城、乡—乡间的流动;既包括更改户口的流动,也包括不更改户口的流动。其基本条件是发生地理空间的位移。与流动人口不同的是,农业转移人口并不完全是一个地理学和人口学的概念,市民化的议题在流动形式主要指向城乡之间的人口流动(不仅包括地理空间的流动,也包括经济社会空间的流动)。[1] 而与流动人口相对的是"常住人口",常住人口与常住地的确定标准尽管不一,但基本是按时间长度来确定。[2]

二、市民化

在已有研究中,"市民化""非农化""城市化"这三个概念经常交叉使用,但在内涵上却各有侧重。"非农化"来源于发展经济学的经典命题"农业剩余劳动力的非农化",主要指向农业人口在经济活动或职业上的转变。通过非农化,农村劳动力在经济来源和生计方式上逐步脱离传统农业部门,从而走向现代工业部门。农业剩余劳动力的非农化是产业结构转换的必然要求。"城市化"主要是一个人口学和地理学的概念,强调农村人口转变为城市人口,涉及经济社会转型过程中城乡人口再分布的问题。而"市民化"[3]更多的是一个社会学的概念,它关注农业人口逐步向非农产业和城市转移的过程。狭义的"市民化"偏向于在技术层面通过户籍制度改革和公共服务均等化推进农业转移人口落户城镇、定居城镇;广义的"市民化"主要是指借助于工业化和城市化的推动,使传统农民在身份、地位、价值观、社会权利以及生产生活方式等方面发生全面转化,其根本是社会文化属性和角色内涵的转型(文军,2004)。

在中国城乡二元结构的背景下,"市民化"更多具有平等化和共享化的意涵。市民化的核心应该是消除因户籍而产生的流动限制和群体权利不平等,实现所有

---

[1] 有必要提及的是,农业转移人口市民化并不能简单等同于人口单向的乡城迁移,它在长时段中可能表现为城乡间的对流、间隔流动等。

[2] 按照国家制定的户口管理制度的规定,我国的"常住人口"指在该地居住的、已办理常住户口登记手续、列入户口册的人口群(朱云成,1998:7)。

[3] 学界在21世纪初期开始提"市民化"概念,而政府文本中的"农业转移人口市民化"概念最早是在2013年12月的中共中央城镇化工作会议上正式提出的。政策的目标群体主要指向有能力在城镇稳定就业和生活的常住人口,以解决同城不同待遇的问题。

社会成员权利的平等享有、现代文明的共享以及城乡一体化的发展，从而获得社会流动性。因此，"市民化"尤其应当从社会文化层面来被认识。在本书中，"市民化"被理解为农业转移人口跨越多重城乡边界而接近平等的权利和福祉，共享现代生产生活方式，完成市民角色转型的社会流动过程。具体操作化为四个基本维度：经济参与、权利与城市福利获得、社会文化融入及心理角色转型。在这里，城乡边界不仅是地理上的，更是结构上、族群意义上的存在。具体来说，本书所定义的"市民化"在内涵上至少包含以下几个方面：

第一，市民化不是一次性事件，而是一个动态的社会过程。市民化不能与非农化简单等同，它涉及更长期的社会文化及心理角色的再适应和再定位的过程。它与两个概念相关，一个是边界（boundary），一个是位移（displacement）。农业转移人口从农民角色到市民角色的转型并不是一个自发且无阻碍的过程，需要看到结构性力量和主体性力量对边界的塑造、改变和管理。市民化的过程也是发生在"谁能够进来"与"我要不要进去"以及"他们是谁"与"我是谁"之间的位移过程。

第二，市民化是一个在更大层面上与社会流动相关联的议题，其实现方式越来越多元化并具有开放性。在本书中，农业转移人口市民化被视为一个多维度获得社会流动性的进程。具体包括：突破市场边界而获得经济参与机会和职业流动，突破制度边界而获得权利与福利的身份流动性，突破社会边界而实现社会融入及心理角色转变的社会文化流动性；但是获得社会流动性的方式呈现多元化，且具有开放性。

第三，在中国特殊的语境中，市民化同时具有规范性定义和事实性定义的两个面向。在事实性的定义中，农业转移人口市民化集中地表达为在一个日渐开放的社会中如何获得社会流动性的问题。然而对那些不断跨越城乡边界而获得社会流动性的农业转移人口而言，无论其是主动的还是被动的，这一过程充满了异质性和不平等性（Qian, 1996：25）。市民化本身应当在对社会流动的考察中反思其中的不平等。市民化不仅是个人的转型，也涉及城乡身份体系、城乡社会系统转型中的正义和公平问题，因此市民化的内涵具有特殊的规范性面向。

三、选择性市民化

"市民化"不是一个从农民到市民的必然过程。反观近年来现实中的市民化进程,不断涌现的经验事实正在挑战原有的理论预设:一方面是呈现出一个经由农业转移人口差异化行动参与的市民化过程;另一方面是在经济社会转型和户籍制度改革的背景下,与市民化相关的资源—机会结构不断发生变化。在现实中,农业转移人口的市民化进程并非表现为一个从非农化、城市化、市民化、结构化到再社会化的线性转型过程,也并非必然全然导向完整意义上的市民化进程。市民化之所以在当代中国成为一个重大问题,从根本上说是因为城乡二元结构体系、市民化的政策选择、市场选择及农民主体的选择性行动共同切割了农业转移人口在职业、地域、身份、社会文化属性及角色上完整意义的城市化转型。因此在"农民"和"市民"之间出现了"半工半农""亦工亦农""非农非工"的转型怪象。

过去,人们较多地注意到城乡二元结构对农业转移人口市民化转型所造成的制度切割以及政策阻碍,但忽视了农业转移人口对自身市民化转型的自我切割和主体选择性。结构性力量与主体性力量共同参与到"谁能够成为市民"的筛选中来。本书将农业转移人口的市民化视为一种社会流动性的获得过程,通过提出"选择性市民化"的概念,用以对市民化过程中的流动分化和流动不平等展开论述。"选择性市民化"所要解决的中心问题是:结构性力量和主体性力量共同形塑了什么样的选择机制,从而使农业转移人口的社会流动产生差异。

不同的农业转移人口基于不同的经验和思考具有个体层面上的选择差异,在何种层面去处理这种"选择性"?本书落脚于社会行动者在其行动模式上的"选择性"。在这里,行动者主体具有多元经验,然而这种经验不仅来自行动者主体,同样来自社会建构,与结构性力量的影响紧密相关。在以往的社会科学研究中,"选择性"主要在两个层面被应用:第一个层面是流动性获得可能的结构性特征;第二个层面是用以对主体行动进行解释。在这里,"选择"代表了一种具有能动空间的行动。"选择性"这一概念被用于:第一,突出行动者的自主性,行动者根据环境而进行差异化的回应。[①] 第二,突出行动者行动的策略性,行动者基于一定的目标而进行策略组合和决策。第三,选择性的行动不仅可以是私人行动,也可以是组织化、

---

① 以往研究中有一些研究使用"选择性"概念来体现对非正式组织行为的关注和分析。比如,凯文·欧博文(Kevin O'Brien)和李连江在解释基层政府为什么执行某些政策而不执行另一些政策时使用了"选择性政策执行"概念(O'Brien et al., 1999)。戴治勇使用"选择性执法"概念来解释作为执法主体的国家或政府如何变化地使用剩余执法权来实现目标(戴治勇,2008)。

具有默契的集体行动；既可以体现在底层行动中，也可以体现在自上而下的治理逻辑中（贾文娟，2016）。第四，行动的选择性与行动者的人口特征具有较强的相关性，其背后的逻辑是人口特征的差异带来行动能力和意愿的差异。比如在人口迁移研究中，用"选择性"来说明迁移者相对于未迁移者的人口特征（唐家龙 等，2007）。在中国农业转移人口的乡城流动中，城市数据中的"样本选择性"问题已经开始被注意（胡枫 等，2013），也即发现流动者不是从劳动力总体中随机抽样得到的结果（吴晓刚，2007；李骏 等，2011）。

为什么一部分农业转移人口相比另一部分农业转移人口获得了更多的社会流动性？这不仅与结构性力量的偏好和资源—机会配置方式有关，也与农业转移人口自身的特征、意愿和能力有关。因此在本书中，"选择性"主要体现在两个方面：一方面是指结构性力量（国家、市场、社会）共同形塑的具有群体偏好的规则以及差异化的资源—机会结构；另一方面是指农业转移人口主体对于资源—机会的选择性获取以及对规则的认知、阐释和运用。

第四节　理论视角与研究设计

在过去半个多世纪的时间里，以户籍制度为核心的城乡二元制度体系[①]持续地在中国社会分层和空间分异中发挥制度效应。特别是其具有的附属功能（附属差异化的身份安排和福利供给）和限制功能（限制城乡人口流动和迁移），使得中国人口流动的规模和流向极大地与行政力量相缠绕，并在长时段中成为生产累积性不平等的重要原因。在市民化相关研究中，户籍制度始终作为"中心机制"来理解与市民化相关的身份转型、资源不平等、权利剥夺、社会排斥等议题。以往研究较多地基于户籍状况的不同（农业户口/非农业户口）来进行群体比较，而对于市民化过程中农业转移人口内部的流动分化和流动不平等问题却较少地给予关注。本书试图以"选择性"切入引发农业转移人口市民化内在分化的机制。其中，所要处理

---

① "制度"是市民化一个重要子系统，体现为对农业转移人口市民化经济、社会等活动的规范性。一般而言，"制度"有两个解释：一是要求大家共同遵守的办事规程或行动准则；二是在一定历史条件下形成的政治、文化等方面的体系。就形式而言，"制度"既包括以国家名义制定并支持其代理人行使其职能的"正式制度"，又包括"非正式制度"或"习惯法"。

的核心问题在于:在跨越多重城乡边界的过程中,谁表现出了更多的社会流动性?

一、理论视角

以往农业转移人口市民化研究中形成了一些较为常见的理论视角。一是附属与剥夺框架下的公民权利视角,强调"市民—农民"社会身份系统背后的特权属性,"农民"被结构性地定位于附属和被剥夺的地位。这一视角吸收了冲突取向的理论观点,主要从公民权的角度将市民化过程重点理解为一个权利平等化的过程。二是资源配置与效率框架下的劳动力流动视角。这一视角延续新古典经济学的假定,认为市民化中最为基础和关键的部分是劳动力资源在市场中的重新配置,它是优化资源配置、提升生产效率的重要途径。因此,这一视角强调要从自由和效率出发,消除阻碍劳动力供给和低效率匹配的阻碍。三是城乡二元框架下的制度约束视角,认为"市民化"之所以会成为一个有待破解的问题,主要在于城乡二元结构强有力地制约和阻碍了农业转移人口的市民化进程,在更长远的意义上,使农民阶级不断地再生产,而难以实现阶层流动。市民化在根本上需要破除城乡二元结构。四是成本—收益框架下的理性选择视角。这一视角主要吸收理性选择理论,在微观层面上对农业转移人口市民化的主体行动展开分析,市民化被视为基于"成本—收益"比较中的决策结果。市民化的过程也就是农业转移人口基于经济理性、集体理性等展开行动的过程。

事实上,以上提到的四种理论视角分别描绘了权力结构中的"人"、市场结构中的"人"、制度结构中的"人"及主体选择中的"人",其主要延展了市民化研究的两条脉络:结构主义脉络(前三种视角)和行动主义脉络(第四种视角)。结构主义脉络主要偏向宏观层面的解释,集中于识别农业转移人口市民化的外部结构性阻碍,并尝试给出消除制度约束、反向推拉①、就业与居住隔离等城市进入阻碍的技术性方案。而行动主义的脉络偏向于微观层面的解释,集中于在个体、家庭等行动者的行

---

① 反向推拉主要包括来自城市的推力和来自农村的拉力。其中,农村拉力涉及一系列吸引农村劳动力留居在农村的力量,城市推力则涉及一系列阻止农村劳动力留居在城市的力量。前者包括收入拉力、家庭结构与社会关系拉力、生理和心理拉力、政策制度拉力等;后者包括政策制度推力、城市就业成本推力、相对经济社会地位推力、就业门槛推力等(唐茂华,2009:55—56)。

动中来探究市民化的主体逻辑。如果将市民化视为一种获得社会流动性的社会行动,究竟是服从于特定的社会条件还是行动者的主体与能动?"结构"与"行动"的二元叙事长期未能在市民化研究中被调和。

理解结构和能动的关系是社会学理论延展的基本脉络之一,也是社会科学领域中持续被回应的重要理论议题。特别在一个威权国家的现代化转型过程中,结构与行动如何过程化地关联和互动,已经成为最具吸引力的研究主题之一。在西方移民研究中,结构与能动的关系似乎陷入僵局(Bakewell, 2010)。在中国的市民化研究中,结构和能动通常也是少有定义且关系模糊。在理解能动行动的时候,在多大程度上能够断言其自发性;而在理解结构的时候,在多大程度上能够断言其约束力。摆在社会理论家面前的一个挑战在于:问题是到底是结构性力量还是行动者的能动力量带来了农业转移人口的市民化转型和流动分化? 显然,难以在结构与行动间做出非此即彼的选择。

在西方社会学理论中,许多当代理论家试图调和"结构—能动"关系来破解结构与能动之间的二元性,比如安东尼·吉登斯(Anthony Giddens)将"结构"本身视为具有两种性质的存在——既是行动的媒介,又是行动反向组织的结果(Giddens, 1984:25)。社会结构不仅形塑了社会实践,也同时被社会实践再生产或改变。这就意味着,社会结构既对行动者具有限制性,也具有使动性。而行动者则被视为具有自我反思能力,能够对行动的效果、结果(预期或非预期)进行持续的监控并以此进行行为的修正。因此,吉登斯的"结构化理论"既确立了结构对能动的影响,又为能动留下了空间。在吉登斯笔下,"结构"是一种虚拟的存在,社会系统作为一种时间空间的存在,并没有"结构",而是具有结构的属性。"结构"作为一种理论的隐喻,不能将其简单地物化为超越行动者能力之上的国家或文化等存在。另外,也有一些学者在理论上试图桥接结构与能动的关系,以结构与能动的关联取代两者间的分离(Archer, 1982; Archer, 1995; Goss et al., 1985; Morawska, 2001)。比较新的理论是尝试将"时间"和"空间"引入进来。当个体的行动及其生命历程放置于时空之中,便产生了路径,产生了社会个体。在不可逆的时间序列中,个体行动产生了重复与连贯的结构性,制度构成了个体行动的条件和结果。而在空间形式上,空间作为一种既存的条件和物理形式,也同时是社会生产的产物。可以说,"结构"和"能动"两者总是彼此关联,既不存在没有结构的能动,也不存在没有能动的结构。

但是,既有的"结构—能动"关系理论在用以理解人类迁移或流动行为时表现出种种不足,最大的问题是以往的理论仍然没有很好地交代在特定情境或不同情境中结构和能动之间如何差异化地达成互动。"结构—能动"关系理论在追求理论自洽的同时,削减了"情境"(context)这一重要变量,而"情境"对于理解市民化差异图景具有十分重要的意义。本书在理论立场上恰恰认为并不存在单独存在的、本体意义上先置的"结构"或能动。"结构"与"能动"只有在特定的情境中才能建立起互动关系,并彼此赋予存在的意义。缺乏时空清晰界定的结构—能动关系只能停留在机械式地互为因果。另外,像吉登斯结构化理论中预设的主体"能动"似乎过于活跃。在日常生活中,尽管行动者的能动性突出地表现在其与环境的持续互动上,但是行动者对于行动(比如乡城迁移)的知识不一定是充分的,甚至带有非常强的不准确性。行动者所具有的差异知识可能与工作介绍人的信息提供、早年的生活记忆、社会文化的意识形态等相关,从而使行动表现出分散性和选择性。同时,充分的"能动"假定也无法用以理解农业转移人口被动迁移的现象。一方面需要看到,行动者不仅生活于他特有的生命故事之中,同时也生活于集体层面的历史层面中。行动者具有超越于个人的统合性,这种统合性依赖于情境可见。另一方面也需要看到,农业转移人口不仅是能动的行动主体,也同时是社会实践的情境角色。[①] 其特殊的生命历程不仅受到特定社会条件的影响,也受到特殊的生命时期的影响。如果我们对市民化做一种过程性的理解而静态描述,就不得不关注社会行动的情境性和变动性。

本书以"结构—能动"关系理论为基础,吸收了科尔斯顿·西蒙森(Kirsten Simonsen)的观点——对社会实践做一种情境化的分析(Simonsen, 1991),在差异的情境中来考察影响农业转移人口市民化的结构性力量和主体性力量及其二者间的互动。在情境的时空延展中,"结构"与"能动"持续地彼此互动,并且共同形塑了流动分化与流动不平等。如何在特定情境中理解"结构—能动"的关系?具体来说,在西方学者对"结构—能动"关系阐释的基础上,进一步加入一些新的理论分析要素,使之能够在中国语境中更好地用于理解市民化。

[①] 或者说,行动者同时也是"情境中的行动者"。正如凯文·麦克休(Kevin McHugh)所言,"行动者卷入到一个快速变化的世界之中,无论行动者具有多强的分析能力,他在计算的同时也在四处斗争"(McHugh, 2000)。

（一）在"结构"与"能动"间增添"选择性"机制

在吉登斯那里，"结构"被理解为不断地卷入到社会系统再生产过程中的规则和资源，却没有对规则的群体偏好以及资源—机会分配的不平等给予足够的关注，也没有对行动者对规则和资源的响应差异给予充分说明。[①] 本书加入"选择性"机制来用以理解不同情境中结构与能动的不同互动模式。一方面引入"资源—机会的选择性分配"，将结构视为约束与使动的双重存在，从而帮助我们差异化地看到哪些农业转移人口在市民化过程中处于结构性的优势地位，哪些处于结构性的劣势地位。另一方面引入"资源—机会的选择性获取"。农业转移人口同时也是主动的竞争者和选择者。重新认识农业转移人口市民化中的主体性，推动研究关注点从总体性的流动模式转向差异化的市民化经验。

（二）将"结构"与"能动"纳入"地方性"视角

结构与能动的关系只有在不同的情境中才能得到具体的阐释。也只有在情境之中，结构与行动的弥合才得以可能。行动依附于特定的地点而与结构性力量产生关联，本书通过引入"地方性"视角，强调农业转移人口市民化过程中结构性力量与主体性力量之间互动的时空特定性。"地方性"视角的引入同时与另一个概念紧密相关——"边界"。地方边界的变动，能够帮助我们看到那些被国家、市场、社会建构的市民化阻碍，以及农业转移人口对这些阻碍的能动回应和改造过程。由此，农业转移人口市民化能够打破同一的"结构性弱势"假定，而转向对其内部差异的讨论。

（三）以系统观来处理"结构"与"能动"的多重性

"结构—能动"关系理论通常对"结构"和"能动"做单一的理解，而忽略了社会系统内部资源和规则的多重性和主体能动的多重性。引入市民化的系统观，旨在改变分别在城市和乡村的独立语境中去考察农业转移人口市民化以及行动者生存策略的理论方案。无论是国外移民研究还是国内的市民化研究中，都常见以来源

---

① 在吉登斯的结构化理论中，行动者被赋予了自我监控的能力以及行动的理由和动机，利用结构中的资源而使行动成为可能，却没有揭示行动者之间产生行动差异的分化机制。

地或流出地的单一情境来考察农业转移人口的转型,而没有在来源地和流出地之间形成关联的视角,或对市民化中"结构"与"能动"的多重性展开分析。

二、研究框架

当前中国快速的经济发展和工业化、城市化、农业现代化的进程使城乡二元化的封闭社会走向城乡一元化的开放社会成为主导的社会想象。其中,关于农业转移人口"到哪里去""做什么"的简单提问,恰是当下最重要的议题(Wang,1997:198—211)。农业转移人口的市民化,越来越进入一个开放而具有选择性的时代。在这个时代,国家、市场、社会及农业转移人口自身共同参与到"谁能够成为市民"的筛选中来。农业转移人口市民化不仅是一个人口流动或人口转型的问题,在更大意义上是一个统摄空间、职业、身份、文化,以及阶层流动的问题,其本质是农业转移人口能否获得充分的社会流动性。

(一) 研究内容

为什么不同类型的农业转移人口在跨越乡城边界的过程中表现出不同程度以及不同形式的社会流动性?这构成了整个研究试图回答的主要问题。本书以"农业转移人口"为研究对象,通过对进城农民工、城郊失地农民及居村农民市民化的比较,来切入当代中国农业转移人口流动差异和流动不平等的讨论,并且试图揭示市民化背后由结构性力量和主体性力量共同形塑的选择机制。落脚于市民化进程中的"选择性"问题,旨在对农业转移人口社会流动的内在分化做出一种机制性的解释(参见图1-2)。

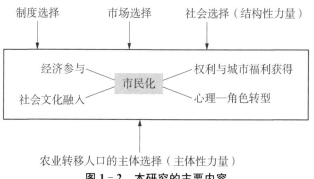

图 1-2　本研究的主要内容

本书的核心内容在于通过揭示深层次运作的选择机制，来回应农业转移人口的流动分化和流动不平等问题。从研究内容来说，本书延续了"结构—能动"的关系视角，同时关注结构性力量和主体性力量对农业转移人口市民化流动分化的影响，并在此基础上展开不同类型市民化的比较。其中包括两方面的研究重点。一方面是结构性力量的选择性，即来自国家、市场、社会的三重结构性力量对不同类型农业转移人口市民化的差异影响。权力、资本和社会网络动态地生成了与市民化相关的规则和资源—机会结构，但规则的群体偏向和资源—机会的差异分配也带来了影响市民化的制度选择、市场选择和社会选择。在这一方面，研究的核心内容集中于回答国家、市场、社会如何在地方性的语境下通过边界管理来处理"谁可以进来"的问题。另一方面是能动主体的选择性。关注不同类型的农业转移人口在行动上究竟有怎样不同的"选择性"表现，包括农业转移人口对于资源—机会的获取和利用，以及对于规则的体察、认知和改变。在这一方面，研究集中于讨论在结构性力量的选择性影响下，行动者如何处理"我要不要进去"的主体选择问题。具体来说，本书需要在进城农民工、城郊失地农民、居村农民的市民化比较中集中回答以下一系列问题：

1. 制度选择

为什么在逐步迈向开放社会的过程中，制度变革表现出双重面貌——既朝向开放的目标，又朝向紧缩的目标？国家治理转型中的制度选择如何为不同农业转移人口的市民化创造了差异化的条件？

2. 市场选择

为什么在逐步迈向开放社会的过程中，市场没有自动地趋向于要素的自由流动，而在很大程度上是边界锁闭的？经济转型中的市场选择如何为不同农业转移人口的市民化创造了差异化的条件？

3. 社会选择

为什么在逐步迈向开放社会的过程中，地方性社会的边界锁闭难以被打破，社会的包容性持久难以形成？社会转型中的社会选择如何为不同农业转移人口的市民化创造了差异化的条件？在结构性力量生成的规则与资源—机会结构条件下，农业转移人口在行动上为什么产生了差异化的市民化意愿和表现？行动者如何因社会特征和意愿的不同而差异化地理解规则、获得资源和机会？

对于当下农业转移人口的市民化，特别需要看到其内部的流动异质性，然而目前研究对于流动异质性这一关键议题仍然关注不足。从这一角度而言，本书在比较的视野中以"选择性"为线索展开市民化研究，提供了一个新的概念框架来对农业转移人口市民化的异质性展开分析。

（二）本书章节安排

本书以"选择性市民化"作为重要线索来切入对农业转移人口市民化及其流动分化的讨论。总体来说，采取一种联合的理论立场，试图贯穿结构与能动的双重脉络，在研究目标上尝试去进行一系列的识别，包括农业转移人口在跨越乡城边界过程中的结构性优势与结构性劣势、主体性优势与主体性劣势。社会的时空维度共同构成了社会发展研究的历时性和共时性的视角，这在客观上要求研究本身能够同时兼顾横剖的断面分析和长时段的历史分析。整体而言，本书在章节布局上主要呈现的是两条写作线索：

一条是纵向的时间线索，即从历时性的视角来看农业转移人口市民化宏观进程的历史嬗变以及不同时期的选择性特点。在第一章关于农业转移人口市民化的先行性研究中，将农业转移人口市民化放在理解乡城流动的国际语境中进行对话，并在此基础上锁定农业转移人口市民化的中国特色以及中国研究路径。第二章着重以历史的视角回顾了 1949 年以来农业转移人口市民化的基本模式及其转向。其中以进入 21 世纪为界限，将农业转移人口市民化的模式划分为 1949—1999 年的"封闭型选择"时期以及 21 世纪以来的"开放型选择"时期。相较于封闭型选择时期，开放型选择时期的市民化产生了新的流动分化机制和流动不平等形式，这一历时上的转变构成了下文写作的基本时代背景。

另一条是横向的类型线索，即从共时性的视角出发，从当前中国主导的三种城镇化模式入手，聚焦于与中国城镇化道路选择紧密相关的三类农业转移人口及其市民化进程——进城农民工的市民化（第四章）、城郊失地农民的市民化（第五章）、居村农民的市民化（第六章）。具体来说，第三章以"类型学"的方法对农业转移人口市民化的基本类型展开分析，并在前人研究的分类基础上提出了本书中重点关注的三种市民化类型，由此分别对应了第四章、第五章、第六章的内容。由于不同类型的农业转移人口在其市民化的过程中面临差异的结构性语境以及主体性特点,其所表现出的社会流动性,无论从程度还是形式上都具有差异性。在此基础上,第七章是基于第四章、第五章、第六章展开的比较分析,致力于在比较视野中综合讨论由结构性力量和主体性力量共同形塑的选择性机制及其对农业转移人口市民化产生的分化影响。同时,对本书重点关注三种类型的市民化的影响和未来走向做了进一步阐述和比较。

三、研究方法与技术路线

如何在特定情境中讨论影响农业转移人口市民化内在分化的结构性力量和主体性力量,并在此基础上展开比较分析?一个可能的策略是将农业转移人口放在"地方"的情境中来加以考察。在中国,"社区"(无论是农村社区,还是城市社区)是具有实质意义的基层社会单位,也是农业转移人口日常生活的居住空间。在当代中国,农业转移人口的类型分化也同时表现在居住空间的分化上。① 因此,为了更好地理解情境中的行动者,必须在"行动者"和"地方"之间确立对应关系,从而在地方情境中考察主体性力量和结构性力量的多元互动。为此,本研究在研究策略上主要是在不同类型的转型社区开展实地调查,从多种类型社区中来定位多种类型的研究对象,从而对农业转移人口市民化展开比较分析。② 具体来说,本研究主要采用了多案例研究、问卷法、访谈法和文献(制度)分析法。

1. 类型比较研究

本研究关注乡城流动的不同案例类型,对研究对象之间的共性和差异性展开分析,借用类型学的方法对城镇化模式和农业转移人口进行分类比较分析。具体的调研策略是从多种类型的城镇化转型社区中来定位多种类型的研究对象,从而对农业转移人口的乡城流动性及其分类治理展开多案例比较。

---

① 从居住空间来说,当前进城农民工主要集中在城中村,城郊失地农民主要集中在安置社区,居村农民主要集中在"新农村"和人口流失程度不同的"空心村"中。

② 在地方语境中讨论农业转移人口的转型,较多地基于单一个案的研究结论。这主要带来了两个方面的方法局限:一是基于单一个案虽然能够在特定的时空场域中详尽地交代结构性力量与主体性力量的关系,但难以获得更全面的经验;二是单一个案难以获得相对充足的样本量,对研究对象的分析受制于小样本的经验。

表 1-1　本研究的社区类型

城镇化模式	转型社区类型	三类农业转移人口
异地转移模式	城中村、空心村	进城农民工市民化
城市扩张模式	城郊安置社区	城郊失地农民市民化
就地转移模式	"新农村"	居村农民市民化

2. 问卷调查

为了了解与农业转移人口市民化相关的量化数据,研究对 16 岁以上的农业转移人口展开了社区问卷调查。由于农业转移人口在居住上具有较强的流动性和不确定性,难以获得完整的抽样框,因此我们采取了立意抽样和配额抽样的方法来确定受访对象(16 岁以上的农业转移人口)。抽样路径为"地区—城市—村(社区)—个人"。其中在村(社区)一级主要选取农业转移人口集中居住的四类村(社区)来开展实地调查,实地调查点为东部地区(上海、天津、江苏、浙江、广东)、中部地区(湖南)和西部地区(陕西、甘肃)。[①] 在四种类型的社区各发放 1 000 份问卷,最后回收了 3 721 份有效问卷(有效回收率为 93.0%)。其中,进城农民工样本 1 125 份(包括外出农民工样本 517 份和本地农民工样本 608 份)、城郊失地农民样本 1 100份,居村农民样本 1 496 份。

3. 实地研究法

本研究在全国东、中、西部范围内各选择具有典型意义的城镇化转型社区来开展实地调查,调研的社区类型包括城中村、空心村、城郊安置社区和"新农村"。在典型社区调查中,主要通过访谈法和参与式观察来采集质性数据。访谈对象主要包括政府工作人员、村干部、村民精英及具有代表性的普通村民。研究在不同类型的村(社区)中前后共计完成了超过 50 人的访谈,主要涉及个体层面上完成的深度访谈以及制度史资料。访谈材料用以展现农业转移人口市民化独特的个体经验,以及访谈对象主体对于市民化的感知、情感、期待和信念等。

---

① 本研究的定量数据采集受到国家社科基金重大项目"有序推进农业转移人口市民化研究"(13&ZD043)的资助。整个研究的调查时间跨度为 2014—2017 年。

表 1-2　样本所在的社区类型分布

农业转移人口		社区类型	主要调查地点	问卷样本量
进城农民工	外出	城中村	上海市闵行区 (C 村、JS 村、HG 村) 上海市浦东新区(M 村、GY 村) 深圳市南山区 (YJ 村、LW 村、NY 村)	1 125
	本地	其他类型	在安置社区、新农村中均有本地农民工的样本出现	
城郊失地农民		安置社区	上海市浦东新区 (M 村、GY 村、Z 社区) 上海市闵行区(AB 二村、AB 五村) 苏州市吴江区、吴中区 (SH 社区、HY 社区、CY 新村) 湖州市德清县(ZX 社区、DG 新苑) 株洲市南阳桥乡(NY 村) 长沙市岳麓区(XB 村)	1 100
居村农民		"新农村"	天津市南开区(W 村) 江阴市周庄镇、华士镇 (HX 村、SQ 村)	1 496
		空心村	株洲市南阳桥乡 (N 村、D 村) 长沙市岳麓区(X 村) 西安市未央区、周至县 (B 村、YX 村、H 村) 兰州市渝中区(XGY 村)	

表 1-3　样本所在的地区及行政等级

样本所在地区	区域	城市规模	城市行政级别
上海	东部	超大城市	直辖市
天津	东部	超大城市	直辖市
深圳	东部	超大城市	计划单列市
苏州	东部	超大城市	地级市
无锡(江阴市)	东部	大城市	县级市
湖州(德清县)	东部	大城市	地级市(县)

样本所在地区	区域	城市规模	城市行政级别
长沙	中部	特大城市	副省级市
株洲市	中部	大城市	地级市
西安市	西部	特大城市	副省级市
兰州市	西部	大城市	副省级市

4. 文献(制度)分析法

研究通过在城乡建设档案馆、高校图书馆及实地调研中获得的各地文献材料来开展文献分析研究,包括与市民化相关的政策、年鉴、统计、普查、工作报告、情况调研、研究报告等,了解不同地区农业转移人口市民化差异化的整体状况和制度环境。制度史相关的文献用以分析对农业转移人口市民化构成重要影响的制度变迁及其选择性特征。

第二章　从封闭到开放：选择性市民化的历史嬗变

谁在历史中可以成为市民？这既涉及城乡社会身份体系的历史建构和流变的问题，又涉及宏观市民化进程的内在逻辑。历史与逻辑的统一要求思想史、政策史与类型化的认识的统一。从农业转移人口市民化的历史嬗变来看，谁能够获得市民化的转型，这本身是围绕两个问题来展开的：一是作为优势身份的"市民"是如何在历史中被建构起来的？二是农业转移人口市民化的宏观进程是如何随着时间的变动而变动的？

第一节　重释"市民"：现代化语境中的激进建构

在中国，"居住在哪里"和"户口在哪里"都对日常生活产生重要意义，原本应当属于地理上的居住意义，却被不平等缠绕了超过半个世纪。事实上，今天我们所讨论的"市民化"问题，其所建立的现实基础就是"农民"与"市民"两大社会身份之间的地位差异，以及相互转换的阻隔。特别在激进的现代化话语中，"市民"越来越多地从一种职业类属变成一种集合职业、地位、权利、现代性程度于一体的整体性的优势身份。不禁要问：作为优势地位的"市民"和"城市"究竟是如何在历史进程中被建构起来的？

一、"农民"与"市民"的身份分化

有关于"农民"和"市民"之间在政治、经济、社会、文化上的差异和分化,被诸多经典社会学家论述。在现代化理论的视角下,"农民"与"市民"之间既存在共时性的内涵(同时存在的不同身份群体),又存在历时性的内涵(分属于不同现代化程度的组织体系中)。可以说,"农民"与"市民"的身份分化是城乡关系变动的产物,这在中西方语境中有着不同的论述。

在欧洲,城市兴起、商业复兴孕育了对西方历史产生重要意义的市民阶级(主要是指工商业者)。西欧近代市民的产生主要是在大工业生产的裹挟中从农民转化而来。在马克斯·韦伯(Max Weber)看来,商业和公民身份的结合成为西方城市特有的特质(Weber,1978:1224)。在西方语境中,"农民"与"市民"的身份分化主要是资本主义大工业在城市发展的结果:一是作为社会分工产物的"农民"与"市民"分化:主要体现在"peasants"和"proletarians"之间的区别。农民与市民、城市与乡村的分离被视为生产力发展的必然结果。某一民族内部的分工,首先引起工商业劳动和农业劳动的分离,从而也引起城乡的分离和城乡利益的对立(马克思恩格斯,1972:24—25)。法国"重农学派"认为,人具有享有其劳动成果的自然权利,而自然权利的获得则来自于不同社会成员互补的社会分工。农民和市民之间是一种相互补足、共同对社会利益做出贡献的关系。进一步地,基于社会分工的自然秩序作为一种客观规律也应当为"人为秩序"(制度、法令等)所服从(魁奈,1979:301)。二是作为交易竞争结果的"农民"与"市民"分化:主要体现在古典经济学和新古典经济学对"小农"的经济学描述,"市民"和"农民"分别被视为市场经济中的优胜者和失败者。人同时作为消费者和生产者存在,而消费者和生产者的劳动生产率直接决定了其在获得剩余价值的分配中是否具有优势。传统小农由于小规模生产必然带来专业化水平、技术增长、劳动力生产率上的局限,因此在交易和剩余价值分配上处于劣势。

转向中国语境,"农民"与"市民"的身份分化在不同时期呈现出不同的发展动力。仅从职业类型上来理解"农民"与"市民",中国历史上并不存在分割对立的传统。甚至在相当长的时间里,农民不仅没有被排斥在城市空间之外,反而成为城市社会的重要组成部分。在许多历史时期,城市中一直能够包含半数以下的农民存在。比如先秦时期的城市中就有相当数量的农民居住(赵冈,2006:2),《国语·齐语》中"处农,就田野"之"田野"并不仅仅是农村。三代之世,人口较少,农民算是城市居民(姜涛,1998:156)。一直到民国时期,城乡之间地理边界通常比较模糊,城市中也有许多农田,不少农民生活于城市之中,这在市镇中的比例更大(林涓 等,2013)。整体来看,近代以前城乡联系使得城乡体系之间并不具有严格的分割性,甚至城市形象不是太好。而近代以来开启的城市化逐渐成为一股不可逆转的趋势,并在城市发展的兴衰交替中,最后形塑了"农民"与"市民"的身份分化。

由于古代城郡带有主导的政治性,围绕城郡的内外产生了标识政治身份的"野鄙"分野。比如在夏商周时期,城池往往就是一个国家。"邦中,在城郭者。"城市周围人口密度相对较低的地区被称为"野"或"鄙","野人"或"鄙人"的人群区分主要依据的是国人身份,而非社会经济身份;因此,这一时期有许多农民因为政治身份而居住在城市中,受到保护。但是,"国人—野人"并不是"市民—农民"的对应物。"市民"的产生以及"农民"与"市民"的分化是近代以来城市化发展和国家建构的共同产物。"农民"与"市民"的分化和城乡关系的重要转变应该说是从清代开始的。人口的城乡结构不仅体现为地域结构,也开始体现为社会经济结构,城乡关系也开始渐行渐远。

在中国语境中,"农民"与"市民"之间的分化整体经历了一个从职业身份分化到社会身份分化的过程。在相当长的时段中,"农民"和"市民"之间的差别主要体现为职业差别,"遍户齐名"(士农工商)强调社会分工使然,而非社会阶层的高低,而"农"则是农业社会的主体构成。特别在儒家传统的重农主义思想下,"田野县鄙者"被视为"财之本也",农民的政治地位要高于工商人士。相反,"士大夫众则国贫,工商众则国贫"(荀况,2018:12)。唐宋以后,城郡的政治性逐渐削弱,基于从业者的身份区分开始显现,并且开始走向社会阶层的等级分化。这种转变主要来自两方面的转变。一方面,中国城市在历史上的开放性程度开始发生变化。城内外人口的流动和择业较为充分,而明清之后农民的乡城流动活跃性明显降低,其主要的原因是城市人口的大量过剩导致城市难以谋生,大量过剩人口集中在农村。另一方面,重农思想在清朝农民运动的背景下出现了负面化的转向——"最易作乱者农"(张光照 等,1988:336—337)。中华人民共和国成立以前,"农民"与"市民"已经在多重维度上产生了分化。

（一）经济分化

传统的农民依赖于自然经济的生计形式,而市民则依赖于商品经济的生计形式。民国时期的农业和农村出现了"溃崩摇落、一泻千里"(行政院农村复兴委员会秘书处,1934:1)的状况。近代工业和资本主义的兴起替代自然经济和传统手工业,成为更具有经济生产力的经济方式,拉大了工农收入的差距(池子华,2015:88—89),市民开始被视为更具有生产力和接近现代生产方式的从业者。

（二）社会关系的分化

农民是农村社会的成员,以家族、血缘来构成最基本的社会关系,而市民则是城市社会的成员,在社会关系上超越了家族、血缘等地方性的社会关系。农民与市民分属于不同的社会组织,具有成员归属上的差别。

（三）文化特征的分化

在进步主义主导的文明中,"市民"与"农民"还产生了人性和文化特质上的分化。比如乡村建设学派将中国农业和农村的溃败主要归因于农民的"愚、穷、弱、私"(吴半农,1936),也即文化现代化的滞后问题。

计划经济时期,"农民"与"市民"的身份分化主要是通过三条路径而产生和维持的。第一是生计上依附关系上的身份分化。市民与"单位"形成了稳态且长期的依附关系。在生活要素难以从市场中获得的前提下,脱离单位的城市居民难以生存。而农民则与"集体"形成了稳态且长期的依附关系。在农业合作化时期,农村劳动力依附于土地,必须参与到以公社为单位的粮食生产活动中。特别是在城乡流动被制度化限制的情况下,处于不同生计依附关系下的"农民"和"市民"逐步演化为一种基于先赋因素的身份分化。第二是福利上供给方式上的身份分化。计划经济时期,"农民"和"市民"开始成为城乡社会分割运行的政策对象。不仅如此,相对于农民,市民在就业、教育、社会保障等福利获得上具有了政策上的优先性和特权。"农民"和"市民"演化为一等公民和二等公民的身份等级分化(Treiman,2012)。第三是生活环境上的身份分化。近代以来,都市之繁华成为吸引农民离村的重要原因。不仅"农民"和"市民"在政策上建构并制造了群体分化,农民和市民在现实中也生活于相对分离且差异巨大的生活环境。最后导致了"农民"和"市民"

之间的分化成为一种结构性的阶层差异。分类在根本上是一种主观建构,为政治动员创造了社会基础。农民和市民哪个群体在政治上更具信任性,在经济方面更具生产力? 这些认识都在深层次上影响到了国家、市场、社会对农民的态度。

二、被优势化的"市民"和"城市"

"市民"是对城市居民的一般称呼(中国社会科学院语言研究所词典编辑室,2012:1186)。中国真正意义上的"市"建制产生于 1912 年,随即带来"市民"的类属。如果对"市民"进行严格的定义,它被认为是"具有城市户籍、常住在市区,并且主要从事非农业生产活动的合法公民"(李燕凌 等,2006:126)。这一定义实际引出了历史语境中对"市民"的理解有多重标准,包括职业、生产方式、户籍居住地、社会文化、制度身份等(杨凤,2014:24)。"市民"并不能与"非农业人口"等同。在改革开放前,非农业人口判断的主要依据为是否由国家来供给商品粮,有些从事非农业劳动但未享受国家粮的人口仍然被视为农业人口。在城乡二元体制中,市民是享受国家特殊庇护的群体。"市民"与"城市人口"也有所区别,"城市人口"即居住在城市地区的人口,与农村人口相对,而"市民"则是被制度化地赋予市民身份的对象,也是享受市民权益的特定群体。可以说,作为一种优势身份的"市民"是城市获得胜利的结果。[①]

中文的"市民"最常见地被翻译为英文 citizen,但西方意义上的 citizen 不仅是一个与居住地相关的群体定义,更是一个阶层的、带有特权色彩的概念。在古希腊和古罗马,公民权都被限定在特定群体之中。[②] 在中世纪欧洲,citizen 主要指向因商品交换和城市发展而产生的手工业者和商人等(杨凤,2014:40)。后来居住在商业城镇中的"市民"被称作市民阶层(burgers burgertum bourgeoisie)。以上对于citizen 的集中指称与《中华法学大辞典》中对"市民"的释义一致。[③] 近代都市文明

---

① 早在商、周、春秋和战国时期,古代都市(城邑)已经被称为人们社会生活和经济生活的中心。到了商代,城墙和壕沟、城门一起被视为城中有灵之处,因而被看得很神圣(被称为城隍)(斯波义信,2013:4)。

② 在古希腊城邦时期,雅典的市民权排斥女性。在古罗马时期,市民权仅限于罗马人。

③ 根据《中华法学大辞典·宪法学卷》的定义,"市民"主要有三种含义:一是专指古罗马时期享有公民权的罗马人,以此有别于没有公民权的"外来人"。二是专指中世纪末期欧洲以商人和手工业为主的城市居民。随着市民在国家经济、政治地位的提高,与僧侣和贵族共同构成了三支重要的社会力量,后逐步分化为资产阶级、无产阶级、小资产阶级和城市贫民。由"市民"初步形成的资本主义社会亦被称为市民社会。三是泛指城市中的居民(许崇德,1995:665)。

中形成的"市民"(citizen)①具有与传统农民不同的社会特质。peasant 和 citizen 并非仅是生产方式上的区别,而更多地涉及政治、社会、文化层面的区别。农民(peasant)的本质是依附性的社会成员,"市民"(citizen)则具有自发社会的特点。从 peasant 到 citizen 的过程也是个人从其依附于的身份共同体中脱离出来,实现了从身份到契约、从服从到交换、获得市民身份(citizenship)所包含的权利与责任的过程。②

事实上,"市民"更多地作为一种社会文化的建构而产生,其含义远远超出了"城市居住者"或"从事非农活动"的本意,因此有必要考察"市民"身份转型与构建的社会文化机制。可以看到,"市民"在不同方面被建构为一种优势身份。首先,在经济方面,"市民"被认为比农民更具有经济潜力。资本主义经济增长对工业的依赖带来了对"工业"本身的追求和信仰。在"工业原教旨主义"的标签下,"农民"被视为在经济刺激面前行为异常的群体。尤其是贫困地区的农民,通常被打上"懒惰""挥霍者"的印记(舒尔茨,2015:4)。相反,市民则被视为具有经济理性并富有绩效的。其次,在文化方面,市民被认为比农民更富有现代文化特质。城市空间形成了一种特殊的生活方式和社会关系形式,孕育了特有的城市文化资本而被市民所拥有,并形成了建立在理性和契约基础上的社会关系网络。市民被认为是与现代社会文化和组织方式更具有配适性的群体。

在历史的进程中,"市民"的建构是有效性与合法性生产的统一,前者是工具性的,后者是评价性的。③ 近现代"市民"脱离较低的政治身份而成为优势身份,离不开国家的构建、塑造和推动。工业化以来,城市凭借其生产、交换、消费等特殊功能而成为财富和资本汇聚的空间(杨宇振,2016:8),这构成了政治权力合法性的重要基础。从国家税收的构成来看,最大来源是企业税收。在地方财政收入项中,除

---

① 西方意义上的"citizen"有着特殊的含义,与今天所说的"市民"有较大差异。中国的"城市"与西方近代的"城市"不是一个概念。梁启超曾在《新民说》中说道:"盖西语所谓市民(citizen)一名词,吾中国亘古未尝有也。"

② 也是在这个意义上,秦晖认为改革前的中国并没有农民(peasantry)与市民(citizen)的区别,而只有农民社会中的不同等级身份阶梯之别(秦晖,1999:18)。

③ 西摩·李普塞特(Seymour Martin Lipset)谈到政治制度的"合法性"问题时,将"有效性"定义为实际的行动,即在大多数居民和大企业或武装力量这类有力量的团体看政府的基本功能时,政治系统满足这种功能的程度。"合法性"的定义为:政治系统使人们产生和坚持现存政治制度是社会最适宜制度之信仰的能力(李普塞特,2011:47)。

了耕地占用税,整个国家税收体系主要不再依靠农村土地和农业活动。"市民"在现代化语境下的优势来源于在现代社会相对富有生存力和竞争力,而现代国家建构的首要任务就是塑造与现代国家、现代经济体系、现代社会相匹配的成员,这带来了国家对市民的特殊偏好。可以看到,许多发展中国家的发展策略都突出地具有"城市偏向"的烙印。发展经济学的一个重要提问是:为什么发展中国家在政策上形成并长期保持了这种偏向性的特点? 主要的解释有三种:第一种是制度需求解释,认为城市偏向的政策是国家完成工业化需求的手段;第二种是制度收益解释,认为城市偏向的政策一方面源自农民在政治话语上的缺乏,较少地能够对政策产生影响,另一方面源自一个不断增长的在城市偏向的政策中收益的群体;第三种是制度均衡解释,认为城市偏向政策来自城乡利益集团博弈。

三、被问题化的"农民"和"农村"

与农民市民化直接相关的,涉及"农民"与"市民"两个基本概念。无论是"市民"还是"农民",讨论之初便离不开这样一个问题,即我们究竟在何种意义上讨论农民或市民。无论在东方还是西方,"农民"都是一个充满争议和多元性的概念。相较于经济学将"农民"视为经济人,社会学的"农民"更多指的是一种身份农民,是特定身份体系和等级秩序中的一个阶层。

在西方,早期古典主义将"农民"(peasant)视为个体农业生产者(不包括居住在农村从事非农活动的农村居民)。[①] 后现代主义立场下的农民研究将"农民"视为宗法社会或工业社会的成员,马克思则将"农民"视为在特定生产关系之中缺少生产资料占有的群体,以上构成了黄宗智所言的形式主义、实体主义及马克思主义传统的"农民"定义(黄宗智,2000:30)。在国内,"农民"主要通过职业和户籍来定义:以职业来定义农民,即指从事农业生产的人口;以户籍来定义农民,即指户口属于农村或具有农业户口的人口。由于城乡二元结构背景下的户籍具有世袭特点,

---

① "Peasant"在拉丁语意为"异教徒、未开化者、堕落"等(陈胜祥,2015:7)。需要注意的是,在英语中,"farmer"和"peasant"需要进一步做出区分。在经典人类学著作中,peasant 是传统农业社会的成员,而 farmer 则是一个职业概念,与现代社会相匹配。从"peasant"到"farmer"的过程,就是农民逐渐从依附关系中脱离出来,逐步转变为资本主义市场中的职业农民。

农民因此具有了阶层意涵。林后春曾在20世纪90年代初期归纳了13种有关"农民"的不同观点(林后春,1991),其中可以看到有关"农民"的观点大致可以分为两种认识取向:一种是限定性的取向,即把"农民"限定在特定的地域、生产方式、经济社会共同体中的一员来加以认识;另一种是对照性的取向,比如与"市民"对照来认识"农民",与"旧农民""新型农民"对照来认识过渡中的农民等,即将"农民"作为一种差异性的社会类型来加以认识。不过,"农民"本身越来越成为一个多元化且日渐模糊的概念。①

在现代化语境的激进建构中,一方面是城市和市民的优势获得,另一方面则是农村和农民开始屈服于城市的统治,也使东方开始从属于西方(Marx et al., 1952:47)。反思中国近代以来的农村和农民的发展,出于对现代化指标的认同,农民和农村在发展主义的话语中处于被动和溃败的境地。20世纪以来,乡村的正面形象开始负面化。在现代化意识形态的主导下,农民和农村被认定为一种欠缺现代性的"落后",农民和农村成为"问题"(梁心,2012:12—13)。在政治上,乡村与政治的隐秘关系构成了"乡村性的政治",传统农民身份被认为可能威胁国家身份的建立。这一点能够在中华人民共和国成立后国家废除传统农村社会中地方性的绅权、族权、神权及夫权,并确立国家绝对权威的历史进程中看到。一方面,农民的政治身份在现代民族国家的政治框架下重新得以确立;另一方面,在经济上,农民的地位在生产方式的变革中趋于边缘。在社会文化上,城市和市民凭借其商品生产和财富积累上的优势和现代化的社会文化样态,强势地弱化着农村和农民在现代社会中的角色。②

"农民"与"市民"之间的第次排列在竞争优势、边际效益、符号价值等方面全面展开。中国作为后发现代化国家进行的民族国家建设和现代化建设所要解决的三个基础性的问题分别是:政治上抵抗衰败,增强国家政权现代化的能力;经济上促进发展,增加国家政权的合法性;社会上驱逐失序,增强现代国家的内在整合。也

---

① 在西方国家,当前对"农民"的判断越来越多地出现了新的标准。比如,在美国以一年生产了多少价值的农产品作为判断是否为农民的标准;在欧洲,以一天从事多少小时的农业生产作为获得政府农业补贴的标准。农民是全职还是兼职?是职业还是生活方式?对于农民的定义具有多重性。

② 莫里斯·迈斯纳(Maurice Meisner)认为,农村和农民的角色在现代史中甚至以反面角色出现。(迈斯纳,2005:27)

正是在这一过程中，农村和农民实际上持续面临不断被边缘化和问题化的风险。"市民"的优势建构与"农民"的问题化和边缘化一体两面地构成了农业转移人口市民化的时代背景。

第二节 封闭型选择：中心化运作的市民化进程(1949—1999 年)

亚洲是一个典型的农民大洲。作为世界农业发源地之一，中国早在六千年前就有了农村。在数千年的历史变迁中，农村人口始终是中国人口的主体[1]，但是这并不意味着中国农民是缺乏流动机会的。在近代中国，城乡之间人口的流动是具有一定程度的自由性的，这一点我们可以从一些关于城乡之间"流动人口""流民""游民"的史料记载中窥探到。人口流动不仅较为频繁[2]，也有大量来自农村的流民进入城市图谋职业。[3] 可见，当时对于城乡之间的人口流动并没有严格的制度门槛，对于流民的城市政策也是较为包容的。[4] 甚至各省都有一些官办的移民工厂，用来解决流民的失业问题。但是整体而言，近代中国城乡之间的迁移率是比较低的。大部分农民安土重迁，流动者主要为自由职业者。

中华人民共和国成立以来，农业转移人口的乡城流动和市民化与经济体制改革、国家政策制度的变革以及社会的整体发展紧密相关。从历时的维度来看，不同历史时段的农业转移人口市民化具有不同的时代特点。计划经济时期，农业转移人口的市民化进程极大地受到国家力量的影响，整体被抑制在低水平上。改革开放以来，农业人口向非农部门和城市大规模地转移，由此成为城市发展的主要动力

---

① 盛唐时期，由于对农民实行轻徭薄赋，田野间户数大增。天宝 14 年(755)间，中国有耕地 14.3 亿亩，农村人口 4 760 万，占当时总人口的 90%。1578—1834 年，特别是清朝全盛时期，农村人口得到迅速发展。1834 年，中国总人口超过 4 亿，其中农村人口占全国人口 90%以上(姜涛，1998：24)。

② 比如 19 世纪汉口保甲制(地方的自卫制度)的调查表明：当地人和外来人各占人口总数的一半，有些坊、巷中没有当地人，九成是"流寓"人口(保有原籍，不断往返原籍地和居住城市的人口)，剩下的一成是在此居住了一两代的人。这一现象与当时上海的状况相吻合(斯波义信，2013：101)。

③ 陈泠僧曾在《上海游民问题》中说道："我国因为内乱外侮，生产落后，农村破产的情形之下，内地不易谋生，一般人民，纷纷来沪，图谋职业。"(陈泠僧，1934)

④ 当时有一些收容移民的团体。以上海市为例，游民习勤所收容人数 600 余名，如临时庇寒所，人数最多时约 4 000 人(陈泠僧，1934)。

（参见图 2-1）。从农业转移人口市民化的历史进程来看，除改革开放这一重要时间节点外，另外一个重要的时间节点同样给市民化的宏观进程带来明显转变——以 2000 年为启动标志的户籍制度的实质性改革，改变了市民身份运作的基本方式，使农业转移人口市民化进入新的选择性时代。以 2000 年为节点，笔者将市民化进程划分为中心化运作的封闭型选择时期（1949—1999 年）和地方化运作的开放型选择时期（2000 年以来）。具体到封闭型选择时期，又可以大致划分为新中国成立恢复时期（1949—1957 年）、国家工业化时期（1958—1977 年）、经济转型初期（1978—1999 年）三个阶段。

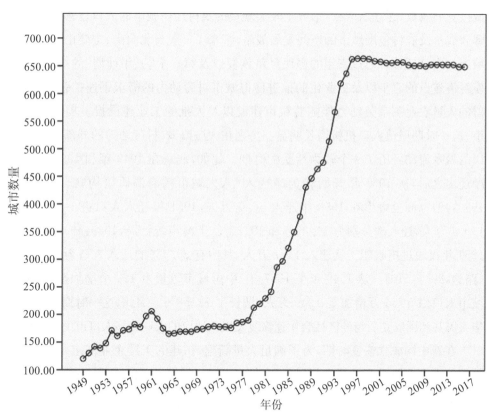

图 2-1 1949—2016 年中国城市数量变化图

数据来源：1949—1977 年城市数量（不含港、澳、台地区）来自《新中国五十五年资料汇编》，中国统计出版社 2005 年版；1978—2014 年城市数量（不含港、澳、台地区）来自《中国民政统计年鉴》，中国统计出版社 2011 年版和《中国城市统计年鉴》2010—2016 年。途中城市数量为直辖市、地级市（含副省级市）和县级市数量加总。

一、新中国成立恢复时期农业人口的低速转移(1949—1957 年)

在建立新政权后,中国社会经历了一个人口调整以及国民经济有序恢复的时期,并带来早期工业化时期农业人口的低速转移。早期工业化时期又通常被称为"前户籍时期",主要指这一时期城乡之间的人口流动没有正式制度的约束,尽管存在一定有组织的迁移,人口在整体上可在城乡之间自由流动。其时间段大致以中华人民共和国成立为起点,一直到人民公社体制成立之前。

新中国成立后,因政权更替带动了城镇人口快速的机械增长,大批干部迁移进城接管旧政权,建立新政权,形成了较大规模的农村迁往城市的人口迁移潮。中国解放战争及农村包围城市的空间发展战略,带来了一股自北向南、主要由农村迁向城市的人口迁移。通过三年的国民经济恢复以及第一个"五年计划"的执行,大规模经济建设的起步以及工业化的推进使得城市对劳动力的需求迅速扩张,农村滞留的大量农业剩余劳动力伴随着城市建设以及大批的工业建设投资项目进入城市,这一时期城镇人口机械增长明显。特别在大城市,农村劳动力的外部转移和人口的城乡流动经历了一个较为活跃的时期。比如,北京在 1949 年和 1950 年人口净迁出之后,从 1951 年开始转为净迁入(八大城市政府调研机构联合课题组,1989:49)。而上海市在 1950 年迁入 56.7 万人,1951 年迁入人口进一步增加到100.4 万人,迁入率分别为 11.39% 和 19.22%(上海市统计局,1989:49)。天津市1951 年仅通过招收职工就迁入 14.7 万人,其中有 86.4% 的迁入人口为农村人口(路遇,2004:516)。从 1949 年至 1957 年,中国城市数量由 120 个增加至 173 个,城市人口由 5 765 万增加至 9 949 万人,增长了 72.58%。因此,这一时期出现了中华人民共和国成立后与经济社会快速恢复发展相适应的农业转移人口市民化进程。

在新中国成立恢复时期,为了满足大量新建、扩建的工厂企业需求,除了从农村招收大批农民进入城镇,还吸收了大量自发进入城镇就业的农民,当然这也与当时政府相对自由的乡城流动政策紧密相关。1951 年出台的《城市户口管理暂行条例》,特别突出了维护社会治安,保障人民之安全及居住、迁徙自由的目的。[①] 1952

---

① 该条例第五条对户口变动中迁出、迁入做出了如下规定:"凡迁出者,得于事前向当地人民公安机关申报迁移,注销户口,发给迁移证","凡迁入者,须于到达住地三日内,向当地公安派出所申报入户。有迁移证者,应呈缴迁移证;无迁移证者,应补交其他适当证件"。

年,中央政府针对城市各种失业人员的就业问题以及城乡大量剩余劳动力充分就业等问题,颁发了《政务院关于劳动就业问题的决定》,提出了组织移民开荒的必要性。其中对大量农村剩余劳动力问题提出了跨地区的同部门转移(前往东北、西北和西南地区)和跨部门转移(从农村吸收整批的劳动力)的两条转移思路。考虑到农村剩余劳动力的数量庞大和城市有限的吸收能力,对于农业转移人口乡城流动的政策引导主要依靠"说服"而不是刚性限制。

整体来看,新中国成立恢复时期形成了农业人口的低速转移模式。这种低速转移模式与这一时期的国民经济发展状况和农工部门关系形成了匹配关系。新中国成立恢复时期采取了重工业优先的国家发展策略,为农业人口的跨部门、跨地区转移创造了机会和制度化的渠道。但是,由于重工业属于资本密集型产业,对就业的带动能力较弱,因此能够吸收的农村劳动力是十分有限。重工业的优先发展必然带来两个后果:一是从农业中汲取资本,并且通过统购统销制度、抑制流动性的人口政策等来服务于农业汲取;二是带来了资本要素和劳动力要素城乡分配的阻隔和不均,资本要素过度集中在城市,而劳动力要素过度集中在农村。在新中国成立恢复时期,国家力量对农业转移人口市民化的影响并不直接,并且由于这一时期尚未建立起城乡二元的户籍制度,因此是一个短暂的人口自由流动期。

二、国家工业化时期农业人口的不稳定转移(1958—1977年)

以1958年实行"大跃进"和人民公社化运动和户籍制度出台为标志,农业人口的非农转移和城市转移正式进入国家在场和主导的时期。从1958年至改革开放前,农村劳动力的外部转移总体处于停滞和萎缩的状态。通过计算可以发现,在户籍制度严格限制人口乡城流动的时间里(大致为1960—1980年),城市人口每年平均增长率2.45%。与1949—1957年相比,城市人口年增长率相差4.75%,减掉1960—1980年中国人口平均增长率(2.02%),这意味着无户口限制和有户口限制时期城市人口的年增长率降低了2.73%。具体而言,国家工业化时期又可以细分为两个阶段:第一个阶段是"二五"时期(1958—1965年),第二个阶段是"三五"时期(1966—1977年),不同时期的农村劳动力转移又具有不同的制度环境和特点。

在"二五"时期,全国范围内的大炼钢铁使耕地面积迅速减少,城乡人口开始呈现显著波动。在"大跃进"期间,农村劳动力转移经历过一个短暂的高增长时期。

三年间,城镇人口增加了3 000多万,并且主要为机械增长,1960年城镇人口比重达到了新中国成立以来的最高峰。1957—1960年粮食产量下降了24.4%,但非农职工却增加了2 500万人,其中近2 000万人来自农村(陈玉光 等,1986:145)。从1961年开始,大规模农村劳动力的外部转移在"虚假的需求幻象"破灭后陷于停止,大量农村人口涌入城市后又被赶回农村。企事业单位不仅停止从农村中招收工人,一部分农村劳动力也因单位精简而返乡。① "三年调整"使城镇人口锐减2 600万,职工削减近2 000万(陈玉光 等,1986:145)。在"三五"时期,"重工轻农"战略重新复归。20世纪70年代兴起了村社办工业,到1977年,社办工业劳动力达到了892万人(农林渔业部计划司,1983:46)。另外,这一时期出现了人口从城到乡的逆向迁移,主要是1 700万知识青年上山下乡、干部下放接受工农再教育等,以及因沿海工业向内陆转移而带来的城市劳动力迁移。

尽管工业发展带动了一部分农业劳动力的非农转移,但是规模和制度空间仍然是非常小的。国家通过一系列制度安排(包括户籍制度、人民公社制度、单位制度等)对经济、社会生活完成高度控制,国家与社会成员之间形成了一种直接控制支配结构。严格控制农村人口流动、制度化地汲取农业农村资源②成为快速推进工业和城市发展的现实策略。在国家工业化时期,农村合作化运动和人民公社体制使"以农养工"通过汲取农业降低工业化成本成为可能,大部分农村劳动力被限制在村以下③,并在政治、经济、社会文化等多方面被整合进人民公社之中。在推动国家工业化发展的同时,农村和农民的发展几乎陷入停滞。1958年农业人口的人均农业产值仅为102.26元。到1971年,农业人口的人均农业产值依然仅为

---

① 为了减少城镇人口,中共中央、国务院于1963年发布了《关于调整市镇建制、缩小城市郊区的指示》,其中明确了"城市人口"的统计口径:市总人口包括市区人口和郊区人口;市区和郊区的非农业人口列入市的城市人口;而市区和郊区的农业人口列入乡村人口(中国社会科学院人口研究所,1985:96)。

② 农业是为工业化建设提供国内储蓄和投资的主要来源。在国家工业化时期,农业以农牧业税收、储蓄以及工农产品价格"剪刀差"等形式向国家工业化提供资金支持。以1952年为例,农牧业税为27.4亿元,所占比重为28%,可见农业部门在国家工业化初期所具有的重要性(郑有贵,1999)。

③ 1962年中国共产党第八届中央委员会第十次全体会议通过的《农村人民公社工作条例》第四十六条指出:"人民公社社员,都应该提高社会主义觉悟,在公社内必须履行自己一切应尽的义务,每一个社员都要遵守国家的政策、法令,执行社员代表大会和社员大会的决议。每一个社员都必须爱护集体,自觉地遵守劳动纪律,同损害集体经济和破坏劳动纪律的现象作斗争。"

102.66 元(农林渔业部计划司,1983:106)。1957 年农村人均分配到 203 公斤口粮,到 1977 年仅增加到 208 公斤(陈建波 等,2009)。一直到改革开放前,农产品的商品率被压制在极低的水平,国家统派统购的比重占农副产品总额的比例达到84.7%(诸振强,2006)。同时,农村劳动力的基本现状是 2.94 亿人被组织在 5 278个公社之中。公社总人口超过了 8 亿(约翰逊,2013:5)。然而,在"政社合一"的组织中,农民内部的收入差异并没有减少(薛暮桥,2012:99)。农村劳动力在政治上、经济上及社会上同时被限制在人民公社之中。与此同时,户籍制度在这一时期被正式建立起来,并且与其他制度(主要是生活必需品的计划供应制度以及统包统配的劳动就业制度和福利保障制度)相互关联,成为控制农业转移人口乡城流动的规模和速度、服务国家治理目标的主要治理技术。在 1975 年宪法中,自由迁移流动的公民权利被删除。与同时期其他国家的城乡人口变动情况来比较,中国城市人口的增长率明显是偏低的(表 2-1)。农村人口占总人口的比例长期维持,农业人口与农村人口一直较为接近。

表 2-1　发展中国家城市与乡村人口年平均增长率　　　　　　　　(%)

	1950—1960 年		1960—1970 年		1970—1980 年		1980—1990 年		1990—2000 年	
	城市	乡村	城市	乡村	城市	乡村	城市	乡村	城市	乡村
所有发展中国家	4.7	1.4	3.8	2.0	3.6	1.7	3.4	1.3	3.4	0.9
低收入	4.9	1.4	3.3	2.1	3.1	1.9	3.1	1.4	3.6	1.0
中等收入	4.2	1.8	4.2	2.0	4.2	1.8	4.0	1.4	3.8	1.0
高收入	4.4	1.1	4.2	0.8	3.0	0.3	3.3	0.1	2.0	0.0
中国	7.2	0.8	2.9	2.2	2.0	1.8	1.7	1.1	2.7	0.6

数据来源:UN, Urban and Rural Population Projections 1950 - 2025: The 1984 Assessment, New York, 1986.

整体而言,国家工业化时期农业人口的转移极大地受到政治力量的干预,城乡联系被人为地切断,农业转移人口市民化的总体进程突出地表现出以下几个方面的特征:

(一)"超稳态"的经济社会结构

这一时期制度化地建立起了城乡二元的封闭型社会,由此在计划经济时期创造了"超稳态"的经济社会结构(程超泽,1995:60)。为了与国家工业化的发展战略相协调,形成了农业支持国家工业化发展的战略,并在整体上建立了一整套与之相匹配的城乡政治、经济、社会结构,其目标是在工业化的推进上实现低成本、总动员和高汲取。因此,农业集体化运动在农村地区展开,极大地改变了农业生产和农村社会的组织方式,也使得农业人口被限制在国家化的耕作单位中难以实现转移。从1953年统购统销政策形成到1958年人民公社体制成立,农民个体被纳入到国家化的耕作单位之中,由此也压制了农业人口向非农部门和城市地区转移的可能。许多公社的规模甚至囊括了一个县的全部人口(许涤新,1982:9—10),在组织上形成了以平均主义的生产和分配方式为主导的封闭型的农村生产生活体系。

(二) 高度限制性的市民化通道

这一时期,在封闭型的城乡二元社会基础上,经由中央政府的中心化运作,形成了具有高度限制性的市民化通道。[①] 农业户口转城市户口需要得到两步批准:第一步需要获得中央政府的批准,第二步是获得当地政府批准的当地户口。"农转非"主要由国家主导,新市民的选择主要通过国有企业招工、征地、招生、招干等渠道来完成。整体而言,这一时期的劳动力配置极大地受制于非市场力量的影响,劳动力作为一个重要的生产要素由国家固定并配置,并且匹配性地产生了固定劳动力的户籍制度及其相关的劳动就业制度、福利制度、消费品供应制度等。以压制要素流动为主要特征的劳动力低效使用成为这一时期农业人口转移的重要特点。到改革开放前(1977年),82.4%的中国人口居住在农村地区,94%的农村人口从事农业生产(中华人民共和国国家统计局,1992,1993)。1952—1978年,农业产出的比例从57%降低到32%,农业劳动力的比例从88%降低到76%,远低于农业产出下降的比例。通过人为阻滞农民的职业分化和地域流动来保持城乡社会结构的稳态,由此形成了一种独特的"不迁移经济",即国家、集体、个人都在不迁移中获得收益。

---

① 1958年出台的《中华人民共和国户口登记条例》明确规定:公民由农村迁往城市,必须持有城市劳动部门的录用证明,学校的录取证明,或者城市户口登记机关的准予迁入的证明,向常住地户口登记机关申请办理迁出手续。

（三）转移人口主动的市民化选择

这一时期在国家工业化的政策放松时期,在诱致性制度变迁下出现了农业转移人口主动的市民化选择。据估计,20世纪50—70年代,农村新增了约2亿剩余劳动力(蔡昉,2001:4),这为农业人口向非农部门和城市的转移创造了人力资源的储备。在"大跃进"时期和国民经济调整改革时期,一系列压制农民流动性的制度安排得到局部调整,农业转移人口市民化在不稳定的制度变动下出现短时期的活跃波动,但整体受到制度的刚性限制。从当时的历史条件来看,国家工业化的发展路径具有历史合理性,但是其演进的制度成本是相当高昂的,对城乡关系造成的影响是相当深远的。

三、经济转型初期农业人口的快速转移(1978—1999年)

在新中国成立恢复时期和国家工业化时期,整体上呈现出中央政策中心化干预下的市民化进程。农业剩余劳动力转移较好的结果是农民就业人口比重和农业劳动力的绝对数的同时下降。数据表明:1952—1980年(大致是新中国成立恢复时期到改革开放的时间段),农业就业人口的比重下降了11%,但是农业劳动力的绝对数增长了74%。[①] 因此在改革开放以前,农村剩余劳动力实际上大量积压在农村,对农业和农村发展造成持续的人口压力,而在城乡分割的状况下非农业劳动力的增加大部分靠的是城市人口的自然增长而非机械增长。改革开放以来,市场要素开始替代政府计划,农业人口进入市场要素导向下的快速转移时期。农业人口开始突破地域边界,向非农部门、向城市大规模转移。1955—1980年,非农业的户籍人口与城市人口数量基本持平。而从80年代中期开始,两者间的比重开明显拉开差距,乡村常住人口比例也持续下滑(参见图2-2)。在经济转型初期,农业人口向非农部门、向城市的转移主要经历了三次浪潮。

第一次浪潮是20世纪70年代末到80年代初的"离农不离土"时期,农业剩余劳动力主要通过农业部门内部的结构分化来完成转移。这一时期,引导农民开展

[①] 与发达国家集中发生农业转移人口市民化的30年相比(大致是20世纪50年代到80年代),像美国、英国、日本这样的国家农业人数绝对下降幅度都超过了50%,甚至达到60%(陈家骥,1990:76)。

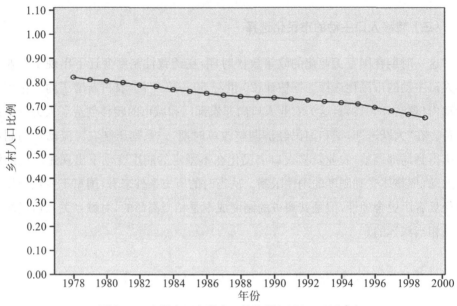

图 2-2　乡村人口占总人口的比例(1978—1999 年)

多种经营①等农业政策的调整为农业人口的"离土"创造了制度空间,农村剩余劳动力通过村办企业、乡镇企业及私人企业获得了非农化的机会。1978—1983 年的五年间,农村个人收入从 134 元增加至 310 元。家庭收入中来自于集体的比重从66.3%降低到了 54.7%(中华人民共和国国家统计局,1985:94—97)。但是由于城市面临较大的就业压力,城乡流动的政策较为严格②,农民被严格禁止从乡村迁移到城市生活。从 1978 年到 1982 年,获得城市就业的农村人口总共只有 505 万人(Perkins,1986:52)。直到 1984 年,仅有一些郊区农民可以早上进城、晚上离开来补充城市的服务业和非正式部门劳动力。因此这一时期,城乡之间对于农业转移人口而言仍然是难以跨越的边界。

　　第二次浪潮是 20 世纪 80 年代中期到 80 年代末期的"离土不离乡,进厂不进

---

①　国家农委《关于积极发展农村多种经营的报告》(1981 年 3 月 30 日)提出要积极发展多种经营,大力发展商品经济。

②　1980 年出台的《进一步做好城镇劳动就业工作》提出:"对农业剩余劳动力,要采取发展社队企业和城乡联办企业等办法加以吸收……控制农业人口盲目流入大中城市。"1981 年,中共中央、国务院《关于广开门路,搞活经济,解决城镇就业问题的若干决定》明确提出:"对农村富余劳动力,要通过发展多种经营和兴办社队企业,就地适当安置,不使其涌入城镇……继续清退来自农村的计划外用工。"

城"时期。十一届三中全会后,农村经济发展呈现出了新景象,这突出地表现在80年代中后期到90年代初期农村工业快速而繁荣的发展,中国农村由此经历了"企业家的十年"(Huang,2008)。非农部门相比农业部门在劳动力吸收上表现出明显优势。1984—1988年是乡镇企业得到空前发展的五年,吸纳劳动力的能力达到每年新增1084万人,全国乡镇企业职工总数一度接近全民所有制单位职工的数量。90年代,农村工业在一些地方集聚发展,包括广东、浙江、福建、江苏南部。根据调查,1988—1995年,小企业成为农业转移人口职业非农化增长速度最快的部门(Chen et al.,1999)。这一时期农业劳动力转移的主要模式是在城乡二元体制的存续中,在农村内部实现农业人口的跨部门转移。与此同时,80年代中期对于农民进入城镇落户也开始放宽政策限制①,给农业转移人口的市民化带来了一定的自主性。"离土不离乡,进厂不进城"模式的形成有两个重要的推动力。一个推动力是改革开放前农业在国家经济中的主要功能是支持工业。以农业的资源提取来支持城市工业发展的模式在80年代得到了反转。农村经济的多元化和农村市场的再造使乡村工业的发展构成了地方财富的主要来源,从1978年到1990年,全国乡镇企业和村办企业的税收总额由22亿元增长至275.5亿元,农村工业产值占全国工业总产值的24.3%(《中国乡镇企业年鉴》编辑委员会,1989:569)。另一个方面的推动力来自家庭联产承包责任制推行后,农村家庭在农业"去集体化"的背景下成为独立的生产、结算和收益单位,切断了基层政府直接获得农业收益的来源。80年代的财税改革为地方政府推动农村工业、整合地方利益给予了足够的动机。

第三次浪潮是20世纪80年代末期至90年代末期的"离土又离乡,进厂又进城"时期。80年代中期开始,经济特区的建设以及城市中私营部门、非正式部门的发展带来了对外来劳动力不断增长的需求。也正是在这一时期,与户籍制度一并对人口流动产生限制的口粮计划供应制度的取消,极大地推动了农业转移人口向城市非农部门的快速转移。伴随着我国市场化改革和城市化的增速,政策上的"承

---

① 1984年10月13日,国务院发出《关于农民进入集镇落户问题的通知》(国发〔1984〕141号)指出:凡申请到集镇务工经商、办服务业的农民和家属,在集镇有固定住所,有经营能力,或在乡镇企业单位长期务工的,公安部门应准予落常住户口,及时办理入户手续,发给自理口粮户口簿,统计为非农业人口(中华人民共和国国家统计局,1985:90)。但是在80年代末,随着经济紧缩,农村劳动力外出的限制又加强。1989年国务院《关于严格控制民工盲目外出的紧急通知》提出,对外出务工有效控制、严格管理。

认流动、接受流动、引导流动"①为农业转移人口的市民化创造了更多的自主和合法的空间。80年代末期至90年代农业劳动力转移的重要特点是放宽了户籍制度对于乡城流动的限制,开始发挥城市在增长和发展上的聚集效应,农业转移人口作为劳动力要素的自由流动开始真正出现。到了90年代中期,进城农民工的数量已经占到农村劳动力总人数的18%(Zhao,2000:15—33)。在这一时期,尽管国家开始对农业实行高保护,但并没有减缓农业转移人口的外出。在经济转型初期,农业转移人口的市民化伴随着不充分的城市化而展开。相对于新中国成立恢复时期和国家工业化时期,经济转型初期作为劳动力的农业转移人口,无论在部门上还是在地区上的流动都具有更多的选择空间;然而,这并不意味着农业转移人口的社会身份转换和社会流动在同步推进。

整体来看,从中华人民共和国成立到新世纪来临前,跨越半个世纪的时间在制度上形成了由中央政府主导的中心化运作的市民化进程,以强有力的制度和行政手段形成了限制农业转移人口获得市民化机会的选择性体系。其重要的结构性背景是城乡之间建立起来的封闭型的二元社会体系,农业转移人口的市民化主要经由几个有限的渠道少量地实现,比如参军、婚姻、上学、工作分配与调动,以及城市工厂招工等。在经济转型时期,大量的农业转移人口开始转向非农部门和城市,但其市民化进程并未同时展开。经济转型时期严格的行政限制开始放松,但农村劳动力的城市转移仍然受到行政上的审批制约,比如需要"三个证明"和"一张卡"。农业转移人口的市民化进程仍然被局限在制度的刚性限制中。为什么在相当长的时间段中形成了以封闭型选择为主要特征的市民化进程?主流的解释来自"国家偏好说",也即因为国家出于对城市发展和工业化的偏好(Whyte,2010:1—25),实施了有限资源在城市内部的封闭以及对城乡居民分而治之的治理策略。② 问题是,分割的社会体系和被限制的人口流动根本上是因为制度偏好吗?笔者认为,实

---

① 1993年中国共产党第十四届中央委员会第三次全体会议通过的《中共中央关于建立社会主义市场经济体制若干问题的决定》,鼓励和引导农村剩余劳动力逐步向非农产业转移和在地区间有序流动;1994年劳动部颁布《农村劳动力跨省流动就业管理暂行规定》;党的十五届三中全会《中共中央关于农业和农村工作若干重大问题的决定》,再次明确农村劳动力流动就业的思路。

② 迈克·利普顿(Michael Lipton)在研究农民贫困问题时使用"城市偏爱"(urban bias)一词。他认为强有力的城市利益剥夺并主导了农村的贫穷。农村部门包含大部分的贫穷以及低价的潜能优势,而城市部门包含大部分的资本、组织和权力(Lipton,1977:17)。

际上很难用"乡村偏好"抑或"城市偏好"来简单解释中华人民共和国成立以来农业转移人口市民化历史嬗变的深层逻辑。在功能主义解释①之外,笔者尝试给出一种机制性的解释,即关注 1949—1999 年这个历史时间段中形塑选择性市民化的形成机制。以"封闭型选择"为特点的市民化进程主要是通过以下几个重要机制来产生的:

(一) 中心化运作的抑制机制

通过全国层面统一的户籍制度、统购统销制度、口粮分配制度等,形成了国家对城乡人口流动的中心抑制能力。基于社会资源、社会机会、社会权利的城乡分配差异,以中央政策为主体中心化地建构了城乡二元身份体系,并选择性地赋予身份转换的少量机会。农业人口和非农业人口嵌入稳固的身份体系之中,国家通过抑制分化、抑制流动和抑制需求来完成人口和社会结构的再造。在中心化运作的市民化进程中,国家政策具有群体统一性,中央政府对城乡居民的社会福利供给具有直接性。

(二) 中心化运作的汲取机制

封闭型的城乡二元社会体系不仅通过抑制机制来塑造稳态的经济社会结构,同时通过对城乡资源的中心控制来使国家对资源的汲取和分配成为可能。汲取机制主要通过人民公社体制和单位制的建立来完成,城乡经济要素和劳动力要素借由国家化的再造进入国家支配的范畴。以农业汲取来助推工业发展,注重投资而抑制消费,中心化运作的资源汲取机制为国家工业化发展的资本原始积累提供了机制性的支持,但直接结果是对农业转移人口市民化造成了不平等的机会排斥。

(三) 中心化运作的适应机制

"封闭型选择"的市民化模式以中央政府中心化的计划机制取代市场机制来对发展目标进行适应性的调整,从而能够最大限度地降低城市化成本来实现工业的发展。中华人民共和国成立以来的 30 年,中央计划体系有效地分离了城市和乡村

---

① 功能主义的解释认为封闭型的选择体系(特定的社会安排)在功能上服务于工业对农业、城市对乡村的支配体系形成。

劳动力市场。改革开放前自上而下地形成了一套中央至地方的组织体系,在城市中实行单位制,在农村中实行人民公社制度,并借由户籍登记制度来对城乡人口流动的节律和规模进行控制,以此来适应不断变化的经济社会环境。

(四) 中心化运作的复制机制

威权主义体制下的政策执行具有极大的复制性,通过试点到政策全面推行,"封闭型选择"的市民化通过中心化的运作机制在全国范围内全面铺开。一系列社会安排使"市民"相对于"农民"产生了结构上的优势,也使市民在机会和资源拥有上成为更受益的群体。当这种优势被自我意识,又反向推动社会安排的再生产。

第三节 开放型选择:地方化运作的市民化进程(2000 年以来)

在中华人民共和国成立后的半个世纪里,农业人口向非农部门、向城市转移的制度限制不同程度地活跃于历史变迁之中。封闭型选择的市民化进程导致大量劳动力在农村的积压。与西方国家不同的是,大量剩余劳动力的产生并非农业生产率到达一定水平的自然结果,而是人地关系、社会政策导向、社会历史传统等方面导致的结果。20 世纪末,户籍制度逐步放松了对农业转移人口乡城流动的限制,这在很大程度上来自经济发展的必要条件——自由流动的劳动力要素和资本要素,但是对于农业转移人口市民化实质性的制度推动则出现在 21 世纪以来。以 2000 年小城镇户籍制度改革①和国家"十五"(2001—2005 年)规划纲要②的出台为标志,对于农业转移人口市民化的刚性限制退出历史舞台,农业转移人口基于自主选择的意愿而成为合法的城市居民首次在制度上被赋予了合法性(Wang, 2002)。

---

① 2000 年 6 月,中共中央、国务院下达《关于促进小城镇健康发展的若干意见》指出,为鼓励农民进入小城镇,从 2000 年起,凡在县级市市区、县人民政府驻地镇及县以下小城镇有合法固定住所、稳定职业或生活来源的农民,均可根据本人意愿转为城镇户口,并在子女入学、参军、就业等方面享受与城镇居民同等待遇,不得实行歧视性政策。对在小城镇落户的农民,各地区、各部门不得收取城镇增容费或其他类似费用。2001 年,《国务院批转公安部关于推进小城镇户籍管理制度改革意见的通知》(国发〔2001〕6 号)的下发,标志着在小城镇范围内基本形成了农业转移人口定居城市的开放制度环境。
② 《中华人民共和国国民经济和社会发展第十个五年计划纲要》提出,取消对农村劳动力进入城镇就业的不合理限制,引导农村富余劳动力在城乡、地区间有序流动。

以封闭型选择为特点的市民化进程开始转向以开放型选择为特点的市民化进程。①

一、地方化的市民身份

拥有市民资格,当前主要指在地方城市中获得市民身份,获得城市福利和经济、社会、文化权益。"身份"总是倾向与特定的空间结合,从而使地理空间成为富有意义的政治—社会空间。城市的"地方性"对于农业转移人口市民化具有重要影响。② 如果我们将农业转移人口的市民化纳入到情境中加以思考,可以发现,当代中国农业转移人口的市民化进程在多方面受到"地方性"的影响,"地方性"也越来越成为理解市民化的重要变量。在"地方"情境中,结构性力量与主体性力量相遇并互动。

农业转移人口并非无障碍地进行地理流动和社会流动,"地方性"具有政治经济意涵,既包含了有关地方边界管理与变动的信息,也提示着结构性力量对市民化产生影响的差异情境。同时,自下而上的市民化转型同样依赖"地方"——人们所居住生活的特定空间,它是与人们的意识以及对于空间的意义相关的存在。对农业转移人口主体而言,市民化的过程嵌入到在地方层面形成的个体经验和日常生活之中,并伴随着新地方身份的形成。因此,地方市民身份的形成实际上依赖两种不同的路径:一种是自上而下的制度化建构和赋予。地方市民身份是政治—社会空间形成的重要构成(Paasi,2002),主要用来标记边界。通常认为,"身份"(identity)是一种自我证明、自我定义的获得,但同时隐藏着社会、民族、文化上的冲突性,比如因特定群体与地域的结合而产生对"外来者"的社会排斥,而这种排斥主要是依靠身份获取的限制性来完成的。从根本上说,"身份"是一种群体类属,借由边界来从外部世界中进行自我确认。另一种是自下而上的主体建构,主要涉及社会成员对于"地方"的认知,包括对地区的物理空间要素、边界、文化、组织、社会

---

① 促动户籍制度改革的另一个重要动力是世纪之交国内经济买方市场的首次出现,拉动而非抑制内需和消费成为经济增长的主要动力,这在宏观上使得 20 世纪基于"封闭型选择"的市民化模式不再适应经济社会发展的需要。

② 20 世纪 90 年代移民研究者的兴趣点主要就集中于讨论"地方性"(locality)在移民进程中的重要性。

联系等方面的态度和归属等。地方身份在群体层面成为一种集体叙事,从而建构出有关于"我们""我们的地方"类似的认知。

户籍制度改革前,市民化主要涉及的是城乡地区之间的流动性和可及性。在户籍制度改革的背景下,不同地方的流动性和可及性开始显现出差异,"地方"超越"中央"而对农业转移人口市民化的实际进程产生更大的影响。2000年以来,各地户籍制度改革实践中出现了两个重要转变。一个是社会福利开始与户籍制度剥离,一部分基于户籍的城市福利开始向外来者开放。农业人口在城乡间的自由流动和平等权益作为一种正当的权利而一再被强调。另一个是许多城市建立起了城乡统一的户籍制度,不再区分农业户口和非农业户口。这意味着无论是否从事农业活动,都在市一级层面上享有了共同的市民身份。户籍制度改革不仅使地方政府成为市民身份的赋予方,也使得"市民身份"从农业—非农业的身份界分逐步转向了基于地方性的身份界分。

可以看到,农业转移人口获得市民身份的途径由中央政府中心化运作的"农转非"模式转向地方政府地方化运作的福利匹配模式。改革开放以来,形成了以"去中心化"和"开放"为基本线索的社会政策变革路径,这对农业转移人口市民化带来复杂而多面的影响。一方面,使市民身份的获得从中心化运作的封闭型选择转向了地方化运作的开放型选择。农业转移人口市民化进程的基本背景从城乡二元封闭走向开放。结构性力量和主体性力量对于市民化的选择性相互交织于地方。另一方面,市民化进程整体出现了"去中心化"的转向。中央政府对城乡居民社会福利供给从直接转向间接,地方层面的福利供给占据主导地位。中央政府对于地方居住者的权利保护和身份赋予变得相对有限,围绕农业转移人口市民化产生了不同的地方性方案,市民化的担负成本也逐渐地方化。对农业转移人口市民化而言,需要同时考察市民身份运作的国家实践和次国家实践,前者是国家层面的基于法律普遍性建立的"公民身份"体系,而后者则衍生出了次国家层面的身份体系。国内人口流动主要对地方政府的属地化治理原则构成挑战,地方化的身份运作体系处理的中心问题就是确立地方社会成员招募的规则和程序。

为什么市民身份运作出现了地方化的趋势?这需要进一步看到背后权力关系的变动。从国家层面而言,城市化不仅仅是中央政府自上而下推进的工程,也高度依赖地方。城市化的进程不仅是中央政府维持经济社会发展的重要手段,也是地方政府衍生政治权利、经济地租和文化资本的重要手段。从这一角度来讲,城市化同时服务于中央和地方,也同时受到来自中央和地方的双重影响。但是,由于当前城市福利获得是地域导向的,农业转移人口获得市民身份重点需要处理城市资源再分配的问题。基层政府既是资源的直接拥有者和分配者,也是市民化成本的支付者。因此有学者用"地方政府的城市化"来形容中国城市化背后的主体推力(Hsing, 2010)。另外一个引发中央—地方关系变化的原因则来自20世纪90年代启动的财税体制改革。全新的税收责任体系改变了中央—地方处置地方税收的规则,使地方政府成为一个自给自足、相对独立的财政体,并形成地方之间经济竞争的格局。更重要的是,激励了地方政府在追求地方经济发展方面的主动性(Lin et al., 2000),赋予地方政府对地方经济活动更大的配置、管理、计划和调控能力。在财政分权的体制下,地方政府开始对本地居民的经济分配负有直接责任,地方政府由国家代理机构转向独立的利益主体,在农业转移人口市民化过程中越来越扮演重要角色。

当前户籍制度改革的重要背景是分税制改革后地方主义的盛行。自上而下激励传导制度的形成以及地方政府在城市治理方面能动性的扩张改变了城市化进程中的央地关系。正是基于这样的权力结构变化,21世纪以来,农业转移人口的市民化越来越从一种封闭式的成员选择(城乡二元结构严格控制下的国家挑选,个体选择的机会被严重抑制)转向一种开放式的成员选择(城乡社会逐步开放下个体、地方政府、地方市场、地方社会的共同选择)。

二、地方边界的选择性开放

随着国家的经济发展,越来越多的农业人口从农村和农业转向城市,参与到制造业和服务业中来,这些非农部门被视为具有更高的生产率,而城市的聚集效应将进一步推动经济发展。但是这并不意味着城市的边界是无条件开放的,人们必须认识到区域所具有的地理上的以及经济社会上的限制性及其对新来者的选择性(Sedlacek et al., 2009)。如果说全球化催生了自由退出和限制进入之间的二元性,产生了个体利益与社会利益之间的基础性的紧张(Mcneil et al., 1978),那么城市化进程中同样存在这种制度史和社会史之间的紧张。中国政府在处理人口城市化的问题上具有态度的两面性:一方面是出于经济社会发展的需求来推动农业转移人口市民化;另一方面则是通过市民身份和城市边界的管理来对市民化的节律和规模进行控制,由此对农业转移人口市民化产生了结构性影响。根据2010年的统计数据,城镇人口的增长中自然增长仅为16%,而84%来源于机械增长,其中有26%的人是农民工,还有5%的人口在从农村转移到城市的同时获得了城市户口(蔡昉,2017)。这说明地方城市向农业转移人口的开放是具有选择性的。城市的开放和共享带来充分的流动性,但城市边界的对外锁闭则是一种典型的空间不正义。城市的对外开放是增长与效率的来源,也是不平等的生产空间。

(一) 城市的实体边界与非实体边界

“边界”(boundary)是移民研究中一个重要概念,它主要指向公民身份转化和衔接中的阻碍和问题,涉及民族国家在促进、控制、形塑“移民”中的角色。① 在政治视域中,身份与权利天然地联系在一起。身份是政治的表达性维度,它提出了关于“我是谁”的基本问题(甘布尔,2003:7—8),并且与承诺、权利、义务、忠诚关联在一起。被制度化地赋予一种身份意味着确立了一种社会关系和看待他人的方式。

尽管现代社会越来越具有开放性和流动性,但仍然存在各种各样的空间界限,地方性的城市便是这样一个经由政治经济力量建构起来的边界空间。在历史上,“城市”本身是一个具有明晰边界的地理空间和社会空间。作为地理空间的城市以明确的地理边界为标识,比如古代的城墙以及现代城市区域的行政边界,在物理空间上区分了可见的城市与农村的边界;而作为社会空间的城市则是以“看不见的边界”为特征,它由共享身份和归属感的成员构成,强调语言、文化、习俗、阶层等方面的一致性,使得城市社会空间形成了非实体边界并且成为一个对外具有排斥力量的共同体。通过制度化的身份赋予,形成了明晰的城市社会边界,并依靠市民身份来确认成员身份。因此,市民身份内在地依靠一系列制度手段来建立排斥性的规则,通过边界的运作来划定“市民”与“非市民”,前者在政治和经济上被假定为具有

① 在国外的移民研究中可以看到,“国家角色”已经成为移民研究的主要争论点之一。克里斯蒂安·乔普克(Christian Joppke)认为,在西方发达国家的国际移民研究中,“国家”被描述为一个被动的接收者,而现代国家在国际移民中的“建构性的角色”(the constitutive role)被忽视了(Joppke, 2003)。

稳定性,而后者在政治和经济上被假定具有"病态的流动性"。① 在社会文化意义上,城市依靠边界的建构形成了"想象的共同体",市民身份在社会互动中被建构起社会文化的特质和内涵。

城市是一个具有多重边界的存在,既包括地理的实体边界,也包括经济、社会、文化等非实体边界。城市是"城"与"市"的混合,决定了城市既有以权力为基础的治理内容,也有以市场为基础的治理内容。近代以来,城市共同生活以及市民阶层的逐步形成,使其同时具有以社会为基础的治理内容。② 从整体来看,地方性的城市至少包含以下几个基本面向的存在:一是作为政治治理体的"城市",它具有明晰的权利边界,主要用以划分谁是被制度化认可的成员;二是作为资本累积体的"城市",它具有市场边界,主要用以划分谁是分享经济收益的成员;三是作为社会共同体的"城市",它具有社会边界,主要用以划分谁是融入主流社会的成员。城市的多重边界由国家、市场、社会共同塑造。从这一意义来说,"谁能够成为市民"是三重边界运作下的综合结果,其涉及农业转移人口是否能够跨越权利边界、市场边界和社会边界而成为真正的市民。换言之,地方性的市民身份主要是依靠这三重边界来界定的。

从本质来讲,"城市"作为一个分权下的地方行政单位,其发展并不是一个政治中立的过程(Boone, 1998)。在发展中国家,农业人口的转移既被视为一种发展趋势,又被视为一种问题。"有序推进农业转移人口市民化"的应有之义是渐进地推动与城市容纳力相匹配的农业人口转移。中国城市人口在近代已经表现出明显的膨胀趋势。仅以上海为例,咸丰二年(1852)上海的人口为50万,但到中华人民共和国成立的时候已经增加至550万人。城市人口增长主要来自外部人口迁入(池子华,2015:17)。出于对于城市人口过度膨胀及其可能带来的城市病的担忧,国家在处理农业转移人口市民化问题时表现出具有张力的角色:一方面整体表现出对农村劳动力在城乡之间自由流动的推动。个人从先赋性关系和地域捆绑中脱离出

---

① 在这里,作为非市民的"外来者"背后交叉了两条逻辑:在政治上将其假定为流动者(地方政治共同体之外)的政治逻辑,以及在经济上将其假定为缺乏生产力的寄生者和消费者的经济逻辑。

② 在中国,城市自古有之,并不存在西方古典意义上作为政治实体或经济实体的城市。马拥军认为,中国古代存在商业生活,但不构成共同生活。由于历朝历代实行重农抑商的经济政策,中国商人处于较低的社会地位,这使得中国历史上不可能形成西方古典意义上的"城邦市民社会"(马拥军,2010)。

来并获得流动自由是现代社会构成的基本要件，也是推动经济增长和社会发展的重要动力。另一方面则是对农业转移人口在市民化速度、规模、方向及目标地点上的控制与限制。大量的城市新移民和临时流动者不断冲击着城市的权利边界、市场边界和社会边界，可能对城市秩序和结构带来全面的改造。因此，政府、市场、社会对农业转移人口的市民化产生了不同的反应：开放边界以适应变化或强化边界以抵抗变化。因此可以看到，农业转移人口市民化嵌入到更大的政治、经济、社会环境中，在获得流动资源和机会的同时，也在流动性获得的节律、程度等方面受到限制。

(二) 边界开放的多重选择逻辑

改革开放以来，中国城市在三重维度上向农业转移人口开放，分别是城市权利开放、城市市场开放、城市社会开放。市场的开放必然需要配合权利的开放，而市场与权利的开放必然引起户籍制度的严格限制被突破，最后自然带动社会及其他一般意义上的开放。然而，农业转移人口能否跨越乡城边界（包括市场边界、制度身份边界、社会边界、文化边界）已经开始由显性的"整体限制"转向隐性的"分化选择"。与多重边界开放相伴随的是对于"谁能够成为'我们'的一员"的选择性。不禁要问：为什么城市的权利开放、市场开放及社会开放会具有对象上的选择性？为什么城市多重边界在当代中国被持续地运作？在这里，需要进一步看到城市边界的多重性及其背后的选择逻辑。

表 2-2 显示，城市的权利开放、市场开放和社会开放三者相互配合，但时常又彼此充满张力。历史上形成的"城市"首要功能是政治性的，伴随着成员权利的内部分配。以权利为基础的城市呈现出单中心和等级特点。城市作为一个资源和权利聚集的特定空间，其运作的必然逻辑是限制过多的人进入以及保护资源的过度分配，而使组织活动更有效率，因此城市的权利边界天然地具有封闭取向，以此来保障治理的稳定性；以市场为基础的"市"则是自由的、开放的、平等的（毛寿龙，2011）。在政治性的城市中，往往有明确的成员登记和隶属关系；在市场性的城市中，市场交换要求人与人的平等交易，因此城市的市场边界天然地具有开放取向，从而有利于以更低的交易成本来提升市场的运行效率，促进经济增长；以社会共同体为基础的"城市"则是城市社会成员共同构成的生活共同体和利益相关体，新来者的进入意味着破坏既有的利益相关者结构和既有的社会网络联系，同时也会破

坏建立在信息互动、共享价值、明确的自我认知和角色之上的文化的同质性,因此,城市社会边界具有天然的团结取向,通常表现出社会联结对外来者具有的抑阻影响。可以看到,权利的封闭取向、市场的开放取向与和社会的团结取向相碰撞,产生了对于新来者的选择性开放。

表 2-2　城市的多重边界及其选择性

城市的基本面向	边界类型	成员选择逻辑	目标取向
政治治理体	权利边界	谁是被制度化认可的成员	保障治理稳定性
资本累积体	市场边界	谁是分享经济收益的成员	提升市场运行效率
社会共同体	社会边界	谁是融入主流社会的成员	社会团结的需要

国家、市场、社会通过不同领域的边界管理,对农业转移人口市民化的过程产生了重要的结构性影响。其中,权利边界、市场边界、社会边界在开放与锁闭的结构性紧张之中形成了对"谁能够成为市民"的结构性选择。由此,城市演化为一个复合政治、经济、社会边界的领地,多重边界的选择性开放带来了"成员""非成员"或"准成员"的内部分化。一部分人仍然作为"非成员"而处于无法进入的状态;一部分人凭借其对城市的贡献和潜力而成为待转的"准成员";一部分人通过邀请、筛选以及程序性的认定等从"非成员"转变为"成员",从而逐步创造了级序性的群体范畴。

(三)选择性开放及其对流动不平等的再造

在现实中,农业转移人口平等的社会流动性获得很难达成。城市多重边界的形成使"地方市民身份"具有了特殊的政治经济意涵,也使农业转移人口在市民化的过程中面临城市多重边界的选择性开放。其突出地表现出一系列特征,比如有条件的欢迎、新来者的竞争性、隐性的边界运作等。当前农业转移人口置身于一个与以往不同的流动系统之中,市民化内部分化机制也在发生根本性的改变,并且产生了新的不平等形式。

第一,从资源与机会的分配方式来说,市民化资源和机会分配由基于普遍主义的总体性选择分配转向基于特殊主义的地方性选择分配。简要回溯农业转移人口市民化的现实历史,我们可以看到,农业转移人口市民化的进程是在一个变动的制度框架中形成的。制度变迁的一个重要面向是"转化",意味着设定全新的目标或者有新群体的加入。制度空间的开放,既包括对社会行为的规制,也包括为社会行为提供机会和资源;但选择性的开放则意味着机会和资源的供给具有群体的偏好和分配不均等。在当代中国,农业转移人口能否跨越乡城边界(包括劳动力市场边界、制度身份边界、社会边界、文化边界)越来越由显性的"整体限制"①转向隐性的"分化选择"。地方化运作的市民化进程使市民化相关的资源与机会分配方式产生了根本性的改变。

第二,城市的选择性开放,在某种意义上打破了一种身份序列,而建立了另一套身份序列。社会中普遍存在不同的群体类属,它们总是与特定的权利和成员识别相联系。不同类型的社群(共同体)和组织创造了不同类属来区分成员和非成员②,市民身份在地方层面具有竞争性。当前,城市权利(特别是基于户籍之上的城市权利)开放过程依然是高度行政性的,是基于"权力眼镜"下的选择性开放(毛寿龙,2011)。

第三,在中国,城市具有相应的行政级别,行政级别越高,就越具有更多的政治资源来促动城市发展,由此产生了社会空间的等级制。城市发展的自主性和资源受到行政等级序列的制约。财税体制改革带来更有效率的地方公共物品分配,但同时也加大了地区间的财政差异。分税制旨在增加中央财政、提升政府间的转移支付能力,但根据 2000 年县级公共财政的统计数据,沿海地区相较于内陆地区实际上得到了更多的税收返还(Zhang, 2006)。市民身份可获得性与地方户口所具有的优势相关联。对于相对发达的城市而言,由于其能够向城市居民提供更优质的城市福利,市民身份内在地包含更高的价值,因此在流动获得上具有更高程度的筛选性。反之,对于欠发达的城市而言,其地方市民身份的获得更加容易。城市向农业转移人口的开放并不是铁板一块,而是构成了一个等级性的开放体系。市民化所嵌入的城市科层制在带来规模效应的同时,也带来了新的空间不平等,使农业转移人口的流动性获得受制于空间不平等。

---

① 地方管辖权对于农业转移人口市民化的限制性主要体现在两个方面:一是限制劳动力的职业匹配(限制劳动力通往更具有生产力的部门);二是限制人口在特定空间的聚集。

② 比如作为政治类属的公民与非公民——它是政治性的,且借由正式的规则、法律而进行身份的建构。

在户籍制度改革的背景下,城市重新作为一个分化的空间单位而将农业转移人口的市民化置于不同的情境之中。中央政府对于公民提供基础的政治包容和经济福利,然而地方政府的市民化政策具较强的差异性,且逐步呈现出地方之间的不平等性。由此带出的一个重要问题是,国家层面上的市民身份在地方层面被塑造和实践。市民身份越来越多地依赖于地方层面而非国家层面的框架来完成权利赋予、经济社会融入以及社会成员的归属过程。来自于地方政府、地方市场及地方社会的影响相互交织,结构性地形塑了一种新社会空间秩序。

对制度化的市民身份而言,地方政府替代中央政府成为直接给予方。农业转移人口市民化的不同目的地之间存在巨大的地方差异,包括城市对外来人口综合承载力的差异、获得制度化市民身份的机会差异、地方社会对外来者的社会包容度差异等方面。1994 年分税制改革以来,中央政府的财政状况得到了改善。但对地方政府而言,财政缴纳的增加并未与责任的增加相一致,城市和公共服务的责任由中央政府转向了地方政府(Ding, 2007)。尽管国家在城市化进程中扮演决定性的角色,但在驱动地方发展、提供地方性的公共物品等方面,地方政府则扮演更直接的实践角色(Chan, 2010)。对于理解市民过程中的选择性问题,理解背后国家逻辑和央地关系变得特别重要。

三、选择性招募与新身份序列的地方再造

市民化在中国之所以成为一个问题,主要的原因指向了户籍制度以及历史上形成的城乡二元结构。通过借鉴苏联的实践模式,户籍制度最早建立在城市之中,而后逐步扩展至农村地区,从而为计划经济时期的中国建构了一套集合居住登记、人口调控、群体分类、福利供给等多重功能的制度体系①,它成为国家用于推进工业化的三大关键工具之一。在超过 50 年的时间里,户籍制度逐步成为赋予公民身份、提供城市福利的重要机制,而对农业转移人口市民化产生制度上的排斥性。它

---

① 归纳来说,户口制度突出地具有三重属性。第一,地域性。每一个中国人依据特定的地域来分配一个"户口"的身份标识(比如农业户口/非农业户口,或上海户口、北京户口等)。第二,先赋性。户口获得自出生起就存在,主要依据父母的户口情况来确定。第三,固定性。除非通过一套制度化的户籍变更程序且获得允许,户口是不能改变的。居民户籍变化需要相应部门的批准(户口管理部门和公安部门)。因此,户籍所在地和人口的实际居住地可能并不一致。

通过制度化地建立人群类属①,对国内人口迁移②起到限制作用,对于地方身份具有识别和认定功能。在更深远的意义上,户籍制度及其配套政策建构了一个身份筛选机制,由此成为人口分化的一项重要机制,并在相当长的时间中对资源和权利的分配起到核心影响。它成为影响中国人口空间分布和社会分层的重要制度,在城乡之间构筑了一道"无形的墙",带来了一系列有关于权利剥夺、资源分配不均、社会排斥、空间不正义等问题的拷问。

如果说户籍时代主要以刚性的制度限制来对农业转移人口的市民化产生影响,那么"后户籍时代"的来临则意味着户籍制度对于农业转移人口市民化的影响方式产生了根本性的变化。③ 在户籍制度改革的背景下,农业转移人口在更大程度上开始跨越地理空间和社会空间的边界。但是客观而言,当前户籍制度的直接影响并非将农业转移人口的经济活动限制在户籍所在地,而是将农业转移人口与农村福利捆绑,并且影响其对于城市福利的可获得性。充分获取城市福利的前提条件是获得城市户口,从这一意义来说,当下的户籍制度设置了全新的门槛来选择哪些人可以成为永久性的城市居民,哪些人在制度上被视为"临时"或"流动"的人。户籍制度改革中的重要线索是中央政府退出对国内群体进行制度划分和分割式的福利供给。一方面,中央政府退出对国内人口的身份划分和直接福利供给(垂直结构的解体);另一方面,地方政府开始对公民的实际福利负责(横向结构的建立)。相较而言,中央政府在农业转移人口市民化方面的角色由直接的指标控制和批准转向间接的目标规划和分类促进,而"农转非"的指标控制和规则制定由中央政府转向地方政府。可以看到,户籍制度改革由中心化运作的"农转非"机制转向地方化运作的"准入条件"(Chan et al., 2008)。从历史上看,城乡二元结构是与计划经济相适配的制度产物。而在市场经济的转型过程中,城乡二元

---

① 户籍制度对人群存在双重分类:一是经济社会上的分类(农业、非农业职业上的分类),决定国家提供何种服务和福利;二是居住地点的分类(本地和外地的分类),决定在哪里得到服务和福利。

② 在中国,"人口迁移"和"人口流动"是相对区分的概念,意味着农业人口是否以具有合法性的市民身份而实现转移。"人口迁移"按户籍常住人口管理,迁移户必须依法办理迁出销户和迁入落户手续,以变更法定户籍住所地;而流动人口外出不迁户口,不受限,他们到达流入地则按暂住人口登管理。因此在政策认定上,将人口迁移者视为单程移动者,而将流动人口假定为周期回归者(孙敬之,1995:82)。

③ 需要说明的是,"后户籍时代"并非意味着户籍制度的取消或影响的降低,而是指户籍制度对农业转移人口市民化的影响方式产生了根本性的变化。

结构对农业转移人口影响的程度和方式都需要得到新的检视。在户籍制度改革的背景下,市民化已经成为国家、市场、社会及农业转移人口个人共同选择的结果。

在以往的研究中,市民化较多地被置于城乡二元结构的语境中加以考察;而在"后户籍时代",地方化运作的"开放型选择"替代中心化运作的"封闭型选择"成为最突出的时代特征。近年来,农业转移人口转向非农部门、转向城市的限制性逐步在消除,农业转移人口市民化在制度上获得了更多的合法性和机会。20 世纪 80年代,户籍制度改革已经在一些地方实践,出现了暂住证、小城镇户口、蓝印户口①等形式。21 世纪以来,一些省市(比如广东、浙江、上海、河北、广西、河南、江苏等)宣布将取消"农转非"配额。伴随着新一轮户籍制度改革的启动,"县以下放开户口限制""积分落户政策""不再区分'农业户口'和'非农业户口'"②"'农民'转'市民'计划""三个一亿人"目标③、新增用地指标划拨④、"人地挂钩"等机制建立⑤,一个开放而平等的社会逐步成为主导的社会想象。

然而,这并不意味着农业转移人口在获取户籍上具有平等的机会和资源。中央政府退出人群的分类管理后,由地方政府开出的准入条件成为户籍制度运作的主要机制。在发展中国家国内移民的相关研究中存在这样一种看法:与发达国家将临时乡城移民向永久定居者的转变不同,亚洲政府并不鼓励其成为永久的居住者(Piper,2004)。就中国而言,由于缺乏政府间的筹资机制和市民化成本的合理

---

① 蓝印户口的指标由地方政府控制,户口状态仍然未完成农转非,但是能够获得一部分国家福利,并且相比暂住人口更有可能转换为城市户口。同时,蓝印户口需要缴纳进城费。

② 全国已经有 30 个省份(北京、上海、天津、重庆、河北、河南、山东、陕西、山西、江西、湖南、湖北、广东、广西、黑龙江、吉林、辽宁、云南、甘肃、青海、福建、江苏、安徽、贵州、四川、新疆、宁夏、浙江、海南、内蒙古)出台这一户籍制度改革方案,普遍提出取消农业户口和非农业户口性质的区分,继而进一步建立与城乡户口登记制度相适应的教育、就业、卫生、社保、住房、土地以及人口统计制度(带动城乡制度的一体化),实现公共服务的均等化。

③ "2020 年完成 1 亿农业转移人口落户城镇"成为新型城镇化重要的规划和指标落实内容之一。

④ 2016 年,国务院通过了国土资源部对《全国土地利用总体规划纲要(2006—2020 年)》的调整方案,2015—2020 年近三分之一新增用地被安排用于农业转移人口落户城镇(总体规模规划为 3 900 万亩)。

⑤ 2016 年 10 月,国土资源部、国家发改委、公安部、人力资源和社会保障部、住房城乡建设部联合下发《关于建设城镇建设用地增加规模同吸纳农业转移人口落户数量挂钩机制的实施意见》。其中提出:2015—2020 年全国新增建设用地总规约 3 900 万亩,其中包含进城落户 1亿人口的各类用地需求,初步估算为 1 200 万亩。

分担,地方政府对于农业转移人口的吸纳通常缺乏充分的激励。但是地方政府在招募地方成员的问题上,表现出不同的动机并形成了差异化的招募模式。哪些地方政府在赋予市民权利和资源上更具有驱动力,而哪些地方政府在赋予市民权利和资源上又缺少驱动力?不同的地方政府在权利与资源的分配上存在何种差异?这些问题与城市经济发展水平、城市类型、城市规模及城市所面对的市民化压力都有相关系。

表 2 - 3 全国 31 个省区人口城市化率与非农业户口差额率

地区	人均 GDP(万元) 2015 年	人口城市化率与非农业户口率之差(%)	地区	人均 GDP(万元) 2015 年	人口城市化率与非农业户口率之差(%)
全国	4.92	21.13	内蒙古	7.30	17.56
广东	6.98	37.4	广西	3.65	20.99
江苏	8.85	26.75	江西	3.71	17.11
山东	6.58	26.28	天津	10.90	29.2
浙江	7.64	36.62	重庆	5.21	18.44
河南	3.94	18.66	黑龙江	3.94	6.26
四川	3.74	13.41	吉林	5.20	7.91
河北	4.15	22.68	云南	2.98	18.27
湖北	5.16	18.7	山西	3.56	17.33
湖南	4.08	19.87	贵州	3.02	14.97
辽宁	6.57	11.34	新疆	4.27	2.74
福建	7.04	34.95	甘肃	2.66	10.59
上海	10.34	27.41	海南	4.27	14.73
北京	10.58	24.17	宁夏	4.62	11.47
安徽	3.70	17.97	青海	4.30	16.64
陕西	4.87	19.52	西藏	3.65	7.90

如果将全国31个省区按人均GDP的相对高低和待转移人口压力的相对高低进行类型的划分,大概可以分为四类:高经济发展—高市民化压力地区、高经济发展—低市民化压力地区、低经济发展—高市民化压力地区、低经济发展—低市民化压力地区。其中高/低的标准由中位值取值后进行划分(人均GDP中位数为4.285万元;人口城市化率与非农业户口率差值中位数为20.43％)。"高经济发展—高市民化压力"地区包括广东、江苏、山东、浙江、福建、上海、北京、天津。"高经济发展—低市民化压力"地区包括重庆、湖北、辽宁、陕西、内蒙古。"低经济发展—高市民化压力"地区包括河北、广西。"低经济发展—低市民化压力"地区包括河南、四川、湖南、安徽、江西、黑龙江、吉林、云南、山西、贵州、新疆、甘肃、海南、宁夏、青海、西藏。其中,高市民化压力地区在市民的地方招募模式上出现了两个不同的特点:一是在高经济发展—高市民化压力的地区。尽管城市化、工业化和经济发展较快,但高强度的外来人口流入使得市民化机会和城市资源的分配存在紧张。这种情况下的地方招募模式更突出地表现为结构性力量对于谁能够成为市民的紧缩选择。而在低经济发展—高市民化压力的地区,比如河北省和广西壮族自治区,其经济发展和城镇化水平都低于全国平均水平。相对而言,这一地区的城市体系发育相对欠缺,城镇产业的支撑不足,中心城区没有成为工业聚集和产业发展的转移地。因此,农业转移人口在城市缺少稳定且良好的就业支撑,进入城市的动力和吸引力不足。这种情况下的地方招募模式同高经济发展—高市民化压力地区相比,表现出结构性力量对谁能够成为市民的低门槛选择①,农业转移人口自身的主体选择扮演更重要的角色。从国际而言,城市规模和非本地人口及其滞留的增长有明显的正相关关系,但是如果放在更长的时间段中来考察中国农业转移人口市民化的情况,城市规模和农业转移人口及其滞留之间的关系因"选择性"可能存在阶段性的变动。除了区域经济发展水平,城市规模的不同也导致了地方招募模式的差异。

---

① 比如河北省和广西壮族自治区都实行了财政转移支付分配与持有居住证人口挂钩的政策。河北省2016年出台了《新型城镇化与城乡统筹示范区建设规划(2016—2020年)》(冀政发〔2016〕7号),力争5年内解决1000万人落户城镇。全面开放城区人口100万以下的城市和建制镇的落户限制。广西壮族自治区也采取了多政策共同来推进农业转移人口的市民化,比如2017年2月出台了《贯彻落实支持农业转移人口市民化若干财政政策实施方案》,推动农业转移人口在城镇中享受平等的市民待遇,并鼓励引导各地有序使进城的农业转移人口落户。

(一) 超大城市

其特点是高度的城市化水平,人口处于高强度的导入状态。由于超大城市资源集中程度最高,城市福利具有比较优势。在超大城市中,农业转移人口中相当一部分具有长期定居意愿,但是人口沉淀性整体上不强,且主要集中于农业转移人口中的优势群体。在地方成员的招募模式上,以控制人口总量为特点,建立匹配"高精尖"经济社会结构的成员筛选机制。具体来说,东部地区超大城市的地方招募主要有"积分制落户"和"落户限额"两种模式。谁能够获得制度化市民身份主要按照权利与义务相匹配的原则进行择优选择。① 同时,超大城市建立了居住证制度②和落户积分系统,用以筛选对城市发展更具有贡献和发展潜力的人员,并用其进行市民身份的资格排序。在正式成员(拥有城市户籍)、准成员(拥有居住证)、流动人口(拥有暂住证或未登记的城市居住人口)之间形成城市福利的不平等分配。可以看到,城市权利的封闭性与市场的开放性之间的矛盾尤为突出地体现在超大城市之中。从地方招募模式的实际运作情况来看,仅有相当少的一部分农业转移人口能够真正获得制度化身份。以广东省为例,2010 年和 2011 年,全省解决入户的人数仅占流动人口的 2%,全省下达的年度入户数量分别仅占流动人口的 0.3% 和 0.5%。而从申请人数来看,2011 年的入户申请人数仅占流动人口的 0.2%(韩俊、何宇鹏,2014:136—137)。与东部地区的超大城市有所不同,中西部超大城市中也出现了选择性门槛较低的地方招募模式。比如重庆,尽管其人口数量较大,城市内部出现"大城大乡",但是相对而言外来人口的导入并不强劲(主要解决本地或周边城市农业转移人口市民化的压力),而地方经济发展水平对于农业转移人口的就业

---

① 比如北京市在 2016 年颁行的《进一步推进户籍制度改革的实施意见》中对迁入政策确定了积分落户政策,并对急需人才、高层次人才的进入给予优先性。上海在 2016 年的户籍制度改革意见中明确了以"合法稳定就业、合法稳定居住"为基本条件,以能力和贡献为导向,突出人才的市场发现、认可和评价机制来完善落户政策。文件分别参见《北京市人民政府关于进一步推进户籍制度改革的实施意见》(京政发〔2016〕43 号)和《上海市人民政府关于进一步推进本市户籍制度改革的若干意见》(沪府发〔2016〕27 号)。

② 以上海市为例,上海市在 2004 年先后出台了《上海市居住证暂行规定》(2004 年上海市人民政府令第 32 号发布)以及《上海市居住证暂行规定实施细则》(沪发改人口〔2004〕18 号),外来人口需要向地方政府递交的材料包括居住地区的住所证明、租借合同以及由房地部门出具的房屋租赁合同登记备案证明。2015 年,中央通过《关于全面深化公安改革若干重大问题的框架意见》,其中提出扎实推进户籍制度改革,取消暂住证制度,全面实施居住证制度,建立健全与居住年限等条件相挂钩的基本公共服务提供机制。

吸纳和市民化成本支付具有相对充足的能力,市民身份的开放性相比其他超大城市更强。[1]

(二) 特大城市和大城市

其特点是较高的城市化水平,城市化仍处于快速推进阶段,导入的农业转移人口流动程度比较高,但是人口沉淀性相对超大城市要强。特大城市和大城市是农业转移人口最为集中的地点,尽管获得市民身份的竞争性不如超大城市强,但仍然具有较高的准入门槛。有一部分特大城市也采用了积分落户的户籍准入办法(比如南京)[2],大部分大城市的地方招募方式是常住人口的商品房购买落户。比如,苏州自2011年开始向本地农业转移人口开放市内迁移[3],而外来农业转移人口落户的主要条件是稳定的正式就业和自有住房(75平方米以上);武汉的买房落户要求为中心城区100平方米及总价50万元以上或郊区20万元以上的新房。与超大城市一样,特大城市和大城市对农业转移人口的居住稳定性和市场能力进行行政筛选。尽管特大城市和大城市是目前农业转移人口最集中的地点,但市民身份分配主要为城市中的"市场能力强者"留下制度空间。

(三) 中小城市和小城镇

主要以非核心的中小城市和城镇为代表。其特点是地区城市化水平较低,或者依靠内生型的发展而形成城镇化模式。当前中小城市和小城镇并非农业转移人口的主要集中区,也并非农业转移人口市民化意愿的首要目的地。因为中小城市和小城镇在整体上经济发展相对落后,农业经济占比较高,工业发展的动力不足,缺乏非农产业的支撑和资本要素的聚集。中小城市和小城镇的城市规模较小,对农业转移人口的吸收和承载力比较有限,所能提供的公共服务能力也相对低。从

---

[1] 比如重庆在2010年启动了农民工户籍制度改革,通过周期性的转户成本分摊,先后将380多万农民工转为城市户口。重庆还开展了福利权益置换的实践,给予农民工"五件衣服"(就业、社保、住房、教育、医疗),交换原来的"三件衣服"(农村承包地、宅基地、林地),以此来推动农业转移人口市民化。

[2] 2016年12月,南京市发布《南京市积分落户实施办法》和《南京市户籍准入管理办法》,宣布自2017年1月1日起南京市实行积分落户的户籍准入办法。

[3] 2011年,苏州市实施《苏州市户籍居民城乡一体化户口迁移管理规定》,对苏州市内的城乡户籍居民户口迁移政策进行调整,实现了全市范围内自由的户口迁移,不再使用户口准迁和迁移证。迁移具备的基本条件是:有本地户口且有住房。

地方招募模式来看,中小城市和小城镇在户籍改革中主要的变化是有序全面放开落户限制,地方招募中结构性力量对市民身份分配的选择性大大降低,而主要体现为农业转移人口自身的主体意愿。近年来,在中小城市和小城镇开始出现农业转移人口的人口回流和返乡定居状况。从长远来看,由于超大城市、特大城市、大城市存在强有力的结构性选择,中小城市和小城镇可能成为农业转移人口流动的最终站。

谁能够获得制度化的市民身份? 这显然是有高度选择性的。在地方的选择性招募背后,是政府分配城市资源、推进市民化的"隐藏文本"。在不同的城市情境中,农业转移人口遭遇到结构性力量的不同影响,也因结构性力量的选择划分了空间进入上的优先序列。农业转移人口市民化推进的一个重要背景是城市体系内部发展的不均衡以及城市科层架构的扩张,特别是在农业转移人口市民化压力较大的地区,新的身份序列被建构起来。在"后户籍改革"时代,户籍在不同类型的城市所具有的重要性及其在市民化过程中扮演的角色截然不同。在相对发达的城市,获得户口的门槛条件更高。对大部分的农业转移人口而言,他们主要是作为廉价的劳动力而进入城市的。在不同的城市,他们在获得制度化市民身份上拥有不同程度的机会。从城市层面来看,农业人口从农业生产部门向非农部门的转移、从农村向城市的转移,不同城市的吸纳能力和接受程度是不均衡的;因此在城市间表现出地方筛选模式和机会空间的差异性。从整体来看,发生"农转非"的概率在中小城市最大,在大城市最小。

地方化的市民化模式具有特殊的政治经济意义。当前农业转移人口市民化在制度上面临的阻碍不仅仅是城乡二元结构的问题,而在某种程度上转化为地方保护主义和地方身份体系的选择性问题。可以看到,在中国城市化的过程中,城市并非自动吸纳农村外来人口的载体,而在制度运作中成为选择性开放边界的经济—社会空间。权利的封闭取向、市场的开放取向与社会的团结取向相互关联,带来了改革开放以来中国城市向农业转移人口选择性开放的内在机理。这对农业转移人口的重要影响在于,一部分人将会在这样的选择逻辑中表现出优势,而另一部分人则表现出明显的劣势。当然,是否有意愿和倾向迁移、留城,是另一个故事。

第三章 当前农业转移人口市民化的基本类型

费孝通曾经说,乡土社会是一个熟人社会,所有的规则,包括道德规则、人际关系规则乃至审美规则,都跟熟人社会有关(张柠,2016)。可是为什么有些人离开了土地,有些人没有?为什么有些人在跨越城乡边界的过程中表现出了充分的流动性,而有些人则没有?农业转移人口流动分化已经成为当前市民化研究亟待探究的重要问题。

第一节 多重转型背景下的市民化选择

个体层面的农业转移人口市民化发生于政治、经济、社会的多重转型背景之下。由此,宏观层面的转型与农业转移人口的个体经验和生命历程产生了多重内在关联。在现有的制度安排和机会结构下,农业转移人口与"乡"与"土"之间的关系正在发生深刻的转变,"离土离乡"成为可能的主体选择。

一、农业转型、土地流转与生计分化

"乡土中国"在相当长的时间中成为标签中国经济生

产方式和社会构成的主导形容。改革开放前,以家庭为基础的小规模经营是中国传统农业的主要发展方式。由于中国传统的农村劳动市场存在严重的"内卷化"现象,大量劳动力投入于有限的土地,导致劳动力投入的边际效益几乎为零。这种农业发展模式尽管效率低,却是在城市化、工业化水平较低的情况下压制劳动力失业问题的必然选择。农民为什么开始选择离土离乡?这与改革开放以来农村土地、经济等方面所发生的变化形成了呼应。

改革开放以来,农业在 GDP 贡献、就业消化以及资源获取等方面的能力不断下降,出现了农业"小部门化"现象(姜作培,2002)。从 1978 年到 2013 年,农业占国内生产总值(GDP)比重由 82.08% 降低至 46.27%。2014—2017 年,第一产业增加值在国内生产总值中的比重从 9.1% 下降到 7.9%(中华人民共和国国家统计局,2018)。1949 年以来,中国平均每个劳动力所拥有的耕地面积由超过 8 亩降至不足 4 亩。1978—2012 年,农村居民家庭人均经营耕地面积维持在 2 亩左右。而有学者推算,每个农业劳动力的平均耕种能力是 9.93 亩(程超泽,1995:146)。农村长期以土地的平均分配和低劳动生产率来维持农业生产。人地关系的高度紧张和结构性失业长期隐蔽地潜伏于农村之中,并在农业经济下滑的背景下成为推动农业人口向外转移的推力,农业已经难以成为农业人口生计的主要来源。在"农业现代化"的背景下,规模经营开始替代以"小而全"和"小而散"为特征的传统农业经营模式(姜长云,2008),农业的结构性调整释放了更多的农业转移人口。

20 世纪末期正式启动的土地承包经营权流转使农村土地的分配和使用状况也发生了巨大的改变,其目标是实现土地的所有权、承包权和使用权的分离,促进土地更高效的使用。1998 年以来国家制定了一系列法律来赋予农民长期而有保障的土地使用权[①],并推进了一系列土地改革来提升土地的可转移性,促进农村土地租赁市场的发展。但是早期土地流转主要是自发性的,产生于血缘关系、熟人关系内部,对市民化构成阻碍。近年来,伴随着国家干预下规模经营主体的显现和土地流转市场的发展,农业生产主体得到了优化调整。土地进一步从分散的小农流向种粮大户、家庭农场、工商企业及合作社这些新兴的经营主体集中(龚为纲 等,2016)。在 20 世纪 80 年代,农民自发的土地使用权流转大概有 1%~3%。近年

---

① 包括 1998 年《土地管理法》、2002 年《农村土地承包法》、2007 年《物权法》、2009 年《农村土地承包法(修正)》。

来,在大力扶持新型农业主体、发展农村土地流转市场的政策促动下,中国土地流转的规模正在快速扩大。2006年,中国流转的土地耕地面积仅占家庭承包耕地总面积的4.57%;而2008年这一比例上升到8.6%,2011年上升到17.8%(Zhang,2013)。根据农业部的统计,截止到2016年年底,土地经营权流转的面积达到4.7亿亩,占整个二轮承包面积的35.1%(新浪财经,2017)。学者们认为,土地流转与农业人口的转移之间构成相互强化的关系:劳动力转移促进土地流转,土地流转又进一步产生劳动力剩余,促使更多的劳动力向外转移(贺振华,2003)。至少土地流转的制度化实现使农业转移人口能够在保留土地权利的前提下展开市民化进程,同时进一步倒逼农业人口的转移。

农业转移人口的"离土离乡"是一个多重推动力作用的结果。商品化、机械化、技术化的农业转型,以及集中化的土地流转,使农业转移人口整体难以再回到农业中。农业转型加速了资本下乡和农村社会的分化,农村不再是一个未分化的社会。农村社会的分化不仅体现在家户收入的差异上,也存在于家户生计安排上的多元可能;而这两种差异又彼此强化。另外一个方面,高速的工业化和城市化对农业转移人口市民化构成了强有力的吸引力。改革开放以来,乡村工业的发展在农业"去集体化"背景下带来了新的解决方案。剩余和节约下来的农村劳动力一方面能够转向非农活动,另一方面成为地方财富积累的重要途径。20世纪80年代末以来,制度限制的放松为农业转移人口进入城市和非农部门创造了更多的选择空间,也加速了农村人口的生计分化。

二、经济转型与乡城人口流动

改革开放以来,中国经济转型中三个极为重要的进程紧密地与人口再分布相关,一个是市场化,一个是工业化,还有一个是城市化。市场化主要指向非国有经济、自由竞争、市场效率,以及全球资本流动的增加;工业化主要指工业产出比重及工业就业比重的增加;而城市化则主要指城市土地的扩张,城市人口比重的增加,以及农村社会向城市社会的转型。20世纪80年代以来,市场化、工业化、城市化三者共同改写着中国人口在部门间、区域间的分布格局,影响着农业转移人口市民化的进程。

在计划经济时期,城市内的所有就业都附属于国家部门,国家对完全就业负有责任,因此采用限制农村劳动力进入城市的策略来实现劳动力的计划分配。改革开放以来,国家干预转为市场化机制的主导,工业和服务业的发展吸引越来越多的农村劳动力从生产率较低的产业转向生产率较高的产业,并从传统低效率的农业生产者逐渐成为推动经济发展的重要生产力要素。特别是外向型经济的发展导向使中国以"世界工厂"的角色参与全球经济竞争,在市场经济转型中产生了大规模的劳动力需求。而在农村,市场经济的转型同样使经济生产方式得到了根本性的改变。随着人民公社制度的解体,农村在经济体制上整体建立了以家庭承包经营为基础、统分结合的双层经营体制。这同时意味着,作为集体成员的农户从集体(土地所有者)手中获得了部分土地权利①,自主的经营主体开始出现,农户开始具备支配土地经营权,内部分配家庭劳动力的能动空间也开始增大。农业转移人口生计方式的改变构成市民化的基本动力,带动经济转型背景下中国人口的城乡再分布。

快速的工业发展带动、创造了就业,吸引着大规模农村劳动力的乡城流动,使得劳动力人口由内陆向沿海、由边缘城市向中心城市的重新聚集。改革开放以来,由经济转型带动的农业人口向非农部门的转移主要发生在两个阵地之中。一个是以城市为阵地的工业化发展。劳动密集型的经济发展模式依靠廉价劳动力形成低成本的工业和经济发展模式。工业化通常发生在城市之中,但又不局限于城市之中。另一个阵地是乡村工业的发展。早在大跃进时期就提出了"国家工业化、公社工业化、农业机械化电气化和人民公社必须大办工业"的方针。② 乡村工业发展(包括乡镇企业和村办企业)的特殊性恰恰在于不通过城市载体来拉动工业产出和工业就业的比重,但也带来人口城市化相对于农村劳动力跨部门转移的滞后。乡镇企业以"集体所有"的所有权将经济利益最大限度地留置于本地,成为农业转移人口外出务工的一项替代性选择。也正因如此,农业人口向非农部门的转移量要高于向城市地区的转移量。

作为经济转型的重要组成部分,工业化和城市化的发展及其相互关系构成了农业转移人口市民化发生的重要背景。在中国的经济转型中,城市化并没有表现

---

① 主要进行的是土地使用权利由村委会依据平等主义原则在村成员间分配,这体现出与市场经济的效率原则不同的公平原则。这种分配的依据可能是家庭户的规模或者家庭中劳动力的数量。

② 参见党的八届六中全会《关于人民公社若干问题的决议》。

出与工业化同步发展,特别是"人"的城市化相对于经济发展和跨部门转移的落后。① 从 1978 年到 2017 年,中国常住人口城市化率从 17.92% 上升至 58.52%。在经济转型中,强调依托城市规模效应来实现技术外部性和金钱外部性带来的经济自发聚集。尽管劳动力的乡城流动在快速增加,但是劳动力移民却由于城乡二元结构而存在诸多限制。农民与市民之间的界限仍然被制度化地阻隔,形成大规模"有流动但无迁移"的城乡流动人口。独特的城镇化推进模式在中国经济转型中扮演重要角色,引发了劳动力跨部门转移和市民身份转换之间的非同步性,也同时带来了工业化和城市化进程的非同步性。工业化和城市化的发展吸纳了农村剩余劳动力向更具有生产性的部门和地区的集中,带动了城乡劳动力资源在部门和地区间的再配置。但是人口城市化相对于工业化的滞后使经济上的结构优化快于社会—文化上的结构优化,仅有一小部分农业转移人口获得了市民身份。往返式的、以个体劳动力为主体的乡城流动模式支撑了中国经济 30 年的快速发展,但是伴随着产业的递次转移和劳动力红利的消退,经济社会结构上的城乡之间、部门之间的人口再配置对于提升城镇化质量变得越来越重要。

三、个体化转型与依附关系变更

在传统农业社会中,农民流动性的低弱来自多方面的束缚。首先是小农生产模式对劳动力投入的依赖。延续两千多年之久的封建农业是单一封闭的小农经济形式。巨大的农村劳动力总量和剩余与小农经济的生产方式相结合,带来低功能、平面化的人口资源模式,依靠大量劳动力的投入来提升产出,以牺牲劳动生产率来换取土地成产率,经济社会中出现托马斯·马尔萨斯(Thomas Malthus)所说的"人增—地减—粮紧"恶性循环。因此传统中国农村出现了大规模的农业劳动力被束缚在有限的土地资源之中。其次是农村社会中家庭制度、宗族制度、血缘关系的社会安排所形成的强大组织将农村社会成员吸附于其中。家族出于自身扩张的需要,应该不断扩大其人口容量,而不是排出人口。也正因为农村社会成员与农村社会之间极强的依附关系,农村多被视为一个边界明晰的地域共同体,在农耕、

---

① 对于城市化的速度却有着"过快"(over-urbanization)或"快慢"(under-urbanization)的判断,前者针对的是快速的城市土地扩张,后者针对的是"人"的城市化相对于经济发展的落后。

治安、防御、婚丧嫁娶、祭祀、娱乐等方面都具有封闭、内聚和紧密的共同体特点（黄宗智，2000：229）。

对于农村社会是否是共同体始终存在争议，有一些学者认为农村社会并非高度整合的共同体，而是一种结构松散的结社。不对这一争论置喙，但是伴随着现代化力量的冲击，地方性的农村社会确实产生了诸多新特点，闭塞而同质的共同体逐渐被边界开放和内部分化所取代。在传统农村社会中，法律和文化最重要的基础是父权主义。中华人民共和国成立后，国家政权建设是在削弱乡土社会既有的权力网络和文化网络的基础上展开的，国家在农村确立了乡村治理的绝对权威。改革开放前的农业集体化是理解今天农民问题的重要背景。作为国家工业化道路的必然选择，农业集体化产出了强制性的国家与农民关系和城乡关系。这一时期是相对缺乏社会抗争的（Liu，2006），传统的农村社会对农民个体及其家庭而言具有双面的感知反应：一种是依附感，一种则是幽闭感。前一种感知来自传统村落共同体对个体或家庭而言所具有的庇护功能，后一种感知则是来自传统共同体的封闭性以及对于个体和家庭的控制性和限制性。在相当长的历史语境中，农民在生活空间中形成了三种主要的依附关系，包括人与人的依附、人与乡土社会的依附，人与国家的依附。第一种依附关系来自传统小农生产方式中长期形成的人地关系；第二种依附关系来自与小农生产方式相匹配的乡土社会中长期形成的熟人关系（强社会关系网络）；第三种依附关系来自经历过集体化时代的乡村社会中延续的集体记忆以及农民与国家的权力关系。

改革开放以来，农村经济开始呈现多元化的格局，这在一定程度上削弱了中央政府对地方的渗透能力。20世纪80年代"去集体化"和农村市场的再造被视为"第二次土地改革"（Kueh，1985），给农民在经济和生产方式上带来了一定的自主性。80年代中期，农产品的采购价格仍然被国家垄断，直到1993年，农产品的定量配给体系才真正解体，采购价格才慢慢由市场主导。改革开放以来，农业生产中互助和互惠的机制不断减少，人力劳动的传统生产模式在发生改变，非农就业呈现出对特定性别和年龄人口的吸引力。对商业和交易不断增长的依赖，使农民对现金及其替代物的需求不断置身于信用体系之中，最终带来个体的消费主义。可以说，农民已经不再被描述为依附于农村科层体系，依附于互助性的合作劳动以及依附于国家力量。总之，在当代社会，农民对农村社会、经济、政治方面的"依附性"都在衰退，从实质性的依附转向仪式性的联结。农业转移人口拥有了更多的行动的自主权和独立性来维持家庭的生计安全。

实际上,今天我们所讨论的"农民"并不是传统意义上的小农,而是指经历过集体化运动,处于"后集体化时代"的转型农民。以"公"为核心的人民公社制度切断了个人投入与回报的正向关系,带来低效率的生产和低水平的激励。然而,经历过集体化运动的农民在生产活动上并不具有实质性的撤出机会。加上户籍制度对于农村劳动力的地域性的限制,使得农民不得不依附于地方社会及其权力结构而难以逃脱。当农民收入水平和生活水平降低到一定程度时,便会诱发农民自发地退出集体和制度变革(蔡昉,2003),由此改变了农民对于"集体"和地方权威的依附。20 世纪 90 年代末以来村落权威的降低及其对个体经济活动干预的减低,包括私有化、村集体经济的发展、农业税的取消、地方行政体系的重构(村财乡管)、户籍制度的改革等,给农村社会带来了个体化转型,农业人口能够从多重流动束缚中脱离出来,从而获得社会流动性。

与中国强有力的经济改革并进的一个现实是农业人口对农村的依附在削弱,农村社会出现个体化的转型。个体化的趋势主要表现在三种依附关系的变更上。第一是农业转移人口与土地关系的变更。费孝通所说的"乡下人离不开泥土,因为在乡下住,种地是最普通的谋生办法"(费孝通,1988:87),出现了相当程度的改变,农民在生计和收入上对于土地的依赖程度在减少。特别是伴随着人口流动与社会政策调整,农业人口的异地转移成为可能,带来了"离土又离乡,进厂又进城"的另一条转移道路。如今,乡城流动成为家庭经济策略的重要组成部分。尽管土地仍然作为农业人口的重要生计方法,但是对于土地的完全依赖度在下降。根据陆学艺对农村分化的研究,农村中农业劳动者的比例已经降至 55%～57%(陆学艺,2002:392—400)。第二是农业转移人口与乡土社会关系的变更,农民与传统村落共同体和家族的关系也在发生变化:村落共同体和家族功能日益弱化,村落权威来源由传统的家族权威人物转向公共治理精英。小农生产方式依赖于未分化的缺乏个性的合群倾向(程啸,1990:55),而个体化时代的来临开始打破传统的乡土意识。性别是影响女性对于农村共同体感知的重要维度(Glendinning et al.,2003)。女性在乡城迁移中扮演着越来越重要的角色,这在乡城流动中的"女性迁移"现象中能够得到回应。女性的迁移故事往往渗透着对于逃离束缚的情感动力。第三是农业转移人口与国家关系的变更。如果说 1949 年以前中国社会集中表现出整合性危机的话,那么 1949 年之后建立起的则是以全面控制和深入动员的"总体性社会"

（应星，2014：10—11），形成了国家依靠人民公社体制直接面对农村民众的二层结构（孙立平，2005）。农村税费改革使得农民与农村经济组织之间存在的制度化关联得以改变。税费改革前，乡村组织进行集体化治理的费用来源于农民。税费改革后，组织费用不再向农民汲取，而转变为由国家承担。同时，国家的治理边界在收缩，市场化改革的步伐带来了农民在生产方式和经济活动上的自主性和多元性。在"后集体时代"，市场化力量和资本的进入打破了平均主义的分配方式。在这一意义上，农业转移人口市民化的过程必然包括其从传统生产方式、生活方式和社会组织方式中"脱嵌"的个体化过程（张方旭 等，2016）。

第二节 农业转移人口的类型划分

农业转移人口主要指那些从农业和农村向非农产业和城镇转移的人口；在空间形式上，既包括就地转移，也包括异地转移。在完整的意义上，农业转移人口的市民化不仅是其职业、身份的转变（非农化）和居住空间的转移（城市化），更是他们社会文化属性与角色内涵的转型过程（市民化）、各种社会关系的重构过程（结构化）和城市生活的再适应过程（再社会化）。市民化所涉及的关键，不仅是城乡之间人口分布变动的问题，也是城乡人口逐步消减政治、经济、社会—文化分割的问题。对农业转移人口而言，其市民化的过程包含对地理、经济、社会、文化边界的多重跨越，这是一种被压缩的城市化过程，也是充满异质性的过程。

一、回到事实陈述：市民化的内在多元

现代性的主流叙事建立在传统农业社会和现代工业社会的基础二分之上，并将从前者向后者的过渡视为一种必然的发展，其中包括农业转移人口从传统农业社会"脱嵌"而走向工业社会的转型过程。一般认为农业转移人口市民化是每个国家通往现代化的必由之路，一种具有正当性的、不可抗拒并且值得欢庆的发展走向。也正因为如此，跨学科视域下的市民化研究集中于识别农业转移人口市民化的外部结构性阻碍（特别是集中表现在收入、消费、教育、医疗、保险、公共服务、环境等方面的城乡二元分割），并尝试给出消除阻碍的技术性方案。然而在这一过程

中,农业转移人口常常被设定为静态(具有普遍而恒定的市民化意愿)和单一(遭遇共性的市民化问题和障碍)的整体形象,这大大压缩了发现农民的自主性和行动张力的空间。一个值得反思的问题是,就农业转移人口的主体而言,市民化究竟是一个既定性的转变(对规则与资源的机械反应),还是一个选择性(即存在自由度)的行动过程?

在现实中,农业转移人口的市民化进程通常并非表现为一个从非农化、城市化、市民化、结构化到再社会化的线性转型过程,也并非必然全然导向完整意义上的市民化进程,并非所有的农民都能够以同样的方式来跨越城乡边界而成为市民。市民化之所以在当代中国成为一个重大的问题,从根本上说是因为城乡二元结构体系、市民化的政策选择、市场选择以及农民主体的选择性行动共同切割了农业转移人口在职业、地域、身份、社会文化属性及角色上完整意义的城市化转型;因此在"农民"和"市民"之间出现了"半工半农""亦工亦农""非农非工"的转型怪象。过去,人们较多地注意到城乡二元结构对农业转移人口市民化转型所造成的制度切割以及政策和市场对农民进城的选择性[①],而忽视了农业转移人口对自身市民化转型的自我切割和选择性。

现实中不断涌现的经验事实正在挑战"铁板一块"的理论预设,市民化呈现出一个结构性力量和主体力量共同介入的差异化转型过程。其中,作为行动者主体的农业转移人口,并非被动而全面地接受来自工厂就业、城市生活、大众传播媒介、学校教育、国家政策等力量试图对其进行的现代化改造。相反,现实层面的市民化凸显的恰恰是行动者行动的选择性及其带来的实践的"市民化"与应然的"市民化"之间的张力。因此,市民化研究特别在一般的理论阐释之外,走向丰富的经验现实,对农业转移人口的流动性获得展开事实陈述,并关注其中的主体多元和经验多元。

---

① 农业转移人口市民化的政策选择,主要体现在政府对农业转移人口获得城市户籍(合法市民身份)的限制以及城乡户籍制度的权利与福利供给差异。常住人口城镇化率快速提升的同时是户籍人口城镇化率的滞后,转变为城市户籍人口的渠道比较有限;农业转移人口市民化的市场选择主要体现城市市场吸纳作为劳动力的农业转移人口具有明显的选择性,比如年龄选择性、资本选择性等。能够进入城市就业的农业转移人口往往较为年轻,并且教育程度、党员身份及参军经历将显著提高农转非的概率。

二、市民化类型划分的基本维度与依据

在当代中国,农村劳动力的整体开始产生配置的分化。根据蔡昉、王美艳的考察,20 世纪 80 年代农村剩余劳动力主要出现了乡镇企业的转移路径,90 年代开始出现个体经济的转移路径,90 年代中期相继出现私营企业和外出打工的转移路径,而 21 世纪又出现了更多形式的外出。如果我们将"市民化"理解为农业转移人口跨越多重城乡边界而接近平等的权利和福祉、共享现代生产生活方式,并且完成市民角色转型的社会流动过程的话,那么市民化的关键就不再是一个统一的制度或技术问题,而是一个内在分化的社会文化问题。相较于对市民化的应然状态作答,更加迫切地需要在当代中国的现实语境中重返农业转移人口的流动性本身,考察农业转移人口市民化的多元性和差异性(参见图 3-1)。在这一方面,类型学的分类是一个常见的研究策略。

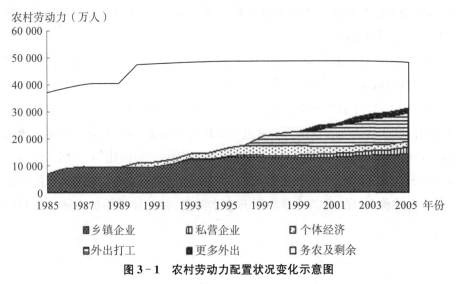

图 3-1 农村劳动力配置状况变化示意图

数据来源:蔡昉,王美艳.农村劳动力剩余及其相关事实的重新考察——一个反设事实法的应用[J].中国农村经济,2007(10):4—12。

在国外乡城移民的相关研究中,对于研究对象的确定主要通过其特点或构成要素来进行类型划分,包括采用二分法、三分法等分类方式。比如将乡城迁移类型二分地划分为跨国迁移/国内迁移、临时迁移/永久迁移、合法迁移/非法迁移等。

除考察过去发生的流动和正在发生的流动外,还有一些研究关注潜在的移民。也有将迁移类型三分地划分为:循环迁移、季节迁移及往来的人口通勤;自愿迁移、被迫迁移及驱动迁移;等等。总的来说,乡城迁移在复杂的流动现象中聚焦于成员与非成员之间身份界限的动态变动

在中国农业转移人口市民化的研究中,行动者主体同样是一个重要的理论维度。以往许多学者从行动者主体的视角出发,对农业转移人口的市民化进行过较为不同的分类。归纳来说,主要有四种类型划分的依据:一是从行动的持续性来看,依据外出时间划分出临时性/永久性的市民化。前者意味着农业转移人口无法彻底地转移到城市,出现人口的城乡往返迁移,并出现不完全或不充分的城市融入。相对于永久性的市民化而言,临时性的市民化表现为农业转移人口不将城市作为最后定居和融入的生活空间,仍然与农村保持某种程度的粘连并选择在适当时间返乡。二是从行动的目标选择来看,依据流动的目的地划分出城市的农业转移人口市民化和农村的农业转移人口市民化。一部分农业人口通过进入城镇或城市建制区来实现转移,还有一部分农业人口在农村本地实现劳动力的就地转移。三是从行动的动力来源上来看,依据转移的主体原因划分为经济驱动/非经济驱动的市民化。该划分涉及农业转移人口向非农部门和城市转移的驱动力主要来自经济因素还是非经济因素(比如家庭的重新团聚、婚姻)等。经济驱动的农业转移人口作为劳动力又可以进一步分为劳工型、技能型、投资型、经营型、政策型等。依据这一划分标准,农民工市民化通常被视为经济驱动的结果,而失地农民通常被视为一种政策驱动的结果。四是根据行动的空间位移状况,依据与流出地的空间距离远近划分出市内转移、市间转移和省间转移三种不同类型的市民化。市内转移是指农村劳动力在同一个城市内由农村地区转移到城市地区,市间转移是指农村劳动力在同一个省内从欠发达的城市转移到相对发达的城市,省间转移是指农村劳动力从欠发达的省转移到相对发达省的城市。

三、弥合"结构"与"行动"的类型重构

在市民化的过程中,结构和能动总是情境化的关联。两者过程性地互动,并带来市民化中的"选择性"。无论是以往西方的乡城迁移研究还是国内的市民化研究,较为欠缺的是未能交代结构与能动的关系是如何在不同情境中差异化地形成

的。换言之,要充分理解市民化过程中的"选择性"及其带来的流动分化,显然必须同时关注结构性力量和主体性力量的影响。

农业转移人口市民化过程中的流动分化同时来源于结构性力量和主体性力量的影响。从结构性力量的作用来看,当代中国农业转移人口市民化在很大程度上受益于国家、市场、社会的多重转型所释放的机会,但也同时受制于国家、市场、社会的制约。特别在中国的语境中,市民化并非完全是一个农业转移人口自觉从传统社会中抽离继而走向工业社会的自发过程,而是自上而下地成为一个国家推动的现代化转型过程。因此,结构性力量对于农业转移人口流动分化的影响是显著的。另一方面,从农业转移人口主体层面而言,市民化的选择性突出地反映在农业转移人口的能动行动上,包括其对于结构性资源和机会的选择性使用、对结构性力量的差异化认知等。同样,主体性力量也是影响农业转移人口流动分化的重要因素。结构性力量和主体性力量共同形塑了一种"选择性市民化"。因此,将"选择性"置于市民化研究的中心,意味着将农业转移人口的市民化过程嵌入多元主体的动态互动之中,并且从现实境遇中去检视市民化中的群体分化。如果我们关注不到市民化中的选择性,关注不到结构性力量与主体性力量的关联,就难以对日渐差异的市民化图景做出充分的理解。

如何理解结构与能动的关系仍然是社会科学待解的问题,也是困扰市民化研究的重要理论问题。一方面,国家、市场、社会等结构性因素既会直接对农业转移人口的市民化产生选择效应,也同时会间接影响农业转移人口市民化的选择;另一方面,农业转移人口的主体选择也可能随着个体与家庭的特点、以往的迁移经历、对迁移网络的获取等因素而产生差异。事实上,单纯以结构性力量作为分类维度或单纯以主体性力量作为分类依据在理解农业转移人口流动分化的问题上都可能存在局限。因此,需要在市民化的类型划分中同时考虑结构性力量与主体性力量的影响,弥合结构与能动行动的关联。

笔者认为,结构与能动总是动态地彼此关联并在特定的情境中产生差异化的关联形式。只有在特定情境中,结构性力量和主体性力量的互动和碰撞才能够被看到。因此在本书中,"情境"这一变量的重要性一再被强调,也即将农业转移人口的市民化放在不同的具体时空场景中加以考察。考察农业转移人口的社会流动性获得,至少需要考虑以下两个重要因素:一是地理距离(流动发生的空间是本地还是异地),另一个则是社会断裂程度(与原有社会环境的脱离和保留程度)。为此,本书依据居住空间(是否离乡)和土地关联(是否离土),将农业转移人口进一步划分为四种类型:"本地—在地""本地—不在地""异地—在地"和"异地—不在地"。进一步地锁定时间范畴,本书仅关注在当代中国集中与国家、市场、社会等结构性力量互动的三类农业转移人口的市民化进程,并且在具体的城乡社区中对市民化中的选择性问题展开经验研究。

在当代中国,农业转移人口显然已经进入到全新的乡城流动体系之中,并且持续经历着群体的转型和分化。在结构主义者和功能主义者那里,"结构"类似于建筑的骨架。如果按照结构主义者或功能主义者的理解,"结构"就是那些可以使人们保持在特定地点(包括空间意义和社会意义上)或改变特定地点的东西。不过,显然对于这种"结构"的理解需要得到进一步地加工和阐释。结构赋予行动资源,同时也限制行动。更需要知道的是不同情境中结构性力量对能动行动的影响方式和影响程度。从主体的角度来说,农业转移人口来自不同的村庄,在不同程度上参与到生计方式的改变之中,对于市民化的资源和机会上有着不同的接近性。更需要知道的是在不同情境中农业转移人口形成了何种选择性的行动来回应结构性力量的影响。

农业转移人口在跨越城乡边界的过程中所具有的流动性和稳定性构成了市民化研究中的一对主要张力,昭示着农业转移人口群体所表现出来的差异化的流动性。流动与约束在历史进程中相互影响,使农业转移人口市民化不是"农民"转变为"市民"的简单发生,而是被模式化的动态过程,因此需要对结构与能动的关系进行更深入的讨论。流动产生约束,约束产生流动;流动在约束中发生,约束又在流动中产生。然而,流动与约束之间的这种对话和动态关联在中国特殊的语境中还没有得到充分的研究。

第三节　城市化道路的选择与市民化进程

计划经济时期,在中国特有的户籍制度和城乡分治体系的管制下,农民要想变为市民的传统途径主要有四条:一是通过联姻,或者被没有小孩的直系亲属收养;二是招工进城,然后获得城市户口,但这种机会极少;三是考取中专或大学,毕业后分配到城市;四是参军,做了军官以后复员或转业被安置到城市工作。总体而言,通过婚姻、参军、教育及有限的工厂招录来实现农民向市民转变的基本路径,不仅道路狭窄而且竞争异常激烈(文军,2012)。计划经济时期的农业转移人口市民化具备两个非常突出的特点。一是由于这一时期实际上不存在真正意义上自由的乡城流动,在城乡二元结构的封闭下,农业转移人口的市民化作为稀缺的资源和机会而被制度化地限制,新市民的选择主要通过中心化运作的方式限制性地完成。二是这一时期少量实现的市民化主要是农业转移人口主动选择和完全市民化选择的产物,农业转移人口自觉选择迁入城市或者因与城市的联系而产生自发的内在市民化转型,以完全市民化为明确的目标取向,同时完成职业、地域、利益、权利、角色等方面的农村的全退出。实际上,计划经济时期并不存在当代意义上的"市民化"问题。

当然,就今天而言,婚姻、教育、参军、正式就业这四条农民转变为市民的传统路径仍然是农业转移人口选择进入城市的重要方式。通过婚姻、教育、正式就业等进入方式完成的市民化转型依赖于传统阶层流动的主要机制,通过农业转移人口的主动跃迁,实现较为完全的城市融入和市民身份的转变,由此形成了趋向于永久性转移的特点。

与上述这类依靠传统阶层流动方式不同,当下所讨论的农业转移人口市民化实际特指与经济社会发展转型相关的人的现代化议题和阶层结构的现代化议题。加速中国现代化建设,必须加快城市化的步伐,这已经成为中国城市化之路探索中的基本共识。在这一意义上,当前农业转移人口市民化既是与特定发展时段相对应的转型现象,又是国家在场的城市化道路(或中国城市化模式)选择下的社会结果,其中突出地延展着政府与市场、国家与农民、结构与行动等一系列重要关系。20世纪80年代以来,城市化道路的选择成为中国现代化发展的重要议题而被广泛讨论。城市化模式通常也被认为是城市化发展模式,也就是城市化发展道路的选择。它包括对城市化本质、途径、方向、动力机制等基本要件的确定。围绕城市化中的空间关系、规模结构、主导驱动力量、区域发展格局等关键问题形成了差异化的城市化方案。发展经济学一再试图论证城乡之间的吸引力和推力持续地构成城市化发展的内在动力,但中国的城市化发展突出地伴随着政府的权力在场,由此构成中国城市化发展的制度基础。权力的结构和介入方式带动城市化发展的模式和节奏,加上经济社会的深刻转型,使当下农业转移人口市民化面临与"总体性社会"时期不同的结构性语境。

改革开放以来,关于中国城市化道路选择的理论和政策争论持续至今①,在总结借鉴其他国家发展经验并且基于中国实际的基础上,基本上在理论和实践上形成了工业化和农业现代化同步发展、政府主导与市场推动相结合、集中与分散并进的多元化城市化道路。说到底,城市化模式的选择就是资本积累模式的选择。不同的原始资本积累方式在经济上决定了不同城市化模式的呈现。20世纪80年代至今已经产生了四种农业剩余劳动力转移的模式:一是不离乡不离土(既不离开农村居住地也不离开土地,即在原初地解决就业题);二是离乡不离土(离开农村居住地但不离开土地,即在目的地实现就业,同时在农村居住地保留土地);三是离土不离乡(离开土地而不是农村居住地,即迁移到附近的地区从事非农活动);四是离土又离乡(在土地和居住地上同时离开农村,即意味着长距离且永久性的移民)。从人口城市化的政策选择来看,以上四种模式主要延续了两种人口城市化模式——"离乡又离土"的人口城市化模式和"离土不离乡"的人口城镇化模式,其整体的制度导向是希望依托由特大城市、大城市、中小城市、小城镇构成的城市体系,在城市类型之间逐步形成分散又协调发展的格局。"离乡又离土"的城市化模式和"离土不离乡"的城镇化模式进一步带动了人口城市化的三种主要模式,继而产生了当代农业转移人口市民化的基本类型分化。笔者将其称为异地导入模式、城市开发模式,以及就地转移模式,由此相关联的是三类农业转移人口市民化的进程——进城农民工市民化、城郊失地农民市民化及居村农民市民化。

本书关注与国家城镇化道路选择关联的三种市民化类型。农业转移人口市民化的复杂性在于职业、居住地、制度身份及社会文化的市民化进程是可以分离的。相较而言,这三种人口城市化模式涉及农业人口不同的转移方式,涉及国家权力介入的不同方式,也涉及结构性力量和主体性的不同互动关系。本书重点关注的是结构性力量涉入下的三种"不充分的城市化"后果。无论是进城农民工的市民化、城郊失地农民市民化还是居村农民市民化,实际上是不同城市化模式推进中结构与能动互动产生的转型现象。为此,应该将农业转移人口市民化过程纳入现阶段我国城镇化过程的背景中,放在国家、市场、社会等多重结构性力量的影响下来进

①　争论的内容涉及城市化路径、载体、规模等。聚焦的问题主要有:中国城市化的路径有哪些(自上而下的城市扩张,还是自下而上的自发发展)?中国城市化的主要载体是什么(大城市、中等城市,还是小城镇)?中国城市化过程中对于城市规模的限制是否合理?中国城市化的空间形式是什么(集中还是分散)?

行整体考量。

一、异地导入模式——进城农民工市民化

改革开放后,大批农业人口开始摆脱土地的束缚,前往城市寻求新的生产生活方式。为什么农村剩余劳动力会走出农村,前往异地的城市务工经商?一方面,制造业和服务业的快速发展产生了大量城市就业的机会和对于廉价劳动力的需求,特别是东部沿海地区吸引大量外资发展制造业和加工业,以此来参与国际竞争,为农业转移人口提供了一个巨大的就业需求市场。另一方面,现代技术的发展带动农业产量的增长和单位农业生产者数量需求的降低,由此产生了农村劳动力异地转移。大城市在吸引农业转移人口市民化方面具有更突出的表现,构成牵引中国人口城市化最重要的动力之一——城市的扩张和辐射在带动农民工市民化的同时,也产生异地导入模式中结构性力量的选择偏好,使农民工市民化面临“有限转移”的困境(刘平量 等,2003:241)。虽然大部分农民能够从农业部门向非农业部门进行职业转移,但是否能够在城市定居并完成市民身份转变则具有内部的差异性。与此同时,农民工自身在行为、期望、文化观念等方面也存在普遍的市民化选择差异。

二、城市开发模式——失地农民市民化

因城市化、工业化产生的城市土地的需求紧张是引发农村土地被征收的内在动力。从本质来看,国家主导下的农村土地征收是一种强制性的土地流转(魏国学,2015:103)。地方政府在城市空间的扩张上表现出较强的行政偏好。1994年分税制改革以及1998年住房市场改革以来,城市空间成为地方政府最重要的生产资料。借由各种规划名义而展开的城市土地扩张成为一种默认、许可、高速度发展的典型范式(杨宇振,2016:17)。

失地农民是工业化和城市化进程中伴随着城市开发而出现的新的社会群体。根据国土资源部的研究课题,在严格控制的前提下,2001—2030年的30年间将新占用耕地5 450万亩,新增失地农民7 800万人,届时我国失地农民的总数将达到1.1亿(崔砺金 等,2003)。城市扩张与土地财政的经济逻辑强行打破农村原有的

秩序和运作规律,使大批村落和村民被动受到城市化的安排。城郊失地农民并非基于自然的城市化进程,而是被动地卷入到快速城市化的进程中。在政策的驱动下,失地农民快速地完成了土地权利的退出,并通常在本地进行就近安置。结构性力量对于郊区农民的市民化呈现出完全不同的影响方式,失地农民对于结构性的力量的感知和回应方式也存在较大的差异。

三、就地转移模式——居村农民市民化

关于中国的城市化应当被放在什么位置,学术界争论许久而未有统一的结论。争论的主要分野在于城市化究竟应当基于大中城市来展开还是基于小城镇来展开。前一种观点的支持者认为小城镇难以有效实现聚集和规模效益,而后一种观点的支持者认为由于大城市难以吸纳庞大的农村劳动力,中国城市化的最终出路仍需要从城镇化中去寻找。现有的政策体系基本是对这两种观点的调和。实际上从中国历史来看,城市的形成本就有两种不同路径:一种是行政区划治所(城郡),带有较强的政治功能,通常被城郭或城墙圈围住;另一种则是古代州治、府治、县治之外的市镇,带有天然自发的经济功能。在改革开放后的十余年间,中国城市化的道路更多地垂青于后一种模式,旨在通过"离土不离乡、进厂不进城"的农村工业化、农村城镇化①道路来实现经济增长和农村剩余劳动力的转移。可以说,农村城镇化已经构成中国城市化道路的重要组成部分,对农业转移人口的市民化起到特殊的推动作用。

改革开放以来,中国城市化主要以小城镇模式为主导。即便在今天,小城镇在吸纳人口城市化方面的重要性仍然一再被强调,其形成和延续在中国语境中有一定的必然性。一是在改革开放以前,城乡分割、地区分割的制度设计所具有的惯性使得大范围制度调整面临阻碍;而小城镇模式的重要优势是极大降低了制度变革的成本,调动了乡镇政府的积极性。二是早期主张小城镇发展的一些学者和政策

---

① 有必要在此厘清"城市化"和"城镇化"的概念。中华人民共和国《城市规划法》中对"城市"的定义是"国家按行政建制设立的直辖市、市、镇"。在城市行政建制中,建制镇被纳入城市范畴。在此意义上,城镇化是具有中国特色的城市化形式。但是"农村城镇化"这一概念中的"城镇"则具有不同的含义,特指建制市以外的建制镇以及乡政府所在地为主体的集镇。它们虽然属于城市体系,但一般布局于乡村地区,主要由农村自发发展形成,因此这一过程被称为"农村城镇化"。

倡导者无不在乡村建设上有一种希冀,即通过小城镇的发展来推动乡村工业,推动农民的致富。乡村工业和乡村非农产业的发展为农业人口的就地市民化创造了结构性条件,农村人口可以在保留土地权利和以往生活场景的前提下实现劳动力的非农化。然而,由于城镇规模的限制,居村农民市民化的进程又受到诸多结构性力量的制约。居村农民在市民化过程中也表现出市民化的选择性和流动分化的特征。

第四章　进城农民工的选择性市民化

在过去 20 年间，数以万计的农民进入城市寻求工作，他们构成了大众和政府眼中的"农民工"，其规模在2016 年超过了 2.81 亿人（中华人民共和国国家统计局，2017），支撑了中国以充足劳动力供给和低用工成本而拉动的经济高速发展。城乡之间的发展差异与区域发展差异，使中国出现了世界上少有的人口区域流动现象，其数量之大已经构成世界上最大规模的流动人口群体，也成为中国历史上影响最深远的一次人口流动。长期以来，由于城乡二元结构的存在，城乡差异在机会分配上呈现出区域间的差异，农业转移人口在社会流动上处于整体的劣势地位，并且面临着诸多城市进入和融入的障碍。伴随着市场化、工业化、城市化的快速推进，制度变革和城乡社会系统的变迁使进城农民工市民化面临差异化的语境和条件。一方面需要对影响进城农民工市民化的诸多结构性因素进行检视；另一方面，需要回到进城农民工市民化的主体经验，从城乡关联视角来看，包括进城农民工主体的市民化表现、对于流动机会的能动回应，以及对规则的阐释、使用和反向影响。

以往已经有丰富的研究集中于识别进城农民工在城市进入过程中所遇到的各种障碍,包括权利的被剥夺、劳动力市场分割、公共/私人服务的缺少、社会资本的缺乏、流入地的排斥和歧视等。的确,农民工市民化在中国语境中极大地受到来自政治、经济、社会领域的诸多结构因素的影响。改革开放以来,大规模个体性、临时性、往返性的"有流动无迁移"现象的出现,一方面昭示着政治、经济、社会领域的宏观变革给农民工的乡城流动释放了机会,而另一方面也昭示着进城农民工的社会流动性获得仍然不足,以至于农民工在流动模式上表现出"钟摆性"特点(李明桥等,2009)。来自国家、市场、社会的结构性力量,为农民工市民化创造了什么样的资源和机会空间? 在这里,笔者从不同维度来检视结构性力量对进城农民工市民化造成的影响,主要包括三个方面:国家正式制度对市民化权利和资源的分配情况,劳动力市场对经济参与机会的释放情况,以及城乡社会系统的群体边界开放情况。

一、制度选择下的权利资源分配

在过去半个世纪里,以户籍制度为核心的城乡二元制度体系持续地在中国社会分层和空间分异中发挥制度效应。特别是其具有的附属功能(附属差异化的身份安排和福利供给)和限制功能(限制城乡人口流动和迁移),使得中国人口流动的规模和流向极大地与行政力量相缠绕,并在长时段中成为生产累积性不平等的重要原因。长期以来,户籍制度①被视为影响农业转移人口教育、收入、生活机会获得的限制性因素,也是产生农民工"非农非工"怪相,阻碍农民工城市定居和社会融

---

① 这里的"户籍制度"作为一个广义词来被理解,涉及依托户籍制度来进行社会治理的广义制度体系,具有不平等的制度分类特点。狭义的户籍制度主要是指依法收集、确认与提供个人的身份、住址、亲属关系等人口基本信息的行政管理制度。另外一个与之相关的概念是"户政制度",它包含最狭义的户籍制度,还包含由相关部门以行政方式决定公民是否有迁往某地合法生活的"户口迁移审批制度",它形成于国家集权的计划经济状态。

入的重要制度阻隔,它使整个社会从原本的"农民—市民"二元结构转变为"农民—农民工—市民"的三元结构(文军,2006)。即使是在改革开放后逐步放宽人口流动限制的背景下,二元体制仍然表现出强大的历史惯性,并且将城乡不平等从城乡之间延伸至城市内部(Chan et al.,2008)。

正因为如此,户籍制度始终作为"中心机制"被用来理解与农民工进入城市相关的身份转变、资源不平等、权利剥夺、社会排斥等议题。在整体意义上看到农民工在获取平等权利和城市资源时所遭遇的制度阻滞,这一认识虽然是重要的,却是不充分的。与进城农民工市民化相关的制度安排显然不是"铁板一块",中央与地方、地方与地方间存在差异的制度语境和权利资源分配模式;同时,进城农民工群体同样也不是"均质化的存在",其内部的群体差异使得不同的农民工群体在权利、资源和机会获取上具有不同程度的接近性。因此,制度选择与进城农民工市民化的关联需要重新得到检视。

(一) 中央与地方的渐进转移政策

许多国家都存在乡村人口前往城市工作而往返于城乡之间的人口流动形式,但在中国,"农民工"称谓的产生更多地是制度选择的产物,而非人口选择的结果。在城乡隔离的经济社会制度影响下,"农民"与"市民"身份通过制度化的手段近乎永久性地附着在社会成员身上,并以此作为社会福利供给的依据。伴随着改革开放以来经济的快速发展以及市场化、工业化、城市化的迅猛趋势,这种地域、身份、福利之间的捆绑开始松动,却造就了2亿多生活在城市中却被城市社会排斥的"非市民"。但是进城农民工的流动格局在发生变化。根据2008—2016年全国农民工监测数据,农民工数量的增速在不断放缓,特别是外出务工农民工增速从2009年的3.5%降低到2016年的0.3%,低于农业转移人口的本地转移增速。在外出务工农民工中,举家外出打工者增速提升明显。与2010年相比,2013年流动人口子女现居住地出生的比例上升了23%,达到58%(綦松玲 等,2017)。近年来,农民工(尤其是新生代农民工)逐步展现出留居的稳定性和留城意愿(Li et al.,2015),城乡流动的"钟摆性"特点有所改变。农民工在城市中所遭遇的生存困境、权利剥夺以及不断凸显的定居倾向在客观上成为助推农业转移人口市民化政策体系变革的现实压力。

21世纪以来,国家的发展策略和正式制度集中修正城市偏向来重构城乡关系。一方面,伴随着农业现代化、村集体经济发展、农业税取消、地方行政体系重构(村财乡管)等农村社会转型,农民个体的经济活动获得了极大的自主选择权;另一方面,党的十八大报告明确指出要加快改革户籍制度,有序推进农业转移人口市民化,集中处理因城乡二元制度束缚而产生的"第三种身份"成为制度改革的重点。2015年,中央特别强调要解决好"三个1亿人"问题,其中一个重要目标就是在2020年让进城务工的农民工在城镇落户,变成真正的城里人(人民网,2015)。从中央到地方,以"渐进转移"为导向,逐步为农民工进城定居构造了支持性的制度设计。具体而言,它由两个方面构成:一个是推进进城农民工落户城镇的户籍制度改革,另一个是多维度推进进城农民工市民化的政策体系。

梳理2000年以来中央政府有关推进进城农民工市民化相关政策(参见表4-1),可以看到由国家推动的户籍、土地、社会保障、财税等制度改革为农民工进入城市提供了机会和空间,然而在户籍转换机会以及权利资源供给方面却是非常有限的。2000年以来与进城农民工市民化直接相关的顶层制度安排突出地具有以下特点:

表4-1 中央政府关于推进农民工市民化的重要政策(2000年以来)

政策(年份)	中心议题	关键政策措施
《国务院批转公安部关于推进小城镇户籍管理制度改革意见的通知》(国发〔2001〕6号)	引导农村富余劳动力向小城镇有序转移	县级市市区、县人民政府驻地镇及其他建制镇内有合法固定的住所、稳定的职业或生活来源的人员及与其共同居住生活的直系亲属,根据本人意愿办理城镇常住户口①
《国务院办公厅转发农业部等部门2003—2010年全国农民工培训规划的通知》(国办发〔2003〕79号)	农民工技能与职业培训	中央财政用于支持农民工职业技能培训体系的建立
国务院《关于解决农民工问题的若干意见》(国发〔2006〕5号)	城乡劳动者平等就业	消除农村劳动力流动的体制障碍;保障农民工的劳动权益和公共服务
《就业促进法》,2008年1月1日实施	城乡劳动者平等就业	国家城乡统筹的就业政策、城乡劳动者平等就业制度、平等劳动权利的保障与歧视性限制的去除

① 根据规定,已经批准在小城镇落户的人员,仍可保留承包土地的经营权。

政策(年份)	中心议题	关键政策措施
《就业服务与就业管理规定》(原劳动保障部 28 号令), 2008 年 1 月 1 日实施	进城务工人员就业扶持	常住地稳定就业满 6 个月,失业后可在常住地等地,享受相关就业扶持政策
国务院印发《推动 1 亿非户籍人口在城市落户方案》,2016 年 10 月 11 日实施	促进有能力在城镇稳定就业和生活的农业转移人口举家进城落户	拓宽落户通道;制定实施配套政策;强化监测检查
国务院《关于进一步做好农民工培训工作的指导意见》(国办发〔2010〕11 号)	农民工技能与职业培训	农民工培训统筹规划;建立规范的培训资金管理制度;发挥企业促进就业的作用;提高培训质量,强化培训能力等
《关于进一步实施特别职业培训计划的通知》(人社部发〔2010〕13 号)	农民工技能与职业培训	实施特别职业培训计划;开展在岗农民工和困难企业职工技能培训;加强劳动预备制培训、中短期实用技能培训和创业培训;强化培训机构管理、提高培训资金效率
《关于支持工会开展千万农民工援助行动,共同做好稳定和促进就业工作的通知》(人社厅发〔2009〕40 号)	返乡农民工就业服务	将返乡农民工纳入创业政策扶持范围(资金支持、政策扶持、技能培训、一条龙服务)
《关于实施农民工"平安计划"加快推进农民工参加工伤保险工作的通知》(劳社部发〔2006〕19 号)	农民工工伤保险推进	要求用工单位必须为农民工办理工伤保险,重点推进高危行业农民工的工伤保险
《关于开展农民工参加医疗保险专项扩面行动的通知》(劳社厅发〔2006〕11 号)	农民工医疗保险推进	以省会城市和大中城市,以制造采掘、服务等行业并建立了劳动关系的农民工为重点,全面推进医疗保险
《城镇企业职工基本养老保险关系转移续接暂行办法》(国办发〔2009〕66 号)	农民工养老保险转移续接	参保缴费记录由两地政府社保部门统筹办理并累计计算,农民离开城镇不再退保
国务院办公厅《国家中长期教育改革和发展规划纲要(2010—2020 年)》	农民工子女教育	义务教育由流入地和以公办学校为主来解决;就近就读、免除学杂费,不收借读费,确保农民工子女平等接受义务教育等

一是地方接替中央成为城市权利和资源赋予的主体,与市民化相关的权利和资源主要被限定在地方层面。中央政府的放责放权在农民工市民化中直接表现为中央政府将市民化责任下移,转而在渐进推进户籍制度改革的进程中扮演整体规划者的角色。市民化相关的权利与资源主要被限定在地方城市内部,地方政府成为权利资源分配的直接责任者和主体。农业转移人口市民化中的央地角色变化自20世纪90年代以来逐渐鲜明:1994年取消了按国家是否供给商品粮划分农业和非农业户口的做法,转而以居住地和职业来进行划分;1998年,国务院批转公安部《关于解决当前户口管理工作中几个突出问题的意见》(国发〔1998〕24号),其中明确了规制农民工市民化的权责主体为地方政府。[1]

二是现有的制度安排选择性地偏向于在经济参与方面进行权利和城市资源的再分配,保障就业权利,供给就业服务资源。制度改进重点领域是推进农村劳动力的非农就业(经济参与)。制度设计从农民工就业基本权益保障转向推动农民工城市福利的平等享有。从整体来看,现有中央的制度安排仍然主要偏向于支持作为劳动力的乡城迁移,而多方面的城市融入仍然缺乏政策支持。

三是制度改进的渐进性特点主要体现在,有选择地放松制度准入条件。从当前户籍制度改革的步伐来看,总体对农民工开放准入的主要是小城镇。政府作为制度供给方,其政策目标对进城农民工而言并非普惠性的,而是具有群体指向的。比如2016年,国务院出台的推动一亿人落户方案将政策的目标群体指向三类人群:农村学生升学和参军进入城镇的人口,在城镇就业居住5年以上和举家迁移的农业转移人口,新生代农民工。分类降低落户限制性的要求:省会城市及以下全面放开技能型群体的落户,超大城市和特大城市分类制定落户政策,大中城市减少限制。再比如中央对于农民工就业权益的保护对象主要集中在已经建立正式劳动关系的农民工,而大量农民工的经济活动恰恰发生在非正式部门。可以看到,与农民工市民化的制度变革相伴随的是一系列选择性特点的出现。渐进性改革的伴生物是公共权利和资源在分配上的优先序列以及群体偏向。

(二) 地方政府对进城农民工的选择性招募

在根本上,户籍制度改革意味着国家退出对群体进行制度划分和分割式的福

---

[1] 该意见明确规定,对在城市有合法固定的住所、合法稳定的职业或者生活来源,已居住一定年限并符合当地政府有关规定的准许在该城市落户。

利供给,进城农民工获取市民身份的基本运作模式由中心化运作的"农转非"机制①转向地方政府开具的"准入条件"(王文录,2008),其具有两层含义:一是意味着国家层面上的"公民权"问题转换成城市层面上的"市民权"问题,将"国民待遇"问题转换成"市民待遇"问题(陈映芳,2005);二是意味着户籍制度改革对农民工城市定居并融入城市社会而言所能发挥的制度效应既是有限度的,也是非均衡的(Zhu,2007)。

在"十三五"规划中,户籍人口城镇化率的目标定在年均提高一个百分点以上,年均转户 1 300 万以上。目标在 2020 年,全国户籍人口城镇化率提高至 45%。如果将全国指标分摊到地方,不同城市在实现进城农民工落户城镇上的空间和动力具有非常大的差异,这直接关系到地方政府对于公共权利和资源的分配方式。21世纪初期户籍制度改革的基本线索是在坚持严格控制大城市规模、合理发展中等城市和小城市的原则下,逐步改革现行户口管理制度,适时调整有关具体政策,以此适应社会主义市场经济发展的要求。分类放宽对外来人口落户的指标控制,主要调整的是进城农民工在大城市的定居机会以及在中小城市落户的机会;而对超大城市和特大城市而言,机会与资源的分配更具有竞争性和群体偏向性。在地方层面,国家与农民工的关系在不同城市中有不同表现,地方城市对于农民工的包容性程度也是不同的,进城农民工因此在不同城市中具有不同的社会地位。城市对于外来者市民身份的给予具有不同程度的门槛和机会发放。从现实层面来看,进城农民工获得制度化市民身份的比例是非常小的。以 2007—2012 这五年户籍非农化与城镇人口增加的速度为例,全国非农户籍人口的年均增幅②仅为 2.18%。③

在户籍制度改革的背景下,中央政府退出后,地方政府则成为农民工身份转换以及权利与城市福利获得的直接供给主体,并在地方层面形成了差异的"选择性招募"规则。根据本书调查地点的情况,地方政府的政策制定对于进城农民工的选择性集中表现在两个方面:

---

① 20 世纪 90 年代末以前,农业户口转城市户口需要批准("农转非"是第一步,需要获得中央政府的批准;第二步是获得当地政府批准的当地户口)。国家主导下的"农转非"包括国有企业招工、征地、招生、招干。

② 此处年增长率的具体算法为:年均增长率={(本期/前 n 年)^{1/(n-1)}-1}×100%。

③ 2007 年全国总人口 1 308 321 261,非农业户籍人口 430 767 132(32.93%),2012 年全国总人口 1 357 802 804,非农业户籍人口 479 706 013(35.33%)(中国社会科学院人口与劳动经济研究所,2008,2013)。

一方面表现在地方城市对农村外来劳动力的选择性汲取。改革开放的前20年,农村劳动力向非农部门的转移成为带动经济发展的重要促动力。进入21世纪以来,城市在对于农村劳动力转移的吸纳上开始具有选择性,城市增长与发展改变着对外来劳动力的需求。北京、上海、广州、深圳等大都市目前都缩紧人口规模,加强对流动人口的控制。特别是地方政府通过行政手段介入人口调控,包括综合执法、城中村改造、居住证审批等,对低端就业和非正式就业的农民工形成了政策性的排斥。笔者所调查的GY村成立了外来人口综合治理办公室,登记管理外来人口的基本情况。办公室人员定期上门跟踪外来人口的居住情况,并实际参与到对外来人口的行政调控行动中;JS村、HG村所在街道近年来依托区位和交通优势发展总部经济,通过大规模的拆迁和城市更新来实现"腾笼换鸟"式的地区发展。相对于显性的行政性驱赶,城市发展对进城农民工的排斥转向更为隐蔽的逻辑。一位社区工作人员这样描述社区发展所面临的"人口问题":"我们这里的未来发展是想发展一些高端社区能够服务现代商务,但是说实话,这里人比较乱,就是什么档次的都有,跟我们的发展定位不匹配。"(SH－HG－2015073102)以提升城市发展、城市治理等名义,地方政府构成了重要的结构性力量来对留居城市的农民工进行带有行政性偏好的筛选,地方政府与进城农民工之间形成汲取与赋予之间的不平等的资源交换关系。

另一方面表现在地方政府对进城农民工市民权的选择性赋予。出于对中央政策的回应,也出于地方经济社会发展的现实要求,地方政府逐渐向农民工开放市民权的获得渠道,其主要的做法是赋予农民工特殊的城市福利或推动农民工享有平等的城市福利。在这一方面,城市政策在接收进城农民工方面具有明显的差异性。2014年《国务院关于进一步推进户籍制度改革的意见》(国发〔2014〕25号)提出:全面放开建制镇和小城市落户限制,有序放开中等城市落户限制,合理确定大城市落户条件,严格控制特大城市人口规模(中华人民共和国国务院,2014)。人口计划较多地被地方政府作为实现政策目标的工具而被使用,诸如城市的财政支出压力、公共服务提供能力、城市的开放水平等都会影响到农业转移人口获得城市户口的可能性(吴开亚 等,2010)。聚焦于本书调查社区所在的九个省市,可以发现,除陕西省和江苏省的非农户籍人口增幅较大外,其他省市的年均增幅都在较小的范围内(表4－2),排除户籍人口的自然增长,机械增长的户籍人口实际上是非常有限的。

表 4-2　调查地点所在省市非农户籍人口变化

	2007 年非农户籍 人口占总户籍人口比重 （万/%）	2012 年非农户籍 人口占总户籍人口比重 （万/%）	年均非农 人口增幅 （%）
北京市	76.57 （1 216）	80.13 （1 300）	2.27
天津市	60.41 （964 万）	62.14 （996）	1.23
上海市	86.81 （1 379）	89.76 （1 427）	1.36
江苏省	45.74 （7 354）	55.99 （7 553）	4.69
浙江省	29.0 （4 659）	31.7 （4 799）	2.28
广东省	52.02 （8 156）	52.17 （8 636）	1.21
湖南省	22.23 （6 880）	22.29 （7 132）	0.78
陕西省	27.56 （3 783）	37.09 （3 926）	6.91
甘肃省	24.63 （2 649）	27.38 （2 713）	2.62

数据来源：公安部治安管理局户政管理处（中国社会科学院人口与劳动经济研究所，2008，2013）。2014年由于各地开始取消"农业户口"和"非农业户口"的区分，2014 年后不再有此数据。

　　进一步地，地方政府通过"选择性招募"完成对农民工身份的再建构——在进城农民工群体内部又通过制度化加以区分。1985 年农村居民开始被允许进入城市工作，但在政策上被视为临时性的居民。在 21 世纪以前，农村居民居住在城市甚至不具有合法性。当前，进城农民工及其家庭对于就业、医疗、住房、教育等其他城市福利需求突出，提升进城农民工的福利和公众接受度成为共识。但是在城市中，地方政府仍然依赖于一系列行政手段来对农民工进行群体区分。20 世纪 90年代"蓝印户口"重新确立了地方政府在区分赋予外来人口城市权益上的不同地位。办理"蓝印户口"的人员与一般暂住、寄住人员不同，可以在部分权利上享受与本地城市居民相同的待遇。在依靠行政手段来进行新市民的准入模式下，地方政府实施的选择策略主要包括条件落户和积分落户两种，主要依靠地方政府制定的准入规则来对"谁能够成为市民"进行行政筛选,主要依据的准则是市场能力。户籍在新的时代背景下成为重新"制造类别"的制度工具。这种由制度划分的群体类别在更大意义上不仅转化为城市福利获取上的机会和资源差异,也将进一步转化为农民工市民化的自我认知和期望的社会基础。一些地方政府通过购买社会组织服务的方式为农民工提供补充性的社会服务。尽管社会组织普惠化地面向服务人群,但在服务对象的实际参与上却出现了选择性,正式就业的农民工比非正式就业的农民工能够更多地接受服务资源。对进城农民工而言,作为市场竞争的优胜者,同时能够获得更多的结构化的机会和资源。

二、市场选择下的经济机会获得

在改革开放前,中国的福利体系基本运作于城乡分离的双轨基础之上。国家提供的社会福利的主要收益群体是城市居民,农村居民的福利获得主要依赖个人、家庭及其所在的农村社会共同体、农村集体经济组织。这种福利来源的城乡二元性由户籍制度所固定,因此未取得城市户籍的农民工意味着缺少获取城市福利的合法资格。正因为如此,经济社会体系明确的城乡二元性使户籍制度构成了对农民工市民化的刚性限制。改革开放后,户籍制度对农民工市民化的影响从直接转向间接,对社会流动分化产生更直接影响的则来自农民工的市场能力及其与城市社会的适应与融合。

改革开放以来,区域间的经济发展水平和经济结构的差异带动农村劳动力从农业部门向非农业部门快速转移。一般来说,城市经济发展越快,农村劳动力转移越活跃。相对收入差异越大,越容易产生农业转移人口外出的动机(蔡昉 等,2004)。城市经济与城市劳动力市场的拉力释放了农业转移人口职业非农化以及寻求经济资源的机会,并且在宏观上构成了农业转移人口前往城市的重要经济推力。伴随着城市市场向农村劳动力的开放,中国农村收入水平得到了显著提升。2015 年,外出务工农民工月均收入达到 3 572 元(中华人民共和国国家统计局,2016)。然而,大量实证研究结论表明中国的城乡收入差距依旧巨大。[①] 城乡之间

[①] 截止到 2014 年年底,中国仍然有 592 个国家级贫困县,12.8 万个贫困村,2 949 万贫困家庭及1.28 亿农村贫困人口(龙花楼 等,2006)。

仍然面临着巨大的资源分布不公平以及结构的不平衡。与 2003 年以来沿海地区的工厂持续出现并蔓延到其他城市的"用工荒"现象形成对比的是,仍然有大量的农村劳动力滞留在农村或者在农村维持较低水平的收入。尽管劳动力市场分割一直被认为阻碍劳动力流动达成更优配置和效用,但是外来的农村劳动力与城市居民之间的职业分割和收入差异仍然普遍存在。在劳动力的城乡流动逐渐褪去严格制度限制的背景下,为什么农民工在整体上仍然难以获得高收入回报? 为什么一部分农民工选择以低收入水平滞留在农村而不是前往更高收入水平的城市就业? 这些问题在根本上涉及一系列市场选择机制对进城农民工职业流动和收入水平产生的影响。

在长达 40 年的时间里中国劳动力市场是以城乡劳动力市场间的隔离为主要特征的,直到 20 世纪 80 年代末这一状况才得到改变。伴随着户籍改革的深入,阻碍劳动力流动的刚性制度约束在不断减少;但是城乡二元制度体系的存在,以及部分行业的垄断使得经济转型中的劳动力市场仍然发育不完善。经济学家对于劳动力市场分割的研究将无法用生产力要素解释的收入差异一并归为"歧视"(Meng,2001),而未对"歧视"等非生产力要素的影响机制做出更多说明。应当看到,政策与劳动力市场的相互强化、相互形塑作用在经济转型的过程中越发明显。当前市场在配置城乡劳动力资源的过程中存在行业间、部门间配置的机制差异。相对于非国有经济部门和非正式部门,国有经济部门对农民工的筛选机制会更加明显,且更倾向于携带非生产性的选择逻辑。进城农民工主要进入的是自雇部门和非正式部门,而这恰恰是教育回报和收入回报最低的部门(王美艳,2005)。

在国外乡城移民的研究中,个体层面的乡城迁移主要是基于经济学解释在理论上赋予了农村劳动力充分的主体意识和理性选择能力,而劳动力市场分割理论(Segmented Labor Market Theory)则在这种个人的自由意志之外更多地关注宏观经济结构(特别是市场)上的限制。迈克·皮耶(Michael Piore)较早地提出了"二元的劳动力市场"[1],认为现代发达国家已经形成对劳动力的双重需求。劳动

---

[1] 由于皮耶所指的首要产业和次要产业及其所属成员在测量上具有不确定性,因此在 20 世纪 80 年代初期,早期劳动力分割理论陷入了"不确定的停滞"(Massey et al.,1994:716)。80 年代中期,威廉·迪肯斯(William Dickens)等人做了方法论上的改进,并且对"首要产业"和"次要产业"进行了重新定义:"首要产业"是指对经验、教育、大城市居住等有明显回报的产业,而次要产业则是对人力资本没有显著回报的产业。从此劳动力市场分割理论重新回到了主流(Dickens et al.,1965)。

力市场因此被划分为高薪资、福利优厚和具有工作保障的首要部门和低薪资、最小福利、缺少进步空间、不令人愉快并且没有工作保障的次要部门(Piore，1979)。外来移民主要进入的是被本地人拒绝的次要部门，由此来填补劳动力短缺。有中国学者利用 2006 年 CHNS 数据进行计算得出结论：主要劳动力市场几乎被城镇户口劳动者所垄断(95.18%的劳动者拥有城镇户口)，而次要劳动力市场中的城镇劳动者比例降到了 60%(乔明睿 等，2009)。在劳动力市场中，部门间存在劳动力分割和收入差异，但少有研究解释为什么在首要部门形成了对本地居民的市场保护机制。在特大城市，农民工进入劳动力市场的分割状况更加明显，这种分割不仅存在于农民工与本地居民在行业间、部门间的分割，也存在于行业内部。经济学建立了以"生产性要素/非生产性要素"来解释农民工和城市居民之间职业分割和收入差异的基本解释框架。当前，劳动力市场并非通过直接限制而直接作用于农村劳动力的乡城流动，而是通过劳动力市场的多重选择性机制来对农村劳动力的城市就业机会和收入回报产生影响。由于城市之间存在资本密集型、劳动密集型的发展导向差异，对农民工个体的资源禀赋和其他个体特征也存在特殊的群体偏好，从而强化了农民工内部的职业分层。从城市劳动力市场的收入回报情况而言，城市户口与农村户口的劳动者之间仍然有较大比例的收入差异无法通过生产力因素来得到解释。

外来农村劳动力与本地市民在职业获得上存在结构性的机会和资源差异。问题是，市场为什么不选择更有生产力的劳动力而是选择更具有本土稳定性的劳动力？在现实中，劳动力市场对于劳动力的配置并不绝对地趋于最优，市场同样会缠绕社会文化的逻辑，生产性要素和非生产性要素又是相互转化的。雇主对于农村劳动力的雇佣意愿受到雇员生产力之外的多重因素影响，比如制度导向、雇主个人的主观偏好、城市居民优越感的历史和心理基础、地方政府对本地居民利益的代表等。在笔者调研的 C 村，集中居住着来自安徽的农民工，他们在上海主要从事自雇经营性的工作和开郊县运营的出租车。① 从劳动力的分布来看，区域性运营的出租车集中了大量农村外来劳动力，而全市运营的出租车则主要被本地司机垄断。

笔者曾访谈了一位 QS 出租车公司的管理人员，他对于 QS 公司近年来拒绝招

---

① 以上海出租车行业为例，主要存在两套出租车运营方案，一套是全市范围内跨区运营，另一套是主要集中在郊县的区域性运营。

收非本地户籍的出租车驾驶员做了这样的解释："以前有一段时间也招（外来劳动力），现在是不招了。主要还是考虑到公司的形象，有的动不动就要跟别人干架，外面来的人素质啊各方面也不行，你都不知道他会干出什么事情来，不好管理。像前一段时间那个事情（一个外来出租车司机将一女乘客杀害），出了这种事情公司会有多大的损失？"（SH－C－2016101101）

一位上海本地的 QS 公司出租车司机这样形容上海本地出租车司机和外来出租车司机的区别："他们都是开那种橘黄色的车。一般我们肯定比他们赚钱要多一点咯，因为他们只能在一个范围里兜，遇到长途就不行了，这个么都是轮胎跑出来的呀……像我们这种两班搭档都是公司分配的，主要是根据住的地方，近一点就分在一起，方便交班。你知道这个搭档是非常重要的，弄不好大打出手的也有，交班时间啊，加汽油啊，修车啊，配一个很搭的人很重要的。"（SH－C－2016101102）

在次要部门，造成劳动力市场分割的生产性要素与非生产性要素是相互交织的。虽然表面上看起来外来出租车司机因文化偏见而被结构性地置于劣势地位，但是从雇主和本地就业者的角度而言，文化差异和信任程度恰恰是影响生产率的重要因素。文化上的契合以及信任关系的存在对于降低交易成本、规避额外风险同样具有重要意义。从这一角度来说，对于效率的追求也可能成为压低职业流动性的原因，由此压低了进城农民工的职业匹配和收入获得。

城市对农民工而言所具有的差异化的机会结构，不仅表现在职业匹配上，还表现在收入回报的获得上。农民工是否能够获得高收入的回报，在收入回报上又是否与城市居民拥有平等的机会？这些事关农民工在劳动力市场中的经济地位的机制。对此一直存在"人力资本说"和"结构位置说"两种看法。地方劳动力市场具有一定程度的分割特征。虽然市场经济改革在一定程度上打破了城乡劳动力市场的分割，促进农民工人力资本的发挥，但是城市劳动力市场向农民工的开放首先是从那些低就业门槛、低收入回报、低福利保障、高劳动强度的就业空间开始的，这在相当长的时间里构成了城市劳动力市场对于农民工吸纳的偏好，这对农民工而言造成一种结构性的机会限制。农业转移人口不是嵌入城市主流的劳动力市场，而是在城市中形成了一个农民工专属的劳动力市场。市场选择向农民工开放了就业机会，但是否能够获得这一机会不仅取决于人力资本与城市需求的匹配程度，也取决于是否具有充分的就业信息以及在城市就业的必要支付能力（包括教育培训费用的支出，生活成本和智力成本的支持等），而这对农民工而言显然是具有差异的。

三、社会选择下的城市融入机会

社会网络对农民工在城市中的经济社会同化状况具有非常紧密的相关性,成为农民工进行职业匹配、适应并融入城市社会的中介机制,为农民工个体提供了融入城市的机会和资源的可能。社区层面的因素在塑造市民化过程中机会与资源不平等方面产生重要的结构性影响。在这里,笔者主要讨论两种社会选择的影响:一种是农民工所嵌入的社会网络对其获得生活机会和资源的结构性影响,另一种是流出地—流入地社会对农民工融入城市社会开放的机会和资源结构。

社会网络与人力资源相似,能够被个体利用而实现更有生产力的活动,使个体获得就业机会以及更高的收入(Lin,1999)。但是这种假设并不总是成立,也就是说社会网络对于农民工的城市融入并不必然具有完全的正向选择性。从经济的角度来看,社会网络对于某些部门和行业的进入有利,但对有一些行业则作用不明显。从社会文化的角度来看,社会网络也不必然促动农民工社会文化层面的市民化进程。社会网络在本质上是一种具有限制性和边界性的资源、信息和信任网络。基于笔者对 8 个城中村的观察(C 村、JS 村、HG 村、M 村、GY 村、YJ 村、LW 村、NY 村),农民工主要依赖血缘和亲缘在异地形成了对原社会关系的复制和保持,以此形成互惠的、有利于适应城市生活的社会资源网络。但同时,农民工所嵌入的社会网络也有可能成为阻断农民工个体与城市居民交往的封闭空间,其可能带动乡城流动,也可能压抑乡城流动。"老公在家要照顾老人,女儿儿子也在家。过几年我女儿不上学了,也出来了。后来看我们都出来了,我儿子也要出来。再后来我老公妈妈去世了,我老公也出来了。哪能一下子都出来?"(SZ‐YJ‐2015073002)在现实中,农民工的市民化仍然受到家庭、社会关系网络等方面的制约。社会网络在增进个体的经济—社会机会、促进交易和经济增长方面同样具有边界性。在不同的社会网络中,资源、信息、信任的受益对象是不同的,产生了结构性的社会选择。因此,使用理性选择理论来理解农民工市民化在遭遇集体行动时便会面临解释的不充分,特别是以"链式迁移"为特征的农民工外出。它既无法解释群体团结,也无法看到个人的分类思想、逻辑推理,以及导向性隐喻在何种程度上是拜社会所赐的(道格拉斯,2013:13)。

社会选择的另一股力量来自流出地和流入地社会对农民工市民化设立的机会

结构和资源结构。改革开放以来,各种要素在城乡之间的流动使得城乡之间在物理环境(城乡交通、资源、技术流动性)、经济环境(城乡经济整合)、政治环境(城乡公民身份统一性,对政治生活的参与、政治权利和政治资源的享有)、社会文化环境(城乡社会文化交流)等方面的互动和整合度显著提升,这无疑为农民工市民化创造了社会层面上的有利条件。30 年的农村改革可以说是中国城乡关系的重要组成部分,"一大二公"人民公社制度的废除将农村社会推向"后集体时代"。对于效率的强调、国家—集体—农民关系的调整,以及边界的开放成为农村社会变革的重要特征。在集体化时期,农民实际是缺乏退出权的(Lin, 1990),偷懒成为集体成员可以被选择的退出方式(蔡昉,2008)。而在"后集体化"时期,农民在制度上被赋予了退出的合法性和权利,并在退出时间、方式、程度等方面具有了选择的自由度。由于农业转移人口的外出务工能够拉升农民收入水平,减少社会管理成本,流出地政府自上而下制定和下达任务来推动农民外出,并通过政策支持的方式降低外出务工的机会成本。

虽然进城农民工在制度上享有农村退出的均等机会,但需要考虑的是一系列退出成本,包括退出集体土地所有制下的土地权利、农村合作经济组织的经济分享以及乡土社会的传统关系网络等;因此,农民的退出机会因决策的机会成本差异而产生差异。比如,来自大家庭中的农民可能更能实现多元化的生计安排,从而有更多的退出机会和选择空间;来自贫困家庭的农民或土地较少的农民可能因较低的机会成本而受到更少的退出制约。

"地有啊,现在家里留个把人,家里面弟兄几个的地都给一个人种,他一下子种一二十亩,那还能挣一点钱,要不然大家都没饭吃。"(SZ - YJ - 2015083003)

"为什么我们会出来? 因为我们一个人都只有一面地,能种什么? 我们那边地本来就少,种也种不出什么来,不出来不行啊。"(SZ - YJ - 2015083004)

流出地与流入地在经济社会环境上通常具有较大的差异,这种差异广泛地体现在经济结构、户籍身份,以及社会、文化、行为习惯、生活方式等诸多方面。也正因为如此,社会隔离和社会排斥通常是迁移者所遭遇的最普遍问题。显然,对农民工市民化而言,不仅要克服地理距离,还要克服社会文化距离。除了关注农村社会对于农民工市民化的激励和允许,同时还需要关注流入地社会文化结构所具有的包容度和整合度对农民工城市融入的影响。这涉及农民工在多大程度上能够参与到主流的社会文化环境之中,其反映了城市社会在社会参与、居住空间、文化多元性以及群际互动等方面对新来者的开放性。

改革开放以来,城市发展的重要杠杆是启动了房地产的市场价值。为了激活城市房地产的潜在经济价值,城市权利和市场封闭性必然要求被打破。大城市逐步放开外来人口购买房产的限制,许多城市鼓励有条件的农民工在城市购买房产。这给农民工长期定居城市创造了机会和条件,同时也将一部分具有经济实力的农民工置于市民化的优势地位。目前,城市社会向农民工的开放仍然存在壁垒和阻隔。一是与"城市文化中心主义"的逻辑相关的边界建构。在社会文化方面,城市人通常将农民视为社会文化上的异己者。历史中城乡社会的二元分割客观上带来了城乡社会成员在语言、生活方式、价值观念、消费方式、自我认知等方面的差异。加之"城市导向"的发展主义话语,在意识形态上巩固了城市社会文化的进步性和优越性。二是与城市福利分配相关联的集体自私。在城乡二元分立的福利供给体系中,城市福利体系具有优越性和排他性,拒绝农民作为外来者的加入。相较而言,大都市可能存在更隐秘的城市排外主义,涉及文化适应、心理接纳,以及土客关系上更低的包容程度。对于农民工的社会接纳,"自私"的心理在群体中会比个体上表现得更明显。从整体来说,农民工在城市中的社会文化融入处于劣势,但是城市社会文化对于包容性却具有群体差异。换句话说,城市社会对农民工的态度和包容有更为隐秘的选择逻辑。

城市社会对农民工进入的群体偏好较少被关注,也即城市社会对哪些农民工的接受程度更大? 对哪些农民工的排斥性更大? 如果说政府和市场在接纳农民工时更多遵循生产率的逻辑,即存在对农民工的正向选择机制,那么城市社会对进城农民工的接纳偏好是否依然遵循生产率的逻辑? 抑或是有其他的逻辑? 笔者在农民工集中居住的城中村,针对城市本地居民对农民工的社会态度进行了访谈。通过对定性资料的分类和归纳,发现了城市社区在对农民工的接纳上存在不同的选择逻辑:

(一) 基于相似性的社会选择逻辑

当城市社会开放边界,城市本地居民更愿意接纳与自己的经济、社会地位和文化观念相似的农民工。由于外来者在客观上打破了原有群体的相对同质性和原有城市社会结构,因此本地市民更愿意选择接纳与自己具有相似性的农民工,以此来保证城市社会环境的稳定性;而一些在低端行业就业的农民工则面临被污名化和歧视的风险。比如,建筑工人会被一些市民描述为"暴力的"(SH－JS－

2015073104)、"脏乱差的"(SH－HG－2015080101)、"没有共同话语的"(SH－JS－2015073101)异质性群体,而在城市中经商的、从事服务业的农民工则会被认为是"安全的"(SH－JS－2015073105)、"可以沟通的"(SH－HG－2015080102),是可以缩减社会距离的群体。

（二）基于异质性的社会选择逻辑

当城市社会开放边界,城市本地居民更愿意接纳与自己的经济社会地位和文化观念不同的农民工。由于城市外来者成为城市资源的分享者或潜在分享者,因此,城市本地居民在私人领域的交往中偏向于选择与自己具有差异性的农民工,以此来维持差异化的交往,避免相互的竞争性和冲突。在这一方面,女性被视为"更安全的群体"(SH－JS－2015073102),相比男性农民工而言容易获得更高程度的包容。

（三）基于交往质量的社会选择逻辑

当城市社会开放边界,城市本地居民既不偏好接纳跟自己具有相似性的农民工,也不偏好接纳跟自己具有异质性的农民工,而是偏好于接纳跟自己具有更高互动频率的农民工,在群际交往中削减排斥,增进接纳。这意味着,在城市大众社会中暴露程度越高的农民工,越容易获得接纳和社会融入机会。而城市本地居民也可能因社区规模的扩大和异质性的增加而逐渐增加对外来者的容忍度。

第二节　进城农民工的市民化表现及其主体选择

进城农民工市民化主要指通过进入城市务工而最终转变为市民的过程。关于"农民工"的界定,不同的研究有不同的操作化标准。国家统计局所沿用的标准是离开户籍所在地、在外务工经商超过 6 个月的人口。有研究将"农民工"定义为在接受访谈的前一年中,因就业的目的居住在户籍所在的乡以外的人口(不论时间有多长)。这一界定排除了离开本村但未离开本乡的人口。在这一操作化定义的背后,实际包含着对"农民工"两层内涵的理解:一是在空间流动意义上离开农村地区,外出进入城市地区的农民;二是在职业流动意义上离开农业生产而进入非农部门就业的农民。既是农民,又是工人,"农民工"因此在社会学的视域中具有身份和契约的双重属性。根据从事非农业活动的远近,农民工大致可以分为"离土不离乡"的本地农民工和"离土又离乡"的进城农民工。在本章,笔者的研究对象同时包括两者(不包括在城镇务工但居住在农村中的农业转移人口)。在概念定义上,本书将"进城农民工"操作化为"具有农业户口,去年一年有超过 6 个月寄居在户籍所在乡镇以外的城镇的务工经商人员"(外出农民工)和"具有农村户口,全年一年有超过 6 个月居住在本地城镇的务工经商人员(本地农民工)",他们都被视为离开村落进入城镇的农民工。2014—2017 年,以"进城农民工"为对象有效回收了问卷1 125 份,其中本地农民工 608 份,外出农民工 517 份。

一、进城农民工的基本群体特征

根据国家统计局 2012 年的数据,家庭整体迁移的比例仅 21%。从国家层面来看,根据 2008—2016 年全国农民工监测数据,农民工数量的增速在不断放缓,特别是外出务工农民工增速从 2009 年的 3.5% 降低到 2016 年的 0.3%,低于农业转移人口的本地转移增速。2016 年,全国进城农民工和本地农民工的数量分别为16 934 万和 11 237 万(中华人民共和国国家统计局,2017)。以下,将从性别、年龄、政治面貌、受教育程度、婚姻状况五个方面来描述 1 125 名进城农民工的基本群体。

表 4-3 反映了 1 125 名进城农民工在性别、年龄、政治面貌、受教育程度、婚姻状况方面的基本特征。

表 4-3 进城农民工的基本群体特征

	样本属性	有效数量	有效百分比(%)
性别	男	597	53.1
	女	528	46.9
年龄	31~40 岁	298	26.5
	21~30 岁	270	24.0
	41~50 岁	240	21.3
	51~60 岁	160	14.2
	60 岁及以上	95	8.4
	16~20 岁	62	5.5

	样本属性	有效数量	有效百分比(%)
政治面貌	群众	959	85.2
	共青团员	117	10.4
	中共党员	39	3.5
	民主党派人士	10	0.9
受教育程度	初中	431	38.3
	高中(中专或技校)	320	28.4
	小学及以下	253	22.5
	大专	75	6.7
	大学本科及以上	46	4.1
婚姻状况	已婚	914	81.4
	未婚	166	14.8
	离异	19	1.7
	再婚	13	1.2
	丧偶	11	1.0

从性别来看,1125名进城农民工的男女性别比为113.07∶100,男性进城农民工略多于女性进城农民工。调查对象的性别比高于国家统计局公布的全国男女性别比105.21∶100,但低于《2014年全国农民工监测报告》中的农民工男女性别比为203.03∶100。

从年龄来看,1125名农业转移人口中最小年龄为16岁,最大年龄为88岁,平均年龄为40岁(标准差＝13.727)。其中有50％的进城农民工年龄集中在28～50岁,是一个以中青年为年龄特征的群体。

从政治面貌来看,1125名进城农民工中,85.2％的被访者政治面貌为群众,3.5％为中共党员,党员比例远低于2017年中组部统计的全国党员比例(约6.3％)(中共中央组织部,2017),共青团员和民主党派人士的比例较少。

从受教育程度来看,60.8％的进城农民工受教育程度为初中及以下,接受过高中(中专或技校)教育的比例为28.4％,拥有大专及以上学历的进城农民工比例仅为10.8％。与《中国统计年鉴2014》中6岁以上人口受教育水平的情况相比,本调查中进城农民工接受过大专及以上教育程度的比例低于国家统计局公布的全国整体水平(11.3%)。

从婚姻状况来看,在作答的1123名进城农民工中,81.4%的被访者目前的婚姻状况为"已婚",14.8%为"未婚",其他婚姻状况(包括离异、丧偶、再婚)的比例较少,分别占总人数的1.7%、1.2%和1.0%。可以看到,调查中的进城农民工整体表现出年轻化,但是人力资本和政治资本相对缺乏的群体特征。2015年,尽管在外出务工农民工中举家外出打工者增速提升明显,但总体而言,进城农民工还是以单个劳动力为主的乡城流动。① 这意味着,大部分进城农民工的城市生活经历仍然是以家庭分离为代价的。

二、进城农民工的市民化表现

在本书中,"市民化"被定义为农业转移人口跨越多重城乡边界而接近平等的权利和福祉,共享现代生产生活方式,完成市民角色转型的社会流动过程。进一步地将其操作化为四个面向的构成:经济参与、权利与城市福利获得、社会文化融入、心理角色转型。这一部分将围绕这四个方面来分析进城农民工不同维度上的市民化表现。

(一) 进城农民工的经济参与状况

研究显示,高度非农化与经济地位边缘化并存,相比外出农民工,本地农民工在职业身份获得和收入回报上更具有优势。进城农民工在城市中的就业是其经济参与最重要的部分。在调查中,"主要职业身份"指获得个人主要收入来源的职业身份。在1125名进城农民工中,20.4%被访者的就业现状为无正式就业,包括在非正式部门从事非农业活动以及在城市中暂无工作的情况,这在进城农民工中构成了最大比例的就业类型。而最小比例的就业类型是"政府或事业单位工作人员",这一类型仅占所有进城农民工的1.3%。26.6%的进城农民工进入城市的正式部门,成为企业正式职工;29.1%的进城农民工进入自雇部门,成为个体户或私

---

① 根据国家统计局抽样调查结果,2014年举家进城农民工为3 578万人,占进城农民工的21.27%。

营企业人员;6.0%的进城农民工进入城市的正式部门同时成为专业技术人员;8.3%的进城农民工的职业类型为"其他";2.8%的农民工虽然外出务工经商,但主要的收入来源来自现代种植养殖业,出现农业活动与非农业活动的兼业情况。另外,还有4.2%和1.4%的进城农民工主要职业身份分别为"离退休人员"和"居委会或村委会干部"。(详见表4-4)

表4-4 进城农民工的主要职业身份

职业身份	频率(人)	百分比(%)	有效百分比(%)
居委会或村委会干部	16	1.4	1.4
专业技术人员	67	6.0	6.0
个体户或私营企业人员	327	29.1	29.1
现代种植养殖业人员	31	2.8	2.8
政府或事业单位工作人员	15	1.3	1.3
企业正式职工	299	26.6	26.6
离退休人员	47	4.2	4.2
无业或待业人员(包括非正式就业)	230	20.4	20.4
其他人员	93	8.3	8.3
总计	1 125	100.0①	100.0

从样本的职业分布来看,进城农民工职业非农化程度已经非常高,除了2.8%的兼业农民,其余97.2%的进城农民工在主要生产方式上已经完成了非农化的转变。但是,与进城农民工生产方式非农化相伴随的是其职业身份的整体边缘化。从进城农民工在城市劳动力市场中的行业分布和岗位分布状况可以看到:相比非正式部门,进入正式部门的就业比例很低,不足2%;相比一般类型的岗位,进城农民工获得技术型岗位的不足10%;相比他雇形式的劳动者,自雇成为进城农民工城市就业的重要形式。在职业变动状况方面,笔者以"进入城市务工经商后前三次的职业流动状况"为线索对进城农民工进行个人职业史的追溯。所访谈的进城农民工在职业流动上表现出的共同点为:城市就业基本锁定在劳动强度大、工作环境

---

① 表中百分比总计应为100.0%。由于分项中百分比保留一位小数,存在四舍五入的情况,因此分项加总可能与100.0%有略微出入。下同。

较差的"次要行业"之中,比如制造业、批发和零售贸易业、餐饮业等,在职业身份上难以形成向上流动的通道。另外一个共同点是,进城农民工对目前所从事的职业评价多为枯燥、缺乏晋升机会、工作时间较长、工作量自己无法控制等。

进城农民工包括本地农民工和外出农民工,进一步地对这两个群体的就业流向和就业渠道进行对比,可以发现:相比本地农民工,外出农民工更少地进入自雇部门,而更多地进入异地城市的非正式部门(表4-5)。从就业方式上来看,外出农民工相比本地农民工通过自谋职业而寻找经济机会的比例较少,而依靠亲戚介绍或职业中介机构介绍就业的情况较多(表4-6)。农业转移人口需要依靠更多的资源才能跨越更长的距离并且进入到异地劳动力市场中。"当时家里是我一个人先出来的,亲戚带着出来的,弟媳妇先来了,后来看情况还可以,我才出来的。"(SH-C-2016091502)类似这样对"链式劳动力迁移"的表述常见于外出农民工的话语之中。

表4-5 本地农民工与外出农民工的就业情况对比

职业身份	本地农民工(%)	外出农民工(%)
居委会或村委会干部	1.4	0.8
专业技术人员	6.0	7.9
个体户或私营企业人员	29.1	19.3
现代种植养殖业人员	2.8	4.3
政府或事业单位工作人员	1.3	0.2
企业正式职工	26.6	28.0
离退休人员	4.2	1.2
无业或待业人员(包括非正式就业)	20.4	30.6
其他人员	8.3	7.7
总计	100.0	100.0

表4-6 本地农民工与外出农民工的就业渠道对比

就业渠道	本地农民工(%)	外出农民工(%)
政府安置	5.9	3.3
自谋职业	64.0	55.5
通过老家的亲朋好友介绍找到	8.9	16.8

就业渠道	本地农民工（%）	外出农民工（%）
通过城里的亲友找到	1.0	2.5
职业中介机构介绍	3.3	9.1
没有工作	13.9	11.6
其他	3.0	1.2
总计	100.0	100.0

从表 4-7 和表 4-8 中可以看到,外出农民工参加职业技术培训以及拥有职业技能证书的情况也不是很理想。对本地农民工而言,参加过 1 次职业技术培训的比例为 54.3%,多次参加(参与次数多于 4)职业技术培训的进城农民工仅占到总人数的 14.8%。而对外出农民工而言,参加过 1 次职业技术培训的比例更高,占到所有外出农民工的 57.3%;多次参加(参与次数多于 4)职业技术培训的外出农民工仅占到总人数的 17%。同时,在 608 位本地农民工中,仅有 33.1% 的被访者拥有职业技能证书。在 517 位外出农民工中,仅有 24.0% 的被访者拥有职业技能证书。整体来看,农民工群体呈现出较低的教育程度、较低的专业技术程度等低人力资本与低职业地位并存的特点,用以职业素质提升的资源获得仍然相对有限。其中,相比本地农民工,外出农民工更少地获得正式的职业培训和制度化的职业技术认可。无论从受教育水平还是职业技能的专业素质来看,外出农民工与现代经济社会发展的要求还不相适应。其就业情况主要是体力型和劳动与资本复合型,专业化程度(技术型、智能型)较低,向上的职业流动性较弱。

表 4-7　进城农民工参加职业技术培训状况

参加次数	本地农民工（%）	外出农民工（%）
1 次	54.3	57.3
2～3 次	24.3	20.3
4～5 次	11.0	12.4
6 次及以上	3.8	4.6
从未参加过	6.6	5.4
总计	100.0	100.0

表4-8　进城农民工拥有职业技能证书状况

是否获得证书	本地农民工(%)	外出农民工(%)
是	33.1	24.0
否	66.9	76.0
总计	100.0	100.0

在1125名进城农民工中,"个人月收入"变量共获得了1098次有效回答(缺失27)。其中,进城农民工个人月收入的最大值为50000元,最小值为0元,从个人收入的分布来看,存在巨大的内部差距(详见图4-1)。经计算,个人月收入的平均值为3236.05元(标准差=4261.500),样本的中位数为2400元。50%的被访者收入集中在1500~3500元。与《中国统计年鉴2016》中的人均收入相比,本调查中的进城农民工在个人月收入方面高于全国居民人均收入水平,但低于城镇职工平均工资。[1] 从收入变量的整体分布状况可以看到:拥有农业户口、离开户籍所在乡

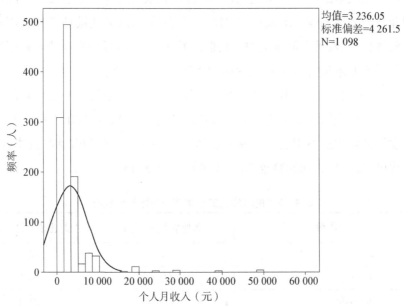

均值=3 236.05
标准偏差=4 261.5
N=1 098

图4-1　进城农民工个人月收入

---

[1] 根据《中国统计年鉴2016》的相关数据,2015年全国居民人均可支配收入21966.2元,月人均可支配收入1833元。城镇职工平均收入62029元,月平均工资5169.1元(中华人民共和国国家统计局,2016a)。

镇以外的城镇务工经商的人口从经济收入而言已经呈现出明显的收入分化。进一步地,将其折算为年收入,按照样本的城市来源(农民工的流入地)来比较外出农民工、本地农民工与城市职工的平均收入(详见表4-9)。进城农民工的收入整体低于城市职工的平均工资,在经济上仍然处于相对边缘的地位。其中,西部地区的进城农民工与城市职工间的收入差距最为明显。同时,进城农民工内部也产生了十分明显的收入差距,本地农民工的个人收入要明显高于外出农民工。特别是在深圳、上海,本地农民工与外出农民工的收入差距十分明显。"像在我们县,经济一直搞不起来,年轻人大都出去打工了,只有少部分年轻人留了下来,他们主要是在县城里做些小买卖。在附近的企业或者是事业单位的人,一般学历都比我们高。不过,还是出来的比较多,主要是到工厂里来打工的。"(SZ-NY-2015081201)相比外出农民工,本地农民工在经济参与和收入回报上更具有优势。

表4-9 2015年农民工与城市职工年均收入比较

流入地	外出农民工 年收入均值(元)	本地农民工 年收入均值(元)	2015年城市 职工平均收入(元)
无锡(江阴市)	30 000	40 880	58 127
苏州(吴江区)	16 800	27 183	63 241
深圳	50 482	82 800	81 036
上海	37 732	67 576	71 268
天津	49 200	52 800	59 328
湖州(德清县)	39 106	46 634	61 201
长沙	42 533	39 652	53 889
株洲	48 000	33 429	57 588
西安	17 414	17 789	63 193
兰州	16 335	18 617	50 678

农业转移人口市民化作为劳动力的乡城流动通常被视作提升家庭福祉的重要策略,其相伴随的是劳动力流向的多元化、家庭组织方式的多元化和家庭收入的多元化。那么在现实中进城农民工的个人收入是否成为家庭收入的主要来源?实际上,进城农民工在劳动力市场中的个体表现不能与其家庭整体的经济状况完全等

同。通过个人收入在家庭总收入中的占比,可以进一步关注农民工个人对于家庭总收入的贡献情况。比如进城农民工收入 1 元钱,家庭总收入 1.88 元,意味着其他家庭成员或者来自家庭其他收入为 0.88 元。依据样本的城市来源(农民工的流入地)进行分类,进一步比较本地农民工和外出农民工的家庭收入情况以及家庭与个人收入比(表 4-10)。在无锡(江阴市)、上海、天津、深圳、兰州这些地方,外出农民工个人构成了家庭收入的主力,由此可能构成远距离流动的动力;而在苏州(吴江区)以及湖州(德清县),外出农民工个人平均收入水平相对低,并不构成家庭收入的主力。从外出农民工家庭和本地农民工家庭年收入的比较来看,除无锡(江阴市)外,其他地区的外出农民工家庭收入与本地农民工家庭收入差距相比个人收入差距有了明显的缩小。在苏州、天津、湖州、株洲、西安这些地区的样本中,出现了外出农民工家庭收入高于本地农民工家庭收入的情况。这意味着远距离劳动力流动形成了合作性的经济策略,提升家庭经济状况。

表 4-10　样本家庭年收入与个人年收入比值

现居住地	外出农民工家庭年收入(元)	家庭与个人收入比(%)	本地农民工家庭年收入(元)	家庭与个人收入比(%)
无锡(江阴市)	53 428.57	1.78	103 466.67	2.53
苏州(吴江区)	58 000.00	3.45	46 823.53	1.72
深圳	101 150.68	2.00	105 411.76	1.27
上海	68 026.57	1.80	99 839.51	1.48
天津	80 000.00	1.63	66 000.00	1.25
湖州(德清县)	133 552.94	3.42	93 210.53	2.00
长沙	92 666.67	2.18	93 040.00	2.35
株洲	120 000.00	2.50	101 142.86	3.03
西安	36 765.52	2.11	36 005.22	2.02
兰州	30 959.68	1.90	39 368.57	2.11

表 4-11 显示,在收入来源的变量上,1 125 名外出打工的农民工共计给出了 1 380 次响应。分别有 54.7% 的被访者和 13.6% 的被访者收入主要来源为打工和

正式单位工资收入。有 13.8% 的进城农民工主要依靠经营性收入来获得主要收入。相比之下,农业产出、集体资产分红的收入不再是个人收入的主要来源。

表 4-11　进城农民工的收入来源

收入来源	响应次数	百分比(%)	个案百分比(%)
收入来源为农业产出	84	6.1	7.5
收入来源为出租房屋	42	3.0	3.7
收入来源为社会保障收入	77	5.6	6.9
收入来源为打工	614	44.5	54.7
收入来源为正式单位工资收入	153	11.1	13.6
收入来源为集体资产分红	65	4.7	5.8
收入来源为土地补偿金	91	6.6	8.1
收入来源为股票等证券收入	20	1.4	1.8
收入来源为经营性收入	155	11.2	13.8
无收入	64	4.6	5.7
其他	15	1.1	1.3
总计	1 380	100.0	122.9

注:此题为多项选择题。

(二) 进城农民工的权利与城市福利获得状况

研究表明:有限且差异化的权利与福利获得,本地农民工在城市社区中表现出更高的参与度。

生产方式的非农化与城市权利和福利获得之间的明显脱钩,使农民工群体陷入"半城市化"的状态和分离式的城市化体验之中(潘毅 等,2009)。进城农民工的权利与城市福利获得主要包括进城农民工的户籍登记状况,以及对于城市福利体系的嵌入状况,涉及进城农民工与本地市民之间在成员身份上的不平等问题。农民工在城市社会治理体系的嵌入程度主要指向其正式权利的获得,以及在地方社会的正式参与程度。

现有的城市福利分配和实际享受仍然在很大程度上与户籍所在地相连,尽管基于户籍的城市福利内容在日渐缩小,农民工在获得城市福利方面也存在诸多不平等。哪怕是表现出长期稳定性的农民工,在教育、医疗、公共服务等方面也面临获得难题。社会保障作为调节收入的再分配手段,是影响农民工实际收入的重要因素,也是降低农业转移人口城市进入中各类风险的重要制度安排。那么农民工实际参与社会保障的情况如何呢?在有关进城农民工社会保障情况的提问中,1 125名被访者共计做出了1 487次响应(表4-12)。尽管这部分农民工已经进入城市并且较大比例地从事非农工作(非农就业的收入成为主要收入来源),但在社会保障类型上仅有35.2%的进城农民工进入了城镇职工或居民社会保障体系,有24.5%的进城农民工参加了新型农村社会养老保险,39.3%的进城农民工参加了新型农村合作医疗保险。值得注意的是,有15.9%的进城农民工表示自己"无任何保障"。

表4-12 进城农民工的社会保障情况

社会保障类型	响应次数	百分比(%)	个案百分比(%)
城镇职工保障	300	20.2	27.2
城镇居民保障	88	5.9	8.0
新型农村社会养老保险	270	18.2	24.5
新型农村合作医疗保险	433	29.1	39.3
商业保险	85	5.7	7.7
无任何保障	175	11.8	15.9
其他	136	9.1	12.4
总计	1 487	100.0	135.0

注:此题为多项选择题。

如果进一步对本地农民工和外出农民工进行比较(详见表4-13),可以发现:从权利与城市福利的获取情况来看,本地农民工比外出农民工更多地进入到城市福利体系中来。相对而言,外出农民工加入城市社会保障体系的比例较少,同时"无任何保障"的比例明显更高。

表 4 - 13　本地农民工与外出农民工社会保障情况对比

社会保障类型	本地农民工 个案百分比(%)	外出农民工 个案百分比(%)
城镇职工保障	32.6	20.8
城镇居民保障	12.8	2.2
新型农村社会养老保险	25.3	23.6
新型农村合作医疗保险	39.6	39.0
商业保险	7.3	8.2
无任何保障	7.2	26.4
其他	11.6	13.2
总计	136.4	133.4

注:此题为多项选择题。

民主政治权利和社会参与权利的异地获得应当是进城农民工市民化的应有议题。在城市空间中,基层社区作为城市空间的基本单元和重要组成部分,是农民工群体行使正式权利和社会参与的主要场所之一。虽然发生了地域流动,农民工的政治权利却难以真正流动。当被问及"是否参加流入地居委会的竞选",进城农民工无论从实际参与程度还是从参与意愿而言都不高。表示"这是我的权利,当然会考虑参加"的比例在本地农民工和外出农民工中的比例都不足四分之一。相比之下,本地农民工与外出农民工的社区参与选择表现出一定差异(表 4 - 14)。相比外出农民工,本地农民工在地方社区中表现出更多的参与度。尽管近年来一些城市社区通过引入社会服务机构来为本地居民(包括社区中的外出农民工)提供一些子女托管、亲子服务、社区教育、就业指导等服务,但是大部分农民工,特别是外出农民工主要集中居住在社区服务水平相对低下的城中村和城郊转型社区,居住空间也限制了其对城市社区福利的获得。笔者曾就接受社区服务的情况对外出农民工进行过访谈。基层社区设立的"新市民服务中心"的管理意涵经常大于服务意涵,农民工较少能够在社区服务中获得实际福利。对于农民工的社区服务较多地停留在基本公共服务,特别是行政管理事务方面。

表 4-14 本地农民工与外出农民工参与居委会选举情况

参与意愿	本地农民工 有效百分比(%)	外出农民工 有效百分比(%)
这是我的权利,当然会考虑参加	22.7	16.2
有点犹豫,看情况再说	33.2	22.6
与我无关,不参加	38.7	47.2
其他	5.4	13.9
总计	100.0	100.0

另外一个与进城农民工市民化紧密相关的权利是随迁子女在异地接受教育的权利。进城农民工的子女教育权利是否能够在异地实现?当前政府对于进城务工人员子女平等获得教育权利的程度主要限于义务教育。对进城农民工对子女教育状况的满意度调查显示:47.3%的本地农民工表示对子女教育"比较满意"或"非常满意",8.9%的本地农民工表示"不太满意"或者"非常不满意";而仅有 27.4%的外出农民工表示对子女教育"比较满意"或"非常满意","不太满意"或"非常不满意"的比例达到 18.2%(参见表 4-15)。相较而言,外出农民工由于发生了异地迁移,其子女受教育权利的异地获得面临更多的结构性限制。尽管当地政府有解决农民工随迁子女教育问题的义务,但是从实际入学情况来看,这一权利的实现具有较大的内部差异。按照一位流动人口综合治理办公室工作人员的说法,"能不能办下居住证,能不能进到公立学校,就要看父母的本事了"(SH-GY-2015011503)。

表 4-15 进城农民工对子女教育满意度

满意度		本地农民工(%)	外出农民工(%)
有效	非常满意	9.5	4.6
	比较满意	37.8	22.8
	一般	41.3	48.0
	不太满意	6.9	13.2
	非常不满意	2.0	5.0
缺失		2.5	6.4
总计		100.0	100.0

（三）进城农民工的社会文化融入状况

1. 进城农民工的居住情况

研究显示：家庭户规模主要集中在 3～5 人，住房类型以宅基地建房、征地补偿房和租房为主，接近一半的进城农民工家庭人均住房面积低于全国平均水平。外出农民工住房条件较差，且主要居住于城市中农民工聚居区。

住房是社会成员生活的主要空间，也是其享受城市文明和各项发展成果的空间基础。在农业转移人口向城镇转移的过程中，最重要且最需要得到解决的就是住房。本调查对 1125 名进城农民工居住情况的调查结果显示，进城农民工的家庭常住人口平均为 4.10 人（标准差＝1.632），平均家庭户规模大于国家统计局公布的全国平均家庭户规模（2.98 人）。其中，最小家庭户规模为 1 人户，最大家庭户规模为 10 人户，有一半的被访者家庭户规模集中在 3～5 人户。与全国家庭户规模的有关数据相比，本调查中的进城农民工家庭规模为 3～5 人户的比例高于全国整体水平。

在住房类型上，尽管同样作为进城农民工，但是本地农民工与外出农民工在现有住房类型上表现出较为不同的特点（参见表 4-16）。在本调查中，本地农民工共有 608 人，其中最大比例的住房类型为宅基地建房（32.6%），其次为征地补偿房（涉及一部分因征地就地安置但未取得非农业户口的农民）（29.1%），第三为自购商品房（19.1%），租房或借住的比例较少。与本地农民工住房情况较为不同的是，外出农民工的现有住房类型主要是租房（71.2%）。在住房面积上，1125 名进城农民工的平均家庭住房面积为 132.48 平方米（标准差＝105.221），由于家庭住房类型包括自有住房（包括宅基地建房、自购商品房和征地补偿房）和非自有住房的[包括租房、单位（学校）的宿舍或公寓以及亲戚朋友家的住房]情况，因此进城农民工在"家庭住房面积"这一变量上的应答差异较大，最小为 8 平方米，最大为 800 平方米。如果我们选择以"租房"为当前居住状态的农民工来看其在城市中的租房面积，可以看到在本调查的 1125 名进城农民工中有 443 位在城市租房。根据计算，租房的农民工平均住房面积为 70.63 平方米（标准差＝54.142），50% 的租房进城农民工家庭住房面积集中在 21～100 平方米。如果折算成家庭人均住房面积，租住房屋的进城农民工平均家庭人均住房面积为 18.62 平方米，最小值为 2 平方米，最大值为 60 平方米。50% 的租房农民工家庭人均住房面积集中在 8～25 平方米。

根据《中国民生发展报告 2013》，2012 年全国家庭平均住房面积为 100 平方米，人均 30 平方米。如果按照这一标准，有 48.5% 的农民工家庭人均住房面积低于全国平均水平。而外出农民工的住房条件更差，68.7% 的农民工家庭人均住房面积低于全国平均水平。从现状来看，相比本地农民工，外出农民工表现出地域流动性，但是不必然意味着社会流动性活跃。外出农民工由于主要居住在农民工聚集区，因此与城市原市民存在一定程度的居住隔离。

表 4 - 16　进城农民工的住房状况

住房类型	本地农民工 有效百分比(%)	外出农民工 有效百分比(%)
宅基地建房	32.6	12.0
自购商品房	19.1	7.0
征地补偿房	29.1	1.4
租房	13.7	71.2
单位(学校)的宿舍或公寓	2.6	7.2
亲戚朋友家的住房	2.6	0.6
其他	0.3	0.8
总计	100.0	100.0

2. 进城农民工的生活方式

研究显示：进城农民工的家庭消费主要偏向面向基本生活的生存资料消费和面向下一代的发展资料消费，人情支出随着外出而减少。闲暇活动主要以消遣娱乐和社会交往为目的。

从完整的意义上来理解农业转移人口的市民化，它不单单是农业转移人口在城市中居住和工作，更进一步的是职业与生活空间的改变带来的深层次的社会文化属性和角色上的转变，比如城市消费方式、闲暇生活方式的习得。本调查中 608名本地农民工对"除了每日三餐以外的家庭主要支出"这一变量的 15 个选项共计给出了 1444 次响应。其中响应人数比例较高的前三项家庭开支依次为"水电煤等"（45.8%）、"子女教育"（40.2%）、"人情往来"（33.1%）。而本调查中 517 名外出农民工"除了每日三餐以外的家庭主要支出"这一变量的 15 个选项共计给出了

1347次响应,其中响应人数比例较高的前三项家庭开支依次为"住房"(55.4%)、"子女教育"(42.1%)、"水电煤等"(32.9%)(参见表4-17)。整体而言,进城农民工的家庭消费主要偏向面向基本生活的生存资料消费和面向下一代的发展资料消费,而发展资料消费和享受资料消费方面的支出较少。外出农民工相对于本地农民工而言需要支付更多的住房成本,但是在人情往来方面的支出减少。在本调查中,608名本地农民工在"空闲时间的打发方式"变量的12个选项上共计给出了1364次响应,其中选择比例最高的三项闲暇活动依次是"听广播、看电视"(66.2%)、"上网"(31.8%)、"聊天"(29.2%)。517名外出农民工共计给出了1252次响应,其中选择比例最高的三项闲暇活动依次是"听广播、看电视"(72.2%)、"聊天"(37.3%)、"上网"(27.4%)(参见表4-18)。从整体来看,进城农民工在闲暇活动的安排上呈现出对消遣娱乐以及社会交往的偏好。

表4-17 进城农民工的消费支出状况

消费内容	本地农民工 个案百分比(%)	外出农民工 个案百分比(%)
交通	17.5	17.2
通信(手机、网络)	28.1	31.0
水电煤等	45.8	32.9
物业费	7.6	2.9
住房	12.7	55.4
子女教育	40.2	42.1
人情往来	33.1	22.9
参加培训等	1.3	1.7
医疗	17.7	12.8
买衣服	5.6	10.7
文化娱乐活动	5.0	4.3
兴趣爱好	4.0	4.3
赡养老人	8.1	13.0
没什么花费	5.3	4.5
其他	6.8	5.4
总计	238.8	261.1

注:此题为多项选择题。

表 4 - 18　进城农民工的闲暇安排情况

闲暇活动	本地农民工个案百分比（%）	外出农民工个案百分比（%）
听广播、看电视	66.2	72.2
看报纸、图书	23.2	22.3
聊天	29.2	37.3
打牌搓麻将	23.4	16.7
睡觉	14.6	26.0
参加文体活动	12.6	8.3
参加公益活动或志愿服务	4.0	3.1
参加宗教活动	1.5	0.4
参加职业技能培训	4.1	5.2
玩游戏	6.5	10.5
上网	31.8	27.4
其他	9.1	13.6
总计	226.2	243.0

注:此题为多项选择题。

3. 进城农民工的社会交往

研究显示:进城农民工的社会交往主要基于亲缘和业缘关系,与城市居民的社会交往整体较少,城市中的社会支持较为有限。

社会交往属于现实的社会行为范畴,与纯粹客观的社会位置不同,是社会结构和社会心理共同结合的结果。从这一意义来看,社会交往反映的是社会成员之间的互动与接近。在"人际交往范围"方面,本调查的 608 位本地农民工中有 28.3% 的人表示交往范围"非常广泛"或"比较广泛",认为自己人际交往"不太广泛"或"很不广泛"的比例占 18.8%;而在 517 位外出农民工中,有 15.3% 表示交往"非常广泛"或"比较广泛",认为自己人际交往"不太广泛"或"很不广泛"的比例占 28.4%（参见表 4 - 19）。相较之下,外出农民工在社会交往上受到更多的局限,不仅需要跨越城乡文化的差异,还要跨越地方文化的差异。在社会交往上,也可能因这种差异本身而遭遇更多的交往局限和社会排斥。

表 4-19　进城农民工的人际交往范围

交往范围	本地农民工 有效百分比(%)	外出农民工 有效百分比(%)
非常广泛	6.3	3.3
比较广泛	22.0	12.0
一般	53.0	56.3
不太广泛	17.8	25.5
很不广泛	1.0	2.9
总计	100.0	100.0

在具体的社会交往对象上,本地农民工和外出农民工在交往频率上最高的三个群体都是"家人""亲戚"和"同事"。其中,608 位本地农民工在这一变量上共计给出了 1388 次响应,分别有 58.6%、46.5%和 42.6%的本地农民工选择"家人""亲戚"和"同事"。517 位外出农民工在这一变量上共计给出了 1274 次响应,分别有 66.3%、49.6%和 45.3%的外出农民工选择"家人""亲戚"和"同事"。可见,进城农民工的社会交往主要建立在亲缘关系和业缘关系之上。相对来说,与其他市民的交往频率对进城农民工来说都不高,分别只有 2.3%的本地农民工和 1.2%的外出农民工选择该项(参见表 4-20)。

表 4-20　进城农民工的社会交往对象

交往对象	本地农民工 个案百分比(%)	外出农民工 个案百分比(%)
家人	58.6	66.3
亲戚	46.5	49.6
同事	42.6	45.3
同学	11.0	14.0
朋友	37.8	35.8
邻居	23.0	23.2
原村人	5.8	11.9
其他市民	2.3	1.2
其他	0.7	0.6
总计	228.3	247.9

注:此题为多项选择题。

就进城农民工目前所居住社区的邻里关系来看,608 位本地农民工中有
30.2%表示现在居住社区中的邻里关系"比以前和睦",14.9%的本地农民工表示
"比以前疏远";而 517 位外出农民工中有 20.1%的人觉得"比以前和睦",有
20.9%的人表示"比以前疏远"。卡方独立性检验的结果显示,不同的户籍居住状
态与心理角色归属之间具有显著性差异(Chi^2=26.748, P<0.05)。在外出农民
工中,感觉当前邻里关系比以往疏远的比例更高。

(四) 进城农民工的心理角色转型状况

研究显示:角色转型和角色模糊的同时出现,外出农民工在角色转型上表现出
优势。社会融入主要包括四个方面的基本内涵:经济整合、文化接纳、行为适应和
身份认同(杨菊华,2009)。在农业转移人口市民化的过程中,农民在城市中的身份
资格往往被遗忘,由此导致进入城市的农业转移人口无法享受同等的市民待遇。
但更重要的是农民工与城市、与市民群体之间的心理融合以及从"农民"到"市民"
的角色转变。

尽管进城农民工仍然是农业户口,但是对自己是"市民"还是"农民"的角色认
知往往突破制度上的户口界限。从表 4-21 中可以看到,在 608 位本地农民工中,
有 17.9%的被访者认为自己是"市民",有 38.7%的被访者认为自己是"农民",
31.4%的被访者认为"说不清楚,介于两者之间";在 517 位外出农民工中,认为自
己是"市民"的比例接近 30%(29.2%),认为自己是"农民"的比例为 38.7%,也有
21.5%的外出农民工认为"说不清楚,介于两者之间"。可以看到,进城农民工在心
理角色上突破了单一传统的"农民"角色,出现了角色模糊和角色转型。外出农民
工中发生心理角色转型的比例比本地农民工更高。卡方独立性检验的结果显示,不
同的户籍居住状态与心理角色归属之间具有显著性差异(Chi^2=26.134, P<0.05)。

表 4-21　进城农民工户籍居住状况与心理角色归属　交叉制表

户籍与居住状况	自我归属				总计(%)
	市民(%)	农民(%)	说不清楚,介于两者之间(%)	没想过这个问题(%)	
农业户口,现居住在本地城镇	17.9	38.7	31.4	12.0	100.0
农业户口,居住在外地打工城镇	29.2	38.7	21.5	10.6	100.0

注:通过卡方检验,Chi^2=26.134, P<0.05(小于 20%的单元格期望计数小于 5)。

从现实来审视进城农民工的市民化表现,其整体在市民化过程中表现出较低的社会流动性。具有农业户口的农民工无论在职业身份获得、收入回报、权利与城市福利获得上都处于边缘化的地位。心理角色虽然已经发生一定程度的转型,但是由于受到多方面的结构性限制,难以持续性地建构完整的市民角色。在上述分析中可以看到,本地农民工与外出农民工之间的差异亦十分明显。虽然,相比外出农民工本地农民工在收入、职业身份、权利与城市福利等方面表现出更高的获得性,但是外出农民工在社会文化及心理角色等方面表现出更高的流动性。

三、进城农民工市民化的意愿与选择偏好

现代生活的创新不仅来自政府、市场、社会的推动力,也来自各个地方的普通人正在进行的生活变革。进城农民工市民化究竟遭遇的是有意愿—无机会,还是无意愿—无机会? 换言之,对农民工市民化产生影响的究竟是结构要素的选择性,还是个体的选择性? 除了关注市民化与目的地社会结构的整合性,关注市民化过程中的自我归属以及社区形成同样是非常重要的,它涉及结构、主体、心理、关系等多重面向,同样是一个复杂的过程。农民工自身的主体意愿和选择偏好对其市民化的影响应当更多地被考虑进来。值得注意的是,进城农民工正在经历一个逐渐分化的市民化进程。在经济参与、权利和城市福利获得、社会文化融入和心理角色转型方面,进城农民工已经不是一个同质的整体,而是以差异化的结构地位、能力、意愿参与到城市化的进程中。

(一) 进城农民工对经济参与的意愿与选择偏好

自 2003 年以来,中国沿海的许多工厂出现了"民工荒",然而与此同时,仍然有许多劳动力待在农村,维持较低水平的工资(Song, 2016)。为什么城市劳动力的需求与农村劳动力剩余会并存? 这一问题引发了关于农民工市场表现的思考。农村劳动力不再是以过剩的状态成为城市劳动力市场的永恒"蓄水池",伴随着乡城流动增速的下降,进城农民工对经济参与的主观意愿和选择偏好日益进入人们的视野中。进城农民工如何参与并且在何种程度上参与到现代经济活动中来? 一方面依赖于结构化的资源与机会配置;另一方面则与农民工主体对于机会的识别、捕捉和利用有关,也就是与其主体的选择有关。

从上文中对于进城农民工的人口特征的分析看到,进城的农民工从年龄来看主要是一个人力资本相对充沛的年轻群体。在中西部地区,相当多的农村村落由于青壮年劳动力的大量流出而形成"613899"的人口现状,也即形成大量留守儿童、妇女和老人滞留在村庄中。他们的滞留既是家庭联合决策的结果,也是缺乏城市劳动力市场所需的人力资本的结果。对农业转移人口而言,在不变更户口的前提下来实现非农经济活动的参与,涉及一系列的决定,包括谁出去? 去哪里? 干什么? 干多久? 就本调查的结果而言,本地农民工和外出农民工在人口特征上存在一些差异,比如本地农民工中 50 岁以上的比例(31.8%)要高于外出农民工(12.0%)。这与定性访谈的结果较为一致——"我们这里现在的状况是 45 岁以下的基本外出打工,50 多岁的基本本地外出。"(LZ-XGY-2015082001)因为城市对他们而言成为一种意义的复合体,甚至是一种不需要选择的选择,个体的选择空间非常小,因为大量的农村剩余劳动力难以在农村获得生计,经济结构和生产结构的宏观变动已经将个体的命运卷入其中。在与新生代农民工访谈中,笔者发现其外出务工的决策较少地出自理性计划,亦非出于家庭收入最大化目标下的家庭劳动力安排,反而是一种缺乏明确目标的选择,留在农村客观上既没有获得生计的条件,主观上也会面临许多社会压力(比如农村将滞留在农村的年轻人视为"游手好闲的人""懒汉"等),"想都没想过为什么要来,感觉这个年纪要是不出来就不太正常,待在村里也没事干"(SZ-NY-2015083102)。城市生活对新生代的农民工而言具有更多超越经济层面的社会文化上的意义,比如"潮流的""有趣的""有好吃的""有姐妹在的地方"(SZ-NY-2015083102,SH-M-2016041803)。随着人力资本随年龄的逐渐减少,农民工经济参与的意愿也逐渐减少。特别是第一代农民工,表现出了对短距离的流动偏好以及明显的返乡意愿。"老了么总归要回老家的。""等到干不动了,小孩们也不需要我了,我就回去。"(SH-M-2016041801)而更为年轻的农民工则表现出较强的留城意愿,至少持一种观望的态度。"可能会(留在上海)吧,要看我到时候嫁给谁啦。"(SH-M-2016041803)"他们(儿子儿媳)肯定不会回去啦,回去干吗? 他们地都不会种,也觉得农村不方便。"(SH-M-2016041801)

但是,这里实际需要区分农民工的留城意愿和户籍身份转换的意愿,留城的选择偏好与获得市民身份的选择偏好可能是不一致的。比较不同年龄组对于"当市民"的意愿,发现农民工群体整体呈现出 U 形的意愿变化,21～40 岁的青壮年对于成为市民的身份期望反而没有 20 岁以下更为年轻的农民工和 40 岁以上中老年农民工的意愿高,这与以往研究中新生代农民工强烈的市民化意愿的结论有所不同。相比本地农民工和外出农民工,在20～40岁的青壮年农民工中,本地农民工获得市民身份的意愿更低(参见表4-22)。

表4-22 农民工年龄与身份期望 交叉制表

年龄组	当市民 (本地农民工) 年龄组内选择占比(%)	当市民 (外出农民工) 年龄组内选择占比(%)
16～20 岁	48.0	32.4
21～30 岁	19.8	36.7
31～40 岁	23.9	32.8
41～50 岁	47.1	26.2
51～60 岁	30.7	35.7
60 岁以上	51.9	56.3

注:通过将本地农民工年龄组与身份期望进行交叉分析,经卡方检验,$Chi^2=66.284$,$P<0.05$(小于20%的单元格期望计数小于5),统计具有显著性。通过将外出农民工年龄组与身份期望进行交叉分析,经卡方检验,$Chi^2=40.661$,$P<0.05$(小于20%的单元格期望计数小于5),统计具有显著性。

对经历过城乡隔离的第一代农民工而言,"市民"是一个吃国家粮、过着舒适生活的群体。而对新生代农民工而言,他们与市民的生活经历差异在逐步缩小,在他们的认知中"市民"和"农民"的差异也在逐渐缩小,甚至"农民"和"土地"在他们眼中开始成为一种不被市民享受的特有资源和身份而被重视。"我觉得还是做农民好,房子大,还有地。"(SH-M-2016041701)这种观念在新生代农民工中十分普遍。就这一点而言,年轻一代的进城农民工更具有留城的意愿和选择偏好。只不过,向本地还是异地转移,向何种非农部门转移,是否退出农村等问题则因主体选择而产生群体的内部差异。笔者认为,就经济方面而言,进城农民工前往什么类型的城市不仅与客观的收入水平相关,也与主观的收入评价紧密相关。在本调查的608位本地农民工中,表示对自己收入"非常满意"或"比较满意"的仅占到33.0%;在517位外出农民工中,表示对自己收入"非常满意"或"比较满意"的比例占到22.6%。最大比例的选项集中在"一般"上。而表示对自己的收入"不太满意"或"非常不满意"的比例在本地农民工占到14.0%,而在外出农民工中占到30.8%。卡方独立性检验的结果显示:不同的户籍居住状态与经济满意度之间具有显著性差异(Chi^2＝53.470,P＜0.05)(参见表 4-23)。可见,外出农民工无论是对自己收入不满意,还是认为收入不合理的比例都更高。从实际收入来看,外出农民工的收入确实低于本地农民工。与生活圈子中的其他人相比,进城农民工对自己的经济收入水平会做何评价? 统计结果显示,在 608 位本地农民工中,认为自己的收入水平高于生活圈子中其他人的比例为 13.3%,认为低于生活圈子中其他人的比例为 20.7%;而在 517 位外出农民工中,认为自己的收入水平高于生活圈子中其他人的比例仅为 4.3%,认为低于生活圈子中其他人的比例为 31.7%。卡方独立性检验的结果显示,不同的户籍居住状态与经济收入水平感知之间具有显著性差异(Chi^2＝47.109,p＜0.05)(参见表 4-24)。外出农民工对于收入劣势的感知更为强烈。

表 4-23　农民工户籍居住状况与经济满意度　交叉制表

户籍与居住状况		经济满意度					总计
		非常满意	比较满意	一般	不太满意	非常不满意	
本地农民工	计数	27	172	321	74	10	604
	百分比(%)	4.5	28.5	53.1	12.3	1.7	100.0
外出农民工	计数	7	108	238	135	22	510
	百分比(%)	1.4	21.2	46.7	26.5	4.3	100.0
总计	计数	34	280	559	209	32	1 114
	百分比(%)	3.1	25.1	50.2	18.8	2.9	100.0

注:通过卡方检验,Chi^2＝53.470,P＜0.05(小于 20%的单元格期望计数小于 5)。

表 4-24　农民工经济收入水平的自我评价

自我评价	本地农民工 有效百分比	外出农民工 有效百分比
非常高	1.3	0
比较高	12.0	4.3
一般	64.5	60.2
比较差	16.1	23.8
很差	4.6	7.9
说不清楚	1.5	3.9
总计	100.0	100.0

注:通过卡方检验,Chi^2＝47.109,P＜0.05(小于 20%的单元格期望计数小于 5)。

当被问及"您觉得与自己的能力和工作情况相比,现在的收入是否合理",在608位本地农民工中,表示自己收入"非常合理"或"比较合理"的仅占到27.1%。在518位外出农民工中,表示自己收入"非常合理"或"比较合理"的仅占到17.4%。最大比例的选项集中在"一般"上。而明确表示自己收入"不太合理"或"非常不合理"的在本地农民工中占到15.1%,在外出农民工中占到29.4%。卡方独立性检验的结果显示,不同的户籍居住状态与收入水平合理性认知之间具有显著性差异($Chi^2 = 48.013$,$P < 0.05$)。更高比例的外出农民工认为相较于自身的能力和工作状况,收入不合理(参见表4-25)。

表4-25 农民工对收入水平合理程度的评价

合理程度	本地农民工 有效百分比(%)	外出农民工 有效百分比(%)
非常合理	3.6	0.4
比较合理	23.5	17.0
一般	57.7	53.2
不太合理	13.5	27.5
非常不合理	1.6	1.9
总计	100.0	100.0

注:通过卡方检验,$Chi^2 = 48.013$,$P < 0.05$(小于20%的单元格期望计数小于5)。

同时,关注年龄、教育程度、性别等因素与经济状况满意度之间的关系。首先我们关注年龄、教育程度、性别与实际收入之间的关系,发现教育程度($\gamma = 0.195$)和性别(假定男性是在劳动力市场上更具有生产性的性别)($\gamma = 0.151$)与实际收入存在正相关关系,而年龄与实际收入存在负相关关系($\gamma = -0.108$)。然而,当对主观收入满意度进行分析时,这种相关性就不存在了。具体结论如下:(1)对年龄组与经济收入的满意度之间的相关分析。通过计算Gamma等级相关系数,年龄和经济收入的满意度之间Gamma系数在统计上不显著。(2)对受教育程度与经济收入的满意度之间的相关分析。通过计算Gamma等级相关系数,受教育和经济收入的满意度之间Gamma系数在统计上同样不显著。进城农民工对经济收入的满意程度与其自身生产性的人口特征不构成正相关关系。(3)性别与经济收入的满意度之间的相关分析,卡方检验不显著。进城农民工主观上对经济收入的满意程度与其自身生产性的人口特征不构成正相关关系。因此,客观收入水平与主观收入体验之间仍然存在其他影响变量。

从进城农民工的就业情况来看,更高比例的本地农民工进入国有部门,而更高比例的外出农民工进入自雇部门和非正式的经济活动中。在职业技术培训以及专业技能证书的拥有情况方面,外出农民工不如本地农民工。对进城农民工而言,他们所认为影响求职最重要的因素是什么? 在 608 位本地农民工中,选择比例最高的是"社会关系";而在 517 位外出农民工中,选择比例最高的是"专业技能"。这里可能同时存在影响农民工职业选择和地区选择的多重效应。一种是农村的挤出效应,远距离进城务工的人可能是缺乏本地非农就业机会、地方性社会资本相对弱势的人,也就是在本地的非农生计竞争中不具备竞争优势的人,他们选择前往更远的城市。另一种是主体的溢出效应,也即更具有一技之长或对城市更为渴望的人,在网络迁移的带动下进入城市,寻找与自身特质更具有匹配性的生计方式。在农民工经济参与方面,家庭往往会形成充分调动人力、自然、物质、社会以及文化等各类资本组合(Bebbington, 1999),从而推动家庭成员向非农部门转移和向城市的转移。"如果农村有钱赚,哪里想再出来,既然家里有人出来了,总归想跟自己的家里人在一起咯。"(SZ-YJ-2015073003)甚至一部分未流动的家庭成员形成资源传递机制来支持家庭成员的流动和城市定居。这种传递机制尤其出现在代际。"现在在上海丫头每个月要花不少钱,她姐姐怀孕了,明年我们(丫头的父母)要回老家帮照顾小孩,每个月还得想办法给她打点钱,或者让她姐贴补一些。"(SH-M-2016041809)

(二) 进城农民工对权利与城市福利获得的意愿与选择偏好

在农村劳动力参与城市经济的历史进程中,户籍制度在相当长的时间内对城乡劳动力流动造成了刚性的限制并引起一系列城乡不平等的蔓延。有学者指出,若去除户籍制度将增加迁移并且减少收入不平等(Whalley et al., 2007)。问题是,试图消除人口流动束缚的户籍制度改革是否真的会增强农业转移人口的社会流动性,实现市民权利与城市福利的平等分享? 农民工从流动到迁移,不仅可能存在结构性力量的阻隔以及资源与机会的分配不均等,也可能存在来自农民工自身的主体阻隔。

在本调查的进城农民工中,能够进入城市社会保障体系之中的比例仍然较少。

这一方面与进城农民工所进入的就业部门有关系,相当一部分进城农民工进入的行业具有低成本用工的特点。特别在非正式部门中,由于缺乏正式的劳动合同关系,雇方较少地承担相应义务。另一方面也与农民工自身对于城乡社会保障制度的认知有关。根据笔者对农民工及其家庭访谈,进城农民工主要将城市社会保障视为一种消费和投资,而不是一种权利获得。在收入有限和流动成本较高的前提下,进城农民工选择压制过多的消费和投资。对一些农民工而言,不进入城市社会保障体系反而有助于减少经济压力,增强自身的经济支配能力和决策自由度。比如能够节省这部分开支"把钱用在刀刃上"(SH-M-2016041703),"好回家盖房"(SH-M-2016041704)。这是一种具有远见的行动策略。相比外出农民工,本地农民工对于城市社会保障体系的参与程度更高。特别是对外出农民工而言,是否购买城镇社会保险与未来生活预期和对未来风险的认知相关。并非所有的进城农民工都将现居住地视为最终的归宿,即便他目前表现出相当程度的留居稳定性。在上海、深圳的城中村中不乏在超大城市居住超过 5 年的农民工,但是对他们而言,未来健康风险、失业风险、养老风险的主要发生地是在农村(或是老家周边的城镇),而不是当前城市。在存在返乡预期的前提下,没有必要在城市购买社会保险。"劳保我有啊,我家里买了。"(SH-M-2016041703)"你现在买了也没用啊,万一你以后走,或者交不满年限就浪费了。"(SH-M-2016041704)本调查中仅有不到四分之一的外出农民工加入了城镇社会保障体系。因此,进城农民工不一定因常住地的改变而产生购买倾向,可能还受到一系列观念的影响。

在基层民主权利的获得和地方社区的参与方面,实际参与到城市社区治理中的农民工少之又少,这不仅是由于其被制度认定的"流动身份",更多地是由于城市社区与进城农民工日常生活和利益关联的疏离。这种疏离,在外出农民工那里更多地表现出来。① 影响农民工权利获得和社会参与行为的不仅是资源与机会的开放度,还与主体意愿和选择偏好有关。忙于生计的工作、对自身"外来者"的身份认知、对基层治理的主体感受以及对"福利"有用性的判断等都在降低农民工权利实现和福利获取的主动性。"我们又不是这里的人(本地社区的成员),他们搞这些活动怎么会有我们的份呢?再说我的活(清扫社区垃圾)天天这么多,累都累死了,也

---

① 在本地农民工中,38.7%的人明确表示"与我无关,不参加",而在外出农民工中,这一比例接近一半(47.2%)。

没时间去。"(SH-JS-2015080206)在 GY 村,流动人口综合治理办公室的工作人员表示自己疲于为外来人口做登记和协助其办理居住证的工作,经常"深更半夜的还要挨家挨户去敲门更新信息"(SH-GY-2017011501),却经常遭遇拒不开门等状况。一位居住在 GY 村多年的四川籍农民工这样表达对政府公共服务的看法:"我们感觉就是被监控的,那些流动人口登记管理的人经常要上门来核查情况。我们跟这里的居委会平常又没有什么往来的,就是要办暂住证啊,居住证啊,还有小孩上学什么的才去一次。"(SH-GY-2017011502)在农民工的词语中,"权利"恰恰是出现频次最少的词语,许多在社区治理中的"服务"并非是农民工眼中的真正需求或能够提升其生活福祉的内容。不过,具有不同身份期望的农民工在社区参与上也表现出不同的选择偏好。通过交叉分析和相关性的统计,农民工的身份期望与社区参与意愿之间存在显著的正相关关系,也即越期望自己成为市民的农民工越有意参加社区居委会选举,并更倾向于将其视为一种权利。

在所有城市福利中,随迁子女的教育福利是农民工最为关心的内容之一。在本调查的城中村中,社区工作人员普遍反映解答外来务工人员咨询子女在本地读书的事情已经成为主要的工作内容。笔者曾在 GY 村的流动人口综合治理办公室进行参与式观察并跟随工作人员进行农民工的入户走访。在这里,农民工对子女在城市接受教育的实现能力不同,意愿较为不同。一部分签订正式租赁合同的农民工具备了办理居住证的资格,使子女在本地接受教育成为可能。但仍然有一部分没有签订正式租房合同的农民工(大多因租住在村里的违章建筑中,房租较为便宜),他们对子女在本地接受教育并不抱有期望,充满无奈。一位在上海生活多年的妇女尽管签订了租房合同,但办理居住证时需要房东前来协助办理,而房东却拒绝协助,因此面临小孩无法入学的问题。她多次前来综合治理办公室寻求解决办法,希望工作人员给她"指条明路"(SH-GY-2014041707)。为了让小孩能够接受更好的教育,农民工也是积极调动各种策略和资源。"我小孩在上海进的倒是公办的学校,我也是花了大力气,托了很多人。她们一个班里有上海学生,也有外地学生。差不多一个班的外地学生到高中都走完了,因为要回老家高考啊,这里的教材和老家的不一样。她真的特别聪明,在班级里考试一直都是前几名的。我觉得她如果在上海考大学,那进交大、复旦都应该没问题。"(SH-GY-2014041708)尽管在子女接受教育方面仍然受到流入地城市中结构性力量的诸多制约,但对农民工而言,"流动"本身能够成为跳脱流出地结构性力量制约的有用机会和资源。当被问及外出农民工子女无奈返乡就学的学习表现,他们的回答是:"那还是不一样的,在上海他们经常搞那些社团啊,兴趣爱好小组啊,还有英语啊什么的,这些老家都没有。出来一下对小孩还是好的,等于吃的奶都不一样啊。至于回去能够考上什么样的大学,那就只能看她自己的本事了。"(SH－GY－2014041708)相较于参照群体(未外出农民家庭子女)所具有的优势感,是农民工理解和消化不平等的重要出口。

(三)进城农民工社会文化融入的意愿与选择偏好

尽管受制于诸多结构性力量的影响,个体适应或接受新环境的行为模式以及实践的价值、规则和象征符号,却是一个以农业转移人口自身为中心并且凸显主体性的活动。从生活方式、消费方式来看,当前进城农民工越来越具有自主选择的空间,在日常生活的安排和策略上也产生了较大程度的差异。在本调查中,外出农民工的主要居住空间为城中村。从上海和深圳所调查的城中村情况看,城中村中同时也居住着大量的本地人口,外出农民工普遍借住在较破旧的老宅或是违章搭建的房屋中,村落的这些区域构成了外出农民工主要的居住场所和社会交往空间。本地居民与农民工的日常交往并不多,虽然他们对一部分农民有较好的群体印象,"这些农民工也是很不容易的,还是挺讲道理的"(SH－JS－2015073101),但群体之间并没有建立起平等的邻里关系,反而因大量租赁关系的存在,社区关系变得冷漠化和世俗化。"我们跟他们有什么交往啦,要么去收租,说到底我们就是赤裸裸的金钱关系呀。"(SH－HG－2015080101)本地市民对于外出农民工存在极为矛盾的接纳心理:一方面他们是收入来源的对象;另一方面他们又是影响社区环境和社会生态的破坏者。也正是意识到了这种群体关系的存在,借住在城中村中的农民工出现了三种行动上的反应:

第一种是对群体关系的积极破冰。"我们的关系还是很好的呀!我们还是很客气的,之前她(农民工租客)回老家还给我带了麻油什么的,很懂道理。"(SH－JS－2015073101)从结果上来看,能够对社区"土客关系"进行积极破冰的农民工也同时能够在本地居民眼中形成正面的群体形象,并建立良好的社区关系。

第二种是对主客关系的消极破坏。在调查中,笔者发现城中村中出现了大量因土客关系而形成的矛盾,大多因生活习惯和思维方式的差异而产生,甚至农民工在行为上选择以报复或是宣泄的方式来消极破坏主客关系。"其实你知道吧,我那个烟是故意烧的。他一回来我就拿着炉子去他家窗口,这种人(本地人)很坏的,看谁更会搞。"(SH-M-2016041801)。

第三种是维持基本限度的主客关系,即对主客关系既不积极破冰,也不消极破坏,而是最低限度地维持必要交往。"也谈不上要主动去搞好关系什么的,房东和我们没什么接触的,就是交房租什么的联系一下,没有私下交往的。我们在这里就是打工的,过两年可能又换地方了。"(SH-M-2016041807)

如果超越地方社区的边界来看农民工的社会交往情况,可以发现,外出农民工在社会交往上较少地能够融入本地市民中,表示自己接触本地市民较多或很多的仅占所有农民工的24.4%。外出农民工在城市社会交往的局限更大。如果从农民工的主体感知来看,在十分有限的交往中,农民工对于交往的体验又是如何?市民是否友好?从表4-26中可以看出,本地农民工和外出农民工中的最大比例都认为市民对自己的友好程度"一般"。在本地农民工中,有41.3%选择了市民"很友好"或"比较友好",13.4%选择了"不太友好"或"很不友好";而在外出农民工中,仅有27.2%选择了"很友好"或"比较友好",10.6%选择了"不太友好"或"很不友好"。经卡方统计检验,不同类型的市民化与市民友好程度体验之间存在显著性差异(Chi^2=37.145,P<0.05)。可见,不仅在实际的社会融入方面,外出农民工在城市中所感受到的友好度也不及本地农民工。究其原因,608名本地农民工中选择与市民"交往较少"或"比较少"的原因共计给出了489次响应,而517名外

表4-26 农民工对市民友好程度的感知

友好态度	本地农民工有效百分比(%)	外出农民工有效百分比(%)
很友好	6.3	5.0
比较友好	35.0	22.2
一般	36.5	51.6
不太友好	12.7	9.1
很不友好	0.7	1.5
没有接触过	8.9	10.4
总计	100.0	100.0

注:通过卡方检验,Chi^2=37.145,P<0.05(小于20%的单元格期望计数小于5)。

出农民工中选择与市民"交往较少"或"比较少"的原因共计给出了534次响应。进城农民工在异地更多地开始突破原有的社会网络而开始产生群际接触。在外出农民工中,选择"交往机会少"的比例明显低于本地农民工,选择"感觉城市人不好相处""没有什么共同话题""觉得城市人看不起自己""不知道如何跟他们交往"的比例更高(参见表4-27)。

表4-27 农民工与市民交往少的原因

与市民交往少的原因	本地农民工 个案百分比(%)	外出农民工 个案百分比(%)
感觉城市人不好相处	7.2	8.9
没有什么共同话题	15.8	27.0
觉得城市人看不起自己	5.3	12.4
不知道如何跟他们交往	8.6	10.4
交往机会少	72.1	68.6
其他	4.7	5.0
总计	113.7	132.2

注:该题为多项选择题。

已有许多的研究关注农民工转向非农经济活动的选择及其对农村减贫的积极意义。非农经济活动被视为农业转移人口个人及其家庭应对负面影响的一个重要手段。个人与家庭的主动性和策略性被极大地彰显出来。而另一方面,正式与非正式市场以进入的门槛和收入回报的影响制约着这种主动性。结构性要素(机会的差异和挑战的差异)在一定程度上影响市民化模式的形成,同时个体要素对市民化也有一定的影响。机会的获得和机会的实际使用是两回事,农民工市民化中需要更多地关注"自选择"的影响。已经有一些研究关注个体因素对市民化的影响。比如相对年轻和健康的农民工对于老年照料和健康照顾方面的需求较低(Li et al.,2007);虽然许多福利项目能够被农民工所用,但现实中农民工出现了最低限度地使用城市福利的现象(Xu et al.,2011)。

相对于社会融入,生活文化适应被认为是一个不受结构制约、更基于主体性的活动。72.7%的农民工表示对当地方言的掌握程度仅仅是勉强听懂一些,甚至是根本不会。在消费方式上,进城农民工特别表现出一种"消费保留"的行为,也就是在城市中尽可能地降低生活成本,而将钱用于家庭的开支。"我们来这里本来就是赚钱的,哪能这么大手大脚地花钱呢?"(SZ-NY-2015083102)在城中村中,许多进城农民工收入水平并不低,但是他们不愿意将其投入在住房条件以及日常生活质量的改善上,而是作为一种家庭收入形式来整体安排。

进城农民工群体不仅出现了"消费保留"的行为偏好,也出现了社会文化层面的保留现象,也就是主观上与城市社会、城市文化保持距离。这实际涉及行动者主体的边界管理,也就是处理"我是谁""我要不要进去"的问题。从阶层地位自评的情况来看,进城农民工整体认为自己处于社会的中等偏下水平。其中,608位本地农民工打分的均值为4.64分(标准差=1.819)。阶层最高打分为10分,最低打分为1分。50%的本地农民工社会地位自评分集中在3~6分。而517位外出农民工的打分均值为4.39分(标准差=1.635)。社会地位最高打分[①]为10分,最低打分为0分。50%外出农民工的社会地位等级自评分集中在3~5分。同时,进城农民工对于自己生活的满意度整体也处于一般水平(参见表4-28)。正是因为阶层意识的存在,阶层之间的互动被主观隔离。同时,进城农民工在一些维度上选择适应而在另一些方面选择不适应,因而产生了一种有利于其维持首属关系、保证生活连续性的"社会文化保留"。也正因如此,来源地和目的地相互影响,流出地和流入地之间构成动态的关联。

表4-28 进城农民工的生活满意度及社会地位自评

		本地农民工社会地位等级自评	外出农民工社会地位等级自评	本地农民工生活满意度	外出农民工生活满意度
填答数	有效	588	514	588	496
	缺失	20	3	20	21
均值		4.64	4.39	5.42	5.40
标准差		1.819	1.635	1.876	1.659
极小值		1	0	1	1
极大值		10	10	10	10
百分位数	25	3.00	3.00	5.00	5.00
	50	5.00	5.00	6.00	5.00
	75	6.00	5.00	7.00	6.00

---

① 本调查的数据表明:个人收入水平与社会地位的自我评价(打分)之间并不存在显著的相关关系,个人收入水平与生活满意度(打分)之间存在显著的正相关关系($\gamma=0.099$,$P<0.01$)。

（四）进城农民工心理角色转型的意愿与选择偏好

在进城农民工市民化过程中，进城农民工并非被动的主体，而是作为积极的主体参与到历史进程中。在城乡二元结构以及户籍制度的束缚下，农民工市民化经常被构筑在一个城乡二元对立的学术语境中，并被描述为一种"问题化"的生活状态。当然，农民工市民化所遭遇的结构性不平等应当被检视，但同时不应忽视底层史的叙述：他们是如何看待农民转变为市民的？他们是如何看待家乡的农村社会和城市社会的？农业转移人口的这种主体观点在很大程度上影响其市民化选择。也就是说，要看到社会设置、制度结构、劳动力市场、家庭与社会网络、文化传统，以及农业转移人口的个体特征是如何影响他们的看法和偏好。

在调查中，进城农民工群体整体表现出对"市民"的较低身份期望。在 608 名本地农民工中，想要"当市民"的比例为 33.1％。有 27.4％的本地农民工仍然想要"做农民"，有 37.5％的本地农民工认为"农民和市民没有很多区别"。而在身份期望上，外出农民工与本地农民工的回答较为一致，想要"当市民"的比例为 33.3％；仍然想要"做农民"的比例为 29.1％；有 33.1％的外出农民工认为"农民和市民没有很多区别"（参见表 4-29）。可以说，市民化是一种生活转变，同时表现出连续性和改变，其突出地表现在农民工的心理角色的转换方面。对于制度选择、市场选择以及社会选择，农民工会在此形成一系列的感知，并进一步产生对市民化的意愿和期待。当被问及自己与其他市民间的区别时，进城农民工中较大比例地选择了"收入水平"和"社会保障与福利"的差异（参见表 4-30）。

表 4-29　进城农民工的身份期待

身份期待	本地农民工 有效百分比（％）	外出农民工 有效百分比（％）
做农民	27.4	29.1
当市民	33.1	33.3
无所谓，农民和市民没有很多区别	37.5	33.1
其他	2.0	4.6
总计	100.0	100.0

表 4 - 30　农民工认为自己与市民的区别

自己与市民的区别	本地农民工个案百分比	外出农民工个案百分比
户籍	15.2	26.7
收入水平	41.4	59.8
社会地位	16.2	33.9
政治权利	5.3	1.6
生活习惯	19.7	12.3
社会环境	12.1	14.4
社会保障与福利	31.8	35.7
思想观念	8.8	5.1
以上都有区别	4.5	9.2
没什么区别	18.7	9.6
其他	1.3	1.9
总计	175.0	210.1

注:该题为多重响应题。

　　有所差异的是,608 位本地农民工共计给出了 1 057 次响应,其中有 19.7% 的被访者选择了"生活习惯";517 位外出农民工共计给出了 1 078 次响应,其中有 33.9% 的被访者选择了"社会地位"。而单纯选择"户籍"的比例,无论在本地农民工还是在外出农民工中都非常少(参见表 4 - 30)。在笔者的访谈对象中,农村人对于要不要成为市民经常是充满矛盾的,一面是对城市福利的渴望,另一面则是对农村的依恋和期待。"总归是城市好咯,城市人都是享受,退休工资劳保啊什么都高一点。不像农民,不要太苦哦! 但是待在农村我也习惯了,只要后面住的环境好一点,农民的养老金再高一点,农村也挺好的。再说现在农民越来越值钱了。"(SH - JS - 2015080202)

　　在基层社区的参与方面,进一步进行了相关分析,发现:进城农民工的受教育程度与参与基层民主选举和社区治理的意愿呈正相关关系(Spearman＝0.122,P＜0.05),而年龄、性别、收入都不具有相关的统计显著性。在研究中,进城农民工对于社区治理,无论是现居住社区还是原农村社区,并不是对来源地和目的地同时双重参与,而是同时不参与,形成了要城市福利而不要权利的选择偏好。当然,这与农民工自身的留居意愿和未来期待有关。特别是 20 世纪 80 年代到 90 年代期间,农民工向城市的流动主要为个体迁移模式,男性迁移、女性留守,女性的非农转换参与度较低。不过 20 世纪末期至 21 世纪初期,农民工在乡城迁移上开始呈现家庭联合迁移模式:女性走向非农部门的速度明显提升,男性和女性共同参与到非农经济活动中来,并且举家迁移的比例在增加。但是进城农民工是否有长期留居的稳定性,仍然需要更多经验材料的证明。

第三节　进城农民工市民化的分化与社会后果

庞大流动人口的存在强有力地支撑了中国出口型经济的快速发展,同时也成为当代中国亟待解决的难题。事实上,许多发展中国家都存在农村人口进入城市寻求临时性工作的现象,他们往返流动于城乡之间,并同时参与到农村和城市之中。流动性本身并不构成社会问题,真正构成问题的是农业转移人口市民化过程中的流动分化和流动不平等及其可能带来的社会后果。

一、不稳定阶层的出现

在"农民—市民"的二元身份体系中,农民工往往被置于农民与市民的中间,并被视为一个从农民逐步转向市民的过渡性群体。然而当今中国,无论是农民还是市民,其内部都在不断经历着转型和分化。在社会转型中,农民工整体参与到社会流动中来,并在结构性力量和主体性力量的选择中,呈现出地域、阶层、社会文化等方面的群体再造。正是在这一意义上,无论是"农民""市民"还是"农民工"都并非一个稳定形成的阶层。尤其对农民工而言,他们并非必然地整体向市民转型,其中因多向转型和流动分化,其在当下成为一个不稳定的阶层。伴随着农业转移人口的进城,"农民"还是一个同一的阶层吗?

德国社会学家贝克(Ulrich Beck)及其追随者[①]认为,传统的阶层定义和阶层

[①] 一个重要的变化是,"阶层"的定义在韦伯那里转向了不同要素间的分离(比如依赖特定市场机会的物质条件、传统与前资本主义方式的有效性、流动的阻碍、联系网络等)。另外,明确反对传统"阶层"概念以及阶层分析方法的代表人物不得不提简·帕库斯基(Jan Pakulski)和马尔科姆·沃特斯(Malcolm Waters)(Pakulski et al., 1996)。

分析方法都不足以在当下社会变迁的背景下对群体进行合理的划分,因为人们意识到社会结构的变迁,也不会维持自己的阶层意识。贝克通过对风险社会的论述试图表明:传统阶层结构对于群体区分的影响在风险社会中日趋弱化(Beck,1992),个体化社会(individual society)超越了传统阶层社会(Beck,2007),宣告了"阶层的死亡"和社会阶层研究的时代局限。在个体化社会中,"阶层"不再成为生产身份和归属的机制;人们的主观特征和客观特征日趋分离;社会成员从传统的社会形式和联结中脱离出来,身份获得了流动性;传统的知识确定性在丢失;新的整合方式开始出现。总而言之,传统阶层的确定性、限制以及决定性都消失并让位于个体在生活境遇中的能动性、选择以及意志(Beck et al.,2004:24)。在充满风险的社会系统中,个人唯有依靠自身反思性来进行行动决策,个人自身成为个人传记的书写者。贝克等人对传统阶层分析方法的批判极大地彰显了行动者的个体能动性,使人们在新的现代性语境下反思传统的"阶层"概念在解释差异化生活机会获得时的不充分性。在现代社会的条件下,"阶层"内含了诸多不稳定的特点。

在中国城镇化快速推进的背景之下,进城农民工阶层的不稳定性集中地表现在以下几个方面:第一,进城农民工内部正在经历剧烈的职业分化和转型。根据学者周大鸣的调查,劳工型的农民工占比已经不到20%,其他的则为技术型(需要一定的技术培训)和经营型(拥有自己的生产要素)的农民工(周大鸣,2012)。农民工的职业获得不仅要面对劳动力市场的分割问题,还要面对人口流动过程中人力资本的贬值问题。第二,进城农民工经济地位和收入获得也处于持续变动中。非农部门和城市对于农民工的吸纳格局在发生变动,这给农民工是否能够嵌入城市劳动力市场带来匹配上的不确定性。农业现代化所释放的劳动力并不必然意味着非农转移。其中非农部门吸纳转移的能力、结构以及农业人口转移所要支付的成本都具有变动性。第三,进城农民工获得制度化市民身份的空间在变动。农民工市民化的制度选择建构了一个具有明确制度边界的成员体系,在后户籍时代重构了一个以准入条件和福利差异分配为中心的新身份序列。正是由于结构化的资源差异和分配不均,大量处于观望或等待中的农民工成为"不稳定阶层"。第四,进城农民工缺乏明晰的阶层意识,无法基于稳定的社会身份和社会交往形成阶层意识。从阶层意识上来看,进城农民工对自我社会地位的平均打分整体处于中等偏下的水平。其中,本地农民工的自我社会地位自评均分为4.64,外出农民工的自我社会地位自评均分为4.39(参见图4-2、图4-3)。社会阶层地位不仅反映在客观的外在指标上,也同样反映在主观的地位认同上。面临城市进入的可能失败和退回农村处境的不确定性,农民工实际上往往无力对自己的未来做长远计划和安排。

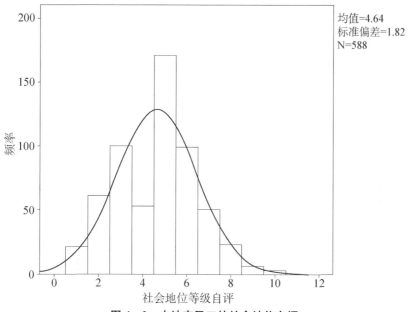

图 4-2　本地农民工的社会地位自评

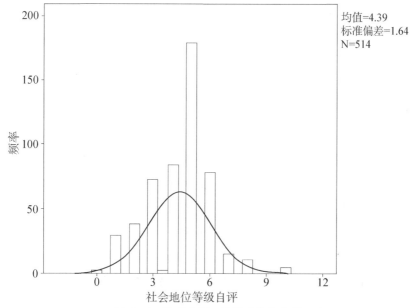

图 4-3　外出农民工的社会地位自评

进一步地,将"个人月收入""与其他城市居民交往的频率"和"社会地位自评"进行相关分析。就本地农民工而言:(1)本地农民工的"收入"与"社会阶层地位的自评"之间存在显著的正相关关系(Spearman=0.275,P<0.01),即随着收入增加,本地农民工对于自我的社会阶层地位认同也倾向于升高;(2)"与流入地城市居民交往的频率"与"社会阶层地位的自评"之间不存在显著的相关关系,进城农民工的自我社会地位认同与其他城市居民交往的频率之间没有关联。

而就外出农民工而言:(1)外出农民工的"收入"与"社会阶层地位的自评"之间存在显著的正相关关系(Spearman=0.126,P<0.01),即随着收入增加,外出农民工对于自我的社会阶层地位认同也倾向于升高;(2)与本地农民工不同,外出农民工"与其他城市居民交往的频率"与"社会阶层地位的自评"之间存在显著的正相关关系(Spearman=0.203,P<0.01),也就是说进城农民工与流入地城市居民交往的频率越高,自我社会地位认同也越高。可以看到,对农业人口的异地转移而言,良好的群际交往能够提升主观上的自我社会地方认同。相比本地农民工,外出农民工在跨地区进入城市社会的过程中,一方面能够快速地获得社会文化的流动性,另一方面也更多地遭遇来自结构性力量的选择性排斥。除了已经在职业上完成转移的进城农民工,另外还有一部分潜在的农业转移人口,属于闲置的人力资源或潜在的人力资源,这部分人口在 3.1 亿人左右(王竹林,2011:48)。这一部分人口在阶层分化中会何去何从,仍然充满了不确定性和不稳定性。

对农民工而言,在城市的定居意愿是否能够转化为定居现实,并非一个简单的选择。是否会定居,什么时候会定居,以何种形式来定居,都涉及结构性力量与主体性力量之间的不断互动,这种阶层的不稳定性主要在于选择的不稳定性。在这里,需要看到三个层次的变量对农民工市民化的综合影响:第一是微观层面的变量(个体/家庭)对进城农民工市民化选择的影响,比如个体经济社会特征以及对结构性力量的感知对市民化意愿的影响。农民工不是既定规则的被动接受者,而是在日常生活中不断感知结构性的市民化环境,并不断调整个体和家庭决策。第二是中观层面变量对进城农民工市民化选择的影响,比如农民工市民化中的邻里效应——进城农民工所居住的社区类型(流出地社区和流入地社区)是如何影响市民化选择的。第三是宏观层面变量对进城农民工市民化选择的影响,比如宏观上农民工的流动节律受到制度化的劳动框架制约,而不是随意的流动。

中国的农民工通常维持城市和乡村的双重居住状态,并且共时性地参与到城市社会和农村社会当中。特别是第一代农民工,其迁移模式集中地表现为个体性、临时性、往返性的"有流动无迁移"特点。因此,学界常以"钟摆性"来形容农民工群体在城乡二元空间之间的流动特点。与发达国家的移民现象不同的是,近年来在发展中国家中所观测到的乡城迁移表现出迁移者共时性地参与到流出地和流入地的社会文化空间之中。流出地和流入地之间相互关联、相互影响,存在"动态关联"①。换言之,城乡社会系统各自的开放性程度及其相互关系共同影响着农民工的城市融入机会,也增添了农民工阶层变化的不稳定性。

二、市民化的匹配性阻碍

在农民工市民化的进程中,结构性选择与进城农民工的主体选择之间构成一组碰撞的张力,进而影响流动性的获得。制度选择、市场选择和社会选择对于城市新来者的选择逻辑表现出极强的需求导向特点——制度、市场和社会共同筛选被市场所需要、符合城市治理要求、满足主流社会包容逻辑的对象。而其中,市场逻辑主导谁能够成为市民的筛选,由此带来了农民工市民化的内部分化。

一般认为,劳动力从生产效率较低的农业部门进入生产效率较高的非农部门对经济结构转型至关重要。劳动力市场分割理论看到了现代资本主义经济体系具有的内在分化倾向,以及面向移民的沙漏型经济机会结构。劳动力市场分割理论提醒我们去认识市场对于进入者的偏好。低端就业和高端就业向外来移民开放,而中间则没有什么机会。特定经济结构的需求导向是影响乡城移民的经济机会获得的重要结构因素。中国劳动力市场存在多种形式的分割,既包括市场要素自发形成的市场分割,也包括系统性的制度分割和体制分割(比如城乡分割、行业分割、区域分割等),共同构成了进城农民工在就业机会匹配上的结构性限制。

城市社会福利体系向进城农民工所释放的机会—资源结构同样体现了特殊的偏好,影响农民工的社会流动性获得。伴随着经济改革,由国家主导的福利体系转向公私部门合作的多元主义取向。城市"五险三金"涉及各类城市中的组织和企

---

① 有学者区分了"流入地"与"流出地"之间的四种动态关系:第一种是零和关系,即一方参与的增多造成另一方参与的减少;第二种是共存的参与,即一方的参与并不直接影响另一方的参与;第三种是积极性的增强关系,即一方参与的增多能够增强另一方的参与;第四种是消极的增强,即一方参与的增加降低另一方面的参与(Tsuda, 2012)。

业,包括国有、集体所有、混合所有制的企业以及雇员超过 50 人以上的私人公司,因此,非正式就业的农民工可能因缺少单位缴纳的部分而影响社会福利水平。从城市福利体系的运作上来看,中央相关政策基本是最低限度的、指导性和原则性的,而具体福利项目的设计和操作主要由地方政府来完成,因此,不同城市间的福利获得就有了地方性的差异。比如上海和成都,为农民工提供综合性的保险项目;北京和青岛为农民工提供与城市居民相匹配的养老保险项目。也有一些城市对于推进农民工的城市福利获得上缺少积极性,主要的原因是对用工单位用工成本增加及其带来地方投资减少的担忧。可以看到,中国福利体系的改革带来农民工城市福利获得方面的规则变化。影响农民工市民化的一系列制度(包括户籍制度、就业和社会保障制度、住房制度、教育培训制度、组织民主制度等)在实践中并不是普惠的,而是具有门槛的。城市福利的选择性赋予,对农民工市民化而言叠加了进城的障碍,强化了劳动力市场中的分化与不平等。当前农民工市民化集中地呈现出一系列匹配性问题,造成了市民化要素之间的组合限制:

其一,在以往的国内劳动力迁移研究中,尤其在经济学的视角下,主要聚焦的是劳动力分布的效率问题。劳动力从生产率较低的地点流向生产率较高的地点,劳动力的再分布被视为劳动力对不同地区人力资本回报的主动反应结果。从整体而言,外出农民工呈现出一个经济上活跃的年龄组,但就业上的活跃性与城市劳动力需求存在相当程度的不匹配。特别在超大城市、大城市之中,伴随着产业转移和产业转型,这种不匹配变得越来越突出。

其二,从城市就业的不同部门来看,城市居民与农村外来劳动力的收入差异集中地反映在正式部门(Gagnon et al.,2011)。特别在相对缺少市场竞争性的国有部门,农村劳动力的匹配和进入更为有限(Song,2016)。对收入相对较低的农民工而言,在其职业发展中难以匹配到相应的支持性资源和机会。

其三,目前中国农业部门和非农部门劳动力市场的一体化程度较弱,农村劳动力在城市劳动力市场中受到各种限制而无法达成自由流动和更优的职业匹配,劳动力市场因此呈现出扭曲的状态(盖庆恩 等,2013)。当前,中国劳动力市场所存在的结构性矛盾主要表现在:多重分割的格局下劳动力整体的低效匹配状态;劳动力与产业升级下岗位需求的动态匹配程度;城市劳动力市场结构变迁中首要市场和次要市场的分化,而进入次要劳动力市场中出现了人力资本投资的失灵和收入回报的不平等。正因为如此,才出现了大规模农业人口的非农化转移,但城乡收入差距仍然显著的局面。

进入 21 世纪以来,中国人口的迁移中心在发生改变,上海、北京、浙江、广东、天津、福建和江苏等地对人口的吸引作用持续提升。这就意味着大量城市中心成为稀缺资源的竞争地,也成为进城农民工市民化的不平等空间。问题是,结构性力量的需求选择与主体需求选择之间往往难以匹配。主体自愿地通往这些极具筛选性的城市。但是从现实中中国城市空间的聚集特征来看,城市增长和聚集效应的显现主要集中在东部地区;中西部地区的聚集效应并不明显,东北老工业基地的集聚效应也陷入停滞的状态(陈刚强 等,2008)。京津冀、长三角以及珠三角地区,以2.8%的国土面积聚集了 18%的人口,这些地区恰恰是户籍制度改革中集中生产群体分化最明显的地区;而那些大幅度降低落户门槛、积极推进农业转移人口市民化的地区又恰恰是对农民工缺乏吸引力的地区。在这一意义上,进城农民工的市民化更深层次地受到的是一种"组合限制",也即人的职业活动、身份、社会文化上的市民化转型难以在一个空间中共时性地组合在一起。即便获得了制度化的市民身份,市民化的过程仍然是以分离的状态出现。

任何城乡一体化的发展都依赖于将工业和农业、城市和乡村、市民和农民视为一个整体而不是采取分离的策略(Li,2012)。来自政策选择、市场选择、社会选择以及农民自身的主体选择,共同切割了农业转移人口在职业、地域、身份、社会文化属性以及角色上完整意义的城市化转型,这成为农民工市民化的最大阻碍。在大城市中,进城农民工市民化正在经历着政策选择、市场选择以及社会选择带来的资源与机会分配的稀缺和不均。有研究认为,户籍制度主要对高生产力群体的职业匹配和社会融入产生阻碍。对低生产力群体而言,这种阻碍性更小。

从国际上城市化发展的经验来看,城市规模和非本地人口及其滞留的增长有明显的正相关关系。结构性力量与主体性力量在需求上的不匹配将会导致两种农民工流动的现象:一种是农民工早退。由于在市场中的不利地位以及在城市中缺乏相应的保障和福利,农民工缺少在城市定居的条件而过早地退出城市劳动力市场,返回农村。这批人通常是政策选择、市场选择和社会选择下的被排斥者。另一种是农民工在城市社会的社会文化保留。尽管身处城市,但农民工与农村的政治、经济、社会、文化仍然保持紧密的联系,他们间隔性地返乡,甚至是长期保持两地生活的状态。

三、不确定的市民化

进城农民工市民化的意愿不仅受到城市制度结构、经济结构以及社会结构的影响，也受到城乡关系的变动和乡村发展的影响。比如农村本地就业结构和就业机会的变化、农村本地基础设施和服务的变化、农村社会网络和社区的变化、农村福利供给体系的变化等，都会影响农民工的未来期望以及流动行为决策。理解农民工市民化需要思考一个问题：农业转移人口的市民化偏好和期待是否会随着生命历程而改变？集体外出以后是否会迎来集体回归？市民化在微观日常生活层面不断与市民化的意愿、感知、信念和情感彼此相关。从目前来看，中国的农民工通常维持城市和乡村的双重居住状态，共时性地参与到城市社会和农村社会当中。进城农民工市民化面临一系列不确定性。

第一是土地权利的不确定性，这关系到农民工能否重返乡村。《中华人民共和国农村土地承包法》确定了土地使用发包方和承包方之间关系的长期性和稳定性。长期以来，土地制度对农村家庭同时具有限制和保护的功能，控制了农村人口向城市的无序流动，也在一定程度上提供了长期的保障。土地制度同时作为一种潜在的资产和福利保障而存在。然而在当代中国，土地对农民而言具有前所未有的不确定性：一是可能由于城市扩张和基础设施建设等原因发生征地，农民土地使用权利的获得面临不确定性。特别在农村税费改革的背景下，将地方政府推向了对土地财政的热衷，以此来补偿因税费改革而损失的税收。二是可能因村集体对土地承包经营权的流转而给农民生计方式带来不确定性。尽管目前农民在承包、使用、收益等方面的权利越来越受到制度确认和保障，但是农民对土地的处置权仍然处于不完全的状态。土地不仅涉及现有的实际收益，还构成了预期收益，这实际上增加了农民工市民化选择的不确定性。

第二是乡村发展的不确定性。21世纪初期中央出台了一系列解决"三农"问题的政策，包括2000年农村税费改革、2005年"新农村建设"、2006年取消农业税以及一系列发展农村土地流转市场、提升农民社会保障水平、增加农业相关补贴等政策，给农业转移人口市民化带来了新的政策环境。当代中国人口的乡城迁移尽管数量仍然在增加，但是增速放缓已经是一个事实。与乡城流动的单向趋势不同的是，城城迁移和城乡的反向迁移在增强。奥古斯汀·库伦（Augustin de Coulon）

和马特鲁布·皮拉沙(Matloob Piracha)认为城乡的反向迁移主要是负向选择的结果(Coulon et al.，2005)。中国农民工返乡究竟是市民化的失败，还是主动选择的发展策略？农民工的循环流动如何演变，循环流动何时会终结？这既依赖于经济结构转型，也依赖于公共政策的变化，由此难以形成对未来的准确判断。农民工究竟是留在城市，返回老家农村，返回老家周边的县城，还是在短期返乡后再次前往远距离的城市，受到不同方面的综合影响。无论如何，特定的"地点"对流动人口的吸引力主要表现在以下三个方面：一是在特定地点可以寻获的生计、收入、财产的机会可能和公共服务、社会保障的可及性；二是流动人口对"地点"社会文化环境的适应性等；三是迁移成本，包括往返城乡之间的交通成本、生活成本差额、情感和社会成本等。

第三是人口流向和户籍获得的不确定性。在农业转移人口市民化的相关研究中，户籍制度一直被视为一个关键的决定因素。问题是，城市户口的获得涉及农村退出和福利依附的整体转变，这都使得农民工市民化的选择变得艰难而模糊。农民工市民化存在不同转移类型的分化——向本地转移，向中小城市转移，向大城市、特大城市转移，向超大城市转移。但是留在哪个城市，留在什么类型的城市则是具有极大空间的选择问题。进城农民工会选择相对收益最优的城市还是其他？李强等学者在全国范围内的抽样调查结果显示，70％以上的农民工不打算回乡就业，80％的农民工不愿意选择回农村就业。再返回到农村务农的90后仅占到3.8％。而在城市类型的选择偏好上，80％的农民工愿意选择在县级或县级以上城市定居(李强，2016)，主要考虑的是就业和医疗资源的获得问题。由于中国城市本身正处于不稳定的发展期，而农民工市民化的地域流向又与城市增长和发展的格局紧密相关，因此长期来看农民工市民化的未来具有不确定走向。

改革开放以来，向农民工开放经济参与机会的主要是市场竞争的职业领域，以非正规就业为主，即那些"低收入、低报酬、无组织、无结构"的小规模生产或服务部门。整体上，农民工在职业获得上具有进入低端行业的同质性。比如有学者对上海市外来人口的居留行为进行动态考察，发现90％的流动人口会返回乡村或转向其他地区，而居留超过15年的外来人口(除去婚姻迁移)主要是白领和较高层次就业者、具有创业意识在上海自我雇佣和投资办厂者、具有稳定职业在上海长期工作者、在上海购买住房居住生活者等(任远 等，2003；任远，2006)，也即与本地人口相比具有竞争能力和市场能力的外来者，而非进城务工的农民工。

可以说,目前农民工在城市社会中的低度嵌入状态及其未来流向的不确定性,使市民化具有明显的"漂浮性"特点。这种"漂浮的市民化"将突出地面临一系列问题:第一,人口向特大城市聚集是世界城市化发展的一般规律。漂浮的市民化意味着城乡二元结构向城市社会内部延伸,并引发"土—客"二元的新结构。在制度上进行新的群体分割,不仅会产生一个存在制度弱势的"外地人群体序列"(完全享受、部分享受、不享受城市福利),还容易将公共产品的歧视性分配和其他社会排斥机制的运作正当化,引发城市底层的贫困问题,拉大城市内部的阶层分化。第二,市民化已经超越了城乡二元制度体制的硬性制约,走入更为广泛的和软性的身份选择。更为隐性的选择性机制(包括经济、社会、文化上边界设定和对外排斥)正在对农民工市民化产生长久的结构性影响。尽管近年来农民工逐步展现出留居的稳定性,城乡流动的"钟摆性"特点有所改变,但"漂浮性"的市民化特点以及人口流动的多栖息状态可能成为长期存在。第三,更重要的是,由城市行政区划级别而延伸出的城市户口等级差别现象。相较于中小城市对农民工的开放,大都市给予进城农民工的空间选择性更多。

第五章 城郊失地农民的选择性市民化

　　农村经济改革对农民的经济社会生活带来一组现实的张力:一方面,使农民在法律和制度上获得了较为稳定的土地承包经营权,构成了农民安身立命的基础;另一方面,又为土地承包经营权落入"名义"留出了实践余地,使农民面临失去土地的现实风险。伴随着快速的城市化和工业化,相当一部分农民被卷入强制性变迁之中,他们正在完全或部分失去赖以生存的土地。城市化速度和规模的扩张充分地显现在城市郊区,使数千万农民在相当短的时间内被挤出传统生产部门和农村社会,城市郊区因此持续地出现大规模的"农转非"人口。在政府主导和强力推动下,因失地引发的利益矛盾以及市民化的滞后已经成为新形式的"三农"问题。

第一节 "农民上楼":结构化的资源差异与机会不均

　　"中国奇迹"在很大程度上反映在迅猛发展的城市化上,其不仅表现为城市数量的增加,同时也表现为城市规模的扩张及农村土地非农化。事实上,农村土地被城市逐步吸纳是城市化发展的必然。比如 1950—1979 年,日本在城镇化过程中占用的优质耕地就达 133 万公顷(折合为 1.33 万平方千米)(张文奎,1978:63);而加拿大 70 个被监测的城市集中区在 1966—1986 年有 30 万公顷(折合为 3 000 平方千米)的农村土地转变为城市用地(Kooten, 1993)。与此不同的是,中国的城市发展在近 30 年来的扩张速度较快,造成了数千万人因土地征收或农房拆迁而发生"农民上楼"。在城市郊区,来自政府、市场以及社会的结构性力量如何塑造了农民向市民转化的流动空间? 在城市化和工业化进程中,制度选择、市场选择和社会选择为失地农民市民化带来了差异化的资源和机会结构。

一、制度选择下的土地征收

中国由国家主导推动的城市化模式,在全球范围内展现了一个快速提升城市化水平的实例。中华人民共和国成立以来,城市获得了从农村抽取土地等资源的能力。比如长期以来实行的"市管县"政策,为地方政府调动城乡资源来服务城市化和工业发展要求建立了资源抽取的科层体系。反观改革开放以来的现实,高速的城镇化发展带来庞大的用地和资金需求,而这种需求的满足主要是通过土地征收制度的实践来完成的。1980—2010 年,中国 280 余个地级以上城市的城镇建设用地面积扩张比为 1.03~26.40,这反映了中国过去 30 年的快速城市扩张的步伐(龙瀛 等,2016)。2001—2011 年,常住人口城市化率从 37.66%上升至 51.27%(增加 36%),而国有建设用地的实际供应量从 1 786 平方千米增加至 5 877 平方千米(增加了 2.29 倍),土地城市化的速度远超过人口城市化的速度。工业化和城市化是农村用地非农化中两个重要的动力机制,为城市发展和农村转型建构了基本的宏观经济社会环境。快速的农地非农化的转化则更多地受到公共政策的影响。可以说,中国土地所有制和农村土地征收制度,在中央—地方分权的财税体制条件下[①],引发了城市加速发展的新机制。具体而言,由政府主导的土地征收制度突出地呈现出以下几个方面的制度特点:

(一) 制度构成

征地程序与土地财政是构成土地征收制度的两个重要方面。中国土地所有制

---

① 1994 年分税制改革的重要目的是扭转中央财政的处境,整体提高全国财政收入并且提升中央财政收入在全国财政收入中的比重。

具有两种形式：一种是城市土地归国家所有；一种是农村土地归农村集体所有，农村集体对于土地的所有权具有一定程度的不稳定性。根据《土地管理法》的规定，国家对于农村土地具有两项特殊的支配权力：一是将农村土地使用权收回[①]；二是将征收的土地转化为国有后，对土地进行有偿出让。[②] 土地征收出让这一过程伴随着极大的经济收益激励——政府垄断土地一级市场，能够通过低价征地、高价出让的方式获得土地级差收益，由此构成了地方财政的重要来源。[③] 有学者根据《中国国土资源统计年鉴》进行估算，1989 年全国土地成交价为 4.47 亿元，2010 年为 30 108 亿元，21 年间增长了 6 735 倍。而地方财政收入从 1 842.38 亿元增长到 40 613.04 亿元，增长 21 倍多。2012 年，土地出让的净收益（扣除出让成本）以及与土地相关的地方税收收入一共占到地方财政收入的 39%（管清友 等，2013）。

（二）制度运作中的主体关系

农村土地征收的过程实际上是政府组织、土地使用的利益集团以及农民之间以互动的方式重新分配土地价值的过程。在这一过程中，政府在农村土地征收以及后续的开发过程中直接参与到利益竞争中，既是规则的制定者，又是直接的博弈者和利益获得者。[④] 比如在开发区的建设上，规划制定后，由基层政府成立开发公司（一般由政府领导人直接负责征地以及招商引资等事宜）。开发公司的主要职责在于对地方开发进行具体规划设计、发包城建项目等。

---

① 《土地管理法》总则规定，国家为了公共利益的需要，可以依法对土地实行征收或者征用并给予补偿。第四十四条规定，在土地利用总体规划确定的城市和村庄、集镇建设用地规模范围内，为实施该规划而将农用地转为建设用地的，按土地利用年度计划分批次按照国务院规定由原批准土地利用总体规划的机关或者其授权的机关批准。在已批准的农用地转用范围内，具体建设项目用地可以由市、县人民政府批准。

② 《土地管理法》第五十五条明确规定，以出让等有偿使用方式取得国有土地使用权的建设单位，按照国务院规定的标准和办法，缴纳土地使用权出让金等土地有偿使用费和其他费用后，方可使用土地。

③ 《土地管理法》第五十五条同时规定，新增建设用地的土地有偿使用费，百分之三十上缴中央财政，百分之七十留给有关地方人民政府，都专项用于耕地开发。

④ 2004 年 8 月国土资源部、监察部发布《关于继续开展经营性土地使用权招标拍卖挂牌出让情况执法监察工作的通知》（国土资发〔2004〕71 号），规定当年 8 月 31 日起全面对经营性土地实施以招拍挂的方式进行有偿的公开出让。以划拨等计划手段无偿使用土地的时代结束，土地使用权因此被极大地释放了市场价值。

(三) 制度后果

农村土地征收的实践使中国城市发展呈现出粗放的空间利用方式,学界通常使用"摊大饼"一词来形容城市土地扩张模式的低效。同时,土地征收的过程带来了圈地和失地问题。根据《全国土地利用总体规划纲要》,1991—1996 年,全国非农建设年均占用耕地 293 700 公顷(折合 2 937 平方千米);1997—2005 年,全国非农建设年均占用耕地 203 500 公顷(折合 2 035 平方千米)。按农村居民家庭人均经营耕地面积 2 亩左右来计算,则意味着每年至少 100 万以上的农民失去耕地。1987—2001 年至少产生了 1 700 万左右的失地农民。目前因土地非农化而产生的失地农民为 4 000 万~5 000 万人。预计到 2020 年,每年仍会有 200 多万人口变成失地农民(杨涛 等,2006)。并且由于土地的级差收益主要由政府和城市土地使用者来分享,排斥失地农民的分享,征地过程中利益矛盾丛生。根据学者党国英的折算,1959—2002 年,农民向社会无偿贡献的土地收益为 51 535 亿元,无偿放弃的土地财产权约 26 000 亿元(党国英,2005)。在政策与行动者(主要包括制度化的官僚、使用土地的利益集团以及被征地的农民)的互动中,完成了土地价值的再分配和收益。

在计划经济时期,政府先后出台了《铁路留用土地办法》(1950 年 6 月 24 日)、《城市郊区土地改革条例》(1950 年 11 月 21 日)、《关于国家建设征用土地办法》(1953 年 12 月 5 日)等政策。那个时期因国家征地而离开土地的农民能够得到妥善的安置,被国家安置成为失地农民甚至是许多农民的梦想和愿望(叶继红,2008)。与此不同的是,如今的农民失地则越发成为一个充满矛盾和纠葛的过程。农民的失地、失业、失家园及其被动开启的市民化进程在不同时期被置于不同的制度语境之下。

说到底,改革涉及一系列制度选择,也是一系列制度选择所影响的实践产物。在影响失地农民市民化的诸多制度因素中,《土地管理法》具有极其重要的地位。[①] 1986—2004 年,《土地管理法》经历了多次修改,逐步为中国土地所有制和国家主导的征地活动奠定了法律基础,极大地影响了国家在农地非农化以及后续社会结果处理上的一系列政策选择。通过比较 1986 年以来《土地管理法》历次与失地农民市民化相关的修改内容可以发现(参见表 5 - 1):1988 年《土地管理法》的第一次

[①] 土地征用制度最早的法律确定可以追溯到 1982 年第五届全国人民代表大会常务委员会第二十三次会议通过的《国家建设征用土地条例》,其中对征用土地的流程、征地补偿、剩余劳动力的安置等做了详细的规定。

修正做出了三个重要修改:一是政府对国有土地的出租行为合法化,使土地属性更加接近物权,从而使孳息的获得成为可能;初步确立了国家监管、地方政府主导运作的国家建设用地征用体系。二是确定了失地农民变更户口的批准部门,确立了地方政府在失地农民户籍"农转非"上的审批权。三是对征用农地的补偿支付额度进行了缩减。1998年《土地管理法》做出较大修改,对农民承包经营权的期限、权利义务等内容进行了规定,并确立了农地保护、土地用途管制制度、土地使用规划制定及逐级审批制度。①

表 5 - 1　与土地征收或征用相关的《土地管理法》历次修改内容

修改时间	重要修改
《中华人民共和国土地管理法》全国人民代表大会常务委员会1986年通过	确立了国家征用土地的补偿政策。1. 国家建设征用土地,被征地单位应当服从国家需要,不得阻挠;2. 征用省、自治区行政区域内的土地,由省、自治区人民政府批准(土地征用的审批权);3. 补偿费用包括:征地补偿费、安置补偿费、青苗及附着物补偿、劳动力补助。征地补偿费规定的地方决定权(征用耕地补偿费,为该耕地被征用前三年平均年产值的3至6倍)。征用其他土地的补偿费以及青苗及附着物补助的标准,由省、自治区、直辖市参照征用耕地的补偿费标准规定。除此之外,用地单位支付安置补助。
《关于修改〈中华人民共和国土地管理法〉的决定》第一次修正(1988年12月29日)	1. 第二条第二款"任何单位和人不得侵占、买卖、出租或者以其他形式非法转让土地"中删去了"出租"二字。 2. 第二十九条中的"土地补偿费和安置补助费的总和不得超过土地被征用前三年平均年产值的30倍"降低为20倍。
《中华人民共和国土地管理法》(1998年修订)	1. 第二条第五款中删除了"国有土地有偿使用的具体办法,由国务院另行规定"。 2. 第三条修改为:"十分珍惜、合理利用土地和切实保护耕地是我国的基本国策。各级人民政府应当采取措施,全面规划,严格管理,保护、开发土地资源,制止非法占用土地的行为。" 3. 第四条新增土地用途管制制度。其中第一款为:"国家实行土地用途管制制度。"第二款为:"国家编制土地利用总体规划,规定土地用途,将土地分为农用地、建设用地和未利用地。严格限制农用地转为建设用地,控制建设用地总量,对耕地实行特殊保护。"

① 1998年《土地管理法》修订后,各部委出台了相关配套政策,比如《国务院关于国土资源部〈报国务院批准的建设用地审查办法〉的批复》(国函〔1999〕131号)、《土地利用年度计划管理办法》(国土资源部令〔1999〕第2号)、《建设用地审查报批管理办法》(国土资源部令〔1999〕第3号)、《关于加强征地管理工作的通知》(国土资发〔1999〕480号)、《关于印发〈新增建设用地土地有偿使用费收缴使用管理办法〉的通知》(财综字〔1999〕117号)、《征用土地公告办法》(国土资源部令〔2001〕第10号)等。

修改时间	重 要 修 改
	4. 第十四条新增土地承包经营权。第一款规定："土地承包经营期限为三十年。发包方和承包方应当订立承包合同,约定双方的权利和义务。"第二款规定:"在土地承包经营期限内,对个别承包经营者之间承包的土地进行适当调整的,必须经村民会议三分之二以上成员或者三分之二以上村民代表的同意,并报乡(镇)人民政府和县级人民政府农业行政主管部门批准。"
	5. 第二十七条、第二十九条、第三十条分别修改为"国家建立土地调查制度""国家建立土地统计制度""国家建立全国土地管理信息系统,对土地利用状况进行动态监测"。
	6. 取消了 20 世纪 80 年代《土地管理法》中有关于对因国家建设而产生的多余劳动力的就业安置办法——由县级以上地方人民政府土地管理部门组织被征地单位、用地单位和有关单位,通过发展农副业生产和举办乡(镇)村企业等途径,加以安置;安置不完的,可以安排符合条件的人员到用地单位或者其他集体所有制单位、全民所有制单位就业,将相应的安置补助费转拨给吸收劳动力的单位。
	7. 第四十五条新增按照征用不同土地由不同部门批准的规定。其中征用"基本农田""基本农田以外的耕地超过三十五公顷的""其他土地超过七十公顷的",由国务院批准。
	8. 新增第四十六条,第一款为:"国家征收土地的,依照法定程序批准后,由县级以上地方人民政府予以公告并组织实施。"在第二款中规定了公告期内,所有权人和使用权人办理征地补偿登记。
	9. 第四十七条第一款规定:"征用土地的,按照被征用土地的原用途给予补偿。"第六款规定:"土地补偿费和安置补助费的总和"上升至"不得超过土地被征用前三年平均年产值的三十倍"。
	10. 新增第四十八条为:"征地补偿安置方案确定后,有关地方人民政府应当公告,并听取被征地的农村集体经济组织和农民的意见。"新增第四十九条为:"被征地的农村集体经济组织应当将征收土地的补偿费用的收支状况向本集体经济组织的成员公布,接受监督。"
	11. 第五十五条第二款新增规定:"新增建设用地的土地有偿使用费,百分之三十上缴中央财政,百分之七十留给有关地方人民政府,都专项用于耕地开发。"
	12. 第六十五条中新增三类情形下可收回土地使用权。
《关于修改〈中华人民共和国土地管理法〉的决定》第二次修正(2004 年 8 月 28 日)	1. 第二条第四款修改为"国家为了公共利益的需要,可以依法对土地实行征收或者征用并给予补偿"。 2. 第四十七条对征收耕地的土地补偿费增加至"耕地被征收前三年平均年产值的六至十倍"。每一个需要安置的农业人口的安置补助费标准"为该耕地被征收前三年平均年产值的四至六倍"。 3. 第二十条在乡镇土地利用规划条款中增加"确定每一块土地的用途,并予以公告"。

与 20 世纪 80 年代不同的是，全面启动了土地使用权的价值属性①，初步建立起土地管理使用市场化体系，使土地成为地方政府获取经济绩效的新途径，呈现出一个具有市场化导向的法律文本。对于征地农民的补偿办法由"现金补偿＋就业安置"转向进行单一的现金补偿，这意味着以一次性现金付给的方式切断农民与土地、与传统社会的关联。资本和劳动力逐步从行政干预中获得市场化的自由流动后，土地成为政府手中最重要的资源。以限制流动性为特点的制度选择，制造了土地的稀缺性，并使之成为推动城市化的初始资本。中国土地制度的特色在于，在政府垄断土地一级市场的条件下，作为最大的土地所有者，政府通过建设用地的纵向计划管理，有效地控制了土地资源的城乡流动性。并且通过分税制改革、住房制度改革以及土地招拍挂等一系列制度改革释放了庞大的土地信用，一头连接土地财政，一头连接融资，地方政府的"政府经济人"身份在地方农地非农化的实践中越发地凸显。

市场化取向的土地制度改革同时具有限制和赋权的二重属性。《土地管理法》的诞生与修订集中地调适了两对关系。一对是中央和地方的关系。改革开放所启动的政治改革的基本方向是从一个中心的、计划的集权政府向合作性的威权政府转变，这意味着地方政府在经济职能获得中央赋权的同时，也增加了决策政策的"去中心化"过程，这在城市发展的相关决策中体现得尤为明显。通过《土地管理法》，中央政府在很大程度上赋予地方政府对于农村土地的征收权和后续的出让权，同时规制了地方政府对于城市化开发成本的承担义务。地方政府因此在城市化发展中获得了与中央政府博弈的能力、较强的资源支配权和议价能力，也获得了开启农民失地和市民化的强制能力。另一对是国家—市场—农民的关系。旨在配置土地资源的《土地管理法》以及配套政策的出台逐步拉近政府与市场的距离的同时，也作为重要的制度选择和政策选择实现了以低成本拉动城市发展的策略。征地政策体现出政府在推动地方经济和工业化、城市化发展中的低成本偏好。通过征地进入土地银行的土地又通过拍卖或招标等方式进行出让，预算外的出让收入和预算内的税收收入构成了重要的利益驱动，收入了巨额的地方财政。由此，充足

---

① 在 1998 年颁布的《土地管理法》中，土地由无偿、无期限的禁止流通物向有偿、有期限的流通物转变，由所有权向用益权转变。

的土地供应和低廉的用地价格①，实现了政府获取城市建设资金、提升工业化城市化水平、推进地方经济社会发展的低成本模式。然而，政府在征地开发中效率导向的制度与政策选择却压缩了农民在市民化上的选择空间，对失地农民市民化形成诸多方面的结构性影响。

首先，制度选择压缩了失地农民启动市民化的选择空间。政府以"公共目的"而进行的土地征收，暴露了集体土地产权的残缺性。② 在中国土地所有制的前提下，征地制度及其配套政策的出台使政府收归农民的土地权利具备制度合法性，共同制造了政府介入农民土地权利、改变农民生产生活方式的治理领域。对失地农民而言，退出土地权利和农业生产方式并非自己主动要求和行动的结果，而主要来自政府的意志和决策。农民失地不仅仅意味着是失去土地的使用权，也同时意味着必须进入城市生活③，而这两个事件通常伴随行政强制性，农民并不具有退出城市化浪潮的选择权利。同时无论是公益性征地还是非公益性征地，政府为农村土地征收的垄断买方，形成了扭曲的价格机制，农民对于土地补偿价格的讨价还价被限制。

其次，制度选择差异化地赋予了农民的经济资源，使失地农民市民化过程中的资源携带量出现群体差异。剥夺权利的同时也是赋权的过程。一方面，目前法律未对农村房屋拆迁做出明确的规定，因此农民房屋拆迁补偿是否合理是缺少标准的。由于土地按原用途进行补偿，排除了农民对土地后续市场价值的分享。地方政府对土地的补偿定价，限制了农民集体或个人讨价还价的空间。但是另一方面，对征地的补偿，使农民获得了将土地权利进行经济交换的机会。主要由地方人民政府批准制定的安置规则和征地补偿④标准存在较大的差异，这种差异显著地存

---

① 地方政府低价出让的策略特别体现在工业用地的出让上，地方政府为了拉动地方经济和获得税收，通常以较低的价格进行出让，一些地方采取返利的方式来降低企业进入的门槛。黄小虎的一项研究发现，浙江省开发区的土地出让价格甚至不到成本价格的一半（黄小虎，2007）。

② 集体土地的产权残缺意味着农民无法充分地行使土地权利，完整产权权利中的一部分被制度化地限制。

③ 在传统社会，失去土地所有权的农民为佃农，失去使用权的农民则为雇农（仍然从事农业活动）和流民（失去从事农业活动的机会）。但无论农民是否拥有土地的所有权和使用权，他都能够继续生活在乡村中。

④ 征地补偿通常包括土地征用费和土地赔偿额两部分。前者主要包含土地的当期价值，而后者包含土地未来的预期价值和潜在价值。

在于地区之间、城市内部各行政区域之间，甚至是行政区域内部的各乡镇之间。因土地征用的获益由此加速产生了农业转移人口的阶层分化，也使城郊失地农民拥有较大差距的经济资源。

再次，制度选择产生了影响失地农民市民化路径的特殊"时间效应"。失地农民市民化的特殊性在于，土地产权的丧失和市民化的开启被压缩在相当短的时间中。由于农民向市民身份的转化需要更长的时段和条件，失地和市民身份转化上就可能存在时间差。失地农民在制度上成为城市居民的同时，并没有真正成为市民。地理空间上城市空间对于乡村空间的替代快于社会主体上市民身份对农民身份的替代，从而使地理、身份上的市民化进程快于社会文化层面的市民化。并且从现有的政策体系来看，这切断了农民失地后的市民化进程与国家政策的关联性。虽然启动了城郊农民的乡城迁移，但没有为后续的市民化提供支持性的制度环境。

以往的市民化研究在理解城郊失地农民的问题时，通常采用"被动"或"非自愿"来理解失地农民市民化的主要特点[1]，在土地流转过程中，农民被迫离开土地，并通过征地补偿安置的方式进入城市社会，意指城郊农民向市民的转化是一种欠缺能动性的过程。比如有学者将失地农民称为"被动型城市化"或"非自愿性移民"（宋全成，2009），以此来突出与农民工自发向城市跃进所不同的现实。然而，这种"主动—被动"的二元划分实际不断遭遇群体异质性的挑战。比如在进城农民工的群体中，第一代农民工自发地外出从事非农活动，但由于城乡二元体制等结构因素制约难以获得市民身份，最后回到农村。这种市民化究竟是主动的还是被动的呢？又如失地农民对于征地的意愿差异非常明显，同样很难完全用"主动—被动"来简单描述。

但可以确定的是，失地农民市民化确实在很大程度上受到制度方面的结构性制约。农业转移人口的市民化动机在与结构因素的不断互动中进行动态调整，其可能在更长的时段中表现出变化的特点。环境压力下的社会适应构成了失地农民市民化的突出问题。中央政府从全能主义中的撤退与向地方政府的放权一体两面地存在。作为制度供应主体，政府通过一系列制度安排对城市化的时间、区位、速

---

[1] 比如张海波、童星认为，剧烈的社会变迁迫使失地农民告别其熟悉的传统乡土社会而面向陌生的现代城市社会，其选择是一种自上而下的制度安排的结果，具有非自愿性（张海波 等，2006）。

度、方式、空间布局等产生重要影响。正是这一系列的制度选择，将城郊农民置于后摄性的市民化进程中，并且其中耦合了资源和机会分配上的差异和不均。① 在财政分权和地方不断追求发展利益的背景下来理解失地农民市民化，不能不看到地方政策决策上的空间差异性。

二、市场选择下的"区位饭"

资本是城市化的内在动力之一，城市化的过程说到底是各种资本要素在城乡空间中的流动和再分配过程。城市化和工业化的演进依托于大规模的土地城市化，既包括对城郊农民土地的公益性征收，也包括非公益性征收。在中国语境中，加速土地非农化进程的推力不仅来自上文所谈及的政府力量，也来自市场力量，两者强力塑造着城郊失地农民市民化的进程。

近年来，城郊土地的开发利用呈现出政府与市场主体共同构成的联合决策模式，对农村空间的选择、占有和转换构成了强有力的影响。政府与市场之间围绕土地形成了特殊的关系机制。由于政府垄断了土地一级市场，因此无论是国有资本、民营资本还是国外资本对于城市郊区的投资，其需要的土地都要从政府手中获得。土地使用权获得的形式目前主要通过政府"招拍挂"的出让，开发商支付土地使用费后来获得。土地开发规划过程中充满了各个利益主体的博弈。政府直接参与到土地市场的交换，使得政府与市场之间的关系变得十分微妙。

城市化开发中的市场选择首先是以地方政府的直接参与为发展前提的。一方面，中央向地方的"放权让利"，使地方政府在区域经济发展中具备了更多的参与权和规则制定权，导致地方政府产生"公司化"的特点（Walder，2002）。地方政府对于城市开发中的市场选择具有双面影响：一方面，地方政府作为一个经济主体参与到市场竞争中来，并在城市发展上与市场资本合作；另一方面，地方政府利用政治

---

① 以往的研究较多地将失地农民的市民化纳入"主动/被动"的判断。在本书中，笔者使用了"后摄反应"（reactive）概念来对所谓的"主动"和"被动"进行调和。以往移民研究通常根据进入的动因划分为自愿（voluntary）和被迫（forced）两种不同类型。在社会学看来，"自愿"和"被迫"可以是一个连续统。在很多时候，这两个进程是相互交织的。两者之间也可能存在中间类别，迁移者仍有一定的权利来决定是否要离开。

权力对经济剩余进行再分配,使城市的扩张和发展受到政治权力的规制,并且控制资本城市化过程中不良的社会后果。地方治理在"亲市场"的同时又表现出越来越突出的专业主义取向和服务取向,行政程序也越来越倾向制度化和法律导向。从整体来看,地方政府与市场形成的合作关系至少在以下几个方面对城郊失地农民市民化产生重要影响:

一是切断了中央政府与农民之间在市民化问题上的直接关联性,对城郊农民的市民化构成了联合决策的结构性力量。地方政府与市场构成了引发农民失地的重要推力。在征地开发过程中,地方政府获得了规则制定的权力。地方政府对于中央政府基础政策的选择性执行,确定了与开发商的合作方式,划定了城市发展的空间,并将其中的农民强力嵌入城市发展的时空结构中。改革开放以来在城市郊区上演了三次土地城市化浪潮。第一次是 20 世纪 90 年代初期的开发区建设。1993 年 3 月,中国境内县级以上的开发区达 6 000 多个,占地 1.5 万平方千米。截止到 2006 年 12 月,全国各类开发区数量达到 6 866 个(平均每个省超过 220 个)。尽管数量增加得到了控制,但规划用地面积却增加至 3.86 万平方千米(吴次芳等,2013:317)。第二次是 90 年代末城市住房改革带来的房屋建设浪潮。土地价值被释放后,政府对于推进房地产业的开发热情大增。第三次是 21 世纪初期,土地财政对地方政府扩大城市规模形成了较强的吸引力。

二是在已有的制度安排上,联合排除了农民对于土地补偿金的讨价还价可能。在城市化开发中,土地价格无法通过市场来定价而通过政府主导的市场定价来完成。黄宗智曾指出,20 世纪 90 年代中国经济快速发展的主要动力来自地方在招商引资过程中为企业提供了大力支持,包括提供低于成本的土地和配套设施、各种显性和隐性的补贴和税收优惠,并允许逃避国家劳动和环保法律的约束(黄宗智,2010)。一些基层政府招商引资中的策略主要靠压低土地价格来吸引招商引资,提升政绩。政府和市场共同选择了一种低效率的模式(吴敬琏,2012)来完成城市扩张,这一进程不断地以失地农民的利益和资源获得作为代价,失地农民极大地被排除在分享低成本城市发展的高收益之外。城郊失地农民无论从补偿条件还是安置方式上所具有的能动性被极大地限制。特别是在中国特殊的土地制度下,市场对于土地的需求只需要考虑边际私人成本,而不用考虑社会边际成本和使用效率的问题。吸引城市土地使用者的主要是由买卖土地的差价而压低的投资开发成本。

三是城市发展中的区位偏好,开发商和政府的联合决策,使城郊农民具有不均等的市民化机会和资源。城市化过程中的征地开发在空间上是一个非均衡的过程,具有显著的区位偏好。开发商用脚投票,通达性好的地区和公共资源丰富的地区成为资本青睐的目标空间。在政府的干预下,大量新增建设用地具有空间上偏好性,以匹配经济效益的获得。谁能够吃上"区位饭"? 这不仅取决于政府规划的区位设定,也取决于开发商的区位偏好。因城市土地使用价格的高涨,城郊成为吸引大量外来企业投资的更优地区。市场选择和政府选择共同构成了城郊型半城市化地区的结构性驱动力。邻近城市、受到城市辐射的影响较大的区位优势明显,其中的农民能够因区位的优势而获得更多的市民化机会和资源(土地补偿价格也较高)。同时,这种区位偏好的差异还体现在不同城市之间。比如北京主要依靠居住和服务业驱动,长三角主要依靠国内和国外投资驱动,内地主要依靠国内投资和地方市场,由此带动产业结构和就业需求的变更。城市所能带动的产业发展和产业空间布局也在不同城市间造成农民失地、市民化的机会和资源的差异。不同行政层级的城市在资源拥有量和权力支配方面亦都存在差异。城市等级与其规模的扩张存在正向的关联性。20 世纪 80 年代开始"造城运动"主要存在于个别大城市,这意味着城市等级产生了城市之间开启被动城市化的时间优先性是不同的。

在政府与市场的合作决策下,征地开发的区位偏好带来了一批因失地吃上"区位饭"的失地农民。"我们这里的农民还是很幸福的,基本上平均每人三四套房子,一眼望过去都是千万富翁啊,我要是他们笑都要笑死了,多少人羡慕哦。"(SH-AB-2015081002)"我们那里一直有消息说要拆拆拆,等了两年都没消息,现在总算要拆了呀。靠个房租每个月三四千块收入也不错啊,比我在厂里打工容易多了。"(SH-M-2017011501)"我们的房子都是三证齐全,可以在市场上自由买卖的。通过拆迁,最多的家庭能够分到 5 套房子。我们县城大概卖到一平方米 1 万多,我们这里总归 4000 多一点,我们靠近乡镇呀。"(HZ-ZX-20151127004)但是,在这场由结构性力量主导的"造城运动"中,市场选择带来的一个直接后果就是城郊农民放弃土地、开启市民化的条件和机会成本是截然不同的。区位的差异引发了失地农民市民化过程中巨大的利益和机会分化。一方面,区位本身影响到补偿差异,农地非农化主要发生在城市的边缘地带,发达地区的补偿更高。以往的经济学研究表明,发达地区的建设用地对于 GDP 的贡献率更高,产出效率要高于欠发达地区(陈江龙 等,2004)。也正是由于这一区位,所占用的耕地具有更高的产出水平,因此发达地区的失地农民一般会获得更高的征地补偿款。作为补偿,他们也成为吃"区位饭"而获利的特殊群体,享受区位效益。但是城郊失地农民能够依靠区位可能获得的利益极为不同。在中西部城市,城郊失地农民实际上难以因此真正获利。"我们这里征地也赔房子,当时好些在外面打工的人都回来了。不过我们这里经济不行,也没什么人来,房子不值钱,也租不出去。"(ZZ-NY-2015070201)另一方面,征地缘由的差异也带来补偿上的差异。尽管农民在城郊土地征收过程中进行交易谈判和获得土地级差收益的空间极为有限,但征地用途的不同造成了农民的获得存在差异。在笔者的调查中,因政府公共项目而造成的农民土地权利收回,其补偿安置的费用更低,且谈判空间更少。"我们这里是造隧道,你说怎么办?气都气死了。"(SH-M-2017011501)

三、社会选择下的集体退出

区域内土地的资源禀赋、生产力、区位等特质和功能与区域内人类活动的类型和社会组织彼此联系。在农村土地集体所有制的基础上,农民对于土地只有使用权而无所有权,"农民"作为一个成员身份,不具备直接参与经济博弈的主体资格。农民无法作为独立的市场主体参与到与土地相关的经济谈判中来。在城市化的征地拆迁中,关于农村土地所有权的分配和退出决策实际落在"集体"身上。但是,由于中国农村土地制度中"地权"的模糊性,农村土地所有者在土地未确权的情况下既不具备直接与开发商进行交易的可能,也不具备在政府和市场的开发意图下保留土地的自主权利空间。产业外移以及开发区的建设使城郊成为密集分布的产业带地区,使城郊地区的村落卷入群体性的失地中来。农村土地所有者在土地非农化的过程中虽难以作为独立的利益主体参与交换,但"集体"仍然在征地拆迁中不同程度地发挥了议价协商的功能。

在本调查的 XB 村和 NY 村,由于是整村征地,因此由村委代理形成了与政府的议价共同体,村委也确实在整个过程中通过对政府的施压和政策空间的寻求,成为制度限制范围内有效的议价主体。但是在 M 村中,情况则大为不同。由于市政项目施工所涉及的范围比较小(仅有十余户家庭需要拆迁),因此在整个过程中,村委会所扮演的角色主要是信息传递者和拆迁安置的协助者,协助由政府设立的拆迁安置工作组来处理相关事务。"他们（村干部）自己家也没有被拆到呀，就是当时拆迁办的人跑过来量房子什么的，他们陪同了一下。还有就是你如果有什么政策上的问题，也可以去问他们，别的也没什么。"（SH－M－2017011501）"你说我们这些人奇怪吧，人家村里面拆迁大家是很团结的，我们这里都是自己默默的，好像生怕你拿的比别人多。签字不要签得太快哦，一个月全签完了。"（SH－M－2017011502）

社会或集体的特征与个体行为的特征不同，带有结构效应。在退出土地权利方面，农民的自主空间多年来受到限制。在现当代的历史进程中，农民在很大程度上是缺乏"退出权"的，比如人民公社化时期缺乏"退社权"、生产队公社食堂制度的"退堂权"，土地改革以来缺乏集体土地的退出权，标示着农民与国家的关系不仅仅是想象的"共同体"对于农民个体所具有的文化意义和符号象征，也是缺权的义务主体对权威的妥协。农民不具有脱离集体的个体利益，无法将集体使用权和利益还原至个体层面，并由个体自由支配。而在征地拆迁的背景下，农民再次陷入了对自己土地使用权利支配上的被动和限制。尽管对中国农民而言，"土地"始终被作为稀缺资源来看待，其不仅是最基本的生产资料，而且是最基础的社会保障，是建构社会关系网络、形成地方社会文化身份的重要载体，但是城郊农民的土地退出在多重方面受到社会选择的影响。无论是村落内以村干部和村落精英为主体形成集体的议价团体，还是被征地农民间构成的信息网络，都对农民的个体选择产生压力。在前一种情况下，被征地农民的个体选择完全被让渡给集体，而由集体选择代替。集体选择的行使方式缺少个体的参与，主要是集体与国家的对话。在后一种情况下，被征地农民的个体选择同样受到社会压力和文化压力。"他们都签了，我怎么办？也不能一直做钉子户吧，差不多就行了。反正政府宣传的时候都说早签的人分配的房屋越好。"（SH－M－2017011503）在 M 村的拆迁过程中，补偿标准上写明了不同等级的积极奖励（分别有 8 000 元、5 000 元、3 000 元三档），政府在拆迁动员时的讲法是越早签字的人能拿到越高的奖励。村落共同体内的个体行为往往能借由本地社会网络而发展成为一种群体压力。需要看到农村共同体对于失地农民市民化的影响。笔者在 GY 村调查期间，村里正在进行拆迁。截止到 2017 年 1 月，GY 村的拆迁签约率一直未达到 60%。剩余一部分未同意拆迁的人每天在一起讨论。共同体通常不是一个整体的、整合的单位，而是一个互动的过程，是影响共同体成员日常生活的重要信息来源、参照来源。

建立在集体实践基础上的乡村社会具有一套共享的文化、认知、伦理的模式，这一模式对于农业转移人口市民化的作用始终受到忽略。在村落共同体中，不仅有共享的地理领域，也有特定的社会制度、组织和社团，重要的是具有集体行动和相互确认的身份。"集体"的主体不明以及权能不全，恰恰是"集体"在正式制度以及实践中的这种模糊性，极大地加速了农民的失地。因为这种模糊性降低了农民个体参与讨价还价的能力和意愿，降低了政府征地的政治成本和沟通成本，制造了群体压力，实际成为维持行为效率的有力保障。集体的功能游走在农民个体的保护者以及国家的代理者之间。可以看到，无论是失地农民的土地退出，还是更长远意义的市民化，都不是农民个体对经济和环境压力的原子化反应，而是嵌入于社会规范和规则之中。文化作为是一种集体的传统，决定了行动者看待世界的方式，限制了经验的局限性和边界。

第二节　城郊失地农民的市民化表现及其主体选择

在本调查中，"失地农民"在概念上被操作化为"以前是农业户口，因土地征收或农房拆迁而现在转为非农业户口或即将转为非农业户口"的人，涉及完全或部分失去土地权利且户籍已转或待转的农业转移人口。那些部分失去土地权利但仍以农业生产方式作为主要收入来源的对象不属于本调查的范围。城郊失地农民所在的社区仍然处于从农村社区到城市社区的转型过程中，一部分因正在征地拆迁或刚刚征地拆迁（如 M 村和 GY 村）但还未完成户籍转变的人口也被纳入"城郊失地农民"的范围。以下，我们将集中反映城郊失地农民的市民化表现和主体选择偏好，以及两者之间的关系。

一、城郊失地农民的基本群体特征

发展和城市化不仅带来了深刻的制度变迁，也促发了一个特殊的转型群体——失地农民。据估计，如果以 50% 预计 2030 年中国的城市化水平，那么 2000—2030 年的 30 年间失地和部分失地农民将超过 7 800 万人（韩俊，2013）。本调查在全国中东西部城市的城郊地区以失地农民安置社区为主体（另外包括两个正在征地拆迁的村）来采集失地农民的样本，共计完成1100份有效问卷。表5-2反映了1100名城郊失地农民在性别、年龄、政治面貌、受教育程度、婚姻状况方面的基本特征：

表5-2　城郊失地农民的基本群体特征

样本属性		有效数量（人）	有效百分比（%）
性别	男	574	52.2
	女	526	47.8
年龄	41～50岁	244	22.2
	51～60岁	239	21.7
	60岁及以上	216	19.6
	21～30岁	195	17.7
	31～40岁	184	16.7
	16～20岁	22	2.0
政治面貌	群众	890	80.9
	中共党员	112	10.2
	共青团员	95	8.6
	民主党派人士	3	0.3
受教育程度	初中	382	34.7
	小学及以下	268	24.4
	高中（中专或技校）	199	18.1
	大专	138	12.5
	大学本科及以上	113	10.3
婚姻状况	已婚	900	81.8
	未婚	113	10.3
	丧偶	53	4.8
	离异	20	1.8
	再婚	14	1.3

（一）性别

1100 名城郊失地农民的性别比为 109.13∶100,男性失地农民多于女性失地农民,这一性别比略高于国家统计局公布的全国男女性别比 105.21∶100。

（二）年龄

其中最小年龄为 17 岁,最大年龄为 86 岁,平均年龄为 46.96 岁(标准差=15.285)。50％的被访者年龄集中在 33～59 岁,样本主要是一个以中青年为年龄特征的群体。

（三）政治面貌

有 890 名为“群众”,占到失地农民总人数的 80.9％;有 112 名被访者为“中共党员”,占失地农民总人数的 10.2％,党员比例高于 2017 年中组部统计的全国党员比例(约 6.3％)(中共中央组织部,2017)。相较而言,“共青团员”和“民主党派人士”的比例较少,分别占到失地农民总人数的 8.6％和 0.3％。

（四）受教育程度

有接近六成(59.1％)的失地农民受教育程度为初中以下,具有大专及以上学历的失地农民人数占到了 22.8％,这一比例高于《中国统计年鉴 2014》中 6 岁以上人口接受大专及以上教育的全国比例(11.3％)。与进城农民工群体比较,可以发现,失地农民在受教育程度方面整体优于进城农民工,特别在接受高等教育的比例方面。

（五）婚姻状况

有 81.8％的被访者目前的婚姻状况为“已婚”,10.3％为“未婚”,其他婚姻状况(包括丧偶、离异、再婚)的比例较少,分别占到失地农民总人数的 4.8％、1.8％和 1.3％。

（六）非农户口的获得时间

在非农户口获得的时间方面,超过一半的人获得非农户口的时间已经超过 10 年。7～10 年的被访者比例为 17.1％;4～6 年的比例为 5.5％,3 年以下的比例为 23.9％(参见表 5-3)。

表 5 - 3   城郊失地农民获得非农户口的时间

	时间	频率(人)	百分比(%)	有效百分比(%)
有效	10 年以上	589	53.5	53.5
	7～10 年	188	17.1	17.1
	不足 1 年	144	13.1	13.1
	1～3 年	119	10.8	10.8
	4～6 年	60	5.5	5.5
	总计	1 100	100.0	

从城郊失地农民的基本人口特征来看,这一群体整体表现出年轻化的年龄特点,人力资本和政治资本无论相比全国平均水平还是相比进城农民工而言都具有一定优势。特别在非农户口的获得方面,城郊失地农民在土地被征收后获得了制度化的市民身份,在城市权利和资源的接近性上要优于进城农民工和居村农民。

二、城郊失地农民的市民化表现

从广义来说,农业转移人口市民化涉及社会基本结构的转型,它同时包含横向(水平)和纵向(垂直)两个方面。从横向来看,市民化意味着人们从较小的农村社区进入较大的非农业社区,其涉及地理空间上的横向移动;从纵向来看,市民化亦包括生产方式、收入水平、生活方式、权利获得、社会文化角色等方面的变革,其涉及社会经济维度上的纵向移动。① 以下,主要通过经济参与、权利与城市福利获得、社会文化融入以及心理角色转型四个方面来分析城郊失地农民在市民化过程中在不同维度上表现出的社会流动性。

(一) 城郊失地农民的经济参与状况

研究发现,无业待业现象大比例存在,且劳动力人力资本整体较弱。社会保障收入和房屋出租成为替代性的收入来源。

---

① 从这一意义来说,"市民化"议题往往超越人口迁移或流动,而延伸至社会流动和阶层整合的问题。

表5-4考察了城郊失地农民当前的职业身份。在这里,"主要职业身份"指获得个人主要收入来源的职业身份。在这一变量上,共计获得了1 098次有效回答(缺失2)。从表中可以看到:20.5%的失地农民目前的就业状况为"无业或待业",这构成了失地农民中比例最大的就业类型。在这一点上,与同样选择"无业或待业"的进城农民工和失地农民的实际就业状况有所不同。对本调查中225名"无业或待业"的失地农民进一步分析,可以看到:其中58.2%的无业或待业者为女性,年龄主要集中在36～60岁,并且有53.6%失业或待业的失地农民的主要收入依靠房屋出租和社会保障收入。

表5-4　城郊失地农民的主要职业身份

职业身份		频率(人)	百分比(%)	有效百分比(%)
有效	居委会或村委会干部	64	5.8	5.8
	专业技术人员	63	5.7	5.7
	个体户或私营企业主	177	16.1	16.1
	现代种植养殖业人员	30	2.7	2.7
	政府或事业单位工作人员	53	4.8	4.8
	企业正式职工	191	17.4	17.4
	离退休人员	208	18.9	18.9
	无业或待业人员	225	20.5	20.5
	其他人员	87	7.9	7.9
缺失		2	0.2	
	总计	1 100	100.0	

在正式就业的失地农民中,有17.4%的失地农民为"企业正式职工",16.1%为"个体户或私营企业主",5.7%为"专业技术人员",还有5.8%和4.8%分别为"居委会或村委会干部"和"政府或事业单位工作人员"。从整体来看,失地农民职业的非农化程度也非常高。除了有2.7%的失地农民目前从事现代种植养殖行业,绝大部分失地农民不再以农业收入作为自己的主要收入来源。从其职业身份的获得情况来看,失地农民的就业主要流向是成为"企业正式职工",或者成为"个体户或私营企业主"。

失地农民参加职业技术培训以及拥有职业技能证书的情况也不是很理想。超过六成(65.5%)的失地农民从未参加过任何职业技术培训,这一比例高于进城农民工(55.6%)。多次参加(参与次数多于4次)职业技术培训的人数仅占失地农民总人数的12.1%(参见表5-5)。仅有26.9%的被访者表示拥有职业技能证书。可见,失地农民在整体上呈现出较低的专业技术程度、高失业待业率的特点,并且用以职业素质提升的资源获得相对有限。在1100位失地农民中,依靠政府安置来解决就业的仅占失地农民总人数的8.6%。依靠私人社会网络介绍而找到工作的人数占11.0%。大部分就业主要依靠自谋职业。

表5-5　城郊失地农民参加职业技术培训的次数

	培训次数	频率(人)	百分比(%)	有效百分比(%)
有效	从未参加过	720	65.5	65.6
	1次	112	10.2	10.2
	2~3次	133	12.1	12.1
	4~5次	73	6.6	6.6
	6次及以上	60	5.5	5.5
缺失		2	0.2	
	总计	1100	100.0	

在1100名城郊失地农民中,"个人月收入"变量共获得了1061次有效回答(缺失39)。其中,失地农民个人月收入的最大值为120000元,最小值为0元,从个人月收入的分布来看,存在巨大的内部差距。经计算(参见图5-1),个人月收入的平均值为4028.97元(标准差=10000.87),样本的收入中位数为2500元。50%的被访者收入集中在1400~3500元。与《中国统计年鉴2016》中的人均可支配收入相比,本调查中的城郊失地农民的个人月收入高于全国居民人均收入水平,低于城镇职工平均收入水平。[①] 进一步地,如果将其折算为个人年收入,并按照样本的城市来源与所在城市的职工平均收入进行比较,我们发现:仅就个人收入而言,除中部地区的调查点(长沙、株洲)外,其他所有城市的失地农民收入皆低于城市职工平

_____

① 根据《中国统计年鉴2016》的相关数据,2015年全国居民人均可支配收入21966.2元,月人均可支配收入1833元。城镇职工平均收入62029元,月平均工资5169.1元(中华人民共和国国家统计局,2016a)。

均收入。失地农民个人收入与城市职工平均工资差距最大的地区为西部地区,超大城市(直辖市和特区)的差距较小。相较而言,超大城市的失地农民更具有房价和需求上的优势来以此作为生计进行就业收入的弥补。

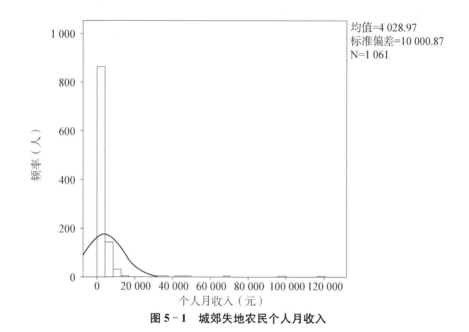

图 5-1　城郊失地农民个人月收入

表 5-6　城郊失地农民与所在城市职工年均收入比较

城市	样本年收入均值(元)	2015 年城市职工平均收入(元)
无锡(江阴市)	30 000.00(一)	58 127
苏州(吴江区)	30 720.00(一)	63 241
深圳	69 900.00(一)	81 036
上海	49 875.17(一)	71 268
天津	47 458.06(一)	59 328
湖州(德清县)	29 641.28(一)	61 201
长沙	90 771.43(+)	53 889
株洲	93 616.36(+)	57 588
西安	11 541.98(一)	63 193
兰州	13 395.92(一)	50 678

同样地,城郊失地农民的个体收入状况并非与其家庭整体的经济状况完全等同。失地农民的经济收入是拉升了家庭经济状况,还是由其他家庭成员弥补?我们将视线从外出劳动力个人的收入状况转向其家庭总收入的状况。根据本调查样本的个人收入及家庭收入情况,按照城市进行考察,无锡(江阴市)、上海、天津的进城农民工的收入构成家庭收入的主力。以无锡(江阴市)为例,假如进城农民工收入1元钱,则家庭总收入7.65元,这意味着其他家庭成员或者来自家庭其他收入的总和为6.65元。可以看到,在深圳、上海、天津、长沙、株洲,失地农民的个体收入构成家庭收入的主力(参见表5-7)。

表5-7 城郊失地农民家庭收入与个人年收入比值

城市	样本家庭年收入均值(元)	家庭收入与个人收入比
无锡(江阴市)	229 666.67	7.65
苏州(吴江区)	92 000.00	2.99
深圳	117 120.00	1.68
上海	92 902.05	1.86
天津	69 090.91	1.46
湖州(德清县)	76 694.21	2.59
长沙	44 785.71	0.49
株洲	148 363.64	1.58
西安	30 152.29	2.61
兰州	29 468.37	2.20

表5-8 城郊失地农民的收入来源

收入来源	响应次数	百分比(%)	个案百分比(%)
农业产出	29	2.0	2.6
出租房屋	243	16.5	22.1
社会保障收入	291	19.8	26.5
打工	229	15.5	20.8
正式单位工资收入	339	23.0	30.8
集体资产分红	47	3.2	4.3

收入来源	响应次数	百分比(%)	个案百分比(%)
土地补偿金	13	0.9	1.2
股票等证券收入	48	3.3	4.4
经营性收入	120	8.1	10.9
无收入	93	6.2	8.5
其他	22	1.5	2.0
总计	1 474	100.0	134.1

注:此题为多项选择题。

在收入来源变量上,1 100名失地农民共计给出了1 474次响应。城郊失地农民的收入来源主要是"正式单位工资收入"(30.8%)、"社会保障收入"(26.5%)以及"出租房屋"(22.1%)。与进城农民工不同的是,失地农民在城市化过程中由于被征收了土地,换来了房屋不动产和保障性的收入。除此之外,有20.8%的失地农民选择"打工"。相对而言,"土地补偿金""经营性收入""股票等证券收入"等作为失地农民主要收入来源的比重非常小。"集体资产分红"作为主要收入来源的仅有4.3%。

(二) 城郊失地农民的权利与城市福利获得状况

研究表明,城郊失地农民对市民权利与城市福利具有不断充分的可及性,福利获得的时空差异明显。

《中华人民共和国物权法》第四十二条、《土地管理法实施条例》第二十六条、《劳动和社会保障部关于做好被征地农民就业培训和社会保障工作指导意见的通知》《关于规范国有土地使用权出让收支管理的通知》《关于切实做好被征地农民社会保障工作有关问题的通知》等都对安置补助费用于支付失地农民的保障费用做了相关规定。与此同时,做好失地农民的就业培训和后续的社会保障是征地制度改革的重要部分,制度目标是使失地农民不因失地而生活水平下降。后摄性地被卷入城市开发的宏观进程中,城郊失地农民完全或部分地丧失了土地权利,那么城郊失地农民的权利与城市福利获得情况究竟如何呢? 本调查中绝大部分失地农民已经发生了户籍身份上的转变,在日常生活中其能否充分获取到权利与城市福利呢?

表5-9 城郊失地农民的社会保障状况

社会保障情况	响应次数	百分比(%)	个案百分比(%)
城镇职工保障	388	28.2	35.6
城镇居民保障	312	22.6	28.7
新型农村社会养老保险	157	11.4	14.4
新型农村合作医疗保险	159	11.5	14.6
商业保险	198	14.4	18.2
无任何保障	62	4.5	5.7
其他	102	7.4	9.4
总计	1 378	100.0	126.6

注:此题为多项选择题。

社会保障作为调节收入的再分配手段,是影响农业转移人口实际收入的重要因素,也是降低农业转移人口城市进入中市场风险的重要制度安排。在有关失地农民社会保障情况的提问中,1 100名被访者共计做出了1 378次响应。可以看到,由于失地农民在户籍上发生了转变,超过六成的失地农民表示自己已经进入到城市社会保障体系中来。有29.0%的失地农民表示自己的社会保障拥有仍然停留在农村福利体系之中。另外有5.7%的失地农民表示自己"无任何保障"。尽管我国各地出台了失地农民社会保障制度来保障失地农民的权益。但是从失地农民社会保障金的筹资方面,主要实行政府、集体、个人共同出资。即使政策上的补助到位,农民也可能出现不愿意缴纳社保或无力参保的问题。特别是在被征地时男性年龄未满60周岁、女性年龄未满55周岁的情况,一次性缴满15年的养老保险费对失地农民而言是一笔不小的费用。在这一方面,就可能因为土地补偿价格的差异而直接对后续进入城市社会保障体系产生影响。土地补偿款获得较少的失地农民存在进入城市社会保障体系的较大障碍。对失地农民中未进入城市社会保障体系的对象(共291人)进一步分析,发现其中超过75%的人至少是7年前因失地而转为非农业户口的,也就是说主要涉及一批在21世纪初期征地的人口。同时,还存在16.2%(47人)未进入城市社会保障体系的失地农民,这是因为我们的调查时间正好处于该调查社区安置转型的过渡期,参保事宜尚在推进中。

在城市空间中,基层社区作为城市空间的基本单元和重要组成部分,是农业转移人口行使正式权利的主要场所之一。从失地农民参与村居委选举的情况来看，明确表示"这是我的权利，当然会考虑参加"的人数仅占 36.8%，36.9%的失地农民表示"与我无关，不参加"，17.3%的人表示"有点犹豫，看情况再说"。

表 5-10 城郊失地农民参与居委会选举情况

参与居委会选举情况	频率(人)	百分比(%)	有效百分比(%)
这是我的权利，当然会考虑参加	405	36.8	36.8
有点犹豫，看情况再说	190	17.3	17.3
与我无关，不参加	406	36.9	36.9
其他	99	9.0	9.0
总计	1 100	100.0	100.0

征地意味着权利福利获取方式的变更，也意味着开始进入政策安置的范围，从而在市民化方面具有群体上的制度优势。然而，在地方语境中，城郊失地农民在城市福利的获得方面仍然存在明显的时空差异，并强烈地受到制度选择的影响。以NY村为例，其所在的株洲市(县)印发了一张关于认定"被征地农民"及其补偿标准的政策宣传单。其中，对于"被征地农民"在政策上具有明确的时间和耕地面积上的标准，特指"2009年1月1日以后，因国家依法征收或征用农民集体所有土地，而导致以组为单位人均耕地面积小于0.3亩，且在征地时依法享有农村集体土地承包权的在册农业人口"。同样被征地，以2009年1月1日为界，之前征地和之后征地的农民分别对应不同的生活保障政策，享受有差别的征地农民基本生活保障。具体来说，2009年1月1日以前的征地农民适用《株洲县历史上被征地农民[①]基本生活保障试行办法》(株县政办发〔2011〕62号)，2009年1月1日以后的征地农民适用《株洲县被征地农民基本生活保障试行办法》(株县政办发〔2011〕61号)。而两项政策的主要差别在于2009年1月1日后"被征地农民"可以享受养老保险补贴或生活补助费、医疗保险补贴和就业服务，而"历史上被征地农民"只能享受养老

---

① 根据株洲县政府的相关规定，"历史上被征地农民"是指1985年1月1日至2008年12月31日期间因国家依法征收或征用农民集体所有土地，而导致以组为单位人均耕地面积小于0.3亩，且在征地时依法享有农村集体土地承包权的在册农业人口(含失地已转城的安置人员)。

保险补贴或生活补助费。参加职工基本养老保险的,个人缴纳40%。① 那么失地保障金从何而来? 株洲的政策是国家、集体和个人共同担负。其主要有两个经济上的来源:一个是新增建设用地按每平方米60元收取被征地农民社会保障费(县政府基础设施和园区工业建设用地仍按每平方米20元的标准);另一个是2011年10月1日以来征收的被征土地25%土地补偿费。另根据株洲县的规定,"未缴足两项费用的,暂不享受失地保障待遇"。可见,即使在一个县级市内,城郊失地农民的社会保障待遇也可能存在制度化上的差异。同样作为城郊失地农民,其实际在权利与城市福利的获得中也存在制度化的分割和进入的不同门槛。

(三) 城郊失地农民的社会文化融入状况

研究发现,城郊失地农民的居住以自有住房为主,接近五分之一的失地农民进入城市商品房社区生活。在安置社区,社会交往与文化观念在新社会空间形成复制与再造。社会文化融入涉及失地农民在居住、生活方式、社会交往、文化观念等方面与城市社会的接近性和融合性。

1. 失地农民的居住情况

家庭户规模主要集中在3~5人,住房类型以征地补偿房和自购商品房为主,接近一半的失地农民家庭人均住房面积高于全国平均水平。

住房是社会成员生活的主要空间,也是其享受城市文明和各项发展成果的空间基础。在农业转移人口向城镇转移的过程中,最重要且最需要得到解决的首要问题就是住房。在本调查的1 100名城郊失地农民中,平均家庭常住人口数量为3.91(标准差=1.341)。最大值为9人,最小值为1人。有50%的失地农民家庭户规模集中在3~5人。平均家庭户规模大于国家统计局公布的全国平均家庭户规模(2.98人)。在住房类型上,本调查的失地农民在现有住房类型上主要以"征地补偿房"为主,这部分人占到失地农民总人数的56.9%。19.0%的失地农民在城市购置了商品房。同时,16.3%的失地农民目前住房仍然是"宅基地建房"。相对

---

① 具体的标准为:被征地农民(年满16岁)可参加职工养老保险并给予最多不超过15年的补贴,无力缴纳者,年满60岁后可给予基本生活补助费每月145元。历史上被征地农民(年满16周岁)可参加职工养老保险并给予最多不超过8年的补贴,无力缴纳者,年满60岁后可给予基本生活补助费每月100元。

而言,"租房""单位(学校)宿舍或公寓"或"亲戚朋友家的住房"在失地农民中的比例相当少(参见表5-11)。绝大多数失地农民目前的住房为自有住房,这一点与进城农民工有较大的不同。在住房面积上,统计结果显示,1 100名失地农民的平均家庭住房面积为167.54平方米。50%的失地农民家庭人均住房面积集中在24~47平方米。根据《中国民生发展报告2013》,中国家庭人均住房面积为30平方米(谢宇 等,2013)。而在本调查中,有494位(约占45%)失地农民家庭人均住房面积超全国平均水平。"我们这里基本上每家人至少是三四套房子,光靠点房租也不得了啊,比种地来钱容易多了。"(SH-AB-2015081002)尤其在发达地区,住房不动产逐渐成为影响失地农民的重要生计和市民化资源,也是相对于农民工和居村农民而言的优势资源。

表5-11 城郊失地农民的住房状况

住房类型	频率(人)	百分比(%)	有效百分比(%)
宅基地建房	179	16.3	16.3
自购商品房	209	19.0	19.0
征地补偿房	626	56.9	56.9
租房	66	6.0	6.0
单位(学校)的宿舍或公寓	5	0.5	0.5
亲戚朋友家的住房	6	0.5	0.5
其他	9	0.8	0.8
总计	1 100	100.0	100.0

2. 城郊失地农民的生活方式

城郊失地农民的消费、闲暇等日常生活状态仍然较多地延续农村生活。文化观念在新社会空间形成复制与再造。

从消费方式来看,城郊失地农民的家庭支出主要偏向于日常生活的基本消费、教育支出和医疗支出。本调查中的1 100名失地农民对"除了每日三餐以外的家庭主要支出"这一变量的15个选项共计给出了2 838次响应。其中,响应人数比例较高的前五项家庭开支为"水电煤等"(49.8%)、"子女教育"(37.6%)、"医疗"(31.1%)、"人情往来"(29.8%),以及"通信(手机、网络)"(26.8%)(参见表5-

12)。相对而言,用于农业转移人口自身的发展资料消费和享受资料消费方面的支出较少。除基本生活和基本福利方面的支出外,人情往来的开支在失地农民群体中亦十分明显。在本调查的安置社区中,仍然有许多原有的生活方式在新的社会空间中被延续下来,比如失地农民经常将新社区内的公共绿化铲走种上蔬菜,在公共安全门上拴上绳子挂上需翻晒的食物,在楼道前的空地喂养鸡鸭等。这种现象广泛地出现在调查中的各个失地农民安置社区中。不仅社区内部公共空间被用于私用,社区周边的闲置空地也经常出现被私用的情况。

表 5-12　城郊失地农民的消费支出状况

消费支出类型	响应次数	百分比(%)	个案百分比(%)
交通	242	8.5	22.1
通信(手机、网络)	294	10.4	26.8
水电煤等	546	19.2	49.8
物业费	97	3.4	8.8
住房	83	2.9	7.6
子女教育	413	14.6	37.6
人情往来	327	11.5	29.8
参加培训等	26	0.9	2.4
医疗	341	12.0	31.1
买衣服	98	3.5	8.9
文化娱乐活动	64	2.3	5.8
兴趣爱好	98	3.5	8.9
赡养老人	138	4.9	12.6
没什么花费	45	1.6	4.1
其他	26	0.9	2.4
总计	2 838	100.0	258.7

注:此题为多项选择题。

对城郊失地农民闲暇情况的调查,1 100 名失地农民在"空闲时间的打发方式"变量的 12 个选项上共计给出了 2 630 次响应。其中,响应人数比例较高的前三项闲暇安排方式分别为:"听广播、看电视"(65.3%)、"聊天"(40.3%),以及"打牌搓麻将"(25.2%)(参见表5-13)。总体来看,农业转移人口在闲暇安排上呈现出信息获取、消遣娱乐以及社会交往的偏好。从社区层面来看,失地农民的闲暇安排表现出地方性的差异,比如在中部地区,失地农民安置社区的公共空间经常聚集着许多人,这里开了一些茶馆和麻将馆,相比东部地区的安置社区,这里更能看到平日人口的聚集。

表5-13 城郊失地农民的闲暇活动情况

闲暇活动	响应次数	百分比(%)	个案百分比(%)
听广播、看电视	716	27.2	65.3
看报纸、图书	236	9.0	21.5
聊天	442	16.8	40.3
打牌搓麻将	276	10.5	25.2
睡觉	174	6.6	15.9
参加文体活动	220	8.4	20.1
参加公益活动或志愿服务	65	2.5	5.9
参加宗教活动	20	0.8	1.8
参加职业技能培训	61	2.3	5.6
玩游戏	77	2.9	7.0
上网	271	10.3	24.7
其他	72	2.7	6.6
总计	2 630	100.0	240.1

注:此题为多项选择题。

3. 城郊失地农民的社会交往

城郊失地农民的社会交往边界开始拓展,但与市民的交往程度仍然较低,原村落的社会交往在一定程度上被保留下来。

社会交往属于现实的社会行为范畴,与纯粹客观的社会位置不同,是社会结构和社会心理相结合的结果。从这一意义来说,社会交往反映的是社会成员之间的互动与接近。从目前失地农民的社会交往情况来看,城郊失地农民的主要交往对象是"家人""朋友"和"亲戚",在1 100位失地农民中分别有77.4%,40.2%和

38.3%的比例选择这三个选项(参见表5-14)。与进城农民工有所不同的是,基于趣缘的朋友交往在失地农民中开始占据主导地位,失地农民的社会交往突破了亲缘和业缘而扩展到更广泛的层面。

表5-14　城郊失地农民的社会交往对象

交往对象	响应次数	百分比(%)	个案百分比(%)
家人	851	30.4	77.4
亲戚	421	15.0	38.3
同事	363	13.0	33.0
同学	175	6.2	15.9
朋友	442	15.8	40.2
邻居	316	11.3	28.7
原村里人	210	7.5	19.1
其他市民	20	0.7	1.8
其他	4	0.1	0.4
总计	2 802	100.0	254.8

注:此题为多项选择题。

在"人际交往范围"方面,本调查的1 100位城郊失地农民中有28.3%的人表示人际交往范围"非常广泛"或"比较广泛",认为自己人际交往"不太广泛"或"很不广泛"的占20.1%(参见表5-15)。具体到城郊失地农民与其他市民的交往,尽管已经获得了非农业户口,失地农民与其他市民的交往仍然比较有限。在1 100位失地农民中,表示与其他市民"交往很多"或是"交往较多"的比例仅为34.9%。有接近六成的(59.5%)的失地农民表示"交往较少"或"交往很少",甚至有5.7%的失地农民表示"从不交往"(参见表5-16)。可见,失地农民的社会交往突破了业缘和亲缘,但在与城市社会的交往融合上仍然不充分。"我们很少去上海。"(SH-Z-2015042001)一位上海浦东的征地农民以这样的形容来表述自己所在社区与城市的心理距离。进一步将城郊失地农民获得非农业户籍的时间与其他市民交往的程度进行相关分析,可以发现,两者间存在统计上的弱相关关系(Spearman=0.068,P<0.05),即获得非农业户籍的时间越长,与其他市民的交往更加频繁(参见表5-17)。

表 5 - 15　城郊失地农民的人际交往范围

交往范围	有效百分比(%)
非常广泛	4.0
比较广泛	24.3
一般	51.6
不太广泛	15.8
很不广泛	4.3
总计	100.0

表 5 - 16　城郊失地农民与市民的交往情况

	交往频率	频率(人)	百分比(%)	有效百分比(%)
有效	交往很多	38	3.5	3.5
	交往较多	338	30.7	31.4
	交往较少	417	37.9	38.7
	交往很少	224	20.4	20.8
	从不交往	61	5.5	5.7
缺失		22	2.0	
总计		1 100	100.0	

表 5 - 17　城郊失地农民获得非农户口的时间及其与市民交往情况　交叉制表

获得非农业户口的时间	与其他城市居民的交往情况(%)					总计
	交往很多	交往较多	交往较少	交往很少	从不交往	
不足 1 年	1.4	21.1	50.7	21.1	5.6	100.0
1～3 年	4.4	22.8	53.5	13.2	6.1	100.0
4～6 年	1.7	46.7	30.0	18.3	3.3	100.0
7～10 年	3.2	29.8	32.4	27.7	6.9	100.0
10 年以上	4.2	34.5	35.7	20.2	5.4	100.0
总计	3.5	31.4	38.7	20.8	5.7	100.0

注:$Chi^2=43.328$，$P<0.05$，少于 20% 的单元格期望计数少于 5。

但是,城郊失地农民获得这种递增关系非常弱。城郊失地农民在居住安置上存在整村安置和分散安置两种情况。本调查中的安置社区多为分散安置,其中包含来自多地的失地农民。整体而言,本调查的1100名城郊失地农民对目前的邻里关系是比较满意的。相比原来社区的邻里关系,有19.4%的失地农民表示"比以前疏远了",20.5%的失地农民表示"比以前和睦",42.3%的失地农民表示"跟以前差不多"。居住方式的转换对于社区关系既可能带来修复也可能带来新的冲突。征地拆迁安置是否必然会带来社会网络的中断和社会资本的丧失?笔者更多地看到失地农民对原有社会关系的保留和主动再造。城郊农民房屋拆迁补偿方法多见于以房屋置换的方式实行面积补偿,这就带来了家庭居住模式小型化的趋势,也带来了社会关系,特别是家庭关系和社区关系的改变。空间成为再造失地农民社会关系的新条件。"我感觉拆迁是有两面性的。一方面空间没有以前大了,家里干个什么都不方便,而且邻里之间的走动也不像以前那么方便了。像那些孤寡老人就很可怜,原来左邻右里还可以照应着。"(JS-HY-2015081802)

(四) 城郊失地农民的心理角色转型状况

农业转移人口与市民群体之间的心理融合和角色转变是市民化不可忽视的内在进程。调研结果显示,城郊失地农民工在心理角色转型上出现了角色归属模糊与主动的心理角色保留的现象。

表 5-18　城郊失地农民的角色归属

角色归属	频率(人)	百分比(%)	有效百分比(%)
市民	331	30.1	30.1
农民	279	25.4	25.4
说不清楚,介于两者之间	299	27.2	27.2
没想过这个问题	191	17.4	17.4
总计	1100	100.0	100.0

在我国城市扩张的背景下,农业转移人口的市民化往往表现为一种由政府主导的自上而下的运动,其最大的特点就是明确规划、大批转移和迅速推进。然而,这种自上而下的市民化规划却在现实中带来了大量未预期后果,其中最为严重的

就是在中观层面极大地破坏了失地农民原有的社会关系网络,造成了其在快速变迁中身份归属的模糊。虽然失地农民或在职业上,或在地域上,或在户籍身份上发生了市民化的转型,然而在自我身份归属究竟是"农民"还是"市民"上他们的看法仍然比较模糊。统计结果显示,在本调查的1100名失地农民中,仅有30.1%的人认为自己是"市民",有25.4%的人认为自己是"农民",有27.2%的人认为"说不清楚,介于两者之间",还有17.4%的人表示"没想过这个问题"。农业转移人口在由"农民"向"市民"的转型中,旧的身份归属被打破,而新的身份归属未能建立。

目前学术界对于失地农民市民化现状的主要观察结果是:经济收入低,社会保障衔接和转换滞后,相对剥夺感强烈,非农化意愿较弱,未来生活预期不明朗等。在本调查中,当被问及自己与其他市民之间的主要区别时,1100名城郊失地农民共计给出1953次响应,其中选择的比例较高的选项为"收入水平"(35.2%)、"社会保障与福利"(32.3%)。与进城农民工不同的是,"没有什么区别"进入失地农民选项中的前三项,有20.8%的人认为自己和市民没有什么区别。可见,在失地农民的感知中对于自己与市民的待遇区别和不平等感在不断缩小。

三、城郊失地农民的市民化意愿与选择偏好

在移民研究中,被动迁移因其特殊性而被认为无法套用主动迁移的相关研究结论。"被动移民"主要包括难民的国际迁移,以及国内因冲突、自然或环境灾害、饥荒及发展项目离开家园的人。虽然对象十分广泛,但其最主要的特点是迁移动机的外部引致性。然而,即便在最具限制性的环境下,失地农民在离开家园的过程中仍然是充满主动性的。城郊失地的市民化促使我们去理解在限制性的迁移背景下的行动者角色——在结构限制中的行动者究竟仍然是否有积极的面向?我们需要知道的是,失地农民自己是如何看待农民转变为市民的,是如何看待城市和农村的,又是如何在后摄性的身份转化中进行行为选择的。这种主体的视角在很大程度上影响市民化选择。社会设置、制度结构、劳动力市场、家庭与社会网络、文化传统,以及农业转移人口的个体特征是如何影响他们的看法和偏好的。

(一)失地农民对经济参与的意愿与选择偏好

对于城市开发中的"区位饭",城郊失地农民吃得大多喜忧参半。城市扩张是

破坏性,甚至是分裂性的,但是同时也是机会释放的过程。基于政府和市场对区位经济效益的偏好,"区位"本身使一部分农业转移人口快速地完成了权利和城市福利上的"农转非",城郊失地农民进入到全新的制度身份之中。但从实际的经济收益来看,城郊失地农民在城市发展中的收益具有显著的差异性,并没有让所有的失地农民都满意。

在权利和城市福利获得之外,市民化涉及多维度内涵。从经济参与来看,尽管本调查中绝大部分城郊失地农民在权利和城市福利方面已经有了较强的获得性,但在劳动力市场的参与方面仍然出现了严重的失业和待业现象。客观地说,由于征地拆迁对郊区农民而言具有不确定性,许多中年农民面临突然被抛出土地、抛出农民的人生事件,受教育水平、城市工作经历的有限以及城市社会资本的缺乏使其在劳动力市场的进入上面临阻隔。在失地农民看来,影响求职最重要的因素是"社会关系"(26.8%)。22.4%的被访者认为是"学历",22.0%的被访者选择"专业技能",而这些恰好是失地农民认为自己缺乏的。

进一步,笔者将受教育程度、性别、年龄与失地农民认为影响求职最重要的因素进行交叉分析,得出以下三个结论:第一,在教育程度与影响求职最重要因素的交叉制表中发现,认为学历和专业技能在就业中更重要的失地农民有两类:一类是受教育程度较高的失地农民;另一类是受教育程度最低的失地农民(小学及以下)。而个人受教育程度为初高中的失地农民则认同社会关系的重要性。经过卡方检验,Chi² = 122.318,P<0.5,具有统计上显著的相关性。第二,在性别与影响求职最重要因素的交叉制表中发现,男性失地农民有更大的比例认为社会关系在就业中最重要,而女性失地农民则有更大的比例认为学历在就业中最重要。经过卡方检验,Chi² = 122.318,P<0.5,具有统计上显著的相关性。第三,在年龄组与影响求职最重要因素的交叉制表中发现,中老年失地农民更加偏向于认为在就业中学历和吃苦耐劳非常重要,而年轻的失地农民更偏向于认同技能和社会关系的重要性。经过卡方检验,Chi² = 162.176,P<0.5,具有统计上显著的相关性。

除了对自身较低文化水平的归因,城郊失地农民也表现出就业意愿的缺乏。为什么在无业或待业的状况下不选择外出工作? 失地农民的思想观念和自身性格成为其主动拒绝参与劳动力市场的重要原因。"以前我们父母这辈都是搞养殖的,现在拆迁后父母的学历又不高,工作就成问题了。基本上这一辈的人都是这个问题,所以也不怎么想着出去工作了。"(JS-HY-2015081801)"像我们这样的,要文化没文化,要本事没本事,出去谁要呀?不过我们也真的吃不了苦,像那些农民工干的脏活累活,说实话我们没面子去做,也确实受不了。"(SH－Z－2015042001)。一方面,失地农民对自身的人力资本水平以及能够进入的行业和部门多有明确的认知;另一方面,城郊失地农民具有一种相对的身份优势感,认为"与农民工去抢饭碗是一件很丢脸的事情"(SH－Z－2015042001)。

当然,城郊失地农民当中相当一部分人不愿意进入劳动力市场的原因,除了客观上人力资本的限制,还有就是生计来源的替代性。相当一部分失地农民目前以社会保障收入和出租房屋为主要生计来源。"我经常听我妈说隔壁的、隔壁隔壁的、前面一排的谁谁谁又出去赌博了,还输了一百多万。他们就是闲的,也没个正经工作,父母就卖征地补偿的房子给他们还债。"(JS－CY－2017032801)在失地农民集中安置的社区,经常听到有人在土地变成现实资本折现后挥霍家产或过度消费的故事。"我们马上要安置的那个小区,房价不行,卖也卖不掉。就是社区环境太差,都是些各个地方拆迁过来的乱七八糟的人。"(SH－M－2017011502)

(二)失地农民对权利与城市福利获取的意愿与选择偏好

笔者在访谈中发现,社会选择下的集体退出并不完全遵从经济理性的逻辑,同时受到来自集体的影响,城郊失地农民对于土地和农村的退出主要是以集体退出的方式来完成的。为什么在个体理性的基础上(如果我们采用理性选择留念的视角)会形成具有制约性的共同体规则?显然,在遭遇集体行动或社会团结的问题时,理性主义理论尤其容易遭遇理论解释的难题。

在被强力推出土地和农村的问题上,城郊失地农民普遍表现出"后摄性"行为模式和选择偏好。在被突然告知征地拆迁的情况下,失地农民个人和家庭显然是未有准备的。家庭普遍通过家庭会议、与其他村民讨论、向村干部打听等方式来动态确立自己市民化的意愿并做出下一步的行为决策。个人的市民化意愿经由家庭集中,最后成为在群体层面构成政策驱使下"后摄性"的土地退出。之所以没有用"被动",是因为恰恰在从知晓征地拆迁到最后签订退出文件期间失地农民并不是机械的被动主体,而是充满策略的、在有限的空间中为个人及家庭争取流动机会和资源的能动主体。在不同的社区,失地农民对于权利和城市福利获得的意愿表现出较大的差异性,在社区内部也存在差异性。笔者在访谈中追问了访谈者在签订退出条款的过程中哪些人较为积极,更有退出的意愿,哪些人更有留村意愿。从本调查的几个安置社区和正在经历征地拆迁的两个村落的情况来看,对于市民化更具有意愿的人集中地出现在两类失地农民身上:一类是因征地拆迁可以获得较高比较收益的个人或家庭;另一类则是长期与土地和农村疏离的个人或家庭。而长期与土地和社区保持较为紧密关系,或者是在现有条件下难以获得比较收益的个人或家庭则对市民化缺乏意愿。

如果仅仅就权利和城市福利的获取而言,城郊失地农民在政策的促动下已经获得了较高程度的权利和城市福利,因此在被问及自己与其他市民间的区别时,选择比例较高的前三项分别是"收入水平""社会保障与福利"和"没什么区别"。在本调查中,1 100位失地农民共计给出了1 953次响应,35.2%的被访者选择了"收入水平",32.3%的被访者选择了"社会保障与福利",20.8%的被访者选择了"没有什么区别"(参见表5-19)。"我觉得像我们苏州,城乡差距不大。所以我也不想把农村户口变成城市户口,到了城市反而住的空间更小。我觉得农村户口和城市户口没有本质上的差别,能不动还是不要动了。"(JS-HY-2015081803)如今,不论是失地农民还是其他类型的农业转移人口,权利与城市福利并不一定是绝对具有优势的资源,反而农村资源的潜在价值越来越被农业转移人口认识到。

表5-19 城郊失地农民认为自己与市民的区别

与市民的区别	响应次数	百分比(%)	个案百分比(%)
户籍	135	6.9	12.6
收入水平	376	19.3	35.2
社会地位	189	9.7	17.7
政治权利	47	2.4	4.4
生活习惯	193	9.9	18.1
社会环境	164	8.4	15.4
社会保障与福利	345	17.7	32.3
思想观念	156	8.0	14.6
以上都有区别	104	5.3	9.7
没什么区别	222	11.4	20.8
其他	22	1.1	2.1
总计	1953	100.0	182.9

注:此题为多项选择题。

表 5 - 20　城郊失地农民获得非农户口的时间及其参与居委会选举情况　交叉制表

获得非农户口的时间		这是我的权利,当然会考虑参加	有点犹豫,看情况再说	与我无关,不参加	其他	总计
不足 1 年	计数	48	12	72	12	144
	百分比(%)	33.3	8.3	50.0	8.3	100.0
1~3 年	计数	26	18	60	15	119
	百分比(%)	21.8	15.1	50.4	12.6	100.0
4~6 年	计数	26	9	24	1	60
	百分比(%)	43.3	15.0	40.0	1.7	100.0
7~10 年	计数	67	41	68	12	188
	百分比(%)	35.6	21.8	36.2	6.4	100.0
10 年以上	计数	238	110	182	59	589
	百分比(%)	40.4	18.7	30.9	10.0	100.0
总计	计数	405	190	406	99	1 100
	百分比(%)	36.8	17.3	36.9	9.0	100.0

聚焦于对基层社会参与权利实现的意愿,进一步通过将"年龄""获得非农业户口的时间"与"社区参与意愿"进行等级相关分析,得出以下结论:第一,"年龄"与"社区参与意愿"之间并不存在显著的相关关系;第二,对户籍已经转变为非农业户口的新市民来说,其获得非农业户口的时间长短与社区参与意愿存在显著的正相关关系(Spearman=0.102,P<0.01),即农业转移人口获得非农业户口的时间越长,参与社区公共事务的意愿也更强。

(三) 失地农民对社会文化融入的意愿与选择偏好

个体适应或接受新环境的行为模式以及实践的价值、规则和象征符号,是一个以移民为中心的活动。尽管城郊失地农民在制度身份、居住空间和职业等方面已经开始了全面转型,但是在社会交往和文化融入方面,城郊失地农民及其所在的社区则表现出对传统社会文化要素主动保留的意愿和选择偏好。

前文中已经有论述,城郊失地农民与其他市民的交往仍然十分有限。当被问及原因时,有 73.1% 的失地农民表示是因为"交往机会少",另外一个突出的原因是失地农民认为"没有什么共同话题"(25.1％)(参见表5-21)。可以看到,城郊失地农民在实际的交往中,仍然被局限在较为封闭的生活空间和社会文化空间之中。

表5-21　城郊失地农民与市民交往较少的原因

交往少的原因	响应次数	百分比(%)	个案百分比(%)
感觉城市人不好相处	49	5.6	7.0
没有什么共同话题	176	20.3	25.1
觉得城市人看不起自己	53	6.1	7.5
不知道如何跟他们交往	47	5.4	6.7
交往机会少	513	59.1	73.1
其他	30	3.5	4.3
总计	868	100.0	123.7

注:此题为多项选择题。

进入安置新社区后,原有的生活方式随着居住空间的改变而被打破,但是仍然有许多生活方式在新的空间中不断被再生产出来,比如延续传统的农作习惯。在许多失地农民看来,社区的绿化用来种观赏性的花卉是"不实用""浪费"的。"我看那边有片地荒着,我就去种了点棉花,刚种上去没多久,他们(居委会的人)就给我拔光了。宁肯空着也不给我们种,倒也不是因为能卖多少钱,而是空着也是空着,空着多可惜,种点东西也是为了找点事情做。"(HZ-ZX-2015112301)XB村附近有个未开发的山头,实际离XB村有两三千米的距离,但仍然有许多失地农民在山头搭建凉棚种菜。一些年纪较长的失地农民习惯于自给自足的种植,并将多余的收获拿到市场上卖。"我的菜就长在村东面的那个小坡坡上,好多人在那里种,不是我一个。我就是想着去种点菜,没事去看一看。"(CS-XB-2015070801)这位访谈者的儿子这样理解父亲的行为:"他们这辈人可能就这样吧,其实也不是为了钱,现在人力、种子钱都很贵的,卖这点菜能赚多少钱? 就是找个事情做做。"(CS-XB-2015070802)"我走了不要紧啊,外婆在啊,有她在我们就还可以吃这些好东西(新鲜的蔬菜)。她们都不喜欢种地,我就喜欢,等搬家了,我还是要回来种的。"(SH-M-2017011502)不过,对于传统农业生产方式和生活方式的继承只是被部分保留了下来。对于土地的感情,对于传统生活方式和居住环境,伴随着个体不同的生活经历而产生了较大的偏好差异。另外,出现了文化观念在新生活空间的复制和再造。比如在现代化的新社区中仍然延续传统农村社会的民间信仰,这被社区干部视为"农民身上改不掉的迷信"(HZ－ZX－2015112302)。许多安置内部专门设有供失地农民办各种酒席的集体食堂,一般采取预定和租赁的方式,以较低的价位来满足失地农民延续下来的农村婚丧嫁娶的习俗。这里不仅是办酒席的地方,更是维系原有社会关系的重要交往空间。

尽管征地快速地打破了原有社会关系的样态,但是从本研究的若干个调查点的情况来看,失地农民在后续的社会生活中社会资本在不断重建,其共同点是原有共同的农民身份。在安置村落中,原有的社会交往和社会关系被留存下来。被打散安置后的失地农民是否仍与原村的村民保持关系?这种联系至少从当前来看是存在且持续的。依托原有的农村社会共同体,村民与村民之间在长期的互动中稳定地在主体间形成了一种不言自明的关系,而这种联系可能超越地域的限制。特别是在农村人认为的重要事件上,这种关系就会浮现出来。农村人好像"你知道该去叫他,而他也知道你会去叫他。大家心知肚明,都不会觉得意外"(JS－CY－2017032801)。这并非仅仅寄希望于回报的"礼物"馈赠,而可能是一种社会习惯法使然。"其实我们(访谈者与一位邻居A女士)一点都不熟,哈哈哈。拆迁的时候大家都闷着头,也不交流的,农村人有时候就这样,很自私的。如果有什么事情的话,那我肯定会去帮忙(A女士母亲去世)的呀,她叫我我就去了,帮了三天……我要什么回报啊?大家马上拆迁走人就不搭嘎①了,平常也不联系的呀。不过很奇怪的,这种事情她叫我我肯定义不容辞要去的。"(SH－M－2017011502)"这里另外还有一个村,他们那边的人还是联系比较多的。主要是因为他们那个村原来好像发生过灾害,他们就觉得能活下来就很不容易了,所以感情特别好。"(ZZ－NY－2015070202)。

中国的文明是延续性的文明,而不是断裂性的文明,文明不是血缘与地缘的分离,而是血缘、姻缘和地缘等多重制度的相互嵌套,构成基于地域的地方观念。对农业转移人口的市民化而言,也并非断裂式的转型过程。甚至当传统的社会关系在失地农民市民化过程中面临破坏时,失地农民的社区中还可能自发形成了抵御社会关系破裂的能动行动。比如征地拆迁安置后,农村老年人开始和子女分开居

---

① 搭嘎:吴语,挨着、有关系的意思。

住,并突出地面临养老问题。近几年来 CY 新村自发兴起了一股给长者送礼的风气,老年人年龄逢三、逢六、逢九都会收到礼物,出嫁的女儿要回家看望老人。"农村人特别要面子,干什么事情都从众,哪怕自己确实是穷也要回家看老人,生怕被别人说闲话。"(JS-CY-2017032801)社区共同体自发形成了一种维系传统家庭关系的道德束缚,这与农村本身的传统和伦理紧密相关,也与农村人社会文化的特质相关,并适时地匹配了社区共同体的维持团结的需求。

(四) 失地农民对心理角色转型的意愿与选择偏好

有学者以武汉的数据研究了征地意愿受到农户家庭征地前对耕地的依赖度、对征地前家庭居住条件的满意度、征地补偿合理性、征地对家庭经济的影响、征地对就业的影响等 5 个变量的影响(郭玲霞 等,2012),包括微观层面的变量、中观层面的社会网络(邻里、亲缘、业缘等关系)、社区对征地的意愿、职业选择、经济参与、市民身份认同、社会参与等市民化选择的影响以及微观层面的个体特征对征地意愿、生活满意度、职业选择、经济参与、市民身份认同、社会参与、城市生活方式等市民化选择的影响。然而失地农民的市民化进程,个体则没有多少选择的空间。对于是否有征地意愿,失地农民表现出较大的差异性。

虽然在户籍上身份已经发生改变,但失地农民在身份期待上并没有表现出对于市民的特别渴望。在城郊失地农民对自身身份的归属方面,在本调查的 1 100 位城郊失地农民中,仅有 30.1% 的被访者认为自己是"市民",25.4% 的被访者认为自己是"农民",27.2% 的被访者认为自己身份说不清楚(参见表 5-22)。而在身份期望方面,1 100 名失地农民表示自己愿意做市民的比例仅占总人数的 35.5%。

表 5-22   城郊失地农民的身份归属

身份归属	频率(人)	百分比(%)	有效百分比(%)
市民	331	30.1	30.1
农民	279	25.4	25.4
说不清楚,介于两者之间	299	27.2	27.2
没想过这个问题	191	17.4	17.4
总计	1 100	100.0	100.0

34.0%的失地农民表示身份的转换无所谓,27.8%的失地农民表示仍然希望做农民(参见表5-23)。进一步地分析这部分仍然愿意做"农民"的失地农民的人口特征,可以发现,302位失地农民表示自己仍然愿意做"农民"。其中,超过一半的人年龄在40—60岁;超过七成的人(73.2%)来自获得非农业户口年限7年以上的失地农民;超过六成(64.6%)的人来自初中及以下的受教育群体。

表5-23 城郊失地农民的身份期望

身份期望		频率(人)	百分比(%)	有效百分比(%)
有效	做农民	302	27.5	27.8
	当市民	386	35.1	35.5
	无所谓,农民和市民没有很多区别	370	33.6	34.0
	其他	30	2.7	2.8
缺失		12	1.1	
总计		1 100	100.0	

第三节 城郊失地农民市民化的分化与社会后果

制度选择下的土地征收、市场选择下的区位开发以及社会选择下的集体退出,使城郊农民快速而后摄地离开生活多年的土地和农村。一方面,结构性力量为城郊失地农民释放了获取社会流动性的机会和资源;另一方面,结构性力量所形塑的资源和机会结构,对城郊失地农民而言,既造成了一种不均等的影响,也可能成为一种个体难以超越的限制。结构性力量与失地农民的主体性力量之间在市民化中产生冲突。

一、强势力量催生的城市底层

城郊是城市与农村相互碰撞而产生的地理、经济、社会空间。这一空间所具有的特殊性在于:既受到城市向农村的辐射影响,又受到的农村向城市的聚集影响

(城乡经济社会之间的对流);土地利用和社会管理上具有明显的过渡性和变化性;城郊汇集了多处劳动密集型的非农经济活动区域,大量异质性的人口和外来人口聚集在此,这里成为其主要的生活空间。从整体来说,农业转移人口的乡城转移主要体现为一种梯度转移。根据《2015年全国农民工监测调查报告》:进城农民工流入地级以上城市的占比66.3%,其中流入地级市的35.1%、流入省会城市的22.6%,流入直辖市的8.6%(中华人民共和国国家统计局,2016)。从城市层级体系的分布流向来看,城镇、县级市、地级市是农业转移人口的重要空间;而从城市内部的空间分布来看,与外出农民工的社会文化和日常生活关联最为紧密的主要是城郊地区。近年来,在农业转移人口市民化的过程中,"城郊"越来越成为一个重要的场域。大量外出农民工、失地农民以及居村农民汇聚于城郊,形成了不同类型农民市民化相互交互的复杂城市化景观。其中,城市郊区化的中心扩张与原有农村城镇化的自我蜕变之间形成动力交互,市民化所涉及的各主体之间形成行动交互。相对于城市核心区,城郊地区本身的社会秩序就较为多元,社会矛盾和社会风险的挤压也较为明显。也正因如此,农民市民化所交织的不同矛盾集中地显现于城郊地区,同时也给城郊的社会治理带来新的难题。

在城郊大量社会矛盾囤积的背景下,政府也不得不转向于处理因大规模城市扩张而遗留的社会问题。从上文中可以看到,城郊失地农民的市民化是在结构性力量的强力介入下开启的,结构性力量所释放的差异化的机会和资源使失地农民的内部分化随即展开。在这里,强力介入、不均等的资源机会结构在城郊失地农民中产生了一个强势力量催生下的城市底层群体。根据1 100位城郊失地农民的社会地位自评结果(1~10的阶层打分),平均阶层打分为4.86分,标准差为1.788。65.4%的失地农民打分在5分及以下(参见图5-2)。可见,大部分失地农民认为自己处于整个社会的中下阶层。进一步考察打分较低人群的人口及社会特征。可以发现,这部分人较多地来自超大城市(上海),较多地来自获得非农业户籍时间较长的群体,较多地来自低受教育水平的群体。根据Spearman等级相关系数的计算,社会地位等级自评和个人月收入之间形成正相关关系(Spearman=0.290,P<0.01),相关性在统计上显著。社会地位等级自评较低的人口来源与表示自己更愿意做"农民"的人口来源是接近的。可以看到,低收入、低受教育、征地安置时间较早的失地农民在日益分化的市民化中形成了明显的阶层地位的被排斥感。客观而言,强势匹配下城郊失地农民形成较低的阶层感来自现实层面的几个突出问题:

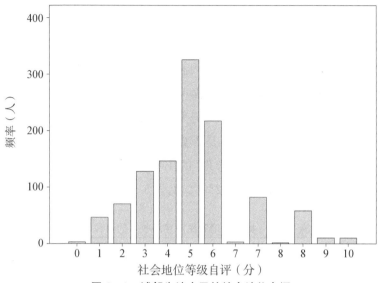

图5-2 城郊失地农民的社会地位自评

首先是突出的失业问题。"无业或待业"已经构成失地农民中比例最大的就业类型。尽管由于失地农民的市民化具有特殊的政策动因,失地农民能够在资产和社会保障方面得到一定程度的补偿,但是并没有在根本上解决市场进入的问题。后摄性身份转化带来的一个后果是可能在人力资本贬值的年龄段面临进入劳动力市场,这造成诸多中年农民在失地后的就业困难,也难以获得向上的职业流动机会。正因如此,失地农民中形成了强行匹配下的城市失业群体。

其次是生活成本的增加导致失地农民比较获益感缺损。在访谈中,较多的被访者提到因"农民上楼"而造成生活成本的增加问题。因生产生活方式以及居住地的变更而产生的新增生活成本成为失地农民必须担负的成本。"像我们在农村的时候,基本上家里面就买些鱼肉,菜什么的我们都自己种,花不了什么钱。洗衣服有河,自己可以打井。现在水电煤样样都贵,样样都要钱。这点还是农村好。"(JS-HY-2015081802)有些人感觉"越拆越穷",有些人则感觉"越拆越富"。失地农民在市民化的过程中不仅要支付增长的生活成本,还要支付安置过渡期的房租。在M村,此次拆迁涉及16户人家,但有8家最后还要支付10万~20万元的费用才能完成房屋的面积置换,进入新房。

从对自己目前的收入状况满意度来说,在1 100位失地农民中,认为自己经济收入"非常高"或"比较高"的比例为10.5%;认为自己经济收入"比较差"或"很差"的比例为31.8%(参见表5-24)。失地农民对经济收入"非常满意"或"比较满意"的仅占到31.4%;而明确表示对自己收入"不太满意"或"非常不满意"的失地农民占到了22.5%(参见表5-25),这一比例甚至高于农民工的同一数据。相较自己的生活圈子,失地农民如何判断自己的收入水平? 从表中可以看到,认为自己的收入水平相比生活圈子中其他人高的比例为10.5%,而认为比其他人低的比例为31.8%。如果相比自己的工作能力,是否觉得收入合理? 在1 100名失地农民中,认为收入水平"非常合理"或"比较合理"的比例不足三成(24.9%),认为"不太合理"或"非常不合理"的比例占到26.2%(参见表5-26)。

表5-24　城郊失地农民对经济收入的自我评价

自我评价	频率(人)	百分比(%)	有效百分比(%)	累积百分比(%)
非常高	6	0.5	0.5	0.5
比较高	110	10.0	10.0	10.5
一般	601	54.6	54.6	65.2
比较差	261	23.7	23.7	88.9
很差	89	8.1	8.1	97.0
说不清楚	33	3.0	3.0	100.0
总计	1 100	100.0	100.0	

表5-25　城郊失地农民对经济状况的满意度

	满意度	频率(人)	百分比(%)	有效百分比(%)	累积百分比(%)
有效	非常满意	36	3.3	3.3	3.3
	比较满意	309	28.1	28.2	31.4
	一般	506	46.0	46.1	77.6
	不太满意	197	17.9	18.0	95.5
	非常不满意	49	4.5	4.5	100.0
缺失		3	0.3		
	总计	1 100	100.0		

表 5-26　城郊失地农民对收入水平合理程度的评价

	评价	频率(人)	百分比(%)	有效百分比(%)	累积百分比(%)
有效	非常合理	27	2.5	2.5	2.5
	比较合理	244	22.2	22.4	24.9
	一般	533	48.5	48.9	73.8
	不太合理	227	20.6	20.8	94.6
	非常不合理	59	5.4	5.4	100.0
缺失		10	0.9		
	合计	1 100	100.0		

同时,笔者关注年龄、教育程度、性别等因素与经济状况满意度之间的关系。首先,我们关注年龄、教育程度、非农户口获得时间与实际收入之间的关系,发现教育程度(Spearman=0.374)与实际收入存在正相关关系,年龄与实际收入存在负相关关系(Spearman=-0.233),而获得非农户口的时间则与实际收入之间没有统计上的显著关系。转向对主观收入满意度进行分析,这种相关关系就变化了。具体结论有三条。第一,对年龄组与经济收入的满意度之间进行了相关分析。年龄和经济收入的满意度之间的相关关系在统计上不显著。第二,对受教育程度与经济收入的满意度之间进行了相关分析。受教育程度和经济收入的满意度之间的相关关系在统计上不显著。进城农民工对经济收入的满意程度与其自身生产性的人口特征并不构成正相关关系。第三,获得非农户口的时间与经济上的满意度之间存在负相关关系(Spearman=-0.174,P<0.01),也就是说获得非农户口的时间越长(征地时间越早),对经济收入的满意度越差。总之,失地农民转变为新城市居住者终结了城郊农民分散居住的特点,在高土地价值的引导下完成了农民的城市集中。但这一过程也伴随着脆弱性以及社会文化适应方面的缺乏,并且以切断发展性的长期生计来源作为转型的代价。

二、经济个体化与权利集体化的碰撞

在人地关系紧张以及城乡二元结构的限制下,土地是中国农民最基础和重要的生产资料。中国的土地所有制体系具有较强的特殊性,土地由农村经济组织进行内部发包。土地对农民而言具有双重的重要属性,既作为生产资料(用益物权、财产权),又具有社会公益属性(身份关系)。农民要想成为自由流动的要素,必然要面对的是土地的剥离和从农民共同体的退出,而作为"新市民"重新进入城市社会。

"城郊"是理解失地农民市民化的一个独特的地理、社会空间。在学界的讨论中,"城郊"(主要是近郊)被视为城市边缘区,是城乡建设中最复杂和最富变化的地区(顾朝林,1995:1—39)。有关于城郊社会属性的最大的争议在于,城市边缘区的社会属性是介于城市和乡村连续统之间,还是具备既不与城市相似、又不与农村的相似的第三种属性? 城郊是城市和乡村社会经济体系交汇的地点,因此在土地归属上存在城市用地和农村用地的混杂,也时刻上演着失地农民个人与其所处的村落共同体之间的矛盾和权利争夺。

可以说,政府与市场共同建立了一个市场导向的农村土地征收体系。一旦征地被政府和市场启动,土地征收体系所带来的直接结果就是将作为存续保障的土地转变为作为价值保障的土地。在征地过程中,村落共同体分化为两个层级——掌握信息、分配和直接谈判权利的集体经济组织管理者(或村委会成员)与普通村民。根据中国土地所有制的规定,农村土地所有权归集体所有,"集体"则是一个分级的组织。"队为基础、三级所有"意指土地所有权为三级共同所有,而具体的经营权和使用权主要落在生产小队上。而集体所有+家庭承包经营,则完成了对公有制的激励机制设置,成为一种公私兼具的制度设计。集体土地所有权是在公有制基础上集体成员对土地的集体共有权,它所体现的财产利益是本集体成员的集体利益,是其集体的独立自我利益(韩松,2014)。"集体"是一个极为含混的概念,它与个人相互关联,却无法通过个人来表达。个人与集体的冲撞极大地激发了城郊农民市民化过程中的诸多矛盾。

集体对于农民同时具有支配与庇护的功能。市民化的过程被强行置于理性选择的理论框架之中,但在土地退出的问题上离不开村集体的行动选择。这既因为集体所有的土地权利不能够还原至个人层面,也因为村集体作为政府在基层的代理人具有资源分配的权力和合法性上的权威。"这些农民大字不识,你跟他说政策什么的他哪里听得懂。反正村集体说什么肯定是什么。"(JS‐CY‐2017032801)在权利的集体化面前,失地农民对个体利益的追求处于弱势的地位,这就解释了为什么在集体退出的过程中形成了结构化的资源不均和分配不平等:一是因为村集体是垄断资源。"集体所有"的农村产权体系,农民尽管被赋予了长期性的土地权利,但农民个体并非土地的所有者,土地所有权归农村集体所有。村民委员会是行使所有权的代表,代表与成员之间存在信息不对称、权力不受监督的问题。二是因为集体成员身份的确定标准缺乏统一的规定。农村社区管理中,集体成员身份认同的方式主要有以下几种标准:其一,是否取得集体经济组织所在地的户籍;其二,是否在集体经济组织生产或生活;其三,是否依赖集体经济组织的土地。不同的集体身份认定关联到集体利益的分配方式。三是村落本身构成了对农民个人强制性的隐性力量,在集体退出土地的过程中,农民个人无法获得均等的机会和权利,农民个人及其家庭通常是缺少选择空间的附和者和顺从者。村规民约等非正式制度对利益分配具有潜在的影响。

"我们杨百村,也就是现在的中兴社区,第一期一共安置了 17 个组。以前还好,现在村级账务归镇上管了以后,村级集体资产更不能随便动了。我们现在的问题就是缺乏资金来源,后面就面临可持续发展的问题。我觉得'村'和'社区'还是有很大不同,不仅仅是一个称呼的问题。一是社区发挥稳定的作用要比村大;二是社区的发展更依赖县财政的拨款,夹得比较紧。社区干部的待遇还没有村干部好,村里面奖金多一点。现在情况是这样的:1 万元以下的开支要公示,5 万元以下的开支要通过村民代表大会,5 万元至 50 万元的开支由镇管。"(HZ - ZX - 2015112302)对于社区干部对社区资金的集体管理,村民充满了不信任。"有文件说土地涨价了,但村里没说法……感觉政策是好的,下来了就变得不公平了。一亩田现在听说是补 1.8 万元。"(ZZ - NY - 2015070202)"我在想是否可以将放在集体那边的 30% 土地安置款也都分掉? 我觉得也没有什么不可以。"(ZZ - NY - 2015070203)在 GY 社区中,由于村干部对政策资源的垄断和不公平分配,整个 GY 村在长达一年的时间里滞留了一大部分不肯签约的村民。对于经济的个体化追求在权利的集体化中被选择性地实现。以 2016 年 9 月 15 日为界,GY 村的拆迁签约率迎来了一个高峰(由于村民对经济补偿方案极为不满意,因此大部分村民拒绝签约),其原因是镇政府为了推动开发项目的进展,面对较低的签约率,在 9 月份开过一段时间的口子。按照村民的说法就是,这一时间段签约的人能够在拆迁安置上分配到更多的资源。因此 9 月 15 日前后大批村民前往村委会签约,以获得更高的经济收益,但绝大部分村民遭到了隐性的拒绝。"那时候我们在那里排着队,他们就说没有这回事,但是明明旁边那家人就签掉了,我都看到协议书了。他们就不给我们签。"(SH-GY-2017011504)"你以为是谁想签就能签的？要村干部邀请你过去，才能去签。"(SH-GY-2017011504)甚至有一位村支部书记这样形容目前农村的干群关系："农村的干群关系就是金钱关系。"(ZZ-NY-2015070204)

在征地动员的工作上，形成了一套独有的劝说说辞，这套说辞由三个方面构成，包括"支持发展""经济共享"和"家庭和睦"。吴江 HY 村的朱书记这样总结 HY 村的征地情况："我们村一共 405 户，1 270 多人。4 000 亩不到一点的地，2 200 亩被征用了。2005 年之前以宅基地安置了 101 户。2006 年以后公寓房安置了 301 户。2006 年以后不能再分配宅基地。征地的人里面 50% 拿了城市户口，50% 拿了权证。每块地的价格也不同，原来 9 000 多元一亩，现在 20 000 多元一亩了。征地的时候有什么事情我们一般会找村民代表来一起商量方案。村民代表有五六十名，老百姓自己选。村里面的财务审计，也请村民代表来组成理财小组。一般找党员，他们有威望，讲话的效果也不一样。但是有一句说一句，征地给农民的费用实在太低。"(JS-HY-20140712)

集体化的农业生产以及集体化的产权属性是农村集体经济体制的两大构成。一些学者认为，集体化的生产和分配方式的弊端如下：一是压抑了农村的生产性(Kung et al.，1996)，切断了农民个体的劳动投入与收入回报之间正向关联的可能性；二是改变了建立在传统村落共同体基础之上的思维和利益分配方式；三是使得农民集体经济组织的经济功能溃败，甚至是消失。经历过集体化时代的农村在市场化和个体化转型下形成了经济个体化诉求与权利集体化之间的矛盾。个体对于货币价值的追求与农村集体化资源配置模式的延续之间产生了严重的分歧。当弱势的个体平等交易的取向被迫依附于集体分配时，失地农民的被剥夺感增强了。

三、被剥夺感与衰退的政策信任

2000 年以来，在有关地方政府的研究文献中，地方治理在城市化发展中基本被描述为机能失调、趋利腐败、缺乏民主和透明性。征地开发一方面涉及政府与市场的关系，另一方面涉及政府与农民的关系。从政府与市场的关系来看，政府在"造城运动中"具有排他性的权力和垄断性的资源配置能力。政府统一征用土地后，通过多种方式配置给城市土地的使用者。地方政府对建设资金的需求和无举债权容易引发地方政府的短期行为。而政府与市场间对土地利益的分享模式是失地农民对政府不满并引发相对剥夺感的主要原因,并进而引发对政策的不信任感。从当前情况来看,失地农民的被剥夺感主要来自以下三个方面:

一是与村委之间的矛盾,因资源分配中的不平等体验而产生被剥夺感。在这里,村民、村委、政府之间构成了一种交错代理关系,村委在村民与政府间的代理身份是不明晰的,村委由于存在双重代理人的身份,农民集体由于征地信息的不充分、议价主体间的权力不对等以及可能出现的集体利益短视,使土地的集体退出充满了矛盾和冲突。因此,城郊失地农民在市民化过程中持续地形成了相对剥夺感。

二是与其他社区成员之间的矛盾,因对新社区环境的不满而产生被剥夺感,包括对社区自然环境和社会环境的不满意。在调查中,城郊安置社区中多有失地农民强烈反映对社区卫生、硬件配套设施的不满意。邻里之间常常因为乱扔垃圾、噪音等环境问题而产生冲突,这反而加重了失地农民的被剥夺感。安置社区的基础设施常常无法满足失地农民的生活习惯和日常生活需求。"2002 年至 2007 年拆迁的时候可以安排宅基地安置,后面就变成公寓房安置了。但是公寓房安置农民都不喜欢,因为杂物多东西多,电瓶车要充电。"(JS-HY-2014081802)"我们这里现在实在不方便,你看我们搬过来的时候连个公交车都没有,买菜什么的都不方便。我们这边倒是有一个菜市场,东西贵得要命,都是给那些住商品房的有钱人买菜的,我们买个菜要跑到老远去。"(SH-AB-2015081002)

三是与地方政府之间的矛盾,集中表现在失地农民对政府政策执行方面的不满。与农村集体土地的征用和再配置相伴随的是经济利益的补偿和社会福利转换等方面的问题。政府获得的土地出让收入主要用于征地和拆迁补偿支出、土地开发支出、支农支出和城市建设支出,可能导致基本公共服务支出的不足,以及被征地农民对相关政策执行的不满。比如有村民反映征地拆迁动员中关于未来发展的政策承诺(就业、镇保、公共利益、基础设施)在动拆迁后并没有及时兑现。"我们 Z 社区当时规划的时候政府说得多好,还给我们看了图纸。我们当时是不愿意来的,他们反复做工作,还说要专门为我们打造一个公园。这么多年了,公园在哪里?我去问他们,他们说就是我们 CQ 镇的那个公园,问题是那个公园早就有了。"(SH-Z-2015041901)在城镇化过程中,行政力量的强势干预使城市开发始终维持着高速度的发展模式,但也存在大量干群关系的矛盾。吴江 HY 村的书记这样总结

HY村的征地情况："我们村是2001年合并的，一共14个自然村，550户，1540人左右。2007年开始拆迁，目前还有20户没有拆。村里面6 000亩地已经征用了5 000亩，还有5个组的地没征。直到2011年，还有四五户土地补偿费没有拿，不拿的原因主要是觉得省里面的标准与实际拿到的不同。"(JS-HY-20140712)AB社区某居民联合抗议HC镇拆迁办原主任与HC闵北公司之间的"利益关系"，他将集体投资下的土地使用权以及土地拆迁补偿金据为己有。其中一位上访代表说："区镇二级相关部门和领导其实都看得清，但是为什么相关部门和领导们会集体'无语'，这真是怪事了。"包括最基层的村干部也意识到农村征地过程中的干群矛盾，农民们普遍在征地时充满了对生存的担忧、对养老的担忧。"村民们普遍意见很大，大家都说：'开发是假，拿走土地是真。'"(SH-AB-2015081003)

在1 100名失地农民中，表示对政府的农民政策满意的仅为32.7%(参见表5-27)。大多数人之所以不满意，是因为：其一，各地房屋动拆迁安置政策标准不统一。调查发现，同一地区采用不同的标准，安置方案因为不同项目、不同地点和不同时间往往存在较大差异，且政策口径存在变化，使失地农民易在群体比较中产生相对剥夺感和心理落差。其二，基层政府在实际工作中存在一定的资源分配和政策执行上的弹性，在一定程度上加大了村民安置待遇的分化，也加大了农民对政府政策的不信任。其三，有的地方动拆迁政策公开度和透明度不够，尤其是农村政策的传递过于依赖个体的口头传递，这导致大量的暗示、默会和个人阐释影响了农民的政策理解，从而带来政策执行方面的双方矛盾。

表5-27　城郊失地农民对当地政策的满意度

	满意度	频率(人)	百分比(%)	有效百分比(%)	累积百分比(%)
有效	非常满意	54	4.9	5.0	5.0
	比较满意	299	27.2	27.7	32.7
	一般	516	46.9	47.8	80.5
	不太满意	156	14.2	14.5	95.0
	非常不满意	54	4.9	5.0	100.0
缺失		21	1.9		
	总计	1 100	100.0		

第六章　居村农民的选择性市民化

对一个经济快速增长的发展中国家而言,关于农村剩余劳动力"到哪里去""做什么"的简单提问恰恰是当下最重要的议题(Wang, 1997)。30多年来,中国农民在新的经济社会机会面前普遍面临着非农化的决策。与农村劳动力的异地转移不同,中国农村劳动力中还存在另一支就地转移的队伍。中国农村所呈现出的多样化景观使我们进一步地追问:相较于以往城市载体推动农业转移人口市民化,中国是否有可能实现以农村为载体来实现农民的现代转型?为什么一部分农业转移人口表现出空间上的流动性,而另一部分农业转移人口则表现出相对的稳定性?

第一节　"农民再造":结构化的资源差异与机会不均

在西方乡城迁移的研究语境中,假定了两个分工的城乡部门,农村剩余劳动力通过前往城市从事非农活动继而发生城市化的转型,其前提是发生物理空间上的人口流动或迁移。然而,作为发展中国家的中国,农业转移人口从农业活动转向非农活动不仅发生在城市地区,还发生在农村地区。因此,"人"的城市化具有多重的空间路径。"市民化"不仅表现为不同空间尺度上的乡城迁移,也表现为乡乡迁移或非迁移等多元形式。

在现代化的主流语境下,经济活动的非农化与城市似乎是一对孪生兄弟,彼此关联、彼此强化。而农村非农活动的展开在为中国农村带来新面貌的同时,也使农业转移人口市民化的内在差异性越来越大。发展经济学告诉我们,要使中国农民分享高速经济发展的成果,就必须完成非农就业岗位的持续创造来吸纳从农业中转移出来的人口。如果每年有超过1000万的农业人口要转移出来,则需要创造超过1000个非农就业机会。显然这个任务不可能由大中城市来完全担负。以中心化的城市发展来带动农业人口的转移,另一个替代性的方案则是发挥非中心城市、非中心地区的作为农业转移人口市民化的载体作用,从而在这些地区完成对传统农民的再造。

一、制度选择下的农村城镇化

在中国,制度变迁是农村城镇化的主要动力。对于农村是否能够成为推动农业转移人口市民化转型的有效载体的问题,进一步地需要进行双重的提问:一是在经济和产业发展上,农村是否能够实现工业、第三产业非农经济活动的聚集,从而为农业转移人口职业的非农化提供充分的就业机会? 二是在社会文化发展上,农村是否能够成为共享现代文明、获取平等公共资源、城乡要素充分流动的社会文化载体,从而为农业转移人口市民化提供开放的社会文化空间? 这始终是与城市化进程、农村发展以及城乡关系问题处理相关的一个中心问题。作为中国城市化道路选择的结果,农村工业化和农村城市化在改革开放以后的十余年间作为重要的国家战略而被确定下来,从而在经济、社会上为居村农民市民化创造了独特的资源和机会结构。

对于农村经济发展的政策导向,发展中国家是否能够以多元路径推进工业化和城市化以及农村工业化和农村城镇化的讨论应运而生。在城市非农就业吸纳能力有限且劳动力难以形成跨地区流动的现实状况下,农村与工业化的衔接成为一项极具中国特色的体制创造①,并在经济上构成农村城市化的重要动力。实际上,当代中国的城市化主要呈现出中心城市的带动和辐射作用。但是一直以来,政府对中国城市化道路的制度选择始终主张平衡取向,其表现在区域上主张形成"两横三纵"的协调发展格局,以及在城市层级上形成"大中小城市协调发展"的格局,其中就包括促进现代化要素在农村聚集的内在要义。20世纪80年代农村工业化和小城镇的发展极大地塑造了农业转移人口就地实现市民化的可能空间。

以农村非农产业发展为依托的农村城镇化一直是政府有关于中国城镇化发展的重要制度选择。在不同的历史时期,它对农业转移人口市民化有不同的影响:在改革开放以前以及改革开放初期,通过在制度上鼓励并推动农村非农产业的发展和农村城镇化,在国家层面整体限制农民乡城流动的前提下,农村城镇化能够成为消化农业人口转移、促进农业转移人口市民化的替代性政策。改革开放初期,农村存在的大量隐性失业。伴随着农村工业化和城镇化的发展,农村人口向外转移的速度显著地高于农村迁出的数量。农村的就业机会不仅仅由农业部门来提供,农村本身已经成为一个涵盖多部门的生产体系,农民家庭收入能够在农村的范围内实现非农收入的增长。1978年,仅有4%的农民家庭收入主要来自非农收入,到了1988年,这个比例上升到43%,而这个经济发展成果主要是通过农村城镇化来完成的。可以说,就早期农村城镇化的发展来看,它成为实现最大化就业、提升农民收入水平和人力资源水平、推动农民现代化发展的重要制度策略。

在市场经济改革深入以及新型城镇化的背景下,在新的语境下政府对发展非农产业和农村城镇化的制度选择有了新的选择逻辑。中国城镇化推进的路径一直以来都不是单一的。自20世纪80年代开始,小城镇建设(农村城镇化)就成为中国城镇化模式的重要一环。与大城市通过城市扩大来带动的城市化转型不同,农村城镇化更多地是一种农村资源逐步向农村城镇集中的过程。2010年,建制镇的人口密度(含暂住人口)为每平方千米4 059人,建制镇建成区的总人口为16 578.04万人(户籍人口13 902.7万人)。在这里,存在一种"有意的制度模糊"(皮特,2014),即将土地确权保持模糊,来方便农村的规划和发展。在这样的制度

---

① 在有关农村工业化的讨论中,存在不同的观点。有些学者认为农村工业化是一个悖论,农田上走不出非农化的道路,而有些学者则认为"工业"应当在更广泛的意义上去定义,工业应当同时包括农业机械化和现代化。从这一意义来说,工业与农业的发展不可分割。(张培刚,2013)

架构中,农村范围内产生了能够经营工业活动的自由主体,同时传统的文化观念被打破了。这样一种制度选择,其对居村农民的市民化进程也构筑了新的机会和条件:在最基础的经济活动方式上为传统农民身份的改变提供了新的空间。

十五届三中全会上确定了"发展第二、第三产业,发展小城镇"的路径。1983年在日本召开的关于发展中国家农村工业化问题会议上,有专家提出用"城市—乡村连续体"来替代城市—乡村二分的认识。这回应了所谓"城""乡"空间的界限和定义问题。实际上,在行政意义上进行划分的城市地区和农村地区内部又各有城市基层组织和农村基层组织的存在。① 在城镇序列中,小城镇作为城乡关系的纽带,也是经济上最为活跃的地区,承担着有序推进农业转移人口、分担大城市人口的任务。小城镇在城市体系中的重要性不断被再认识。正因为如此,基于推动农村城镇化的发展,政府完成了一系列制度建制上的调整,从而为居村农民实现就地市民化创造了结构性的条件。一方面是政府对乡镇企业发展和农村非农产业的支持,为居村农民能够在本地实现劳动力的非农转移创造了更多的机会和资源;另一方面是为农村城市化营造了具有支持性的制度空间,这种支持性主要体现为国家力量对农村基层经济干预的撤出以及基层资源的调动。1979 年十一届四中全会首次提出"建设小城镇"的问题,旨在实现农村与现代化之间的衔接。小城镇建设的基本特征是:以集体为小城镇发展的直接动力,国家逐步撤出对农村经济发展的直接干预,转而依靠集体资源。

进入 21 世纪以来,2001 年农业税费改革,2006 年取消农业税以及同时启动的"新农村建设"使中国农村自上而下地发生城市化转型,其主要体现在农村土地使用的改变和改变农民居住方式的"农民上楼",农村景观与城市景观日渐相似,并且在政策改革和试验的地方实践中越来越看到地方政府在促动农村发展和城市化过程中的积极角色。党的十六大以来,农村城镇化成为 21 世纪农村社会发展的重要方向和任务。在农村社会发展方面,国家对村镇采取规划建设的方式,示范小城镇发展的未来。中国政府在行政层面在住房和城乡建设部下设置了村镇建设司,专门负责推进小城镇和村庄建设,包括制定乡镇和村庄规划,改造农村居住环境,推

---

① 一般来说,根据我国的行政区划,将"县"视为农村区域,下设乡镇—管理区—村;"区"被视为城市区域,下设街道—居委会。

进小城镇建设等。2010 年中央经济工作会议提出要加强中小城市和小城镇的发展。[1] 通过农村城镇化的发展,居村农民能够以更大的自主选择性参与到地区的定居选择中来。

改革开放前,农村工业化的制度环境整体表现出对于农业人口非农化机会供给的波动性,在国家政策的干预下,农村经济活动成为与城市工业相匹配、具有补偿性质的发展内容。有劳动力的非农转移,但没有完成完整的市民化。在新型城镇化的背景下,无论从理论上还是实践上都带来了有关现代化与城市化关联的重新反思:城市化是通往现代化的唯一道路吗? 农村是否可以成为经济社会现代化的可能载体? 改革开放以来,一些地区的农村与现代化力量形成了良好的对接,使居村农民的就地市民化成为可能。近年来,以江苏、浙江为代表的特色小镇建设有一些实现的前提条件,比如以传统产业为基础[2],力图依托差异化的资源禀赋实现产业转型和升级,依托于区域经济的高度发展,依托支持性的政策支持[3]等,因此地区之间在小城镇发展方面仍然面临相对优势和相对劣势的区分。而另一些地区的农民则在开放和现代化力量的冲击下产生了"村落终结"的发展危机,人们用"土地的黄昏""乡村的黄昏"这样的语言来描述城市化背景下乡村所经历的人口骤减、景观衰败以及文化危机等诸多危机。农村的开放与村落共同体的消解相伴随,在一些学者看来,这会导致中国农民的瓦解(Zhou, 1996:24—26)。制度选择下的农村城镇化在现实中能否实现居村农民的就地市民化,这显然也是一个分化的发展过程。不同地区农村非农产业的发展和农村城镇化的发展,为居村农民实现就地市民化创造了差异的机会和资源结构。

---

[1] 一系列示范项目的启动,包括绿色重点小城镇试点示范工作,2010 年特色景观旅游名镇(村)和历史文化名镇名村保护工作。自 2004 年至 2014 年,中国住房城乡建设部公布的中国历史文化名镇名村数量达到 528 个,其中名镇 252 个,名村 276 个,地点覆盖了全国 31 个省、自治区和直辖市。2016 年,中国住房城乡建设部公布了第一批 127 个中国特色小镇名单,特色小镇的引领和培育成为新型城镇化建设的一条有效途径。

[2] 比如在浙江温州打造的"瓯海时尚智造小镇",其发展的基础是温州传统的服装、鞋类及眼镜等产业,在此基础上打造高端时尚智造产业集群;"南湖基金小镇"依托较早设立的金融试验区,向互联网金融行业进行产业链的拓展;等等。

[3] 同样以浙江为例,2016 年浙江省两会期间就提出了"加快规划建设一批特色小镇"的目标,计划投入 5 000 亿元用 3 年时间打造 100 个特色小镇。4 月,浙江省政府出台《关于加快特色小镇规划建设的总体指导意见》。根据该意见,特色小镇在创建期间及验收命名后,规划空间范围内的新增财政收入上缴省财政部分,前三年全额返还,后两年返还一半给当地财政。

二、市场选择下的农村工业化

早期梁漱溟先生在乡村建设运动中提出"实现工业向农业分散,农业工业相结合,都市乡村化,乡村都市化的理想"(梁漱溟,2005:511)。从历史上看,中国农村工业化经历了不同的发展时期,历时性地对农业人口的非农化构成差异化的影响。早在人民公社时期,国家就正式提出了"农村大办工业"。1958年党的八届六中全会出台《关于人民公社若干问题的决议》,首次提出:人民公社必须大办工业。公社工业的发展不但将加快国家工业化的进程,而且将在农村中促进全民所有制的实现,缩小城市和乡村差别。依托政社合一的人民公社和自上而下的行政命令,各地纷纷办起了社办企业①,但由于社办工业存在合法性的模糊以及产品流动的限制,其发展受到诸多限制。1962年,中共中央在《关于农村副业生产的决定》中提出:公社和生产大队一般不办企业,不设专业副业生产队。公社企业一度下马。从20世纪60年代中期后,社队企业在国民经济的发展以及经济政策的放宽后又逐渐恢复发展。改革开放后,社队企业的制度合法性得到重新确认并以"乡镇企业"的形式得到新的发展②,成为持续推动农村工业化和城市化的重要力量。③ 以1984年的4号文件转发的《关于开创社队企业新局面的报告》为标志,由"乡镇企业"领头的农村工业的发展迎来了一个高速增长期。到1988年,中国乡镇工业产值达到4 992.90亿元,从业人员达5 703.39万人。1992年邓小平南方谈话后,乡镇企业就业人数已经占到乡村劳动力总人数的14.47%。1992年,乡镇企业向农业转移的资金达到105亿元,与当年国家财政对农业基本建设的资金投放量相当(苗长虹,1997:58),对地方财政的贡献量也非常大。

工业化突破在城市生长的边界主要依赖两个条件,农村中自上而下形成的轻工业、家庭工业等形式以及在农村中完成了国家—市场关系的调整。农村工业化

---

① 1976年,社办工业的产值曾达到243.5亿元(苗长虹,1997:42)。
② 1979年,国务院《关于发展企业若干规定》首次颁布了对于社队企业发展的指导性文件,肯定了社队办工业的重要性和合法性,并相继出台了一系列扶持政策,从而为农村工业的发展奠定了合法性的制度基础。
③ 到1983年,社队工业产值从1978年的385.3亿元增长到了757.1亿元,从业人员达到2 168.1万人。1984年《中共中央关于1984年农村工作的通知》提出:鼓励农民向各种企业投资入股;鼓励集体和农民本着自愿互利的原则,将资金集中起来兴办各种企业。

产生了两种实现形式：一种是自上而下由国家向农村地区配置的工业资源；另一种是自下而上以农民为主体、以农村社区和农村经济为依托形成的自发型工业活动。在政府加速的农村工业化进程中，农村依然有望为农业转移人口的劳动力转移提供新的就业机会。如何在维持资本密集的城市工业化道路以及城乡二元结构的前提下改变农村、农民、农业问题，在农村内部来调整劳动力的部门分布，成为 20 世纪 80 年代主导的农村劳动力转移策略。1984 年的中央一号文件允许农民自筹资金、自理口粮进入城镇工作。中央政策开始对农业转移人口的乡城流动予以承认和放开。在户籍制度改革的背景下，小城镇也基本为常住人口打开城市户籍的大门。

从整体来看，国家的制度支持与集体资源的可用性吸引了市场在农村非农产业发展中的进入。问题是，哪些农民能够实现非农化的产业发展以及农村城市化的发展？农村自身的要素组合成为市场选择的重要考量，比如农村的土地资源、人力资源、社区资源、区位等。其中，空间区位与资源禀赋对于农村的地方发展更具有重要性。也正因为如此，在市场选择下，有些农村形成了相比另一些农村发展工业及第三产业的优势。有些农村形成了相比另一些农村更有投入并整合本地资源从而发展工业及第三产业的意愿。对于区位优越的乡村，更低的运输成本使得工业产品能够达到更远的市场边界，获得更大半径的需求满足，实现更大的生产规模。在市场主体的作用下，一些本身产业基础良好、社会资本丰富、公共设施建设完善的小城镇更容易成为产业聚集和升级方面的新平台。在农村工业化的发展过程中，因地区差异形成了一批农村工业化的典范和模式。比如，珠三角地区实现了以外资投资和技术输入来带动农村工业化的模式，长三角地区凭借传统商业基础、手工业传统、大城市的辐射来带动农村工业化的模式，中西部地区以资源驱动①和旅游资源驱动也涌现出农村工业化的典范。

三、社会选择下的村落大转型

乡镇企业的快速发展是政府与集体合作的产物。政府对集体经济的发展形成了特殊的支持框架。政府对集体所有制企业提供的政策优惠和鼓励，形成了有利

---

① 比如河南省依靠矿产资源带动农村工业化，比较有代表性的是巩义、登封、新密等市县。

于乡镇企业以低成本、高效率运作的政策框架。在这里，我们关注由集体经济优惠政策主导的支持性的制度环境及其对居村农民市民化的影响。农村非农产业的快速发展，使得农村本身具有农业转移人口的吸纳能力。政策规定对乡镇企业发展的助力作用主要体现在两个方面：一是通过政策规定使"村集体组织"成为委托人，委托能人来办企业；二是政府对乡镇企业实行了一系列负利率和税收减免的政策，极大地激发了乡镇企业吸收农村劳动力、以工补农的发展热情，也有利于乡镇企业制度资本的经济转化。2010年，部分地区在国家重点镇和省级重点镇推进了"扩权强镇"的工作，赋予部分县级单位经济社会管理权限，使小城镇在经济社会发展上拥有了更多自主权。

不仅如此，中国农村所有权结构的模糊性以及村落共同体的存在恰恰为农村现代化的发展酝酿了爆发性的力量。从20世纪80年代农村工业化发展的历史进程来看，乡镇企业的成果除了政府政策为其建立了一个低成本、高效率运作的政策框架，还与村落共同体在地区经济发展中的特殊功能紧密相关。其一，在城乡劳动力流动较为严格被限制的情况下，农村劳动力的充分供给导致农村地区劳动力工资处于低水平的位置。由于乡镇企业脱胎于农村社区之中，土地和低廉的劳动力价格成为乡镇企业的优势。同时劳动生产率的提升，也为乡镇企业发展提供了原料的供应。其二，对经济社会条件的依存度比较低。在灰色市场条件下，形成了灵活的运行机制。其三，相比城市中国营企业的资源垄断、缺乏激励机制下的低生产水平，乡镇企业在市场竞争中表现出较高的盈利率。其四，乡镇企业的形成、运营和发展都深深根植于当地的农村社会之中，其经济活动与地方性的社会网络、社会结构相互缠绕。保留传统特点的经济关系和社会关系反而成为农村非农产业形成的可用资源。一方面，企业能够充分调动社会资源。乡镇企业的成功也是能人治村的成果，乡镇企业家的人力资本在村落共同体中得到增值的空间。另一方面，企业的低成本运作来自集体成员的让利和成本分担。比如笔者所在的团队在华西村调查期间发现，华西村建的五星级酒店，每家每户都分摊了带亲朋好友来住宿的"任务"。乡镇企业和村民建设住宅在用地上具有本地的自主权。①

---

① 《中华人民共和国土地管理法》第四十三条规定：任何单位和个人进行建设，需要使用土地的，必须依法申请使用国有土地。但是，兴办乡镇企业和村民建设住宅经依法批准使用本集体经济组织农民集体所有的土地的，或者乡（镇）村公共设施和公益事业建设经依法批准使用农民集体所有的土地除外。

作为中国农村具有实质性意义的社会单位,村落是否会走向终结? 一方面,可以看到农业转移人口和农村快速地被卷入市场化、工业化、城镇化的浪潮之中;另一方面,村落的未来也并非是无望的。在国家力量推动下,全国范围内展开了村庄改造、保护和发展①,回应了在"后集体时代"村落共同体如何发展为"新农村"的中国式现代化问题。在新的语境下,需要看到村落共同的价值。根据对全国村庄基本情况的统计,1992 年至 2015 年,村庄由 375.5 万个下降至 264.5 万个;但是村庄户籍人口的下降并不明显,从 1992 年的 8.06 亿人下降至 2015 年的 7.65 亿人口。在过去的 24 年间,村庄户籍人口并没有随着常住人口城镇化率的提高而有明显的下降。换言之,在过去 24 年间,仅约有 4 100 万农村户籍人口真正离开了农村,这个比例占全部农村户籍人口的 5% 左右。而大部分农业转移人口在户籍身份上仍然归属于农村。

在"后集体时代",伴随着乡镇企业的"去社区化"和"去社区化"村庄的资源汲取能力和福利分配能力的下降,村落的同质性在解体,人口兼业化的乡村共同体集中面临两大组织难题——组织效率问题和激励机制问题。如何在农村社区的基础上建立新的与现代经济相容的经济形式,成为村落共同体经济发展需要集中解决的问题。在过去 20 年间,农村中也出现了较多的强村经济,其在人口向东部地区、向大城市迁移的背景下为居民农民的市民化带来新的流动空间。强村经济的发展依赖于"后集体时代"村落共同体延续的资源和功能。

首先是村落共同体的土地资源。农村现代化的过程中最为关键的议题应是如何从集体所有的土地上获益。在农村集体所有的土地中,除了用于农业经济活动的农用地,还有集体建设用地和未利用地。其中集体建设用地主要用于农民住宅建设、乡镇公共设施和公共事业建设以及乡镇企业的发展。

其次是村落共同体的自发机制,具体指调动市场和社会的自发作用的发展机制。以农村共同体为基础的集体决策过程,包括商业的发展、基础设施的建设、农村发展的地方化安排等。熟人社会的优势是较低的交易成本使合作劳动成为可能,其有别于"资本雇佣劳动",而是一种"制度(资本)雇佣劳动"(折晓叶 等,2004),这种合作关系的特点是对劳动价值的低索取和高福利回报,完成了经济利

---

① 根据《城乡建设统计年鉴 2015》,2015 年全国村庄公共设施仅就村庄内道路长度新增了 10.84 万千米,更新改造了 7.01 万千米。

益和社区利益的结合。

再次是村落共同体的"产权残缺"的现象,也就是完整产权(包括资产拥有者对其资产的排他性的使用权、收益的独享权、自由的转让权)在个人层面受到限制,村落事务的集体决策和共同利益的捆绑使得共同体在日益流动的社会背景下依旧存在。因此,与其说村落共同体是一个有经济价值的实体,不如说是一个有盈利预期的有待重建的社区共同体。

对农民个体而言,由于土地产权和乡镇企业产权无法在个人层面进行支配,因此反向对劳动力的异地转移形成了制约作用。对乡镇企业家而言,由于其个人和家庭的经济社会关系与农村社会紧密捆绑,因此向外流动受到限制。村干部需具备强大的动员和活动能力。对内需要动员和协调村内各种经济社会关系。动员村民放弃传统的农业经营方式,转而进行股份合作制①或者"反租倒包"②的方式,实现以现有的农村土地所有制寻求村落发展的出路。对外需要在政治和经济上进行外部资源的衔接。地方的习惯制度十分强大,农民习惯于依赖村一级的管理者来处理公共事务,包括与家庭利益直接相关的重大议题。"他们总是认为村里会帮他们全部搞定。"(HZ - ZX - 2015112302)可以看出,在居村农民市民化的过程中,政府、市场、农村集体三者正在形成新型庇护式合作发展的关系。在这类农村,农民的向外流动往往较少,村落共同体的界限比较明晰且封闭。

第二节 居村农民的市民化表现及其主体选择

在本调查中,"居村农民"在测量上被操作化为"农业户口,居住在农村或本地城镇"的农业转移人口(已经在经济活动上转向非农部门或有改变)。其中实际上包括两类人群:一类是主要居住在农村且拥有农业户口的人口,另一类是居住在本地城镇且拥有农业户口的人口。

---

① 村集体在原有的村集体经济组织的基础上,将村内各种资本要素(土地、财产、资金等)进行重新集中,通过股权的方式重新分配给村内成员。
② "反租倒包"主要指农村集体将从农户手中集中的土地重新出租给企业、种田大户或者其他经营单位,从而实现规模经营。

一、居村农民的基本群体特征

表6-1反映了1496名居村农民在性别、年龄、政治面貌、受教育程度、婚姻状况方面的基本特征。

表6-1 居村农民的基本群体特征

	样本属性	有效数量	有效百分比(%)
性别	男	791	52.9
	女	705	47.1
年龄	31～40岁	378	25.3
	41～50岁	374	25.0
	21～30岁	242	16.2
	60岁及以上	240	16.0
	51～60岁	217	14.5
	16～20岁	45	3.0
政治面貌	群众	1065	71.4
	共青团员	137	9.2
	中共党员	280	6.9
	民主党派人士	10	0.7
受教育程度	初中	584	39.0
	高中(中专或技校)	349	23.4
	小学及以下	341	22.8
	大专	144	9.6
	大学本科及以上	78	5.2
婚姻状况	已婚	1309	87.5
	未婚	127	8.5
	离异	21	1.4
	再婚	10	0.7
	丧偶	29	1.9

从性别来看,男女性别比为 112.20：100,男性居村农民比女性居村农民多,男女性别比高于国家统计局公布的全国男女性别比 105.21：100。

从年龄来看,最小年龄为 16 岁,最大年龄为 88 岁,平均年龄为 44.15 岁(标准差＝14.730)。其中有 50％的居村农民年龄集中 33.25～55.00 岁,其主要是一个以中青年为年龄特征的群体,老年群体的比例要高于进城农民工和失地农民。

从政治面貌来看,在 1492 名作答者中,71.4％的人政治面貌为群众,6.9％为中共党员,党员比例高于 2017 年中组部统计的全国党员比例(约 6.3％)(中共中央组织部,2017)。共青团员和民主党派人士的比例较少,分别占居村农民总人数的9.2％和 0.7％。[①]

从受教育程度来看,61.8％的居村农民受教育程度为初中及以下,接受过高中(中专或技校)教育的比例为 23.4％,拥有大专及以上学历的居村农民比例为14.8％。与《中国统计年鉴 2016》中 6 岁以上人口受教育水平的情况相比(中华人民共和国国家统计局,2016a),本调查中居村接受过大专及以上教育程度的略高于国家统计局公布的全国整体水平(13.3％),主要的原因可能是村干部样本的比重较高。

从婚姻状况来看,87.5％的被访者为"已婚",8.5％为"未婚",其他婚姻状况(包括离异、丧偶、再婚)的比例较少,分别占到总人数的 1.4％、1.9％和0.7％。

可以看到,调查中的居村农民整体表现出年轻化,但是老年比例较高。尽管存在一部分人力资本和政治资本较高的村干部群体,但从整体来看,居村的人力资本和政治资本仍然是相对缺乏的。

二、居村农民的市民化表现

从广义来说,农业转移人口市民化涉及社会基本结构的转型,它同时包含横向

---

① 党员比例较高的原因主要是调查的中西部村落中人口外出现象比较严重,农户家中留守的儿童不符合本调查的要求,留守的老人由于沟通和语言上的障碍难以完成样本的配额,而村干部的问卷比重较高。

（水平）和纵向（垂直）两个方面。从横向来看,市民化意味着人们从相对较小的农村社区进入相对较大的非农业社区,其涉及地理空间上的横向移动;从纵向来看,市民化亦包括生产方式、收入水平、生活方式、权利获得、社会文化角色等方面的变革,其涉及社会经济维度上的纵向移动。以下,主要通过经济融合、身份融合、社会文化融入、心理融合四个方面来分析居村农民在不同维度上的市民化表现。

(一) 经济融合

研究显示,居村农民的经济参与状况无业或待业现象突出,技术型岗位的获得能力较弱,人力资本有限。收入方面表现出明显的边缘性。

从就业渠道来看,最大比例的是自谋职业,占到 48.4%。老家或城里的亲朋好友介绍、政府安置以及依靠职业中介介绍的比例分别为 9.9%、7.8% 和 3.1%（参见表6-3）。也就是说,居村农民完成职业非农化的主要渠道是个体化的自谋。在本调查中,19.7% 的被访者的就业现状为无正式就业（参见表6-2）,这在居村农民中构成了最大比例的就业类型。进一步对这部分无业或待业的居村农民进行分析,可以发现:超过一半（54.6%）的人年龄在50岁以下。其中,男性无业者占50.2%,女性无业者占49.8%。这说明仍然有一部分农村失业或待业的情况存在。最小比例的就业类型是"政府或事业单位工作人员",这一类型仅占所有居村农民的1.3%。14.2% 的居村农民进入了自雇部门,成为个体户或私营企业主。17.2% 的居村农民的职业为"其他人员"。相较而言,居村农民中成为"企业正式职工"或"专业技术人员"的比例较少,分别占总人数的12.3% 和 8.7%。从样本的职业分布来看,居村职业非农化程度非常高,除了 7.3% 的兼业农民,其余 92.7% 的居村农民在主要生产方式上已经完成了非农化的转变。但是与进城农民工和失地农民相比,居村农民由于受到地域的限制,更少地进入私人部门。相比非正式部门,居村农民进入正式部门的就业比例更低,进入政府或事业单位的比例不足 2%;相比一般类岗位,居村农民获得技术型岗位的占比不足10%;相比他雇形式的劳动者,自雇成为居村农民在农村完成非农经济活动的重要形式。

表 6 - 2 居村农民的主要职业

职业身份	频率(人)	百分比(%)	有效百分比(%)
居委会或村委会干部	126	8.4	8.4
专业技术人员	130	8.7	8.7
个体户或私营企业主	213	14.2	14.2
现代种植养殖业人员	109	7.3	7.3
政府或事业单位工作人员	19	1.3	1.3
企业正式职工	184	12.3	12.3
离退休人员	162	10.8	10.8
无业或待业人员	295	19.7	19.7
其他人员	258	17.2	17.2
总计	1 496	100.0	100.0

表 6 - 3 居村农民的就业渠道

就业渠道	频率(人)	百分比(%)	有效百分比(%)
政府安置	117	7.8	7.8
自谋职业	724	48.4	48.4
老家的亲朋好友介绍	138	9.2	9.2
通过城里的亲友找到	10	0.7	0.7
职业中介机构介绍	47	3.1	3.1
没有工作	348	23.3	23.3
其他	112	7.5	7.5
总计	1 496	100.0	100.0

在 1 496 名居村农民中,从未参加过任何职业技术培训的占到 55.1%,多次参加(参与次数为 2 次以上)职业技术培训的居村农民仅占 29.7%(参见表 6 - 4)。同时,仅有 31.8% 的被访者拥有职业技能证书。从整体来看,大部分居村农民呈

现出较低的教育程度、较低的专业技术程度、低人力资本与低职业地位并存的特点。对居村农民来说,提升职业素质的资源获取相对有限,较少地获得正式的职业培训和制度化的职业技术认可。可以看到,本调查的居村农民无论在受教育水平还是在职业技能的专业素质上,与现代经济社会发展的要求还不相适应。其就业类型主要是体力型和劳动密集型,专业化程度(技术型、智能型)较低,向上职业流动性较少。

表6-4 居村农民参加职业技术培训状况

参加次数	频率(人)	百分比(%)	有效百分比(%)	累积百分比(%)
从未参加过	824	55.1	55.1	55.1
1次	228	15.2	15.2	70.3
2~3次	222	14.8	14.8	85.1
4~5次	101	6.8	6.8	91.9
6次及以上	121	8.1	8.1	100.0
总计	1 496	100.0	100.0	

"我26岁到村里,当队长当了6年。我们有一个村办企业,是做仪表的。1995年的时候能够有个十几万元的收入。现在我们村仍然是村里人进厂工作,大概有60多人(村里一共405户,1 270多人)。"(TJ-W-2015060101)在笔者所调查的"新农村"中,由于集体经济发展,有一大部分的村民进入到集体经济中来,并由此带动农业人口职业上的非农化。但是,村落共同体也可能在居村农民的生计选择上形成约束和影响。"村里面规定农地上不能搭棚,有些农民去种点菜。现在村里不允许,统一来种麦,把地承包给一些人,一个人100亩。村里规定只能种麦子,不能种别的。"(ZZ-D-20150701001)

在本调查的1 496名居村农民中,"个人月收入"变量共获得1 464次有效回答(缺失32)。居村农民个人月收入的最大值为30 000元,最小值为0元,从个人收入的分布来看,存在巨大的内部差距。个人月收入的平均值为1 990.77元(标准差=1 997.727)。50%的被访者收入集中在500~3 000元。与《中国统计年鉴2014》中的人均收入相比,本调查中的居村农民个人月收入高于全国居民人均收入水平

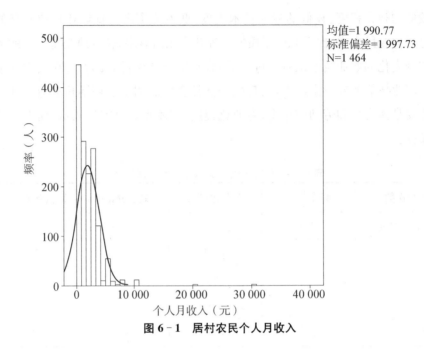

均值=1 990.77
标准偏差=1 997.73
N=1 464

个人月收入（元）

图 6-1　居村农民个人月收入

（中华人民共和国国家统计局，2014）。[①] 但在 1 496 名居村农民中，个人月收入低
于 1 525.9 元的人数达到 721 人，占居村农民总人数的 48.2%，居村农民中仍然有
相当一部分贫困人口的存在。

　　从收入变量的整体分布状况可以看到，留居在村落中的农业转移人口已经呈
现出明显的收入分化。如果将其折算为年收入，并按照样本的城市来源来比较居
村农民与所在城市职工平均收入的差距，可以看到，居村农民的收入远远低于城市
职工的平均工资，在经济上处于明显的边缘地位。特别在西部地区，居村农民与城
市职工的收入差距最为明显。相对而言，无锡和天津的居村农民与城市职工平均
收入的差距最小，主要是原因是，无锡（江阴市）和天津的居村农民样本主要来自经
济强村。

　　从居村农民年收入均值与其所在城市职工平均收入的比较来看，居村农民的
收入整体低于职工平均收入。但是，不同城市表现出较为不同的收入差距。位于
江阴和天津的新农村中的居村农民在城乡收入上差距最小，分别为 1∶1.68 和 1∶

[①] 根据《中国统计年鉴 2014》的相关数据，2013 年全国居民人均收入 18 310.8 元，月人均收入
　　1 525.9 元（中华人民共和国国家统计局，2014）。

1.44(参见表6-5)。中部地区的居村农民收入要高于西部地区,且中部地区的城乡收入差也小于西部地区的城乡收入差。

表6-5　居村农民与所在城市职工年均收入比较

所在地	居村农民 年收入均值(元)	城市职工 平均收入(2015年)(元)	收入比值
江阴市(新农村)	34 573.09	58 127	1:1.68
天津(新农村)	41 120.89	59 328	1:1.44
长沙(空心村)	28 444.98	53 889	1:1.89
株洲(空心村)	19 428.21	57 588	1:2.96
西安(空心村)	17 789.22	63 193	1:3.55
兰州(空心村)	11 501.13	50 678	1:4.41

在收入来源的变量上,1 496名居村农民共计给出了1 733次响应。28.5%的被访者主要收入来源为"正式单位工资收入",26.3%的被访者收入来自"打工",21.4%的被访者主要收入来源为"集体资产分红"。相比之下,"经营性收入""社会保障收入"较少地成为居村农民的主要收入(参见表6-6)。其中,"集体资产分红"

表6-6　居村农民的收入来源

收入来源	响应次数	百分比(%)	个案百分比(%)
农业产出	180	10.4	14.0
出租房屋	112	6.5	8.7
社会保障收入	238	13.7	18.5
打工	338	19.5	26.3
正式单位工资收入	367	21.2	28.5
集体资产分红	276	15.9	21.4
土地补偿金	69	4.0	5.4
股票等证券收入	11	0.6	0.9
经营性收入	142	8.2	11.0
总计	1 733	100.0	134.7

注:此题为多项选择题。

主要得益于较强的集体经济,比如 W 村、HX 村和 SQ 村。农业转移人口的劳动力乡城流动通常被视作提升家庭福祉的重要策略,相伴随的是劳动力流向的多元化、家庭组织方式的多元化以及家庭收入的多元化。在现实中,居村农民的个人收入提升了家庭整体的经济地位,成为家庭收入的主要来源。依据样本的城市来源进行分类,来比较居村农民的家庭—个人收入比。无锡(江阴市)、天津、兰州这些地方的居村农民个人构成了家庭收入的主力,而在长沙、株洲、西安这些地区的个人收入并非家庭收入的主力(参见表 6-7)。

表 6-7 居村农民家庭年收入与个人年收入比值

所在城市	居村农民家庭年收入(元)	家庭—个人收入比值
无锡(江阴市)	125 015.69	1.78
天津	76 582.19	1.63
长沙	61 974.26	2.18
株洲	85 272.73	2.50
西安	27 640.92	2.11
兰州	29 751.26	1.90

(二) 身份融合

研究发现,居村农民较强程度地被排斥在城市权利和福利之外,对农村社区的参与意愿较低。

权利与城市福利的获得状况主要包括居村农民的户籍登记状况以及其对于城市福利体系和治理体系的嵌入状况。与进城农民工一样,居村农民尽管在就业上已经向非农产业转移,但其户籍并未发生转变。对居村农民而言,他们是否可以获得与城市市民平等的权利和福利呢?

社会保障作为调节收入的再分配手段,是影响农业转移人口实际收入的重要因素,也是降低农业转移人口城市进入中市场风险的重要制度安排。在有关居村农民社会保障情况的提问中,1 496 名被访者共做出 1 985 次响应。可以看到,尽管居村农民居住在农村且户籍未发生转换,但是部分居民已经在正式部门从事非农工作,21.5%的居村农民进入"城镇职工保障"或"城镇居民保障"体系,35.7%的居村农民参加了"新型农村社会养老保险",41.5%的居村农民参加了"新型农村合作医疗保险"。值得注意的是,11.4%的居村农民表示自己"无任何保障"(参见表6-8)。

表6-8 居村农民的社会保障情况

社会保障参与	响应次数	百分比(%)	个案百分比(%)
城镇职工保障	255	12.8	17.2
城镇居民保障	63	3.2	4.3
新型农村社会养老保险	528	26.6	35.7
新型农村合作医疗保险	614	30.9	41.5
商业保险	117	5.9	7.9
无任何保障	168	8.5	11.4
其他	240	12.1	16.2
总计	1985	100.0	134.2

注:此题为多项选择题。

由于没有发生地域流动,居村农民并不能进入城市治理体系,社会权利的获取和社会治理参与主要发生在农村社会中。在1496名居村农民中,对村居委的选举31.6%的人明确表示"与我无关,不参加",29.7%的居村农民表示"这是我的权利,当然会考虑参加",有30.8%的居村农民表示"有点犹豫,看情况再说"(参见表6-9)。尽管居村农民并未获得城市市民身份,但是在其子女受教育权利的实现方面,超过一半的居村农民表示"比较满意"或"非常满意"(参见表6-10)。

表6-9 居村农民参与村居委选举情况

参与村居委选举的情况	频率(人)	百分比(%)	有效百分比(%)
这是我的权利,当然会考虑参加	445	29.7	29.7
有点犹豫,看情况再说	461	30.8	30.8
与我无关,不参加	473	31.6	31.6
其他	117	7.8	7.8
总计	1496	100.0	100.0

表 6-10　居村农民对子女教育的满意度

满意度		频率(人)	百分比(%)	有效百分比(%)
有效	非常满意	195	13.0	13.3
	比较满意	576	38.5	39.3
	一般	565	37.8	38.6
	不太满意	98	6.6	6.7
	非常不满意	30	2.0	2.0
缺失		32	2.1	
总计		1 496	100.0	

(三) 社会文化融入

从完整的意义上理解农业转移人口的市民化,它不单单是农业转移人口在城市中居住和工作,更进一步的是职业与生活空间的改变带来的深层次的社会文化属性上的转变,比如消费方式、闲暇生活的安排等。尽管居住在农村,居村农民是否可以突破地区的边界而具有超越边界的社会交往和文化融入呢? 研究发现,居村农民在居住方式上以居村为主,社会支持和社会文化融入呈现出地域限度。

1. 居村农民的居住情况

居村农民的家庭户规模主要集中在 3～5 人,住房类型以宅基地建房、征地补偿房为主,大部分居村农民家庭人均住房面积高于全国平均水平。

住房是社会成员生活的主要空间,也是其享受城市文明和各项发展成果的空间基础。在农业转移人口向城镇转移的过程中,最重要且最需要得到解决的首先是住房问题。对 1 496 名居村农民居住情况的调查结果显示,家庭常住人口平均为 4.15 人(标准差=1.731),平均家庭户规模大于国家统计局公布的全国平均家庭户规模(2.98 人)。其中,最小家庭户规模为 1 人户,最大家庭户规模为 12 人户,有一半的被访者家庭户规模集中在 3～5 人户。与全国家庭户规模的有关数据相比,本调查中居村农民家庭规模为 3～5 人户的比例与全国整体水平持平。

在住房类型上,1 496 名居村农民中最大比例的住房类型为"宅基地建房"(68.9%),其次为"征地补偿房"(13.4%)。相对来说,"自购商品房""租房"、借住等比例都较低(参见表6-11)。统计结果显示,1 496名居村农民的平均家庭住房面积为188.86平方米(标准差=107.976),由于家庭住房类型包括自有住房(包括"宅基地建房""自购商品房"和"征地补偿房")和非自有住房[包括"租房""单位(学校)的宿舍或公寓"以及"亲戚朋友家的住房"],因此居村农民对"家庭住房面积"变量的应答差异较大,最小为118平方米,最大为230平方米,平均住房面积达到188.86平方米(标准差=107.976)。经计算,居村农民家庭人均住房面积的均值为50.884 7(标准差=32.316 11)。根据《中国民生发展报告2017》,2016年城镇居民人均住房建筑面积为36.6平方米,农村居民人均住房建筑面积为45.8平方米(北京师范大学政府管理学院,2017)。按照这一标准,居村农民的住房面积高于全国平均水平。

表6-11 居村农民的住房状况

住房状况	频率(人)	百分比(%)	有效百分比(%)
宅基地建房	1 030	68.9	68.9
自购商品房	72	4.8	4.8
征地补偿房	200	13.4	13.4
租房	139	9.3	9.3
单位(学校)的宿舍或公寓	18	1.2	1.2
亲戚朋友家的住房	12	0.8	0.8
其他	25	1.7	1.7
总计	1 496	100.0	100.0

2. 居村农民的生活方式

居村农民的家庭消费主要偏向于面向基本生活的生存资料消费和面向下一代的发展资料消费。闲暇活动主要以消遣娱乐、社会交往以及信息获取为目的。

从完整的意义上来理解农业转移人口的市民化,它不单单是农业转移人口在城市中居住和工作,更进一步的是职业与生活空间的改变带来的深层次的社会文化属性和角色上的转变,比如城市消费方式、闲暇生活方式的习得。在本调查的1 496名居村农民中,对"除了每日三餐以外的家庭主要支出"变量的15个选项共计给出了 3 578 次响应。其中响应人数比例较高的三项家庭开支依次为"水电煤等"(47.3%)、"子女教育"(38.2%)、"医疗"(28.5%)(参见表 6-12)。整体而言，居村农民的家庭消费主要偏向于面向基本生活的生存资料消费和面向下一代的发展资料消费，而发展资料消费和享受资料消费方面的支出较少。除了上述的几项消费，人情往来方面的支出也占据较大比例。居村农民的样本来源于现代化程度较高的"新农村"和相对较为传统的"空心村"。如果我们仅关注"新农村"中居村农民的人情往来支出，可以发现，将其作为主要开支的比例下降至 22.4%。可见，现代化"新农村"和"空心村"中的居村农民在行为方式上出现了一定差异。

表 6-12 居村农民的消费支出状况

消费支出	响应次数	百分比(%)	个案百分比(%)
交通	288	8.0	19.6
通信(手机、网络)	471	13.2	32.0
水电煤等	696	19.5	47.3
物业费	21	0.6	1.4
住房	125	3.5	8.5
子女教育	562	15.7	38.2
人情往来	385	10.8	26.2
参加培训等	36	1.0	2.4
医疗	419	11.7	28.5
买衣服	110	3.1	7.5
文化娱乐活动	93	2.6	6.3
兴趣爱好	57	1.6	3.9
赡养老人	191	5.3	13.0
没什么花费	64	1.8	4.4
其他	60	1.7	4.1
总计	3 578	100.0	243.3

注:此题为多项选择题。

在本调查中,1496名居村农民在"空闲时间的打发方式"变量的12个选项上共计给出了3397次响应。其中,选择比例较高的三项闲暇活动分别为"听广播、看电视"(68.1%)、"聊天"(32.2%)、"看报纸、图书"(27.1%)(参见表6-13)。可以看到,居村农民在闲暇安排上呈现出对消遣娱乐、社会交往以及信息获取的偏好。

表6-13 居村农民的闲暇安排情况

闲暇安排	响应次数	百分比(%)	个案百分比(%)
听广播、看电视	1 006	29.6	68.1
看报纸、图书	401	11.8	27.1
聊天	476	14.0	32.2
打牌搓麻将	319	9.4	21.6
睡觉	270	7.9	18.3
参加文体活动	205	6.0	13.9
参加公益活动或志愿服务	35	1.0	2.4
参加宗教活动	19	0.6	1.3
参加职业技能培训	106	3.1	7.2
玩游戏	126	3.7	8.5
上网	242	7.1	16.4
其他	192	5.7	13.0
总计	3 397	100.0	230.0

注:此题为多项选择题。

3. 居村农民的社会交往

社会交往属于现实的社会行为范畴,与纯粹客观的社会地位不同,是社会结构和社会心理相结合的结果。从这一意义来看,社会交往反映的是社会成员之间的互动与接近。研究发现,居村农民的社会交往主要基于亲缘和业缘,"新农村"中的居村农民更强调地方团结。居村农民与城市居民的社会交往整体较少,城市中的社会支持较为有限。

在具体的社会交往对象上,1496位居村农民在这一变量上共计给出了3 588

次响应,分别有 70.7%、42.4%和 37.7%的居村农民在主要交往对象上选择"家人""亲戚"和"朋友"(参见表 6-14)。可见,居村农民的社会交往主要建立在亲缘关系和业缘关系之上。但是值得注意的是,如果仅关注于居住在"新农村"中的居民,可以发现其主要交往对象依次为"家人""亲戚""邻居"。对"新农村"中的居村农民而言,基于地缘的邻里关系则更为紧密。

表 6-14　居村农民的社会交往对象

社会交往对象	响应次数	百分比(%)	个案百分比(%)
家人	1 045	29.1	70.7
亲戚	627	17.5	42.4
同事	478	13.3	32.3
同学	262	7.3	17.7
朋友	558	15.6	37.7
邻居	403	11.2	27.2
原村里人	205	5.7	13.9
其他市民	7	0.2	0.5
其他	3	0.1	0.2
总计	3 588	100.0	242.6

注:此题为多项选择题。

在"人际交往范围"方面,本调查的 1 496 位居村农民中有 30.7%的人认为自己的交往范围"非常广泛"或"比较广泛",认为自己人际交往"不太广泛"或"很不广泛"的比例占 23.3%(参见表 6-15)。而在与其他市民的社会交往方面,居村农民整体上与其交往的频率较少,居村农民选择与市民"交往很多"或"交往较多"的比例仅占 14.3%。进一步区分居住在空心村和"新农村"中的居村农民,可以发现空心村中的居村农民与市民的交往频率更少。其在社会交往和城市融入上不仅受制于跨文化的差异,也受制于地理空间上的差异。就居村农民目前居住社区的邻里关系来看,1 496 位居村农民中有 13.0%表示现在居住社区中的邻里关系比以前和睦,而有 13.2%的居村农民表示比以前疏远(参见表 6-16)。

表 6 - 15　居村农民的人际交往范围

人际交往范围	频率(人)	百分比(%)	有效百分比(%)
非常广泛	232	15.5	15.5
比较广泛	228	15.2	15.2
一般	686	45.9	45.9
不太广泛	273	18.2	18.2
很不广泛	77	5.1	5.1
总计	1 496	100.0	100.0

表 6 - 16　居村农民的邻里关系变化

邻里关系变化	频率(人)	百分比(%)	有效百分比(%)
比以前疏远	198	13.2	13.2
比以前和睦	195	13.0	13.0
跟以前差不多	445	29.7	29.7
说不清楚	63	4.2	4.2
不适用(没有搬迁过)	595	39.8	39.8
总计	1 496	100.0	100.0

(四) 心理融合

社会融入主要包括四个方面的基本内涵:经济整合、文化接纳、行为适应和身份认同。尽管居村农民仍然是农业户口,但对自己是"市民"还是"农民"的角色认知往往突破制度上的户口界限。在 1 496 位居村农民中,18.0%的被访者认为自己是"市民",47.3%的被访者认为自己是"农民",23.3%的被访者表示"说不清楚",另外还有 11.4%的被访者表示"没想过这个问题"(参见表 6 - 17)。整体审视居村农民的市民化表现,其市民化过程中在经济参与、权利与城市福利获得、社会文化融入以及心理角色转型方面表现出较低的社会流动性。尽管以乡村作为载体推动农业转移人口的市民化始终是城市化发展的理想,但是从现实而言,这部分农业转移人口尽管在农村较大比例地实现了就业的非农化转换,但进一步在社会文化的层面并没有表现出跨越多重城乡边界的能力和优势。相反,他们在职业身份获得、收入回报、权利与城市福利获得等方面都处于边缘化的地位。尽管在心理角色上发生了一定程度的转型,但是受到多重因素的影响,在充分的市民化方面还面临诸多障碍。

表6-17　居村农民的角色认同

角色认同	频率(人)	百分比(%)	有效百分比(%)
市民	270	18.0	18.0
农民	707	47.3	47.3
说不清楚	348	23.3	23.3
没想过这个问题	171	11.4	11.4
总计	1 496	100.0	100.0

三、居村农民的市民化意愿与选择偏好

在当代中国,农民在流动性的获得中已经逐步分化为不同的职业身份,并走向不同的阶层地位。对农业转移人口市民化而言,农业转移人口本身的主体意愿和选择偏好及其对流动性获得的影响应当更多地被考虑进来。尽管居村农民的主要生活场所为农村,但其已经快速且高比例地完成了非农化的转型。在这一过程中,居村农民在经济参与、权利与城市福利获得、社会文化融入和心理角色转型方面都产生了诸多变化。值得注意的是,居村农民不是一个同质的整体,而是以差异化的结构地位、能力、意愿和选择偏好参与到市民化的转型中。

(一) 居村农民对经济参与的意愿与选择偏好

在本调查中,居村农民的样本主要来源于两类社区。一类是"空心村",其特点是位于中西部地区,大量农村村落由于青壮年劳动力的大量流出而形成"613899"的人口现状,也即形成大量留守妇女、儿童和老人滞留在村庄中。另一类是伴随着新农村建设而兴起的现代化新农村,比如调查中无锡江阴的 HX 村、SQ 村以及天津的 W 村,这些新农村一般具有较强的集体经济传统和实力。与进城农民工和城郊失地农民不同的是,居村农民在当代中国表现出了地域上的相对"非流动性"以及市民化的本土化特点。

从经济参与情况来看,本调查的居村农民中也出现了较大比例的失业或待业现象,其中较大比例地出现在中西部地区的陕西、甘肃等地的社区之中。在1 496名居村农民中,"专业技能"(27.0%)、"社会关系"(25.8%)以及"学历"(22.1%)被认为是影响求职最重要的因素,而居村农民恰恰认为自己同时缺乏这些要素(参见表6-18)。"我们没文化,我们姊妹四个,以前父母在生产队做,没有读过书,进厂很难的。以前真的太苦了,饭都没的吃。"(XA-H-2014081003)"现在外面找钱真的比较难,出去的就我一个大哥,我去看过,他在广西那边干得也一般,手底下也不缺人。"(XA-H-2014081004)地域上的非流动性以及外出就业的低意愿来自多重因素的影响。他们的滞留既是缺乏城市劳动力市场所需的人力资本的结果,也是家庭联合决策、本地社区拉力影响的结果。实际上在访谈中,一部分居村农民的失业或待业情况出现在居村农民城乡流动的返乡期,一部分居民在本地或外地城镇季节性或短期性地务工,"赚到一些钱后就回家,等花得没钱了,再出去"(ZZ-D-20150701002)。这种经济利益非最大化的选择偏好集中地出现在一些社区所具有的地方习俗中,比如株洲的D村,村民们甚至自己都对这种地方打工文化的特殊性表示好奇和不解。"我们这地方真的挺奇怪的,农村游手好闲的人特别多,大家宁愿在家里打牌也不出去打工。"(ZZ-D-20150701003)虽然考虑到预期收益,但居村农民的决策又并非完全遵从利益最大化的理性原则,而在很多时候表现出对社会习惯的遵从和对生活连续性的维持。"我觉得那些出去打工的主要是在家里一分钱都赚不到的人。如果在乡下能赚到两三千,到城市能赚到五六千,那我为什么要到城市去打工呢?"(XA-H-2014081002)

表6-18 居村农民认为影响求职最重要的因素

	影响因素	频率(人)	百分比(%)	有效百分比(%)
有效	学历	326	21.8	22.1
	专业技能	398	26.6	27.0
	就业信息	38	2.5	2.6
	社会关系	381	25.5	25.8
	吃苦耐劳	216	14.4	14.6
	其他	117	7.8	7.9
	总计	1 476	98.6	100.0

影响因素		频率(人)	百分比(%)	有效百分比(%)
缺失		20	1.3	
	总计	1 496	100.0	

在以往的研究中,特别在发展中国家的语境中,观察到一些影响家庭决策的特殊点,比如家长制的偏好(Lucas,1977)、分离与留守的家庭劳动力安排(Nelson,1976)等。在本调查中,家庭对居村农民外出表现出反向的影响,即倾向于将家庭劳动力留在家中,而不是向外推出。为此,许多居村农民家庭内部出现了经济上的相互支持机制。

从本地社区对居村农民的拉力来讲,居村农民是否因为对于土地的依恋(无论是生计上的还是情感上的)从而在地域上表现出非流动性?"谁喜欢种地啊? 累都累死了,还脏。"(GS-XGY-2015072002)"你问我平常有没有休闲? 我们农民哪里有时间休闲? 一天忙都忙死了。"(GS-XGY-2015072002)对农业生产的抱怨虽然也经常出现于居村农民的口中,对他们而言,传统的农业生产方式和生活方式是劳累和辛苦的,耗费了大量劳动力和时间,但收益甚微。但是从个体来讲,从对职业非农化的愿望发展为离开本村外出谋生的决策,则需要不断衡量,且受到经济因素之外的其他因素影响。

对"新农村"的居民来说,其较低的外出就业意愿主要与本地的就业机会和地方社区的整合度有关。"主要在企业打工。我们这里企业多,职工还找不到呢。"(JS-SQ-2014071801)"我们这个社区有六个'不出村'。第一个'不出村'就是我们上班不出村,农民上班不出村。你看,我们现在有 4 个大型企业,XQ 皮草集团公司、XY 汽车零件制造公司,还有一个 MJ 纸业公司,还有服装厂,这些都是我们本村的。而且我们基本上以第二、第三产业为主,上班不出村就是因为有几个大型企业在我们村。我们农民啊,早上上班,中午回家吃饭,一个小时后再回厂里上班。而且企业愿意和我们农民打交道,企业也没负担。再一个,我们这里一个大的优点就是,我们这里来过很多国家领导人,在我的办公室,在楼下,都有展板。第二个就是乘车不出村,我们这里有车站。第三个就是购物不出村,我们这里有 1.5 公里的商业走廊,超市有 18 家,小型的商品,我们这条街上全有。第四个就是各项活动不出村,我们现在一楼有乒乓球室啊,残疾人健身室啊,此外我们还有健身器和活动室。第五个就是我们查阅各种信息不出村,我们接通了宽带网络。第六个就是我们市容环保不出村,有垃圾回收站、污水处理厂。一共就是六个'不出村'。"(TJ-W-2014050101)在HX村,社区本身就成立了旅游公司,还建起了五星级的酒店,大量的本地村民就业于其中。

在农村社会分化的背景下,外出就业的机会也开始分化。居村农民也逐渐意识到这种分化。"以前家里条件好的出来得迟。像我们结婚的时候都没分上地,吃也吃不上,所以被逼出来了。他们(过得好的)也不愿意出来,就是小孩子出来跑一跑。我们没地,小孩也没地。我们家的地都给二哥了,他要照顾老人,我们几个地都给他种了。我们在外面,每年就寄点钱给他们。最早出来的是老小,在厂里包工几年,聪明一点。出去的话,不仅要脑子灵活,还要有机会,找到好老板。"(XA-H-2014081003)

(二)居村农民对权利与城市福利获得的意愿与选择偏好

尽管居村农民认为市民具有优势,"总归是城市好咯,城市人都是享受,退休工资劳保啊什么都高一点"(XA-H-2014081003)。但是与进城农民工或失地农民不同,居村农民对权利与城市福利获得的意愿较低。为了解基层社会治理的参与和基层民主权利的实现,笔者将居村农民年龄、性别、收入水平、收入满意度、受教育程度与参与意愿进行了交叉分析。可以看到:一是年龄与居村农民的社区参与意愿之间存在显著的相关关系($Chi^2=52.555$,$P<0.05$)。较大的年龄组中选择"这是我的权利,当然会考虑参加"的比例要高于较低的年龄组。二是性别与居村农民的社区参与意愿之间存在显著的相关关系($Chi^2=9.522$,$P<0.05$)。女性群体中明确表示"与我无关,不参加"的比例要高于男性,但男性中表示"有点犹豫,看情况再说"的比例要高于女性。三是收入水平、收入满意度与居村农民的社区参与意愿之间无显著相关关系。四是受教育程度与居村农民的参与意愿之间无显著相关关系。

在这里,居村农民对于权利与城市福利获取的意愿与村落功能的发挥紧密相关。在城市化的背景下,村落仍然在两个方面成为村民权利和福利获得的来源。改革开放以来,农民以前所未有的规模突破村落封闭的边界而展开与外部世界的交往,农村社会本身也在不断地发生流动和分化。通过村落,村民能够直接共享来自集体的经济资源和非经济资源。对村民而言,村落的存留意味着收益获得的一个有效途径,或者是一个待开发的资源。哪怕是以家庭松散经营为主的村落,同样具有将集体资源私人化的空间。同时,村落本身还具有抑制内部过度分化的能力,村落组织管理功能的增强以及村级资源的再分配使得抑制社会分化成为可能,并防止其对共同体造成的撕裂。特别是在个体化趋势不断加强的背景下,村落能够成为个体化社会中风险抵御的庇护来源。

反而对居村农民来说,做农民成为一种福利。"因为第一个农村生活成本低,第二个就是周边有点土地,还可以搞点蔬菜种种,像上海、北京这种大城市就不可能有这样的待遇了。"(XA-H-2014081006)W村的党总支书记以前是企业经营者,现在既是村干部,也是集体企业的经营者(集体企业已改制为个体企业)。"'新农村'建设前后对比的话,农民的素质普遍提高了,从过去的不懂法变成现在的依法行事了。农民现在的经济收入啊,我们去年全村收入1.48亿元,人均纯收入达到5 645元。所以农民现在的文化素质也是在不断提高。2006年,省农村社区试点村也给了我们村,还有'法律六进试点村''信息化网络示范村'也评上了。跟过去对比啊,组织水平、信息化水平都提升了不少。国家的政策也是向农村倾斜。所以现在已经不同了。"(TJ-W-20140501015)

(三)居村农民对城市社会文化融入的意愿与选择偏好

居村农民对于城市社会文化融入的意愿较低,主要原因是村落共同体的社会文化整合程度较高。村的成员身份和农民身份并不完全等同。不具有农业户口的本村居民同样能够享受分红和其他村民待遇,这种福利边界的强化在"新农村"中尤为突出。村成员的边界主要依靠户口所在地而不是户口性质来确定,但是村成员的边界也不是完全锁闭的。婚姻关系、亲缘关系会带来村成员的增减。SQ村的村规民约规定:本村居民户口村民,若其配偶为城市居民户口,则仅其本人享有村民待遇,其配偶及子女一律不享受各项村民待遇;若其配偶为农业户口,且其配偶将户口迁入本村的,则享受本村农业户口待遇,子女根据户口性质确定村民待遇。对于户口因升学而迁出去的人员,在入学期间享受本村村民待遇;毕业后,可根据户口性质享受本村村民待遇。本村村民与外村村民结婚的,夫妻双方可选择将双方户口落于本村或外村。SQ村还专门设立了老年福利金、奖学金、义务教育学杂费的福利补贴。W村每年的各种福利让居村农民对"集体"产生了极大的依附感。在市场经济的条件下,"集体"仍然被视为"安全的""相对公平的""富有人情味的"

的庇护主体。财政部门对农业户口的村民有一系列的财政补贴,除了农村养老、最低生活保障、五保、优抚、医疗救助等基本财政支持,还包括粮食直补、农资综合补贴、良种补贴、农机购置补贴、家电下乡补贴、生态效益林补偿、教育类助学金等。但实际的补助力度仍然是不足的。比如从 2012 年湖南省针对农村居民的财政惠民补贴情况来看,为种粮农民提供的粮食直补为每亩 13.5 元,农资综合补贴为每亩 80.6 元。新农保基础养老金每人每月 55 元。"有些村经济条件好,村里就直接垫掉了。但是现在呢,农民自我的保护意识已经非常强了,农村保险推广的力度也非常大。"(TJ－W－20140501015)不仅如此,"村集体"对居村农民来讲还是解决不公平问题的主要求助对象。从表 6－19 中可以看到,1 496 名居村农民在该题上共计给出了 2 463 次响应,其中村委会干部成为居村农民遭遇不公平待遇时会去寻求帮助的首要对象,有接近四成的居村农民选择"找村委会干部帮助"。

表 6－19　居村农民寻求帮助的对象

求助对象	响应次数	百分比(%)	个案百分比(%)
找法院	266	10.8	17.9
找政府部门	441	17.9	29.7
找熟人	360	14.6	24.2
找村委会干部帮助	573	23.3	38.5
找单位领导帮助	114	4.6	7.7
诉诸媒体	159	6.5	10.7
保持沉默	166	6.7	11.2
没有遇到不公平	203	8.2	13.7
其他	181	7.3	12.2
总计	2 463	100.0	165.8

注:此题为多项选择题。

据统计,接近一半(46.3%)的居村农民认为市民对自己的态度主要为"一般"。而在与市民的社会交往上,选择"交往很多"和"交往较多"的比例仅为 14.3%,而选择"交往较少""交往很少"乃至"从不交往"的占 85.7%。为什么居村农民与市民的社会交往遭遇了限制?根据居村农民的填答,73.8%居村农民表示是因为"交往机会少",同时也有较大比例人的选择集中在"没有什么共同话题"以及"不知道如何跟他们交往"等社会文化方面的群体阻隔上(参见表6-20)。

表6-20　居村农民与市民交往少的原因

与市民交往少的原因	响应次数	百分比(%)	个案百分比(%)
没有什么共同话题	244	16.8	20.6
觉得城市人看不起自己	73	5.0	6.2
不知道如何跟他们交往	219	15.1	18.5
交往机会少	874	60.3	73.8
其他	39	2.7	3.3
总计	1449	100.0	122.4

注:此题为多项选择题。

(四) 居村农民对心理角色转型的意愿与偏好

在1496名居村农民中,表示想"当市民"的比例为24.1%,而仍然想"做农民"的比例为39.9%,33.6%的居村农民表示"无所谓,农民和市民没有很多差别"(参见表6-21)。整体上来看,居村农民在市民身份以及角色转型上的意愿并不强。而根据表6-22中的统计,居村农民认为自己与市民的差异主要体现在"社会保障与福利"以及"收入水平"方面,而非社会文化方面,同时也有15.3%的居村农民表示"没什么区别"。进一步考察性别、年龄、受教育程度以及收入满意度与居村农民心理角色转型意愿之间的相关性。第一,性别与居村农民心理角色转型意愿之间存在显著的相关关系($Chi^2 = 10.772$,$P < 0.05$)。男性群体中有更大比例的人选择"做农民",而女性群体中更大比例的人选择"无所谓,农民和市民没有很多差别"。第二,年龄与居村农民心理角色转型意愿之间存在显著的相关关系($Chi^2 = 68.752$,$P < 0.05$)。50岁以上的年龄组相比50岁以下的年龄组更多地凸显出对"做农民"的选择偏好。第三,受教育程度与居村农民心理角色转型意愿之间存在显著的相关关系($Chi^2 = 47.424$,$P < 0.05$)。在受教育程度较低的组别中(初中及以下),想要"当市民"的选择比例要高于受教育程度较高的组别。第四,对目前经济状况满意度与居村农民心理角色转型意愿之间存在显著的相关关系($Chi^2 = 98.844$,$P < 0.05$)。在表示对目前经济状况"比较满意"或"很满意"的居村农民中,选择愿意"做农民"的比例要明显高于"不满意"或"非常不满意"的居村农民。

表 6 - 21　居村农民的身份期望

身份期望		频率(人)	百分比(%)	有效百分比(%)
有效	做农民	585	39.1	39.9
	当市民	353	23.6	24.1
	无所谓,农民和市民没有很多差别	492	32.9	33.6
	其他	36	2.4	2.5
缺失		30	2.0	
总计		1 496	100.0	

表 6 - 22　居村农民与城市市民的区别

与市民的区别	响应次数	百分比(%)	个案百分比(%)
户籍	344	11.7	23.7
收入水平	614	20.9	42.3
社会地位	271	9.2	18.7
政治权利	110	3.7	7.6
生活习惯	288	9.8	19.8
社会环境	264	9.0	18.2
社会保障与福利	494	16.8	34.0
思想观念	226	7.7	15.6
以上都有区别	63	2.1	4.3
没什么区别	222	7.5	15.3
其他	48	1.6	3.3
总计	2 944	100.0	202.8

注:此题为多项选择题。

与外出农民工和城郊失地农民不同的是,"新农村"中居村农民较低的身份不平等感可能来自农村福利对城乡不平等的弥补。通过村办企业的科层化运作以及将现代企业管理制度引入农村社区治理,村民在村落组织结构调整中重新确立了个体权责意识,并为村民个体化的权利实现建构了新的制度化渠道。同时,村民对个体价值的强调以及权利主张的个体化也在更长远的意义上助益于乡村治理结构的开放、民主制度的形成以及政治参与的扩大。比如在"乡村市民型村落"的江阴市 SQ 村,它在新农村建设中,从重新规划到具体实施皆来自村民的共同参与;村里成立了民主理财小组,对 SQ 村的年度财务账目以及相关经济活动事项进行审核和监督,通过村务民主管理方式促进村民有效的政治参与。从心理角色转型来说,居村农民仍然保持较大程度的社会角色和心理连续性。"农民首先考虑的是经济利益,用金钱来考虑自己的得失。但是在特定的事情上,行为还是会受到约束,比如民风、村风、约定俗成的这些东西,他们往往打破不了。这些东西深刻地印在他们的脑子里,需要去执行。"(XA-H-2014081002)但是,伴随着现代化"新农村"的建设,社会文化层面的市民化进程已经展开。

第三节 居村农民市民化的分化与社会后果

与农民工和失地农民的市民化不同,居村农民市民化主要指向居住在农村,拥有农村户籍,但在职业等方面已经发生市民化转型或已经纳入市民化计划的农业转移人口。考虑到城市地域空间的有限性、农村劳动力的流动成本以及农业现代化的要求等因素,居村(在地)农民的市民化可以很好地解决或避免这些问题。在新型城镇化的背景下,如何有序推进居村农民市民化将是破解就地城镇化问题的关键,也是实践以"人"为核心的新型城镇化的重点与难点。然而,居村农民市民化也存在诸多突出问题。

一、农村社会分化与新社会阶层的产生

农村社会的分化同时来自村落的变化和村落中人的变化。一方面,中国本身地域差异非常大,村落发展的基础、接受城市辐射的情况都不同,这也给村落现代化的路径带来了极大的可变性,难以形成单一结论。另一方面,农村研究被长期困束于特定的边界和地点,忽视了农村居民日常生活中的流动性(包括地理流动和社会流动)及其对农村转型发展的影响。

实际上,农村社会分化自农村经济改革就已经显著开始了。经济改革通过引入一个新的责任体系来重新组织农村工作和分配农村收入,从此个体户获得分配的土地使用权利。近年来的农村社会分化出现了一些新的机制,并突出地表现在不同农村之间的分化和某一农村社区内部的分化。在转型发展中,一部分农村脱颖而出并成为带动农业转移人口市民化的有效载体。从村落内生性发展的诸多成功经验中可以看到,依托于地方性的整合、去中心化的政策过程、公—私以及志愿部门之间伙伴关系的建立以及有效的社区参与等,许多村庄成为发展中的获利者。HX 村、SQ 村就是这样的例子,不同村之间的村民福利存在巨大的差异。"'镇上'以前是城里,现在感觉镇上也不算城里了。"(WX - HX - 2014072001)在乡村城镇化发展迅猛的农村,城乡之间的差距在明显缩小。

人对于城市、乡村、农民、市民的感觉是不断随着生活经历的变化而不断变化的。人的市民化给农村的社会构成和社会关系带来什么样的调整? 人的社会流动性必定带来阶层分化,这会给农村社会关系带来什么样的变化? 近年来,农村内部的分化越来越突出,不仅表现为农村家庭之间的收入差异,即便对现从事农业活动的家庭而言,这种分化也在加剧(Yan et al., 2013)。城乡收入不平等自 1982 年开始持续增长,与此同时,农村内部的收入不平等也在显现。进一步地,农业转移人口市民化给农村社会带来阶层重塑,新社会阶层得以产生。他们一般是在农村中拥有较强人力资本、生产要素、资产的村民,同时不再以"乡下人"将自己定位于农民阶层。农村新社会阶层的出现反过来又加速了农村的分化,并改变了农村原有的社会关系。一位村民说道:"脑子活络点的都能在外面搞到钱,房子也可以造欧式的。人家真的有本事,不像我们脑子笨,不行。"(CS - X - 2015071001)由此带来的变化是市场能力取代长老威望成为村民评判他人社会价值的新尺度。同时,"有用/无用"的话语逐渐显现于村民日常生活的表达之中,并成为影响村民行为的价值导向。一位村干部这样描述自己工作中的难处:"我们实际都是干事的,又不能吹牛,必须给老百姓带来实实在在的利益。我要是吹了不做,要被他们打死骂死的。农民就是这样的,吃亏的事情是不做的。"(CS - X - 2015071002)

(一) 被抑阻的市民化:规模与效率难题

在中国,已经有超过 2.7 亿农业转移人口在非农业部门工作,并且其中大部分居住在城市。在过去几年中超大型城市以各种治理之名对低端行业和低端人口实行的驱赶策略,越来越使得城市远离包容性,使大城市的经济社会边界不断锁闭。在大中城市就业的存量农民工问题能否解决?虽然中央提出了一系列的指导意见,但是土地制度、户籍制度、投融资管理制度等的实际进展仍然步履维艰。从整体来看,中国的乡城流动人口(流动人口的主要组成部分)所构成的流动潮规模非常之大,并且仍然在扩大。在这里,需要讨论这样一种可能,除了城市是否可能还有其他载体来实现农业转移人口的市民化,从而使农民能够打破城乡社会的边界,共享平等的公共服务和现代文明?

发展中国家农村经济发展中普遍存在大量的隐性失业现象。在人地关系高度紧张的状况下,传统小农经济以劳动替代资本投入的必然结果是农村劳动力和人口的过剩以及劳动生产率的长期低迷。根据1996年农业普查的数据,外出务工的农村劳动力中,出乡就业的有7 222.6万人,出县就业的有4 487.2万,出省就业的有2 363.5万。在"后集体时代",农村社会如何留住人口获得发展?

小城镇发展始终难以解决规模效应的问题。乡镇企业和第三产业的发展如何成为可能?目前中国土地使用制度同时具备达成效率和公平的两大功能。城市化主要表现为要素的聚集,这种聚集的分布呈现出城市等级间的级差。乡村工业具有难以解决的劣势,农村工业面临的普遍问题是规模较小,对农业转移人口的吸纳能力比较有限。相较而言,城市已经成为各个部门、机构、人才、技术的聚集场所,更能发挥规模经济的优势。而农村如果要获得城市中这些优势的共享,显然要支付相当大的成本,难以获得规模经营和生产效率改进的经济优势。重点镇产业发展方向是工业化、信息化、市场化、国际化,小城镇产业集中园区的打造,从而成为农村劳动力转移的新就业基地。中国小城镇数量多、规模小,在城市极化的发展中面临着普遍的发展动力不足问题。近年来,浙江等地对特色小镇进行大力培育。在政府主导下,打破传统以产业为主的园区和传统的块状经济模式,打造集产业、文化、旅游且生态宜居的小城镇,旨在发挥"小城镇"对区域经济发展、对经济社会协调、对农业转移人口市民化的积极作用。但在2016年的政府考核中,浙江省首批37个小镇中就有3个被警告,一个被"退市",主要原因是在投资方面和收入方面的不力,以及土地用地指标的紧缺(浙江省将特色小镇建设用地纳入城镇建设用地扩展边界内)。小城镇是否能够成为推动农业转移人口市民化转型的社会文化空间?关键是,如果小城镇无法成为容纳劳动力的就业空间,市民化的社会空间就无从谈起。

近年来,中国产业格局发生了地区变化。随着东部地区的产业升级、科学技术的发展,用工量确实在减少。宏观经济发展的格局对农业转移人口形成了需求的"天花板效应"。中国的城镇化速度正在放缓,尽管城镇化速度仍然保持在1.3左右,但是从劳动力转移的数字来看,情况截然不同。从过去几年全国农民工监测数据来看,农村劳动力向外转移的增速下降已经成为一个事实,超大城市的市民化越来越难以实现社会流动性。劳动力用工的成本在不断上涨,但是在投资分配和贷款等方面存在经济政策的城市偏向,使居村农民在本地的非农就业以及在本地享受地区发展的成果面临城市发展规模与效率的抑阻。从计划经济体制向市场经济体制转变的过程,也是经济活动及其社会后果不确定性增加的过程。国家究竟应当在哪些领域进行干预,在哪些领域降低干预? 政策和法规的制定究竟应当为地方留下多少自主空间? 这些都涉及一系列制度选择,并且在面对地方差异性和试验性的过程中表现出多面性。

　　21世纪以来,以支持农村发展为核心的农村发展战略带动了一系列面向农业、农民、农村的制度变革,形成了农业现代化、基础设施建设、农村治理创新、社会福利平等化以及农村教育、财政支持力度扩大等一系列制度变革和促动策略。"十一五"期间,与"三农"直接相关的财政支出量由2006年的3397亿元增长到了2010年的8579.7亿元(Ahlers et al., 2015)。2006年取消农业税在更深层的意义上调整了国家与农民的关系,国家开始取代农民自身和农村集体,而成为农村公共物品和公共服务的直接提供者(Ye, 2009)。"新农村"成为一个自上而下的命名过程,以全新的概念(宏观政策理念和框架)来引领农村的新一轮发展,而具体的目标、优先序列和方法则是由地方政府来完成。地方政府出于财政的压力,必须在中央的宏观蓝图实现上予以行动上的配合。另外一个方面是上级考核的压力。从可见的社会结果来看,农村在硬件设施、公共物品提供等方面呈现出较大的改善。因此,地方政府在推动城市化的过程中必须同时具备朝上和朝下双重回应机制——不仅对上负责,同时也需要对下负责,这使得地方政府必须同时保卫自己前途顺利(对上负责)以及自治性(对下负责)。上访以及社会稳定的风险成为促使地方政府积极回应公众需求的重要传导机制。

　　"要说这个农村社区建设啊,最难的啊,还是缺乏资金。有时候啊,你说要把农村社区搞好,把文化生活搞好,比如说,可以请求上级配一些健身器材,这部分能把农村和城市的距离缩短。你城市有的,我农村也有,我也能享受到。"(GS-XGY-

20150720002)

（二）乡村性溃败与"新乡村性"出现并存

19世纪以来的工业化、城市化、市场化进程,持续地改变着农村社会的特征与结构,对传统农业和农村共同体的存在和延续构成巨大挑战。自20世纪80年代起,乡村就被主流社会学扫地出门了,"我们正在失去村落共同体"(Newby,1979)的判断一方面伴随的是对世界范围内乡村性溃败的哀叹,一方面指示了"乡村性"消亡的必然性——人与村落共同体之间关系由紧密走向断裂,村落共同体因此衰落;另一方面,从全球的视角而言,无论是西方发达国家还是发展中国家,当前都面对着一个与以往不同的"新乡村",村落中的人与村落之间的关系发生了重要转变。乡村性究竟在发生何种变化,以及未来如何演化? 这关系到居村农民究竟在多大程度上能够依托农村社会来实现市民化的可能。不过这一问题在当代变得越来越复杂。

在数千年的历史变迁中,农村人口始终是中国人口的主体。作为典型的农业大国,中国深深地根植于乡村性的传统。其"乡村性"在相当长的时间段中被言说为传统农业生产方式、传统小农和乡土社会。在中国,乡土性的核心内涵落在"农民"以及"乡"与"土"的关系上,实际上集中地反映在农民与村落的关系上。换言之,改革开放以来"乡土性"的变迁主要体现为村民与村落关系的变化。改革开放以来,农村社会中交织着两条社会变迁的路径:一条是由国家自上而下推动的农村宏观经济社会发展战略,比如乡镇企业的发展、特色小镇和小城镇的建设、古村落的保护、"新农村"建设等;另一条是在多重现代化力量的冲击下,农村社会自下而上出现的社会转型和社区秩序的变动等。特别是数以万计的中国农民开始以多元的方式由农业部门、农村向非农部门、城市转移,并且主要形成了"离乡又离土"和"离土不离乡"的人口城镇化,给农村社区带来了巨大的冲击。变化的现实不断迫使中国农村研究重新发现和言说"乡村性",并以独特的经验加入到全球农村转型发展议题的讨论中。关于农村兴衰的讨论一直是社会科学讨论的焦点,也是影响居村农民市民化进程的重要问题。

在本书中,笔者关注居村农民生活的两类农村社区,分别是中西部的村落(以人口外移为主要特征)和东部地区以较强的集体经济为依托的"新农村"。换言之,在这里我们关注的是居村农民与不同类型的农村社区之间的关系及其变化。从空心村的发展来看,村落中确实出现了"乡村性"溃败的现象,主要以大量劳动力人口的迁出以及村民与村落间关系的断裂为主要特点。株洲市南阳桥乡的N村、D村,长沙市岳麓区的X村,西安市的B村、YX村和H村,兰州市渝中区的XGY村都在不同程度上出现了这样的现象。在村民大量外出和村落本身缺乏变革动力的双重现实下,实现了一种传统与现代要素的被动融合。一方面,城乡之间的经济发展差异持续推动村民自主选择进入城市而实现与现代性的对接。但由于一系列城乡二元的制度安排和市场选择,外出务工的村民大多无法完成城市的完整融入,因此不得不与传统村落保持连接。另一方面,"村民外移型村落"由于距离城市较远或地处中西部地区,难以受到城市辐射而缺乏转型的外部动力;同时由于内部资源的缺损和外流,亦缺乏转型的内部动力,村落由此成为现代化浪潮中被动的存在。因此,"村民外移型村落"的转型似乎成为村落的衰败性存续与村民"半市民化"之间被动结合的产物。

从"新农村"的发展来看,村落中出现了截然不同的场景,不仅没有出现中西部空心村那样大量的人口外移,反而成为外部人口流入的目的地。西方的现代化叙事是农村社会分化最后带来乡村性崩溃。然而在中国,农业转移人口的社会流动性获得在农村可能带来社会分化但并没有带来农村社会的崩溃,因为村落有一系列的协调机制重新弥合这种分化。问题是:一个越来越分化的农村社会(人口流动、社会流动、主体理性的增长、文化的多元化)是如何维持整合的? 在"新农村"的发展中,我们看到,村落同样可以成为激发现代性的有效载体。乡村性与城市性、传统与现代性之间以一种融合式的关系存在于"新农村"之中。社会交往仍然局限于与村落物理空间相关联的社会网络中。融合则带有明显的主动性,村民现代性和村落传统性之间表现出相互共生和彼此强化的关联。对这一类村落来说,其内生资源的密集性使得村落本身成为助推村民市民化的载体。特别是东部和沿海发达地区的农村,大都希望传统村落中的人财物最大程度地予以保留。村落拥有区位和资源优势,其经济能够有效对接现代性,并且依靠村落的非农化大规模地拉动村民职业的市民化转变。同时,依靠村落的基本组织管理体系,可以有效调动和整合村级资源,进行工业化的生产,兴办社会服务事业,推进民主自治的发展,从而使整体推进村民的市民化和现代化成为可能。也正是村落转型的内源动力,使得村民倾向于将市民化过程中所获得的积极转变反向归因于村落共同体,并且使得村民的市民化反向巩固村落边界进而增强村落的系统团结。① 比如江阴市 SQ 村,其转型发展的突出特点不仅在于村庄的再造、村民集体的非农化,更在于村落转型过程中村民社会—文化层面的市民化。比如通过村规民约②的制定和遵守,重新培育村民的生活习惯;通过在村庄内交通标志的树立,增加村民的相关知识;通过倡导民主自治,打破农村社区原有的治理结构,使得村民在村落转型中形成民主化的权利观念和政治参与的意识。

需要注意的是,"农民"与"市民"不仅仅以制度化的二元形态而存在。在现实中,农民与市民、农村与城市之间并不总是呈现边界清晰的二元式类属分割,而通常在经济、社会、文化的日常生活实践中表现为城乡之间的动态关联。这正是市民化可能蕴涵的复杂之处。尽管有很多研究在描述村落共同体的解体,但是仍然少有研究关注为什么一部分村民对这种"衰落"发起了阻抗。乡村复兴(rural renewal)作为全球范围内村落对于现代化力量的反应,其条件和机制则具有地方的差异性,乡村性的溃败和新乡村性的产生并存。那些在高速发展中时空交错重叠的村落,没有示范未来,却真真实实地显现着中国现代化变迁的多面性和独特性。

宏观层面社会和国家的现代性与微观层面人的现代性之间的张力如何弥合?即现代性的获得是否在城市之外也可能为乡村留下空间?在这一方面,未来仍有一系列与之相关的问题需要同时被反思:首先,我们必须重新思考现代化、工业化和城市化的关系问题,现代化是否一定需要通过城市化的途径来达成?或者说以城市发展主导的现代化何以能够容纳非城市形态的村落现代化的可能?其次,城市的扩张是否有限度?村落能够在多大程度上保持其自身的独立性和自主性?村落是否可以与城市一样,持续地成为村民现代化的载体和场域?其需要的基本条

---

① 分享到集体物质回报的村民,往往会增进对村落必要性和价值的认知,也会通过确认成员身份确定共同体边界。笔者在江阴市 HX 村、SQ 村等地调研时发现村民具有强烈的边界意识,村里的人和外来的人自感差别非常大。这些村落在经济边界开放的同时,社会边界却是高度封闭的。

② 2009 年 6 月 30 日 SQ 村村民代表大会根据《中华人民共和国宪法》和《中华人民共和国村民委员会组织法》通过了 SQ 村《村规民约》。其中包括五章内容,分别是:第一章《村民的职责、权利和义务》、第二章《遵守公德 崇尚文明》、第三章《遵纪守法 执行制度》、第四章《村民的福利待遇》、第五章《计划生育 尊老爱幼》。其中,在村民的社会文化义务方面特别强调建立良好的邻里关系,反对封建迷信,不搞宗族派性,村民(包括外来房屋租户)做好"门前三包"。

件和要素又是什么？值得注意的是，对于村落未来的预判，既不应当是浪漫主义的，也不应当是悲情主义的。尽管现代化被笼统地认为是从传统社会向现代社会的过渡，然而在实际问题分析的时候堕入两分法的窠臼是可怕的。相反，更应当从对立意义中走向一种系统的观点。

在这里，"村落"对农业转移人口而言具有特殊的现代意义，它作为集体记忆中的历史惯性而存在。人民公社的退出和农村的经济改革弱化了"集体"的意识形态。然而，在村民的日常生活中，"集体"仍是一个具有合法性的重要存在。中国村落转型不仅是嵌于城市化、工业化、现代化背景下的，同时也是嵌于传统性和历史性之中的。村民对于村落作为一种"集体"话语、记忆和体验形式，使得"村落集体"在村民的日常生活中仍然是重要的生产生活依托以及价值归属，这无疑会产生强有力的历史和传统惯性。正如上文中所提及的，当村民遭遇不公时，政府或村集体仍旧是村民选择比例最高的选项。"我不能去市里，我一去市里头就发晕，感觉东南西北一下子都分不清了，感觉空气都跟我习惯的不同，我都要赶紧逃回来。一进村口，我整个人都舒服了，我感觉我终于回来了。"（SH-M-2015041903）一位村民这样表述自己进入城市的感觉。事实上，中国农民与土地、与村落的社会文化连接比预想的更具有稳定性和持久性。在村落对接和融入现代大工业和市场体系的转型过程中，村落为可能造成的个体风险抵御提供了共同体的庇护。

第七章　比较视野中的市民化及其未来

　　前文分别在不同的情境中考察了进城农民工、城郊失地农民以及居村农民的市民化及其过程中出现的内部分化。以下,笔者将在更大层面上对当代中国因结构性力量涉入而集中出现的三类农业转移人口——进城农民工、城郊失地农民以及居村农民进行整体比较。最后,对三类农业转移人口市民化的未来走向提出一些预见性的看法。近30年来,农民不断突破原有的身份边界,广泛地参与到城市分工体系中来,因此也具备了充分的现实基础来讨论市民化对农村和城市社会所造成的多重改变和影响。

第一节　不同类型农业转移人口的流动分化

　　社会学对于乡城迁移问题的研究从厄斯特·莱温斯坦(Ernst Ravenstein)开始已经超过百年的时间。就今天来看,海量研究成果给予我们的重要启示在于:对于复杂的人口迁移及其现代化转型问题,应当尽量避免给出过度简化和过度普遍化的研究结论。相较于先发现代化国家的经验,后发现代化国家的乡城迁移问题的特点和规律应当更多地被加以探究。事实上,中国社会转型的特殊性,包括"计划"与"非计划"并存、户籍制度、不平衡的空间发展以及性别限制等,给农业转移人口向非农部门、向城市的流动带来了极大的异质性(Zhu et al., 2010)。为什么有些农业转移人口在地理空间上表现出强流动性,却在社会文化空间上表现出弱流动性?为什么有些农业转移人口在地理空间上表现出弱流动性,在社会文化空间上表现出强流动性?"流动性"的多种形式以及对于强流动性与弱流动性、流动性与非流动性的差异拷问,揭开了农业转移人口流动分化的研究主题。

一、多重选择下社会流动的群体差异

市民化是实现社会流动的一种重要形式。社会学研究更多回应的是城市化的非实体进程,即"看不见的城市化",其关注农业转移人口跨越城乡经济、社会、文化等非实体边界的动态过程。在经济社会转型、新型城镇化推进、户籍制度改革的背景下,当前农业转移人口市民化突破了中央政府中心化运作的"农转非"模式,而从显性的"整体限制"转向隐性的"分化选择"。在新的语境中,政府、市场、社会及农业转移人口自身共同参与到"谁能够成为市民"的选择中来,也由此带来了农业转移人口的流动分化。具体而言,农业转移人口社会流动性的差异获得同时来自四个方面的影响。

(一) 制度选择

无论从中国的法律体系还是行政体系而言,都没有在制度上赋予农业转移人口获得市民身份的普遍权利。相反,制度化市民身份的给予是高度选择性的。据估计,截止到 2014 年,中国大约有 1.07 亿人口发生过农业户口到非农业户口的转变,约占城市登记人口的 20%(Deng & Gustafsson, 2014)。当前制度化市民身份的给予主要以两种模式来完成,并具有资源和机会不平等分配的群体偏向:一种是对区域内人口展开市民化的对象选择,将本地原本农业户口的人口批量地转化为非农业户口,这种市民化选择模式主要发生于城市化进程中的征地、撤村等。其中,制度突出地表现出对区域经济价值的筛选性。另一种是对区域外人口展开市民化的对象选择。在地方化运作的地方招募模式下,制度完成了对外来农村劳动力的选择性汲取和选择性福利赋予。地方政府通过制定准入规则来对"谁能够成为市民"进行行政筛选,主要依据的准则是进入者的市场能力。户籍在新的背景下成为重新"制造类别"的制度工具,农业转移人口因此在制度上面临权利与城市福利获得的差异性。

(二)市场选择

在地方层面,不同城市之间形成了影响农业转移人口市民化的机会和资源结构,其不仅依赖制度选择和社会选择下是否支持作为社会成员的吸收,同时也依赖市场选择下是否支持作为劳动力的吸收。前者涉及城市权利和城市社会的边界开放程度,后者则涉及劳动力市场和收入回报机制的开放程度。是否实现充分的经济参与是农业转移人口市民化的重要组成部分。劳动力市场对劳动力的配置并不绝对地趋于最优,市场同样会缠绕社会文化的逻辑,生产性要素和非生产性要素是相互转化的,共同对农业转移人口的职业匹配和收入获得产生结构性影响,从而使农业转移人口面临经济机会的获得差异。在城市开发中,市场基于城市发展中的区位偏好,与政府强力形成联合决策,将城郊农民卷入市民化转型中,并使其具有不均等的市民化机会和资源。

(三)社会选择

社会网络与农民工在城市中的经济社会同化状况具有非常紧密的相关性,成为农民工进行职业匹配、适应并融入城市社会的一个中介机制,为农民工个体提供城市机会和资源的接近可能。社区层面(community-level)的因素在塑造市民化过程中机会与资源不平等方面产生重要的结构性影响。对三种类型农业转移人口市民化的考察,主要聚焦于两种社会选择对农业转移人口流动分化的影响:一种是农业转移人口所嵌入的社会网络对其获得生活机会和资源的结构性影响;另一种是流出地—流入地社会对农民工融入城市社会开放的机会和资源结构。在城郊农民土地退出的问题上,建立在"集体"实践基础上的乡村社会具有一套共享的文化、认知、伦理模式。无论是失地农民的土地退出,还是更长远意义上的市民化都不是对经济和环境压力的原子化反应,而是嵌入社会规范和规则之中。文化作为一种集体的传统,决定了行动者看待世界的方式,限制了经验的局限性和边界。

(四)农业转移人口的主体选择

农业转移人口已经是一个逐步分化的群体,并在不同的情境中展开市民化的转型。在经济参与、权利与城市福利获得、社会文化融合和心理角色转型方面,农业转移人口以差异化的结构地位、能力、意愿参与到城市化的进程中。与"谁能够进来"的结构性选择不同,农业转移人口的主体性选择所要处理的中心问题是"我要不要进去"。社会行动者在其行动模式上具有的"选择性",一方面来自对结构性力量的认知、理解,另一方面来自行动者根据环境而进行差异化的回应和能动的行动。即便在最具限制性的环境下,农业转移人口离开家园的过程仍然是充满主动性的和策略性的。多重结构性力量影响下的市民化进程促使我们去理解情境中的行动者角色。

在结构性选择和主体性选择的共同作用下,农业转移人口市民化的过程同时伴随着流动分化和流动不平等。从对进城农民工、城郊失地农民和居村农民的市民化考察中发现,在农村和城市之间整体出现了四种流动性特点:一种是"强农村联系—弱城市联系"的短期流动性,即与农村保持较强联系,而与城市保持较弱联系,一般由明确的目的所驱动,对流动的期限有明确的计划,比如在农民工群体中出现的存在往返节律的循环和季节性的流动;第二种是"弱农村联系—弱城市联系"的自由流动性,即与农村和城市的联系都逐渐削弱,可能出于许多不同的原因,农业转移人口对流动的期限没有明确的计划,具有典型的观望性的特点;第三种是"强农村联系—强城市联系"的多地流动性,可能短时期,也可能长时期地同时与农村和城市保持较强的关联,比如城郊失地农民仍然与原村居民保持长期密切交往和社会文化保留;第四种是"强城市联系—弱农村联系"的定居流动性,即与城市联系不断增强,与乡村联系不断减弱,由经济或非经济因素驱动。

二、社会流动性获得的群体比较

在对三类群体的社会流动性进行比较之前,有必要首先把握三类群体的基本群体特征。

从性别分布上看,三类群体中的男女性别比分别为:进城农民工 113.07∶100,城郊失地农民 109.13∶100,居村农民 101.95∶100。相较而言,男性人口的占比在进城农民工中最大,在居村农民中最少。

从年龄分布上看,三类群体在年龄特征上都是以中青年为主。其中,50%的进城农民工年龄集中在 28～50 岁;50%的城郊失地农民年龄集中在 33～59 岁;50%

的居村农民年龄集中在 33~55 岁。相较而言,本调查样本中的进城农民工群体是一个更为年轻的组别,居村农民中的老年群体要高于另两类群体。

从政治面貌上看,城郊失地农民和居村农民的党员比例高于中组部统计的全国党员比例,进城农民工的党员比例低于中组部统计的全国党员比例。

从受教育水平上看,三类农业转移人口接受过大专及以上教育的比例分别为:进城农民工 10.8%,城郊失地农民 22.8%,居村农民 14.8%。相较而言,进城农民工和居村农民接受过大专及以上教育的比例低于全国平均水平,城郊失地农民高于全国平均水平。

"农民的终结"涉及两个方面的内容:一方面是农业转移人口是否跨越多重城乡边界而获得充分的社会流动性;另一方面是农业转移人口是否与土地权利、与农村社会保持长久的联系而不做出退出行为。因此,农业转移人口是一个长期且存在多种形式的过程。当然,不同类型的农业转移人口在市民化过程中基于不同的资源机会结构,对城市社会而言具有不同的"他者度",也在主体选择上存在不同的偏好,最后使农业转移人口市民化呈现出内部的流动分化。

表 7-1　农业转移人口社会流动性获得的群体比较

	经济参与	权利与城市福利获得	社会文化融入	心理角色转型
进城农民工	高劳动力市场参与、低收入补偿能力	权利与城市福利的获得分化	异地融入劣势,强传统社会文化的退出	分化的心理角色转型优势,分化的身份不平等感
城郊失地农民	低劳动力市场参与、高收入补偿能力	制度化优势,高权利与城市福利获得	本地融入优势,强传统社会文化保留	强心理角色转型优势,弱身份不平等感
居村农民	低劳动力市场参与,分化的收入补偿能力	制度化劣势,低权利与城市福利获得	异地融入劣势,分化的传统社会文化保留	心理角色转型劣势,分化的身份不平等感

(一) 经济参与上的群体差异

市场偏好和农业转移人口的主体偏好共同带来了经济参与情况的差异。市场选择区分了技术型劳动力和非技术型劳动力,并将前者视为具有职业流动性,而将后者视为缺乏职业流动性。基于对进城农民工、城郊失地农民、居村农民经济参与状况的考察发现,三类农业转移人口都出现了较大比例的"无业或待业"现象,其中进城农民工20.5％,失地农民20.4％,居村农民19.7％。可见,三类群体中都有相当一部分人口没有进入到城市劳动力市场中。不过,与城郊失地农民和居村农民的无业或待业情况不同,进城农民工中的无业或待业人口主要是在城市从事非正式的经济活动(包括打零工、做私活及小摊贩等)。因此,进城农民工实际上对劳动力市场的参与程度是高于另两类群体的。在这里,我们对城郊失地农民和进城农民工中正式就业人口的职业身份获得进行比较(参见表7-2)。在本调查中,城郊失地农民和居村农民比进城农民工更多地进入到公共部门中来。而进城农民工进入私人部门、自雇部门的比例都要高于另两类群体。进城农民工接受大专及以上教育水平的比例在三类群体中最低,但是在职业技术上的竞争力上则要高于城郊失地农民和居村农民(资格证书拥有比例分别为进城农民工33.1％,失地农民26.9％,居村农民31.8％)。

表7-2　正式非农就业人口的职业身份比较　　　　　　　　　　　(％)

职业身份	进城农民工	失地农民	居村农民
居委会或村委会干部	1.4	5.8	8.4
专业技术人员	6.0	5.7	8.7
个体户或私营企业	29.1	16.1	14.2
政府或事业单位工作人员	1.3	4.8	1.3
企业正式职工	26.6	17.4	12.3

从收入情况来看,由于群体内部的收入差异过大,影响均值的代表性,因此我们比较进城农民工、城郊失地农民以及居村农民的收入中位数。分别为:进城农民工2 400元,城郊失地农民2 700元,居村农民1 600元。相较而言,居村农民中的贫困人口相对集中,尤其是在空心村中。与进城农民工、城郊失地农民不同的是,"集体收益分红"在居村农民那里成为主要的收入来源,特别是生活于"新农村"中的居村农民,相比空心村中的居村农民而言更具有补偿收入的能力。同样地,城郊失地农民则凭借资产和制度上的优势以"社会保障"和"房屋出租"来成功弥补经济活动参与的不足。可以看到,城郊失地农民依靠国家给予的支持性资源而形成收入补偿能力,居村农民则因村落共同体经济发展的差异而形成分化的收入补偿能

力,而进城农民工则缺乏替代性的机会和资源来进行收入补偿。

(二) 权利与城市福利获得上的群体差异

在进城农民工、城郊失地农民和居村农民中,城郊失地农民在权利与城市福利的获得方面在政策的促动下具有先行性和相对的充分性。进城农民工和居村农民由于未发生户籍转变,在平等权利和福利的获得上面临流动性的阻碍。从三类群体进入城市社会保障体系的比例而言,进城农民工中有35.2%进入城市社会保障体系,城郊失地农民中有64.3%进入城市社会保障体系,居村农民中有21.5%进入城市社会保障体系。可以看到,在城市福利的获得程度上,城郊失地农民、进城农民工、居村农民依次递减。相较于居村农民主要的生活空间在农村,进城农民工由于已经成为城市的常住人口,其内部在平等权利和城市福利的获得上开始出现分化。相较于那些进入非正式部门、没有进入城市社会保障体系的进城农民工,进入城市正式就业部门、进入城市社会保障体系的进城农民工开始部分获得权利和城市福利,特别在医疗、就业、教育等方面具有"准市民"的资格,并以居住证等制度化的方式确立起来。

从基层民主权利的获得来看,城郊失地农民对于参加村居委会选举的意愿更强,更偏向于将其作为一种市民权利来对待。在这一方面,城郊失地农民相对于进城农民工和居村农民来说具有制度化的优势,并且在权利和城市福利获得方面具有更强的获取能力。相比之下,居村农民由于没有发生地域流动,在权利和城市福利上处于制度化的劣势地位。居村农民的正式权利和正式参与的获得方式主要在农村社会完成,但其更多地表现出犹豫态度(参见表7-3)。

表7-3　村居委会选举参与情况的群体比较　　　　　　　　　　　　(%)

参与情况	进城农民工	城郊失地农民	居村农民
这是我的权利,当然会考虑参加	19.7	36.8	29.7
有点犹豫,看情况再说	28.4	17.3	30.8
与我无关,不参加	42.6	36.9	31.6
其他	9.3	9.0	7.8
总计	100.0	100.0	100.0

(三) 社会文化融入上的群体差异

在居住方面,进城农民工主要以租房为主,在城市中购买商品房的比例为 7%;城郊失地农民主要以自有住房为主,在城市中购买商品房的比例达到 19.0%;而居村农民主要以宅基地建房为主,在城市中自购商品房的比例为 4.8%。相比之下,城郊失地农民在居住空间上更能够突破本地生活空间而进入到城市商品房社区之中,而居村农民由于地域、职业、经济能力等限制,在居住空间的流动性获得上最弱。

从日常消费的结构来看,三类农业转移人口在消费面向上的共同点是发展资料消费和享受资料消费方面的支出较少。其中,应特别注意到"人情往来"的支出,它被视为传统农村社会维系社会关系网络的典型交往方式和观念特征。在进城农民工中,有 33.1% 人将其作为主要的开支项,但是如果区分本地农民工和外出农民工的话,就可以发现外出农民工中选择"人情往来"支出作为主要开支项的比例降低至 22.9%;在城郊失地农民中,有 29.8% 的人将其作为主要的开支项;而在居村农民中,有 26.2% 的人将其作为主要的开支项。但是如果关注"新农村"中居村农民,将其作为主要开支的比例下降至 22.4%。在这里,开始出现不同类型农业转移人口在跨越多重边界上不同的流动性获得。可以看到,尽管在市民身份、权利和城市福利方面,城郊失地农民处于制度化的优势地位,但是在社会文化方面,城郊失地农民出现了对原有的社会文化较强的保留;而外出农民工和"新农村"中的居村农民则在社会文化上获得了相对强的流动性,开始在行为方式和文化观念上发生城市化的转型:前者依赖于地域流动下与城市社会的直接互动,而后者则依赖于自发实现的行为和观念的现代化。从这一意义来说,社会文化上的流动性获得不一定受制于地域空间。

相较于行为方式、文化观念上的转型,社会交往上的变化更加受到结构性力量的影响,而并非一个完全的主体过程。从社会交往的对象来看,进城农民工的主要交往对象依次为家人、亲戚、同事,与原村人交往频率最高的比例为 11.9%;城郊失地农民的主要交往对象依次为家人、亲戚、朋友,与原村人交往频率最高的比例为 19.1%;而居村农民的主要交往对象依次为家人、亲戚、朋友,与原村人交往频率最高的比例为 13.9%。同样地,如果关注居住在"新农村"中的居民,可以发现其主要交往对象依次为家人、亲戚、邻居。进城农民工由于高度参与到劳动力市场中,其在社会交往对象上从血缘和亲缘拓展至业缘关系;而对"新农村"中的居村农民而言,基于地缘的邻里关系则更为紧密。对同样生活于城市,且发生居住流动的进城农民工和城郊失地农民而言,城郊失地农民更多地与原村人保持交往,这也突出了城郊失地农民在社会文化方面表现出的强保留特点。如果将社会交往仅聚焦于与其他市民的交往,三种类型的农业转移人口则表现出不同的城市社会网络的嵌入能力。根据表7-4,在与市民交往方面,城郊失地农民表现出相对强的边界拓展能力,进城农民工次之,居村农民最弱;而在进城农民工群体中,本地农民工与市民的交往频率又高于外出农民工交往频率。可以看出,农业转移人口在拓展社会交往边界、融入城市主流群体的过程中,本地转移比异地转移更能够有助于城市嵌入。相较而言,城郊失地农民最具有本地融入的优势(既在本地转移,又与中心城市距离较近);本地农民工虽然具有本地转移的优势,但由于离中心城市较远,因此在城市融入上仍然面临异地融入的问题;外出农民工和居村农民则在城市融入上面临异地融入的劣势。

表 7-4　与市民交往频率的群体比较　　　　　　　　　　　(%)

交往频率	进城农民工	城郊失地农民	居村农民
交往很多	3.2	3.5	3.8
交往较多	21.2	31.4	10.5
交往较少	42.1	38.7	46.2
交往很少	23.9	20.8	33.7
从不交往	9.6	5.7	5.9
总计	100.0	100.0	100.0

在社会交往的感知方面,不同类型的农业转移人口在与市民的交往过程中感受到不同程度的友好度(参照表7-5)。相较而言,农民工对“不友好”的感知最为强烈,其次是居村农民,再是城郊失地农民。进一步将“与其他市民的交往频率”和“市民友好度感知”之间进行相关性检测,可以发现社会交往和友好感知之间确实存在显著的正相关关系(进城农民工中的相关系数为0.437,P<0.01;城郊失地农民中的相关系数为0.218,P<0.01;居村农民中的相关系数为0.356,P<0.01)。与市民群体的交往越多,越能感知到友好;而越能感知到友好的交往,也越会促进群际交往。

表 7 - 5　对市民友好程度感知的群体比较　　　　　　　（%）

表 7 - 5　对市民友好程度感知的群体比较　　　　　　　（%）

友好程度	本地农民工	外出农民工	城郊失地农民	居村农民
很友好	6.3	5.0	12.7	8.7
比较友好	35.0	22.2	31.9	25.9
一般	36.5	51.6	45.7	46.3
不太友好	12.7	9.1	5.8	9.8
很不友好	0.7	1.5	0.5	0.4
没有接触过	8.9	10.4	3.5	8.9
总计	100.0	100.0	100.0	100.0

（四）心理角色转型上的群体差异

在心理角色的归属上,进城农民工(本地农民工、外出农民工)、城郊失地农民及居村农民分别在心理角色转型方面表现出群体差异(参照表 7 - 6)。相较而言,城郊失地农民除了在权利与城市福利获得方面具有制度化优势,同样具有角色转型的主体优势。进城农民工在权利与城市福利的分化获得同时,同样具有角色转型的分化优势(外出农民工相对本地农民工发生了更多的社会文化流动)。居村农民在权利与城市福利获得方面处于制度化劣势之外,同样在心理角色转型方面处于相对劣势。

表 7 - 6　角色归属的群体差异　　　　　　　（%）

自我归属	本地农民工	外出农民工	城郊失地农民	居村农民
市民	17.9	29.2	30.1	18.0
农民	38.7	38.7	25.4	47.3
说不清楚,介于两者之间	31.4	21.5	27.2	23.3
没有想过这个问题	12.0	10.6	17.4	11.4
总计	100.0	100.0	100.0	100.0

在对"农民—市民"身份的差别认知上,进城农民工、城郊失地农民及居村农民都将"收入水平"和"社会保障与福利"视为身份之间较大差异的前两项。有所不同

的是,外出农民工、城郊失地农民以及"新农村"中的居村农民,选择"没什么区别"的比例进入频次较高的前三项(参照表7-7)。也就是说,从外出农民工、城郊失地农民和"新农村"中居村农民的主体认知来看,对于自己与市民之间的区别和不平等的感知正在缩小。与外出农民工和城郊失地农民不同的是,"新农村"中居村农民较低的身份不平等感可能来自农村福利对城乡不平等的弥补。而对本地农民工而言,"生活习惯"的差异进入到高选择比例的选项中;对居村农民(主要集中在新农村)而言,"户籍"的差异仍然进入到高选择比例的选项中。

表7-7 农民—市民区别的认知差异 (%)

与市民的区别	本地农民工	外出农民工	城郊失地农民	居村农民
户籍	15.2	6.9	12.6	23.7
收入水平	41.4	19.3	35.2	42.3
社会地位	16.2	9.7	17.7	18.7
政治权利	5.3	2.4	4.4	7.6
生活习惯	19.7	9.9	18.1	19.8
社会环境	12.1	8.4	15.4	18.2
社会保障与福利	31.8	17.7	32.3	34.0
思想观念	8.8	8.0	14.6	15.6
以上都有区别	4.5	5.3	9.7	4.3
没什么区别	18.7	11.4	20.8	15.3
其他	1.3	1.1	2.1	3.3
总计	175.0	100.1	182.9	202.8

注:此题为多项选择题。

在本调查中,根据3721名农业转移人口对"目前最关心的问题"选择进行的多重响应分析,在本地以外城镇务工的农业转移人口关心"子女就业与教育"问题的比例明显高于其他类型。相较于已经获得非农业户口的农业转移人口以及居村的农业转移人口来说,离开村庄进入城镇就业的农业转移人口关心个人就业问题的比例明显更高,而关心本地区发展前景的比例明显更低。在对"政府针对农村及农村的相关政策的满意度"上,不同类型的市民化群体对政府政策的满意程度也较为不同。通过将市民化的不同群体与对政府政策的满意度进行交叉分析,可以发现:

居住在本地城镇、就地市民化的农业转移人口对政府政策"不太满意"或"很不满意"的比例最低,为16.4%;居村的农民和户口已经转变为非农业户口的新市民对政府政策"不太满意"或"很不满意"的比例分别为20.7%和19.9%;而外出打工的农民对政府政策"不太满意"或"很不满意"的比例则最高,为24.5%。经卡方统计检验,不同类型的市民化群体与对政府政策的满意度之间存在显著性差异(Chi² = 105.885,P<0.05)。由此可以看到,农业转移人口市民化类型的内在差异性将会给市民化的相关政策制定带来新的挑战。

在社会地位自评方面,本调查的3 721名农业转移人口给自己所在的社会阶层地位平均打分为4.64分,标准差为2.027,总体认为自己处于中等以及中等偏下的社会阶层地位上。其中,有29.7%的农业转移人口给自己的社会阶层地位打分为0~3分,56.0%的农业转移人口给自己的社会阶层地位打分为4~6分,14.3%的农业转移人口给自己的社会阶层地位打分为7~10分。比较不同类型的市民化群体对自我社会阶层地位打分差异,可以看到,户籍已经转为非农业户口"新市民"的农业转移人口平均打分最高,为4.87分;居住在本地城镇的农业转移人口次之,为4.67分;居村的农业转移人口第三,为4.53分;而在本地城镇以外务工的农业转移人口打分最低,为4.37分。比较东部、中部、西部的农业转移人口对自我社会阶层地位的打分差异,可以看到:中部地区的农业转移人口平均打分最高,为5.37分;东部地区的农业转移人口平均打分次之,为4.72分;西部地区的农业转移人口平均打分最低,为3.81分。

进一步地,我们将"个人月收入""获得非农业户籍的时间"及"与其他城市居民交往的频率"与社会地位自评进行相关分析,得到以下结论:第一,农业转移人口的"收入"与"自我的社会阶层地位自评"之间存在显著的正相关关系(Spearman = 0.243,P<0.01),即随着收入增加,农业转移人口对自我的社会阶层地位认同也倾向于升高;第二,对户籍已经转变为非农业户口的农业转移人口来说,其"获得非农业户籍的时间"与"自我的社会阶层地位自评"之间存在显著的负相关关系(Spearman = -0.141,P<0.01),即从本调查中农业转移人口的现实情况来看,随着户籍转变时间的增加,其自我的社会地位认同倾向于降低;第三,"与其他城市居民交往的频率"与"自我的社会阶层地位自评"之间存在显著的正相关关系(Spearman = 0.182,P<0.01),即农业转移人口与其他城市居民交往的频率越多,自我的社会地位认同也倾向于升高。

如果我们抛开对市民化的应然理解,而将其放在实践中,可以看到市民化的中心问题就是"选择"问题。这具体表现在:作为"问题"的农民市民化,它在根本上反映城市进入与市民身份获得的选择性;作为"过程"的农民市民化,它指向农民到市民的转型中主体不断进行选择的过程;作为"结果"的农民市民化,它是农民、政府、市场、社会共同选择的结果。本书重点回答的问题是三类农业转移人口的市民化过程如何受到结构性力量的选择性影响,在行动上究竟具有怎样不同的"选择性"表现。其中所要处理的核心问题是市民化过程中的结构—能动关系。对此,本书给出了一种情境化的差异解释。

表7-8　人口城市化的基本模式及其特点

人口城市化模式	市民化类型	转移方式	国家权力介入方式	动力演化
异地导入模式	进城农民工市民化	直接	政策规制	中心聚集
开发卷入模式	失地农民市民化	直接	强力支配	中心扩散
就地转化模式	居村农民市民化	间接	资源下放	边缘聚集

表7-9　不同市民化情境中的选择机制

	制度选择	市场选择	社会选择	主体选择	选择机制
进城农民工市民化	—	强	—	强	市场需求—生计需求的需求匹配
城郊失地农民市民化	强	—	—	弱	制度设计—土地退出的利益匹配
居村农民市民化	—	—	强	弱	集体能动—个体资源的资源匹配

在本书所讨论的三类农业转移人口市民化中,结构性力量与主体性力量共同作用形成了不同的选择机制,从而形成了不同的市民化类型,并且对农业转移人口内部的流动分化产生重要影响。

一、进城农民工市民化的选择性特征

进城农民工市民化情境中的"结构—能动"关系,突出地表现为强市场选择和强主体选择之间的关系,其中围绕着市场需求—生计需求之间的需求匹配形成了影响农民工流动分化的选择性机制。

从结构性力量和主体性力量的双重视角来看农民工市民化内部的流动分化可以发现:一方面,在制度、市场、社会的选择中,经济上的"能力强者"被结构化地置于"谁能够成为市民"的优势地位。国家在促进、控制、建构、变更"农民工"身份中的角色作用十分明显,但是在户籍制度改革背景下,地方招募模式的主要依据是市场能力的优先性。因此,农民工获得权利和城市福利的问题变相地转化为是否能在经济上获得较强流动性的问题,市场选择对于农民工市民化的结构性影响开始占据重要位置,它在以下三个方面对农民工的进入起到筛选作用:第一,农村劳动力在进入城市劳动力市场时面临"准入限制"。20世纪90年代城市劳动力市场由于存在大量的结构性失业,极大地受到行政力量的干预和控制。在一些特大城市中出现因行政干预而完成的"腾笼换鸟"策略,驱赶外来劳动力来保证对本市失业人口的就业吸纳。[1] 第二,城市劳动力市场对农村劳动力形成了以人力资本为标准的正向筛选机制,并且围绕性别、健康、代际、婚姻、受教育程度、年龄、职业经历等人口特征差异化地赋予职业流动和收入回报的机会和资源。第三,由于劳动力二元市场的存在,农民工在就业市场中是面临经济排斥的高危群体,包括在就业机会、就业领域、就业工种及工资待遇等方面的排斥。而从社会选择上来看,特别是城市社会对农民工的边界开放,其中基于相似性的选择逻辑同样对农民工的市场地位提出了进入的要求。

---

[1] 比如1996年北京市劳动局先后制定了《1996年本市允许和限制使用外地人员的行业工种范围》(北京市劳动局通告第2号)和北京市劳动局《关于用人单位招用外地务工人员有关问题的通知》(京劳就发〔1996〕74号),对外地进京务工人员的行业进入进行了诸多限制。为了缓解本市的结构性就业压力,上海市劳动和社会保障局也在2001年以"管理外地劳动力"之名明确禁止在五类岗位中使用外地劳动力。这五类岗位包括:党政机关、企事业单位、社会团体的各类工勤人员,社会公益性保洁、保绿、保养、保安人员,物业管理从业人员,各类商店营业员,以及机场、车站、码头清洁工。共清退五类岗位外劳动力4 036人,并安排市内就业困难人员顶岗。广东省政府也在2002年提出了春节后招工的"六不准",限制春节后一个月内外地民工的流入和就业,巩固了城乡身份在劳动力市场中的优先序列。

"结构—能动"关系在具体的情境中相互交织：一方面是制度、市场和社会联合发起的对农民工城市进入的筛选；另一方面则是农民工对于结构性力量的认知及其对机会和资源的选择性行动，最后围绕市场需求与生计需求形成的需求匹配关系。进城农民工对自己被结构化地置于不利地位具有明确认知，并且基于资源和机会分配差异选择性地进入市民化的转型中来。比如，其在长时段中从主体上区分了留城意愿和户籍身份转换的意愿，在不同的竞争格局下差异化地采取生计安排策略，基于对市民身份获取意愿而产生权利和城市福利获取的主体阻隔。主体围绕生计需求对机会进行识别、捕捉和利用，并与市场需求完成需求匹配关系，从而在整体上影响农民工市民化的格局。

二、城郊失地农民市民化的选择性特征

　　城郊失地农民市民化情境中的"结构—能动"关系，突出地表现为强制度选择和弱主体选择之间的关系，其中围绕着制度设计与土地退出之间的利益匹配形成了影响农民工流动分化的选择性机制。

　　从结构性力量和主体性力量的双重视角来看城郊失地农民市民化内部的流动分化可以发现：在城市发展的导向下，通过剥夺实现了城市发展的累积。家庭联产承包制度体系下的集体所有土地被国家征用，并且这一征用方式通过制度化的渠道成为一种具有合法性的驱逐和剥夺，将城郊农民强力地卷入制度设计的"造城运动"之中。制度选择成为影响城郊失地农民市民化主导的结构性力量。城市开发依赖于开发商的"用脚投票"，城郊土地的利用开发越来越呈现出政府主导与市场主体共同构成的联合决策模式，表现出对农村空间的选择、占有和转换，制度选择的作用仍然突出。特别是由于农村土地制度中"地权"的模糊性，农村土地所有者在土地未确权的情况下既不具备直接与开发商进行交易的可能，也不具备在政府和市场的开发意图下保留土地的自主权利空间，这使得"集体"不具备真正的代理身份和议价能力。

　　在城市开发模式下，政府强力支配下的制度选择给城郊失地农民市民化带来了差异化的资源和机会结构。第一，制度选择压缩了失地农民启动市民化的选择空间。政府以公共目的而进行的土地征收，突出了集体土地产权的残缺性问题。退出土地权利和农业生产方式并非农民主动要求和行动的结果，而主要来自政府

的意志和决策。农民失地不仅仅意味着失去土地的使用权,同时意味着必须进入城市生活,而这两个事件通常伴随着行政强制性。第二,制度选择差异化地赋予了因失地而获得的经济资源,使得失地农民开启市民化的资源携带量出现群体差异。虽然地方政府对土地征收的补偿定价限制了农民集体或个人讨价还价的空间,但同时也使农民获得了将土地权利进行经济交换的机会。因土地征用产生的获益加速产生了农业转移人口的内部分化。第三,制度选择产生了影响失地农民市民化路径的特殊"时间效应"。失地农民市民化的特殊性在于,土地产权的丧失和市民化的开启被压缩在相当短的时间中。由于农民向市民身份的转化需要更长的时段和条件,失地和市民身份转化上就可能存在时间差。

一方面是政府主导下发起的开发卷入模式,将失地农民陷入后摄性的行动境地;另一方面则是城郊失地农民在既有资源和机会中以策略性的方式完成的土地退出,并选择性地迈入社会文化层面的市民化进程,以防止重大生命事件对生活秩序和社会关系可能存在的断裂性。无论是土地退出,还是更长远意义的市民化,都不是对经济和环境压力的原子化反应,而是嵌入社会规范和规则中,并以能动行动将规则为自己所用。

三、居村农民市民化的选择性特征

居村农民市民化情境中的"结构—能动"关系,突出地表现为强社会选择和弱主体社会选择之间的关系,其中围绕着集体能动—个体资源之间的资源匹配,形成了影响居村农民流动分化的选择性机制。

从结构性力量和主体性力量的双重视角来看居村农民市民化内部的流动分化,可以发现:政府为农村工业化和农村城市化创造了支持性政策环境并带来农业转移人口就地转移的机会和资源。一方面是政府对以乡镇企业为主体的农村工业化的支持;另一方面是为农村城市化营造具有支持性的制度空间,这种支持性主要体现为国家力量的撤出及基层资源的调动。与农村城市化相伴随的是政府直接干预的撤出、基础行政管理的适度下放及服务型政府角色的出现。但是,以农村非农产业的发展为依托的农村城市化要利用市场机制实现要素的聚集,主要依赖所拥有的一系列资源,包括土地资源、人力资源、社区资源(就地取材的工业原料、企业集中度),以及地方的区位优势(利用城市工业的剩余原材料或为城市大工业生产配套产品），这些地方性的资源要素成为影响居村农民市民化最重要的结构性力量，同时也带来了地方发展可能的差异。

由于居村农民以农村社会为主要生活空间，其在权利和城市福利获得、经济参与、社会交往的边界拓展及心理角色的转型方面都存在局限性，因此主体选择的空间是较弱的。尽管如此，其仍然主动利用个体家庭资源来与集体的能动进行匹配，从而通过个体与集体之间联结来实现依托于农村载体的市民化转型。

笔者认为，结构与能动在情境中互动，并只有在具体的情境中才能讨论两者之间的关系。在此，基于对农业转移人口市民化的类型考察，可以对以往"结构—能动"关系论述做出以下补充：无论是"结构"还是"能动"，在具体情境中都不是一个极为抽象的整体，而是转化为具有多维度、多层级的内涵。在这里，结构与能动可能产生多种关联的形式，而不是单一的关联形式。同时，在具体情境中，结构和能动实际转化为具体"结构"性质和具有"能动"性质的力量，不能将理论上的结构还原为某种具体的事务，比如制度、政策、国家。而"能动"在现实中也无法还原为充分理性、具有完全信息获取能力和监控能力的"行动者"，而仅仅是具有能动特点的行动者。另外，在结构与能动之间，可能存在中介变量的作用，而并非产生直接影响。

第三节　不同类型农业转移人口市民化的影响

在现有的农村研究中恰恰偏向于以视觉的、物质的、制度的视角来观察农村，忽视了农村居民主体性与农村、城市发展之间的关系。农民工市民化的反向影响——结构性力量对农业转移人口市民化的影响在发生改变，也因为农业转移人口的主体选择而被改变。

对农业转移人口自身而言，城市经验既是一种收益，也构成了新的问题。按照舒尔茨对"人力资本"的理解，人力资本形成有五条途径：教育、培训、健康、人口迁移和干中学（舒尔茨，1990：30）。有研究发现，返乡的迁移人口会比未迁移的人口表现得更好（Kondylis, 2008）。因此对个人而言，市民化意味着一种获得更多人力资本的可能；而对家庭而言，农业转移人口市民化扩大了家庭劳动力获得社会流动性的可能和范围，有助于增加家庭的抗逆力。从农业转移人口市民化所产生的外部影响来看,其影响的多重性既反映在人口结构、经济空间、社会空间的多重维度上,也反映在流入地和流出地两个地区中。无论留在农村还是进入城市,都带来了新的机遇,也带来了许多张力和困境。

一、对人口结构的影响

农业转移人口的市民化(特别是异地转移的市民化)直接带来人口在空间结构上的变动,从小范围来讲,可能造成村落人口的流失。在人口上,市民化既可能带来农村人口的骤减,也可能带来农村人口的重构。从长期和宏观的视角来看,市民化带动的人口流动对于人口结构的调整具有积极影响,有助于形成一个更健康的农村人口结构,并对经济、社会文化结构起到积极的平衡作用。农村劳动力在城市中已经成为稳定的就业力量和对城市经济发展起到重要作用的生产要素。年轻的、更具生产力的人口使城市人口结构更加合理,带来更有利于资本积累和资本回报的人口结构。因而在未来的农村发展中,可能持续上演人口减少和人口结构再调整之间的互动。

二、对经济结构的影响

沿海城市出现的"民工荒"使我们不得不思考中国是否已经到达"刘易斯拐点",即中国劳动力供给状况由过剩转向短缺,农村剩余劳动力逐渐减少而陷入瓶颈。事实上,农业转移人口的市民化对输入地和输出地的经济结构都造成影响。对输出地而言,最重要的经济上的影响就是接受来自农业转移人口的反向汇款,增加农村人口的收入。农村人口的减少对于农村经济的影响是双面的。改革开放以来,中国农村贫困规模整体呈现下降趋势。尤其是通过"脱贫攻坚",全面实现了绝对贫困的消除。当前,非农收入对提升农村人口收入水平的影响力较大,人口的迁出与迁入带来的土地使用权的调整,对缓解一些农村出现废弃闲置的住宅和建设用地及农地抛荒现象起到有益的作用。从一些农民工返乡创业的经验来看,拥有城市生活经历的人回到乡村将会给乡村带来经济更新,将带来对农村发展至关重要的人力资本和社会资本的改变,并进一步带动农村经济社会的深层发展转型。

三、对社会文化空间的影响

伴随着工业化、城市化的进程,农村地区在居住形态和社会组织方式都产生了新的变化,带来了极具异质性的转型村落的形态,它们是农业转移人口居住生活的主要场所,比如大规模的撤村并居、农民集中聚居的新型农村社区、由于快速人口流失而产生的空心村、依托乡村工业或旅游业发展的超级村庄、处于城乡过渡地带的城中村①等。农业转移人口的乡城流动所带来的直接结果是村落形态的转变,比如因人口迁出而导致行政村数量快速减少,同时也对村落内部的地方网络和社区秩序产生影响。从更大的地区层面而言,农业转移人口市民化(特别是就地市民化)促进了农村基础设施、居住环境及公共服务的发展。返乡的农业转移人口为农村社会带来多元性和新的文化意象,增添了农村系统的社会抗逆力。对城市社会而言,农业转移人口的进入则会对结构性要素、就业与教育机会及地方网络等带来巨大的改变。中国社会结构呈现"倒丁字型",无法忽视的是庞大乡城迁移人口对以往社会结构带来的重构,特别是潜在的新市民,他们可能是具有长期定居倾向的非市民,实际上已经成为重构城市社会阶层结构与阶级认同的重要影响因素。

---

① 城中村主要有三种类型:第一种是被城市所包围,已经完全没有农业用地的村落;第二种是处于市区周边,保留一小部分农业用地的村落;第三种是位于城市的远郊,保留较多的农业用地的村落。

第八章　总结与讨论

2007 年,世界上已经有超过一半的人口居住在城市,而这个数字在 2050 年的时候预计将会超过 66%(UNESCAP,2012)。如果揭开标签在农业转移人口市民化身上的进步主义和现代主义面纱,而转向对其中的流动性本身发起考察,跨越多重城乡边界的过程则变得比想象中复杂,并且在多重力量的影响下呈现出纠葛的图景。

第一节　本书的主要结论

在中国城乡二元结构的背景下,"市民化"更多地具有平等化和共享化的意涵。而在当前,"市民化"尤其应当从社会文化层面来被认识。在本书中,"市民化"被理解为农业转移人口跨越多重城乡边界而接近平等的权利和福祉,共享现代生产生活方式,完成市民角色转型的社会流动过程(具体操作化为四个基本面向:经济参与、权利与城市福利获得、社会文化融入及心理角色转型)。市民化的重要内涵突出地表现在以下三个方面:其一,市民化不是一次性的事件,而是一个动态的社会过程;其二,市民化是一个在更大层面上与社会流动相关联的议题,其实现方式越来越多元化并具有开放性;其三,在中国特殊的语境中,市民化同时具有规范性定义和事实性定义的两个面向。基于这一概念的界定,以下将从两个方面对本书的主要结论进行总结。

一、选择性与农业转移人口市民化

在当代中国,从"城乡二元化的封闭社会"走向"城乡一元化的开放社会"开始成为主导的社会想象。一个开放的城市化时代,也恰恰是笔者所称的充满选择性的身份转型时代。过去,人们较多地注意到城乡二元结构对农业转移人口市民化转型所造成的制度切割,以及政策和市场对农民进城的选择性,但忽视了农业转移人口对自身市民化转型的自我切割和选择性。在新的语境中,政府、市场、社会及农业转移人口自身共同参与到"谁能够成为市民"的选择中来。

在本书中,"选择性"主要体现在两个方面:一方面指结构性力量(国家、市场、社会)共同形塑的具有群体偏好的规则及差异化的资源—机会结构;另一方面指农业转移人口主体对资源—机会的选择性获取,以及对规则的认知、阐释和运用。"选择性市民化"所要解决的中心问题是:农业转移人口的市民化过程如何受到结构性力量的选择性影响,并且在行动上究竟有怎样不同的"选择性"表现。其中所要处理的核心问题是市民化过程中的结构—能动关系。对此,本书给出了一种情境化的差异解释。

通过历史的考察发现:作为优势身份的"市民"在现代主义的语境中被激进地建构。"农民—市民"作为一种社会建构的身份分类,为政治动员创造了社会基础,为政治合法性创造了工具基础,也成为特定历史时期与国家工业化道路相匹配的制度安排。从历史的维度看,新中国成立以来农业转移人口市民化的整体特点从"封闭型选择"转向"开放型选择"。在"封闭型选择"时期,又可以将其粗略地划分为三个阶段:新中国成立恢复时期农业人口的低速转移(1949—1957年)、国家工业化时期农业人口的不稳定转移(1958—1977年)、经济转型初期农业人口的快速转移(1978—1999年)。在这一时期,农业转移人口市民化在不同的时段出现了历史的波动性,但整体上被限制于中心化的制度框架中。与功能主义的解释不同,笔者尝试给出另一种机制性的解释,1949—1999年选择性市民化主要是通过几个重要机制产生的,即中心化运作的抑制机制、中心化运作的汲取机制、中心化运作的适应机制以及中心化运作的复制机制。

当前中国城镇化的道路选择带动了人口城市化的三种主要模式,笔者将其称为异地导入模式、开发带动模式及就地转化模式,由此相关联的是三种农业转移人口市民化的进程,即进城农民工市民化(异地—在地)、城郊失地农民市民化(本地—不在地),以及居村农民市民化(本地—在地)。因此本书更关注与国家城镇化模式相关联的三种市民化类型,并在此基础上围绕"选择性"展开研究。

当代中国农业转移人口的市民化进程在多方面受到"地方性"的影响,而"地方性"也越来越成为理解市民化的重要变量。在"地方"情境中,结构性力量与主体性力量相遇并互动。2000 年以来,各地户籍制度改革实践中出现了两个重要转变:一个转变是社会福利开始与户籍制度相剥离,一部分基于户籍的城市福利开始向外来者开放;另一个转变是许多城市建立起了城乡统一的户籍制度,不再区分农业户口和非农业户口。户籍制度改革不仅使地方政府成为市民身份的赋予方,也使得"市民身份"从农业—非农业的身份界分逐步转向基于地方性的身份界分。城市权利边界的封闭取向、市场边界的开放取向与社会边界的团结取向相互关联,带来了改革开放以来城市边界向农业转移人口选择性开放的内在机理。

地方化运作的市民化进程使市民化内部的分化机制发生根本性的改变,并且产生了新的不平等形式。第一,从资源与机会的分配方式来说,市民化资源和机会分配由基于普遍主义的总体性分配转向基于特殊主义的选择性再分配。第二,城市的选择性开放,在地方层面打破了一种身份序列,而建立了另一套身份序列。第三,中国的城市具有相应的行政级别,行政级别越高,城市拥有的促动城市发展的政治资源越多,由此形成了社会空间的等级制。由显性的"整体限制"[①]转向隐性的"分化选择",成为理解当下农业转移人口市民化的重要时代背景。地方化运作的市民化进程及其对农业转移人口市民化的开放型选择产生了新的不平等生产机制。一是剥夺机制,即阻碍一部分农业转移人口获得投入努力的充分回报。比如许多发展中国家,农业转移人口通常存在经济上被接纳,但社会上被排斥的现象。二是资源—机会储藏机制,即将资源和机会限制在特定群体内部。制度化市民身份主要通过地方政府组织的竞争性规则来获取。三是累积影响机制,即对农业转移人口而言,多重边界的交织带来不平等分类的累积性影响。农业转移人口在城

① 地方管辖权对于农业转移人口市民化的限制性主要体现在两个方面:一是限制劳动力的职业匹配(限制劳动力通往更具有生产力的部门);二是限制人口在特定空间的聚集。

市中的不公平体验在更大程度上来自农村—城市、内部—外来、女性—男性等不平等分类的累积性影响。

本书在不同类型农业转移人口市民化的进程中系统考察了由结构性力量和主体性力量共同形塑的"选择性机制"。其中，制度选择、市场选择、社会选择及农业转移人口的主体选择存在多重选择性的相互作用，并带来农业转移人口的流动分化。第一类是进城农民工市民化情境中的"结构—能动"关系，突出地表现为强市场选择和强主体选择之间的关系，其中围绕着市场需求与生计需求之间的需求匹配形成了影响农民工流动分化的选择性机制；第二类是城郊失地农民市民化情境中的"结构—能动"关系，突出地表现为强制度选择和弱主体选择之间的关系，其中围绕着制度设计与土地退出之间的利益匹配形成了影响失地农民流动分化的选择性机制；第三类是居村农民市民化情境中的"结构—能动"关系，突出地表现为强社会选择和弱主体选择之间的关系，其中围绕着集体能动与个体资源之间的资源匹配形成了影响居村流动分化的选择性机制。

影响农业转移人口市民化的结构性力量显然不是"铁板一块"，机会与资源的分配具有级序特点，并在地方语境中表现出差异性。农业转移人口同样也不是"均质化的存在"，其差异化的主体特征、选择偏好、意义阐释带来差异化的市民化行动，并反向影响结构性力量。基于对三类群体市民化进程的考察发现：结构性力量与主体性力量既可能相互协调，也可能相互冲突，农业转移人口以行为的选择性来对差异化的资源和机会结构进行能动回应。改革开放以来对于政府角色的研究，国家或政府的内在张力充分地体现在中央—地方的科层体系之中，另一个张力则体现在国家和政府在处理经济社会事务中所具有的多面性。尽管从整体来看，中国城镇化推进的最大特点在于政府主导，而在不同的城镇化模式中政府—市场—社会形成了不同的关系，政府在其中也展现出多面性。从农业转移人口的主体选择上可以看到，市民化并非与农村和原有身份截然断裂的过程。农民的身份、信仰、生产方式、生活方式即使在新的空间中也能得到保留和再造。农业转移人口自主选择的对传统社会文化的保留使得市民化成为一种扩张过程而不是替代过程。

二、市民化进程中的流动分化与流动不平等

通过"选择性"概念的引入，实际上是在寻求一把解开农业转移人口市民化过

程中流动分化和流动不平等的"钥匙"。与西方不同的是,中国的历史脉络中流淌着安土重迁的文化特质,这使得社会转型中充满了对于人之变动的不安和张力。本书重新回到流动性本身,到农业转移人口的市民化进程中去审视其内部的流动差异以及遭遇到的流动不平等。正是因为中国社会在改革开放以后集中表现出的流动性活跃,市民化与社会分化和社会不平等之间的关联应当被重新思考。"流动性"是社会生产的结果,为什么有些农业转移人口在地理空间上表现出强流动性,但在社会文化空间上却表现出弱流动性?为什么有些农业转移人口在地理空间上表现出弱流动性,但在社会文化空间上却表现出强流动性?"流动性"的多种形式以及对于强流动性—弱流动性、流动性—非流动性的差异拷问,为农业转移人口选择性市民化研究确立了研究目标。

不同类型的农业转移人口在市民化过程中面临不同的资源机会结构,对城市社会而言具有不同的"他者度",也在主体选择上存在不同的行为偏好。在经济参与、权利和城市福利获得、社会文化融入及心理角色转型的不同方面,结构性力量和主体性力量的互动使农业转移人口在不同维度上呈现出差异化的流动性获得。市民化过程中的不平等不是普遍城乡不平等的直接对应物,而是多重不平等生产机制交织作用的结果。在这一过程中,"结构—能动"的关联在某种程度上构成了对正义的讨论和重要的道德命题。

在"谁能够成为市民"的问题上,本书采取了一种多元分析的视角,来考察不同类型的农业转移人口在社会流动获得上的差异。本书反思了成为市民的"能力强者"假设(即主要依赖市场竞争中的生产力要素)。市场能力强者确实在许多方面能够实现社会流动,但是农业转移人口市民化过程中的分化完全来自市场能力吗?显然在不同的情境中主导的分化机制存在不同。需要看到的是,表面市场逻辑的背后同时缠绕着其他的逻辑。这是因为在经济转型过程中,市场往往在资源分配上不具有独立的支配性,而同时缠绕了政治逻辑和社会逻辑。因此在农业转移人口市民化的过程中,市场的能力强者并不必然具有市民化的优势和可能性。如果从社会文化层面来理解市民化,非能力强者也可能在社会文化、心理角色上迈向市民化转型。

另外,本书还想回应的一个基本问题:农民到底是不是精于计算的理性主体?基于对农业转移人口主体选择的考察,研究将农业转移人口视为情境中的能动者,其过程性地对市民化的各项决策不断地进行衡量。虽然考虑到预期收益,但农业转移人口的市民化选择又并非必然遵从利益最大化的理性原则,而在很多时候表现出对社会习惯法的遵从以及对生活连续性的主动维持。甚至在一些时候,农业转移人口的主体选择呈现出非理性而不是理性的特征,比如往往依据不真实的谣言、从众、神启等方式来做出行动。在许多情况下,农业转移人口不具有完全的信息能力和反思监控能力,难以抵抗国家和市场的力量,却创造了意义,创造了经验,创造了情感。

三、主要创新点

在处理农业转移人口市民化问题上,特别需要有更能反映本土情景特殊性的理论视角来加入到这场在世界范围内引发的有关乡城流动和社会转型的大讨论中。显然,这需要有更多本土的概念来进行本土化的经验表述,并且与西方的相关研究进行碰撞。本书以"选择性市民化"作为核心主题,考察农业转移人口内部的流动分化和流动不平等,从而在新的语境下重新审视流动与不平等的复杂关联。具体来说,研究创新之处突出地表现在五个方面。

(一)从终结流动到重返"流动性"本身

在某种程度上,"市民化"议题源自对终结人口流动、实现人口迁移的努力,流动性常常被负面地理解,因此出现了在政策上去压制流动性,在学术研究上聚焦于如何去除这种因结构制约而产生的流动性。而在这个认识过程中,农业转移人口的流动性本身其实被忽略了。本书将农业转移人口市民化议题重新拉回到对"社会流动性"的讨论,对市民化进程中的流动性进行常态化的理解。在对市民化的基本认识上,采取了一种过程性的认识,将市民化视为农业转移人口跨越乡城边界、获得社会流动性的过程。从这一意义来说,市民化超越了个体意义上从"农民"到"市民"的简单转变,而在群体的意义上建构出不断被生产、被模式化并且嵌入特定的时空语境之中的流动模式。农业转移人口市民化的现象不仅存在于当代,然而恰恰是在当代形成了农业转移人口市民化独特的阶段和模式。正是由于对社会流动性的关注,市民化研究超越了实体取向的城市化视角,转而能够观照城市化过程中的非实体进程,包括农业转移人口如何跨越一系列"看不见的边界"(经济、社会、文化边界),从而实现社会流动。

（二）聚焦理解农业转移人口市民化进程中的"群体离散性"

在以往的研究中,农业转移人口常常被设定为静态(具有普遍而恒定的市民化意愿)和单一(遭遇共性的市民化问题和障碍)的整体形象,这大大压缩了群体内部的异质性。一个值得反思的问题是,市民化就农业转移人口的主体而言究竟是一个既定性的转变(对规则与资源的机械反应),还是一个选择性(存在自由度)的行动过程?本书对农业转移人口内部的流动分化和流动不平等展开研究,一方面关注不同群体在市民化过程中所处的结构性优势与结构性劣势,同时也关注农业转移人口因主体特征、意愿和能力而表现出的差异的选择表现。基于对进城农民工、城郊失地农民以及居村农民三类农业转移人口的市民化展开系统研究,能够在日益分化的市民化现实中寻找共性与差异性。

（三）探究农业转移人口流动分化的机制

在以往研究中,市民化背后不同的群体分化机制并不清晰,不同类型的市民化之间还未能在比较视野中形成更完整的图景。本书创新地引入"选择性市民化"的概念,并将其作为研究的核心主题。研究聚焦于在不同的情境中考察不同类型农业转移人口市民化的"选择性"问题,旨在揭示由结构性力量和主体性力量共同形塑的选择机制及其对农业转移人口市民化造成的分化影响。事实上,没有任何一种普遍的分析范式能够刻画农业转移人口市民化的路径,加入"选择性"这一中介变量,市民化便具有不同的路径和形态。

（四）破除单向的现代化思维

本研究立足于城乡关系的角度(既非单一的城市立场,也非单一的乡村立场)研究农业转移人口的市民化。也正是因为回到对"流动性"本身的关注,作为一种流动形式的市民化具有多种可能。在城市中心主义的立场下,市民化被理解为农民向市民、农村向城市单向度的目标转变。本书以规范性陈述和事实性陈述的双重叙事展开了对市民化的研究。一方面,在事实性陈述中探究农业转移人口乡城流动的多元形式以及市民化的不同面向,农业转移人口市民化的过程从单向趋近转向多向分流。"谁能够成为市民"的提问在识别流动性获得的优势者同时也在识别劣势者,而劣势者的回流、漂浮悬置的市民化未来等也在研究中有所关怀。另一方面,在规范性的阐述中,本书力图解释农业转移人口市民化过程中流动与不平等、流动与正义等规范性问题。在发展主义的语境下,批判性地思考现代化可能带来的不正义问题,这同样是市民化研究中具有重要价值的研究点。

(五)形成回应农业转移人口内部流动分化的多变量解释框架

这一解释框架包括结构性力量和主体性力量的因素,其中特别考察了国家、市场、社会以及农业转移人口自身在边界塑造和管理中的角色,既见到国家、市场、社会,又见到个人。在结构性要素和主体性要素的互动中检视农业转移人口的社会流动性及其限度,以"选择性"为核心形成具有中国特色的理论框架来理解农业转移人口市民化的内在分化。本书将农业转移人口市民化的议题在更大层面与社会分化、社会不平等的议题相联系。主要的研究线索不仅聚焦于市民化的现状、问题和对策,而且对引发市民化内在分化的深层机制展开多变量分析。整个研究围绕"选择性"延展了两条相互对话的线索:一条是结构的线索,对影响市民化的结构性力量展开分析,关注不同类型的市民化进程所嵌入的制度环境、经济环境和社会环境,特别是对经由结构性力量形塑的科层化的机会和资源结构不平等展开反思;另一条是行动的线索,从而使结构脉络和行动脉络及其相互关系在具体情境中更加鲜明。

第二节 回应复杂的乡城流动性:对市民化的若干反思

在20世纪下半叶,第一世界国家经历了两次人口分布的显著变动,其重要性相当于西欧工业革命的移民。其一是城市化率的增长,特别是西欧的城市发展;其二是北美在二战后的城市发展。而近30年来,世界人口图景的变动集中地展现了工业化民主国家的城市迁出现象和第三世界国家的农村迁出现象。数以万计农业转移人口的农村退出和城市进入问题构成后发现代化国家面临的巨大挑战。

一、农业转移人口市民化的国际经验

不同国家城市化的启动时间不同,背后的基本经验也不同。以下,笔者将从国

际经验、理论反思以及持续的争议等方面对当下的市民化研究展开全面的反思。

(一) 英国人口城市化的经验

英国的城市化历程用了接近 200 年的时间(从 1801 年的 32% 上升至 1999 年的 83%),主要模式是依靠工业化带动的同步集中城市化。实际上,在近代大工业产生以前的"原工业化时期",从事农业活动的农民也同时从事着家庭工业(被称为茅舍工业),由此带动了一批拥有少量资本以及机会劳动成本偏低的地区形成了乡村工业化的勃兴,同时也带动了大量农村人口的非农化。然而,并非所有的原工业化中心都顺利完成了近代大工业的转型。机器对手工业的替代以及英国的圈地运动,加速了农村劳动力向城镇和大工业中心的集中,产生了城市工人阶级,与此同时,带动了大规模农场、农业工业化、农场经营者的产生。城市化与人口流动、农村现代化的同步发展成为英国人口城市化最鲜明的特点。在解决"城市病"的问题上,英国由早期的市场驱动转向市场与社会力量共同解决。

(二) 德国人口城市化的经验

德国的城市化重点形成了中小城市高度繁荣的城市化格局,形成了土地资源集中利用的紧凑型城市化特点,城市化水平高达 95%。德国推行大中小城市合理布局的城市化体系,既有大量农业转移人口向城市集中的状况,也有农业转移人口就地转化的状况。与人口城市化相配套的城市发展格局是大城市之外的中小城市功能齐全、基础设施齐全且现代化水平较高。

(三) 美国人口城市化的经验

美国城市化的进程基本和工业化的进程相互推动,但在城市发展模式上具有非均衡和集中发展的特点。在农业转移人口市民化的过程中,美国主要发挥的是市场机制的调节作用,引导农业转移人口由农村向城市的转移,政府的干预程度较低。"都市区化"已经成为美国区域经济发展和城市发展的重要组织形式(许可,2005)。从 18 世纪末期到 20 世纪初,外来移民对农村社会向城市社会的转型做出了重要贡献,并参与到城市发展中。不同类型族群的互动和交融,使城市形成了不同的文化样态,并对城市社会结构的形成产生了重要影响;由于城市内部因移民社会的阶层冲突和对立带来了社会政策和文化理念的改变,美国的人口城市化取向从强制同化转向主张文化多元并存，设立了多元文化办公室（multiculture office）来专门处理不同文化族群之间的文化关系。

（四）韩国人口城市化的经验

韩国城市化快速发展的阶段大概处于 20 世纪 60 年代到 80 年代。在日本殖民统治时期，韩国建立了以私人为主体，以初级产品出口为导向的发展格局。从 60 年代起，韩国在朴正熙政权的领导下开始了快速的工业化道路。在市场和政府的共同推动下，经济政策由轻工业发展转向重工业发展，韩国的外向型经济带动农村人口向大城市集中，整体人口向港口城市集中。与此同时，农村人口自 70 年代开始锐减。1987 年，韩国的城市化率达到 68.7%。与早发现代化国家不同，亚洲的工业化动力往往不是来自原工业化的自身危机，而是来自原工业化以外的外部刺激（唐茂华，2009：75）。由于韩国的城市化发展是以大城市为偏向的非均衡模式（金元欢 等，1996），目前面临的主要问题是农村和农业的凋敝。

（五）日本人口城市化的经验

日本的城市化进程与美国具有一定程度的相似性，也是城市化和工业化协调发展的典型个案。同时，日本在城市化过程中带动农业转移人口从农村转移到三大城市圈，同样形成了空间上非均衡的城市发展格局。但与美国不同的是，日本形成了自上而下的城市发展道路，即依靠行政权力而不是商品经济的自然发展。其在空间上经历了先集中后分散，但总体上仍然相对集中的城市化发展路径（高强，2003），政府角色对于城市化发展的影响和干预特点十分明显。

（六）拉美国家人口城市化的经验

以巴西为代表的拉美国家出现了过度城市化的现象。在城市发展上集中于特大城市的发展，工业化滞后于城市化。城市化的过程以剥夺农民为基础，割裂了城乡联系。大量农村人口涌入城市，但城市无法为居民提供充分的就业吸纳和城市福利，导致贫民窟等城市问题在大城市的大量集中。

在解决人口城市化问题方面，近些年的国际城市发展给中国提供了一些可供参考的有益经验。最近几十年，许多发达国家在修补城乡分离发展、应对乡村衰落、促进乡城移民的城市融入等方面取得了诸多有益的经验。特别是聚焦于对城乡关系展开重新认识,并在促进城乡之间的衔接性、关联性和合作性方面实践了诸多社会项目。如何更好地衔接城市化和农村城镇化?城镇化的重点应该放在小城镇,还是更具有规模效益的大中城镇?国外农村城镇化的发展形成了两种主要模式。第一种被称为西欧模式,以法国、德国、意大利、瑞士等国家为代表,即发挥中小城镇在农村经济社会发展中的作用,推动农业转移人口的自发转移。第二种被称为后发现代化国家的模式,以日本等国家为代表,即城镇圈模式,基于国家选择的大城镇发展模式来推动农业转移人口的转移。在城乡一体化的发展方面,亚洲比较值得借鉴的是韩国和中国台湾的经验。在消除城乡二元结构方面,韩国和中国台湾用时非常短,推进了经济结构、社会结构、城乡人口结构的同步变化。

在处理流动人口的问题上,非洲和亚洲的发展中国家集中地出现了循环和临时的乡城迁移模式,同时出现了一些城乡人口的逆向流动。中国、坦桑尼亚、印度尼西亚、菲律宾、南非、古巴等国家都采取了强有力的措施来调控农业转移人口的乡城流动(Simmons, 1983)。这样的公共政策通常忽视了市民化的长期性及其长远后果。在非洲、亚洲一些发展中国家和地区,越来越多的政策制度将时间轴扩大至对流动的全周期进行考察。在其他国家和地区的发展经验中可以看到:农业就业人口和农村人口之间的等同关系会随着经济社会的发展越来越形成不确定的关系,农村人口可能更多地被非农就业人口占据。对许多中高收入国家而言,在农村生活的人并不依靠农业维生。未来农村对人口的吸引力不仅在就业上,也在于基础设施、制度设计、福利供给等方面是否能够与城市接轨。

在处理人口异质性的问题上,越来越多的国家意识到城市化带来的乡村移民并非快速地被同化,因此政策上也开始考虑接受这种多元性,在城市发展和处理城乡关系方面越发突出"包容性发展"(Inclusive Development)的重要性,社会政策也开始走向多元文化主义。在这里,"包容性"不仅体现在经济方面,也涉及社会、政治、文化、环境等更加广泛的内容。包容性发展强调更加合理的财富分配、创新型城市治理模式、公共服务的均等化、多元文化的和谐共生等特征,其核心是追求机会公平和权利公平。包容性发展注重发展内容的全面协调和发展成果的利益共享,是一种更趋向于公平的新发展理念与模式。作为一种共建共享的发展模式,包容性发展的城乡关系强调分享与参与的双重重要性。

二、有序推进农业转移人口市民化的理论反思

城市人口和农村人口相互关联，又相互分离。城市化在创造了新的财富和权利资源的同时，也产生了新的脆弱性。它产生了城乡之间新的联系，也划定了市民身份的边界。市民化不应当仅仅是农民向市民的一种单向趋同，而需要更多的机会、参与和包容性支持，其涉及打破原有的城乡分割而重建社会身份体系的努力。如何有序推进农业转移人口市民化，根源于我们对市民化所持有的基本认识和看法，有必要对背后的理论观点进行反思和再讨论，继而为市民化相关政策的制定提供更充分的理论基础。

（一）认识并处理市民化中的复杂流动性

"流动"常被视为一种来来回回、居无定所、对社会秩序构成负面影响的存在。但是从农业转移人口的主体视角来看，"流动"（包括地理流动和社会流动）不仅是现代开放社会的一种必然特点，也是主体的一种能力。农业转移人口的流动性获得在时间上表现为一个连续统，并且具有多向性。以往对市民化的理论分析主要是基于从"农村"到"城市"的单向度视野，如果关注其中的"选择性"，就可以看到市民化的多向性，以及农业转移人口对社会文化传统的主动保持。从地理流动上来看，与农业转移人口市民化相伴随的是把乡村视为目的地的人口流动。其主要包括两种形式：一种是与乡城流动相反的城乡流动，另一种是乡乡流动。在这里需要注意区分的是城乡的反向迁移和乡城迁移中的特殊形式，比如临时性、循环性的乡城流动。把乡村作为目的地的人口流动是否必然与市民化相悖？这一点是值得在理论和政策上讨论的。从社会流动上来看，农业转移人口社会流动性获得是一个长期的过程。市民化不仅仅是传统农民的转型，同时为整个社会带来人口与文化多样性的交织和增加。从这一角度来说，市民化在相当长的时间中面临的是多元文化的群体如何共生的问题，而不是简单的某一群体（农民）认同另一群体文化（市民）的过程。因此，社会政策不应当是通过抑制流动来适应稳态的社会治理方式，而应该是通过社会治理创新来不断适应流动、促进合理的社会流动。农业转移人口的流动状态不仅取决于产业格局及其分布的变化，还取决于人口流动的政策导向以及农业转移人口对目的地的选择。从这一角度而言，应该形成适应流动性的

社会制度,而不是形成压抑流动性的社会制度,从而适应流动社会的到来。从这一意义来讲,有序推进农业转移人口市民化的核心政策导向,应当从削减流动性来促进定居转向削减不平等来促进社会流动。在中国经济社会转型的背景下,对农业转移人口的态度和审视始终纠葛于理想准则和现实准则之中。在理想准则中,农业人口被视为是欠发展的;在现实准则中,农业人口又是国家发展中的可用资源。因此在推进农业转移人口市民化的量度上存在政策门槛的争议。

(二) 从"看得见"的流动转向"看不见"的流动

原有城市化方式没有真正落脚于"人",带动人自身生产方式、生活方式、社会权益等方面的整体变革。从城乡关系的视角切入农业转移人口市民化研究,不仅需要看到那些显性的变化,更需要看到那些"看不见"的变化——无建制、无户籍背后实际已经发生的群体转型,包括生活样态、行为方式、阶层关系、社会结构、组织治理模式等方面的转型。农业转移人口的居住和就业具有空间的指定性,但其是否能够在社会文化、心理角色等"看不见"的层面跨越空间边界,则具有一定程度的主体性。在社会文化层面市民化的选择性需要特别被关注。现有社会政策对农业转移人口市民化的支持主要集中在经济参与和制度化身份的转换方面,这种政策取向需要进一步优化:在对农业转移人口的经济参与提供支持的同时,也应当帮助其避免经济边缘化的风险;对制度化身份转换的制度化支持应当转向促进城市新来者与本地社会的社会文化整合,集中降低农业转移人口在城市中与老市民之间的居住隔离、交往隔离、文化隔离,以及可能存在的利益矛盾。

(三) 从"城乡二元"到"城乡互动":"市民"概念的重构

不得不承认,以往有关于城乡之间的二分正在不断被质疑和挑战。在中国,"市民"主要是城乡二元结构范式下的概念产物,其本身需要得到重新反思。城乡二元结构理论认为,城市与乡村不仅是一种地理、空间和产业上的分割,而且在社会组织原则和社会生活形态上也存在一种结构性的差异(张兆曙,2010)。但是,与自上而下制度化的市民身份不同,在社会文化层面自上而下形成了一种"具有弹性的市民身份",农业转移人口依靠文化的逻辑而不是制度背后的政治经济学的逻辑来进行身份的再定位。社会文化意义上的"市民"突破了城乡二元的制度边界,而成为城乡社会文化互动的结果。因此,"市民"概念本身应当能够从多重维度上被理解,而城乡二元的理论框架有碍于理解社会文化层面发生的市民化转型。对农业转移人口来讲,无论劳动力转移发生在本地还是异地,是否保留土地权利,社会文化层面的市民化过程都在发生。对他们而言,市民化类似于一个社会化的过程,面对新的社会设置和新的社会结构需要进行角色转型,也正是这种社会化的过程使农业转移人口市民化具有更多的社会流动性。笔者认为,市民应当超越地域、户籍的城乡二元,从社会文化的城乡互动中得到重新认定:凡是能够共享平等权利、现代生产生活方式和文明程度的人都能够被视为"市民"。实际上,强调对市民的重构并不是意味着再建构一种身份界定的言说,而恰恰强调的是对人群的"去分类"。市民概念的重构从强调分类转向强调伙伴关系、合作与整合。伴随着人口与文化多样性的增加,市民化所带来的问题可能不再是某一群体认同另一群体文化的过程,而是多元文化的族群如何共生。多元性是否能够形成一种新的整合模式(Faist, 2014),这需要得到进一步的理论反思。

(四) 迈向社会政策的组合视角

在农村发展与城市化方面,当代中国显然已经进入"社会政策时代"。变化更新的社会政策不断为农村与城市发展构筑了新的制度环境,为农业转移人口市民化带来了新的机会与资源。在有序推进农业转移人口市民化的社会政策制定上,应当转向组合政策视角,而不是停留在单一层面的技术化处理上。具体来说,应当在微观、中观、宏观三个层面,在经济参与、权利与城市福利获得、社会文化融入及心理角色转型四个方面,针对不同类型的农业转移人口形成组合式的社会政策支持。在微观层面,应当集中于人力资本的投资,增加农业转移人口的收入回报和市场竞争能力。在中观层面,应当重点推进群际关系的重建和文化的包容。特别是在尊重农业转移人口的主体性和行动逻辑基础上,帮助其进行邻里关系与公共空间的重建,推动形成具有包容性和自组织能力的社会网络。在宏观层面,应当重点在组织、空间、社会文化等方面进行政策整合。在政策框架上,应当具有两个基本面向:一个是在技术上消除农业转移人口获取市民身份的制度壁垒(比如户籍制度改革),聚焦于处理农业转移人口城市进入的制度公平性问题;另一个则是在更长远的时间段中聚焦于为农业转移人口的向上流动提供平等的机会和资源,聚焦于处理农业转移人口社会流动的公平性问题。在制度设计上,应当给予多重支持性力量,而不是简单的物质资源给予,同时朝向多元文化主义(Multiculturalism)的包容性政策框架。有序推进农业转移人口市民化的政策离不开积极的城乡社会政策。对城市而言,需要不断聚焦于多元主义和包容性城市化的社会政策实施,不断挑战身份主义和歧视,以便于在一个整合的社会保存社会文化的多样性。对农村而言,需要着力解决的问题是积极对农村社区实行赋权,而免于社会排斥的风险。

三、"市民化"的持续争议

在过去十多年间,"市民化"已经成为中国社会科学界一项极具重要性的现实议题。仅中国知网 2007—2016 年十年间以"市民化"为主题的文章发表就达到6 965 篇。尽管如此,"市民化"仍然在诸多问题上存在一些持续的争议需要被未来研究反思和进一步讨论。

(一) 谁才是"市民"?

市民化在很大程度受制于我们对市民的认定,而构成市民的条件也在发生变化。实际上,"市民"概念是理解"市民化"内涵的基础,对市民化的认识首先建立在对于"何为市民"的认识基础之上。总体上目前主要有两种对"市民"的理解方式:一是从城市层面来理解"市民",主要指城市居民,这种成员资格与地域相关,并且通常经由制度化和程序化的方式予以确定,即拥有城市户籍的人口就可称之为"市民"。从这一角度来讲,市民化过程的核心是获得所在城市的市民身份以及城市福利,其潜在的假设是市民化的过程需要伴随农民进城。二是从户籍层面来理解"市民",主要基于农业户口和非农业户口的区分,将具有非农业户口的人称为"市民"。不仅能够成为"市民",更重要的是获得"市民"的权利与福利,其潜在的假设是市民化的核心在于权利与福利的平等化,而不必然与地域转变相关。两种对"市民"的基本认识进一步带来两种不同的市民化推进路径:一种是推动农业转移人口进城;另一种则是推动农业转移人口的权利与城市福利获得。伴随着农业转移人口内在差异性的不断凸显以及城市化进程中新趋势的出现(比如农村新型城镇化、城市中的乡村化等),仅仅依据地域、职业或者户籍状况都无法完整地理解"市民","市民"的概念变得越来越宽泛。因此对"市民"的理解也越来越从"制度—技术"层面的"市民"转向"社会文化—角色心理"层面的"市民",其概念变得更加具有争议了。

（二）农民市民化：占有还是参与？

在农业转移人口市民化的讨论中，"市民化"的目标究竟指向的是普遍权利还是基于特定权利（市民权）的获得？为此，有学者提出应该将"公民化"来取代"市民化"，以此来强调普遍社会权利的获得，而非对城市社会的参与。值得进一步讨论的是，市民身份究竟是国家性的，还是地方性的？其在多大范围内代表了与社会政治共同体相关的身份归属？对不同大小的社会共同体而言，它们都具备一套身份体系，通过制度和实践来控制共同体的边界和融入，获得"身份"也就意味着获得共同体的正式成员资格。然而，人口流动性与社会共同体的构成形成天然张力的是，社会共同体的对内整合与对外筛选始终是一体两面的进程。在地方化运作的市民化进程中，地方共同体的边界政治必然伴随着成员资格的争夺和利益的分享。农业转移人口市民化不应当是权利和福利的排斥性占有，而应当进一步朝向城乡一体化的权利共享和福祉提升。改革开放以来，传统城乡经济社会系统的独立运作被打破，城乡之间的边界逐渐模糊。对中国社会转型构成极大挑战的是，如何打破城乡两大社会共同体的隔阂，而走向更深层的城乡一体化。

（三）我们应当如何书写乡村？

在城乡发展中的一个争议是在城市化的一端是否存在乡村化的另一端？在这一方面，显然应当慎重地对待关于"乡村"的知识生产方式。"乡村"在社会学的语境中扮演的是一个接近于"范式"的角色，以其为核心产生了理论、方法、视角和价值。20世纪80年代以来，研究者从各种角度描述并理论化"农村"（rural）。如果转向后结构主义和后现代主义理论的视角，所谓的"乡村性"（rurality）完全是一种社会文化建构的产物。因此，比起运用客观指标来对农村发展进行测量和评估，更多值得反思的是："乡村性在特定语境是如何被建构和被剥夺的？"（Murdoch et al.，1993）在这里，我们应该对三种乡村书写方式进行反思。

其一，乡村是一个普遍主义的概念吗？显然，我们应当将异质性和多样性重新作为思考并描述乡村的出发点。对乡村环境多元性的识别对于社会政策的意义更大。如果为乡村发展摘下"落后"的标签，而转向地方发展研究，关注地方物质、文化、社会各方面的特殊语境，乡村就会呈现出不同的面貌。

第二，乡村是一个身份的隐喻吗？"乡村"的书写总是与一些刻板的社会文化印象相联系,而将乡村视为全然与非农业部门、现代化、正式联系、全球化关系隔离的存在。如果回到布鲁斯·库佩(Bruce Koppel)等人在1994年著作中的经典提问——发展还是衰落(Koppel, 1994),乡村也可以成为增长速度超过城市的发展载体。研究者对于农村的想象将会影响地方发展,通过农村的建设使农村不再简单地与农民、农业对等,乡村也可以成为容纳多元活动的现代空间。

其三,乡村是现代主义的敌人吗?现代主义、后现代主义下的农村研究具有不同的理论取向和理论设定。农业在农村经济中的重要性在下降,农村中的非农业经济逐步开始服务农业经济,农村政策应当逐步开始服务农业,而不是相反。农业转移人口返回农村和返回农业是两回事。我们的公共政策中还缺乏对农村,特别是对农村非农业部门、对村落共同体的有效支持。农村发展政策应当与农村经济社会结构转型相配套,注重农村经济社会系统日渐突出的复杂性,从支持以农业为基础的活动转向支持以农村为基础的活动。我们需要城市化,同时也需要乡村化,来使得乡村—城市的连续统成为对流的平衡系统,也使得城乡社会能够一体化地实现可持续发展。事实上,对农村发展而言,特别需要风险管理和社区抗逆力的培育。把村落视为落后的一个隐含假定是认为村落这一地方性的共同体包含许多与现代社会不相容的独立空间、规则和价值,难以培育现代公民。问题是,村落共同体必然是"反现代"的吗?从现实来看,村落共同体同样可以成为培育社会成员现代性的载体,并且成为现代社会的一部分。

第三节 未尽的探索

如果将农业转移人口市民化放置在更大的语境中来看,它试图桥接当代社会所日益表现出的人类流动性的议题。至2012年,世界上17.5亿人口(2.9%的世界人口)居住在出生地以外的地点(Mendola, 2012),这意味着不同区域、不同阶层、不同群体属性的人群共同创造着一个多元性的流动社会。如何理解人的流动性,如何实现流动社会的整合,这将成为当代社会学新的时代命题。农业转移人口市民化实际观测的是现代性语境下的人类活动与社会身份体系变动的过程。但是,不同国家在现代化的过程中展现的多重线索不断提醒我们注意中国语境的独特性,以及城市性和乡村性所形成的复杂关联。市民化并非从"农民"到"市民"的简单变动,对此,未来研究中应当逐步走向一个系统的视角,并对"市民化"叙事本身进行更多的反思。

一、市民化的系统观

在某种程度上,市民化本身构成一个内在不断产生关联效应的复杂系统,并更多地表现为连续而非离散的动态过程。正因为如此,以往对市民化的"离散认识"应当在理论上得到反思。对于农民为什么以及如何成为一个城市的永久定居者这一经典问题(Mabogunie, 1970)的回答,应当更多地将农业转移人口的城乡流动(包括物理空间和社会空间的流动)放在一个开放、流动的复杂系统中加以考察。从这个意义来说,系统取向的市民化研究应当更多地被倡导。事实上,倡导系统取向的市民化研究同样可以在国际移民研究中得到回应。20世纪70年代以前,由于对迁移动因和迁移距离的聚焦,西方乡城移民研究基本上局限于"推—拉"模型的简单解释。然而,不断多元化的迁移类型在增添数理统计复杂性的同时,也宣告了简单解释模式的缺陷。特别是随着移民现象越来越呈现复杂性和多面性,20世纪80年代末以来的移民研究将研究对象转向了"移民系统",并致力于进行宏观—中观—微观以及流出地—流入地的分析综合。移民系统的研究者认为:以往对于移民的简单认识应当转变,"移民"应当被视为更大互动进程中的一个部分来看待。在移民研究中,"移民系统"被定义为一种空间构成,它包含了移民输入地与输出地之间相对稳定的联系,而这种联系是在一个相对固定的制度框架内依靠各种社会网络而维系的,移民就是在这个制度框架和关系网络中,凭着自身的人力资本而不断地流动与互动,以此来共同构成一个相对开放和流动的移民系统(阿朗戈,2001)。移民系统实际上是一个动态的系统,它受制于许多因素的影响,一旦这个系统形成,就会产生源源不断的动力(Samers, 2010:33)。

与西方的"乡城移民"较为不同,中国的农业转移人口市民化发生于城乡之间、工业部门与农业部门之间所形成的异常关系基础上,加之户口登记制度以及工业优先的国家发展策略,使整个社会从原本的"农民—市民"二元结构转变为"农民—农民工—市民"的三元结构(文军,2006a)。客观而言,要深入观察并理解今天中国农业转移人口的市民化进程,很难再通过简单的转型阶段划分、城乡分割的理论视野及单因素的影响分析而完成。市民化本身是一个多元构成的复杂系统,并且与城乡关系的整体环境相关联。为此,市民化的研究应当在理论视角上进一步探索从离散认识逐步转向系统认识。

系统取向的市民化研究,意味着在观察和理解市民化问题上确立"系统观",并谨慎对待离散的认识对市民化的复杂现实可能造成的简化。其更多地关注各要素相互关联的市民化系统是如何整体影响农业人口的城市转移的。具体而言,市民化的"系统观"突出地表现为以下几个方面的理论特征:其一,"系统观"不是将"市民化"简单视为一个线性、单向的进程,而是将"农民"向"市民"的转变视为一个由多主体参与的开放、流动的系统,并致力于为市民化系统的多重构成、内在关联以及动态发展提供一个综合的理论框架。因此,它既强调共时性分析,又强调历时性分析。其二,"系统观"希望在纷繁复杂的市民化现实中解释其背后具有惯性和稳定性的运作模式,它同时也是市民化各个主体之间所形成的结构化的行动框架。因此,"系统观"并非致力于完成一种宏大陈述,而是桥接宏观、中观、微观不同层面的分析。其三,"系统观"在提供事实性陈述的同时,也提供了一个规范性理论陈述的可能。因为它将市民化放在更大的语境中加以考察,充分地考虑到农业转移人口市民化的人口、政治、经济、社会背景,从而帮助我们批判性地检视市民化可能遭遇的结构性不平等。在这里,"市民化系统"可以被定义为一个由多个行动主体(包括个人、家庭、亲属/朋辈群体、社区、组织、市场、政府等)共同参与的实践空间,并经由制度建构而形成了相对稳定的互动结构和运作模式。

市民化系统涉及农业转移人口从"农民"到"市民"的整体转型。20世纪80年代末以来,"市民化"在内涵认识上逐渐经历了从横向延展到纵向延展、从外在资格市民化到内在角色市民化的认识深化过程,从而使我们能够在更完整的意义上理解农业转移人口的市民化进程。从内容维度来看,市民化在内涵上存在两个层面的目标取向:一是制度、技术层面的市民化,跨越制度限制而获得平等的市民权,涉及职业的非农化、户籍城镇化以及身份与权利的同等化(陈映芳 等,2003);二是社会、文化层面的市民化,跨越社会群体的边界而实现城市融入和角色转型,即完成市民意识、市民生活样式以及市民文化样态的角色转型,农民和市民一同共享现代城市文明。从时间维度来看,强调"化"的过程使得市民化进程(启动、进入、调整等)成为完整理解市民化的重要部分。因此,我们能够看到"市民化"所具有的两种形式的构成要素,即"结构性构成"和"时序性构成":前者指向市民化进程中市民化系统的基本构成要件及其之间的横向联系,而后者指向市民化进程的时序模式及其之间的纵向联系。

从结构性构成来看,市民化系统被视为由若干个子系统共同构成的整体。与市民化的启动、初级进入、深层进入、调整(包括季节性迁移、通勤、回流等)等过程相对应,市民化在不同的时序阶段上形成了不同的实践空间。笔者认为,市民化系统至少涉及以下几个子系统:"激励系统""规范系统""适应与融入系统"及"反馈系统"。每一个子系统都经由不同主体的共同参与,并在宏观、中观与微观的互动中对农业转移人口的市民化起到促动、控制、整合及调整的作用。

一是激励系统。

激励系统在市民化系统中主要承担动力供给的功能,激励农业转移人口开启城市化的转型。激励系统涉及宏观层面城乡之间客观存在的资源分布差异和收入差异以及微观层面农业转移人口主体对于这种差异的感知和识别,也涉及迁移网络为个体迁移所提供的经验、信息、资源。[1] 同时,个体特征(性别、年龄、家庭情况等)和个人资本存量(受教育水平、技能水平、社会网络等)使得农业转移人口在面对不同时空中城乡机会结构和资源结构的差异时,表现出期望与动因的差异性。他们可能是乔治·齐美尔(Georg Simmel)所说的"脱离一成不变生活"(Simmel,1971:187)的猎奇者,可能是改变经济弱势的理性者,可能是改善现状而向上流动的变革者,可能是社会环境外部力量驱使下的被动卷入者。但在更多的时候,市民化往往表现为一组激励和动机的结合。

二是规范系统。

规范系统在市民化系统中主要承担控制的功能,规制农业转移人口农村退出和城市进入,同时为农业转移人口的初级进入提供就业、居住、社会保障、公共服务等方面的保障和资源。一方面,规范系统涉及城乡人口流动控制、城乡社会成员身份衔接和转化的宏观制度体系与社会治理手段,也涉及市场和社会为农业转移人口市民化所提供的资源结构和机会结构。其中,农村规范系统涉及对农村外出劳动力的政策控制,是实现农民城市转移的重要空间之一。城市规范系统涉及对农业转移人口城市进入的政策控制、身份认可、基本权利保障及资源机会供给等,是实现农民城市转移的另一个重要空间。另一方面,规范系统也依赖中观层面社区、

---

[1] "迁移网络"不仅直接导致了"链式迁移"的形成,更重要的是,它为农业转移人口市民化提供了一种安全、稳妥和低成本的流动方式(周聿峨 等,2003)。

家庭、共同体对农业转移人口的市民化所具有的支持性，特别是农村保障与福利的退出、家庭和社区对成员外出的允许。农村规范系统与城市规范系统共同控制市民化的规模和进程。当然，规范系统对农业转移人口市民化的影响程度也取决于个体意愿、能力和能动选择，个体选择往往能够反过来对宏观环境产生反向影响和塑造。

三是适应与融入系统。

适应与融入系统在市民化系统中主要承担"整合"的功能，它通过宏观层面城乡社会文化的互动、中观层面社会网络与社会资本的综合运作及微观层面的角色适应来处理农业转移人口城市进入后的文化适应和社会融入问题，因此它在社会文化层面上涉及更深层次的市民化进程。一方面，适应与融入系统为农业转移人口接受新环境，习得城市社会的规范、价值、文化观念及行为模式提供支持性的力量，维持农业转移人口与城市社会之间在心理和文化上的整合度。另一方面，适应与融入系统为农业转移人口与原市民的社会融入提供支持性力量，维持农业转移人口与目的地社会结构之间的整合度。它在更长的时间段中是一个长期的职业收入再调整、社会身份再识别及归属空间再定位的过程。

四是反馈系统。

反馈系统在市民化系统中主要承担"调整"的功能，它通过一系列传导机制带来农业转移人口市民化的深远影响，包括促动城乡资源结构的再调整，对潜在的农业转移人口产生广泛的社会文化影响，带动农村社会的转型和调整，并且使得个体调整生存策略成为可能。反馈系统使市民化系统呈现能量的环形流动，随即带来系统运作的自我强化或自我弱化。其依赖于两种反馈类型的存在——正向反馈和负向反馈。正向反馈通常来自较为顺利的市民化进程，通过信息与资源的反向传导，对潜在的农业转移人口产生积极的影响并且带动城乡资源的再分配。负向反馈通常来自受阻的市民化进程，不仅造成进入城市失败的农业转移人口返乡或发生间歇性流动，同时也可能降低潜在农业转移人口市民化的意愿和期望，难以发挥市民化对城乡关系的平衡和调整作用。

在以上笔者的尝试性论述中，激励系统、规范系统、适应与融入系统及反馈系统共同构成了市民化系统的四个基本子系统，这四个子系统之间相互影响，彼此关联。就整体而言，市民化不是一个封闭的系统，而是一个开放和流动的系统，其运作受到外部环境的制约，同时在与外部环境的互动中获得资源，包括外部物理环境

（城乡交通、资源、技术流动性）、外部经济环境（城乡经济整合）、外部政治环境（城乡公民身份统一性、政治生活的参与、政治权利和政治资源的享有）、外部社会文化环境（城乡社会文化交流）。同时，农业转移人口的市民化也会反向促进外部环境，助力形成更优的物质环境、经济结构、政治生态和现代社会文化。同时，需要注意到市民化系统可能存在三种不同类型的冲突风险。

一是不同目标取向下的任务冲突。

市民化系统内部的任务冲突发生于激励系统、规范系统、适应与融入系统及反馈系统之间是否具有目标取向上的一致性。如果缺乏这种一致性，各个子系统则必然难以彼此协调。反思农业转移人口市民化的现实处境，激励系统与理性准则及市场机制的关联，它内在地要求自由迁徙的劳动力。然而城市化进程中的政府主导、行政机制的过度干预使得农业转移人口的市民化与其主体的预期和需求存在一定程度的错位。虽然近年来户籍制度改革取得一系列成果，包括取消户口分类、剥离与户籍挂钩的特权、以迁入城市作为奖励、取消指标管理和城市增容费等，但是制度变革的背后户籍制度的出发点和主要目的是吸引更多的资本、技术和人才，而不是立足于真正的人口自由迁移（黄锟，2011：155）。即便逐步剥离与户口相关联的福利，只要将社会群体分而治之，就必然存在差异化的身份序列，甚至在城市社会内部建构出新的身份类别。换言之，如果规范系统的根本变革方向不是去利益化、城乡一体化和迁移自由化，那么规范系统则会与激励系统形成内在逻辑的冲突，并且因强化的分割性和二元性带来不断积累的社会冲突。

二是相互拮抗中的关系冲突。

市民化系统内部的关系冲突发生于激励系统、规范系统、适应与融入系统及反馈系统之间关系，由相互依赖走向了相互拮抗，即各个子系统之间呈现出相互抑阻的关系。市民化系统的良性运转需要各个子系统之间存在目标一致且相互支持的稳定关联。较为理想的系统状态是：激励系统充分调动农业转移人口的市民化意愿，规范系统合理规制并引导人口的水平流动，适应与融入系统则进一步完成农业转移人口初级进入后的社会融合，加上反馈系统的正向反馈，共同推进以城乡一体为目标的包容性发展。从目前中国农业转移人口市民化的现状而言，激励系统、规范系统、适应与融入系统及反馈系统之间尚未能形成彼此支持的动态关系。作为拥有"生杀大权"的规范系统，城乡规范系统之间缺乏足够的制度整合，一方面是劳动力权益保障和劳动力再配置效应未能充分释放，另一方面是城市进入面临制度、政策、法规及社会管理上的阻隔,农业转移人口普遍面临制度区分、市场分割的进入障碍。而这种制度性结构性的障碍在更深远的意义上阻滞了其他系统正向功能的实现,既造成农业转移人口面临不平等的处境,也压制了其市民化的意愿和进一步社会融入的可能。最终将会使市民化出现一系列彼此强化的问题和风险——有限的市场、能力与需求的不匹配、公共/私人服务的缺失、有品质的生活资源缺失、较弱的社会网络、本地的排斥和歧视、削弱的市民化期待、城乡二元结构的复制等。

三是转型快慢中的过程冲突。

市民化系统内部的关系冲突发生于激励系统、规范系统、适应与融入系统及反馈系统之间因转型速度的差异而造成的不匹配和错位。从根本上讲,农业转移人口市民化的现象起源于中国经济体制改革与社会体制改革的非同步性。市民化系统作为一个开放、流动的系统,其本身也在经历一系列变革。然而,诱致式和渐进式的系统变革可能造成各个子系统之间变革速度快慢的不同,从而引发市民化系统内部的过程冲突。比如在新近的户籍制度改革中,一些地方统一了城乡户籍,但是就业歧视和劳动力市场的分割却仍然存在,户籍制度与社会福利制度之间深层次的利益分配调整还有待实现。农业转移人口市民化中仍然存在着诸多隐形的长远影响,"农民经历"可能因教育程度、技术水平及社会资本等方面的相对缺乏而对市民化的进程产生长远的累积效应。制度上城乡身份的平等与机会平等之间在实现上存在相当长的时间差。在乔纳森·特纳(Jonathan Turner)看来,现代公民身份问题与两个结构性因素相关:一是社会成员身份从属于政府认可的社区,二是享有公共资源分配权(特纳,1998:256)。然而,即使获得了制度化认可的社会成员身份和基本权利,社会、文化、心理基础,以及其与农民的历史关联也可能在更长的时间段甚至在代际造成边缘化风险,而不同系统之间变革速度上的差异将会对市民化系统的良性运作造成潜在的风险。

二、市民化是唯一的发展叙事吗?

除了对市民化的系统观进行了初步探索外,本书还想提出一个尝试探索的问题,即市民化是不是唯一的发展叙事? 实际上,从人口流动而言,乡城迁移并非城市化过程的唯一人口流动图景。在一些发展中国家,城市化不仅带动了一部分农村人口向城市的迁移,也因城市的扩张而带动了一部分城市人口的反向迁移。还有一些发展中国家,尽管整体上仍然保持较高的城市化率,但是农村人口的迁出却在减少或者处于停滞的状态,相反的城市迁出在 20 世纪的末期开始增加(Beauche-min, 2011)。从这一意义来说,城市化的过程可能包含多重人口流动趋势。中国人口流动在过去 30 年来集中地表现为从农村到城市的流动,但这种流动的趋势和目标在当下变得越来越多元化,从农村到城市的单向流动框架变得越来越不合时宜,农业转移人口市民化也不能与人口的乡城流动来简单对应了。

从目前中国城市化发展的阶段来看,城市收缩与逆城市化正在出现,由此带动的人口流动主要是从乡到城以及从中小城市到大城市的人口聚集。也就是说,在过去 30 年间,与农业转移人口市民化相伴随的空间位移状况主要是聚集的、单向的,但这种情况正在发生改变。从城市经济发展的规律来看,城市因聚集带来的效益增加并非是直线上升的。如果说聚集效益主要发生在经济发展的早期阶段,那么经济发展后期过度聚集将会带来明显的城市溢出效应,由此带来"收缩城市"的出现,即中心城市的制造业开始向外转移,并且向内陆腹地扩散。这意味着,与农业转移人口市民化进程在整体上伴随的不再是一个聚集和单向的空间位移过程,而可能变成一个离心而多向的空间位移过程。因此对农业转移人口市民化的理解必然离不开对国内人口的乡城流动及其反向流动的现实把握。由此带来的一个值得注意的问题就是,与市民化伴随的并非城市空间简单替代农村空间的过程,而是城市和农村复杂互动的过程,是农业转移人口所获得的城市性和保留的乡村性之间复杂揉搓而成的转型过程。

另外,市民化原本尤其强调伴随着人口从农村到城市,同时要实现从农民向市民的转变。但是"城市"和"农村"的定义是模糊的,不同的国家对于"城""乡"界定的人口标准和经济标准也是极为不同的。学者在自己的研究中也倾向于形成自己的城乡分类。城乡区域之间、"农民"和"市民"的群体特质之间会随着未来城乡一体化的发展而越来越出现边界的模糊。哪里算"乡",哪里算"城"?什么样的人是"农民",什么样的人是"市民"?在户籍制度改革的背景下这些问题的边界会变得越来越模糊。

也正是由于城市化所牵扯的空间布局变得越来越多元化,从"农民"到"市民"才具有更加多元和复杂的实现形式,社会文化意义上的市民化转型变得越来越能够超越地理边界而存在。除城市外,农村也可能成为支撑农业转移人口市民化的有效载体。值得注意的是,伴随着城乡的反向迁移,社会文化上的市民化也可能伴随着一个"农民化"的过程,正如城市化的一端同样可能包含着乡村化的一端一样,乡村社会所经历的结构和秩序的再造将带来"新农民"的产生。在现代社会,市民化是唯一的叙事吗?如果说过去30年间以获得市民身份为目标导向的市民化占据着主流话语的话,那么未来这一话语可能伴随着城乡人口权利和福利的逐步均等化而逐步削减。特别是伴随着城乡要素对流和城乡互动融合,市民化的叙事会增添越来越多的开放性和多元性。

值得注意的是,市民化并非天然地标榜着现代化,而始终表现为正向发展的叙事,市民化本身作为一个过程存在诸多开放性和多向化变化的可能,也可能产生未预期后果与系统冲突,而对整个社会秩序产生负面的冲击。20世纪90年代后期以来,中国农村人口的城市迁移表现出显著活性,这种活性的强度、表现形态以及社会后果在不同的具体时期都存在不同。农业转移人口市民化对个人、家庭、社区、地区乃至整个国家的时代意义在于,它切入了一个与归属和身份紧密相关的核心议题,它重新联结了家庭,带动了城乡之间资源的流动和重新配置,引发了乡村和城市社会的巨变。一般认为,农业转移人口市民化是每个国家通往现代化的必由之路,这通常被视为一种具有正当性的、不可抗拒并且值得欢庆的发展走向。然而,由于农业转移人口市民化牵涉到制度性的阻隔以及国民收入、权力与地位差序问题,可能会产生较严重的社会排斥、剥夺和失范等问题,因此,也特别需要关注市民化进程可能引发的社会风险。对中国来说,农业转移人口市民化研究应当同时展开扎实的事实陈述和具有社会想象力的规范性陈述。尽管我们在叙述城市化的故事,但是发展的故事并不仅仅是城市化的故事。对发展中国家而言,农民终结的故事更是超越市民化的议题而拓展到更大层面。

三、后续研究议题

本书旨在通过"选择性市民化"来展开对农业转移人口流动分化和流动不平等的探索,希望去除从"农民"到"市民"的简单叙事,而从结构性力量和主体性力量的关系角度来审视农业转移人口市民化的内在分化。如果对"市民化"着重采取一种社会文化上的理解,那么市民化甚至可以脱嵌于地理空间而发生,市民化的载体和形式显然具有更多的空间上的多元性和时间上的多变性。也正因为如此,本书只能对农业转移人口市民化的内在分化问题进行非常小的一部分探索。不同农业转移人口市民化中的分化动力、机制、模式及社会后果等都远远超出了本书所能及的范畴,而需要被后续研究更多地关注。同时,应当特别注意到市民化的"中心—边缘"模式,不仅发达国家和欠发达国家在市民化模式上具有差异性,市民化与地区差异结合后是否会形成"中心—边缘"的模式,这一点同样是目前未能完成而想要在未来研究中进一步拓展的研究点。

未来农业转移人口市民化的一系列研究仍然需要进一步扩展到一些更大的议题讨论中来,比如中国城市发展格局的问题。如果从农业转移人口市民化的选择来反观中国城市格局,目前的城市格局与人的需求显然具有两个方面不匹配:一个是城市对农业转移人口缺乏中短期的包容能力;二是乡村镇和中小城市对农业转移人口的长期吸纳能力有限。农村社区活力的释放,需要一系列对农村社区的赋权过程,而赋权的中心则在于资源的重新组合和财政上的支持。然而,农村社区如何成为更积极的居住空间而成为市民化的有效载体,相关研究还不充分。市民化的后续研究应当与城乡治理的问题进一步衔接。其一,在城市化的语境中,城市治理并非仅仅考虑的是城市公共事务的治理,也应当将城乡关系考虑进去。其二,在大规模的城市化的背景下,应当转向于重建城市、城乡接合部及乡村的连续统关系;不仅要对城乡关系做出新的定位,同时也需要在行动上进行积极的干预。城乡关系治理的问题凸显出其重要性,未来同样需要建立一种以公共和私人的合作关系来处理市民化相关公共议题的体制和机制。其三,对市民化更多的反思在于如何让城市变得更包容,而不是强调具有群体指向性的同化过程。在城市中,究竟能够使用何种治理方式来治理多元族群和多元文化的关系? 这一系列治理问题都有待后续研究进一步探索。

参 考 文 献

一、中文专著

八大城市政府调研机构联合课题组.1990.中国大城市人口与社会发展[M].北京：中国城市经济社会出版社.

蔡昉.2001.中国人口流动方式与途径(1990～1999年)[M].北京：社会科学文献出版社.

陈家骥.1990.中国农民的分化与流动[M].北京：农村读物出版社.

陈锡文,赵阳,陈剑波,罗丹.2009.中国农村制度变迁60年[M].北京：人民出版社.

陈胜祥.2015.中国农民土地产权幻觉研究[M].北京：中国社会科学出版社.

陈映芳等.2003.征地与郊区农村的城市化——上海市的调查[M].上海：文汇出版社.

陈玉光,张泽厚.1986.中国人口结构研究[M].太原：山西人民出版社.北京：中国社会科学出版社.

程超泽.1995.中国大陆人口增长的多重危机[M].台北：时报文化出版企业有限公司.

程歗.1990.晚清乡土意识[M].北京：中国人民大学出版社.

池子华.2015.中国流民史(近代卷)[M].武汉：武汉大学出版社.

费孝通.1988.费孝通选集[M].天津：天津人民出版社.

顾朝林.1995.中国大城市边缘区研究[M].北京：科学出版社.

韩俊,何宇鹏.2014.新型城镇化与农民工市民化[M].北京：中国工人出版社.

胡杰成.2011.农民工市民化研究[M].北京：知识产权出版社.

黄锟.2011.中国农民工市民化制度分析[M].北京:中国人民大学出版社.

黄宗智.2000.华北的小农经济与社会变迁[M].北京:中华书局.

贾文娟.2016.选择性放任:车间政治与国有企业劳动治理逻辑的形成[M].北京:中国社会科学出版社.

姜涛.1998.人口与历史——中国传统人口结构研究[M].北京:人民出版社.

李燕凌,陈冬林.2006.市政学导引与案例[M].北京:中国人民大学出版社.

梁漱溟.2011.乡村建设理论[M].上海:上海人民出版社.

刘平量,曾赛丰.2006.城市化:制度创新与道路选择[M].长沙:湖南人民出版社.

陆学艺.2002."三农论"——当代农业、农村、农民问题研究[M].北京:社会科学文献出版社.

路遇.2004.新中国人口五十年(上)[M].北京:中国人口出版社.

苗长虹.1997.中国农村工业化的若干理论问题[M].北京:中国经济出版社.

农林渔业部计划司.1983.全国农业经济统计资料(1949—1983)[M].北京:科学出版社.

潘家华,魏后凯.2013.中国城市发展报告.No.6:农业转移人口的市民化[M].北京:社会科学文献出版社.

秦晖.1999.问题与主义:秦晖文选[M].长春:长春出版社.

孙敬之.1995.80年代中国人口变动分析:中国人口续篇[M].北京:中国财政经济出版社.

孙立平.2005.现代化与社会转型[M].北京:北京大学出版社.

唐茂华.2009.中国不完全城市化问题研究[M].北京:经济科学出版社.

王竹林.2009.城市化进程中农民工市民化研究[M].北京:中国社会科学出版社.

魏国学.2015.城镇化进程中的三大问题:就业、土地和公共服务[M].北京:人民日报出版社.

吴次芳,吴丽.2013.土地社会学[M].杭州:浙江人民出版社.

行政院农村复兴委员会秘书处.1934.一年来复兴农村政策之实施状况[M].南京:商务印书馆.

许崇德.1995.中华法学大辞典·宪法学卷[M].北京:中国检察出版社.

许涤新.1982.中国经济增长研究:1949年以来的中国经济[M].北京:新世纪出版社.

薛暮桥.2012.中国社会主义经济问题研究[M].北京:人民出版社.

荀况.2018.荀子富国[M]//王威威,译注.上海:三联书店.

杨风.2014.排斥与融入:人口城市化进程中农民市民化研究[M].济南:山东大学出版社.

杨宇振.2016.资本空间化:资本积累、城镇化与空间生产[M].南京:东南大学出版社.

叶继红.2008.生存与适应——南京城郊失地农民生活考察[M].北京:中国经济出版社.

应星.2014.农户、集体与国家——国家与农民关系的六十年变迁[M].北京:中国社会科学出版社.

张光照,杨致恒.1988.中国人口经济思想史[M].成都:西南财经大学出版社.

张培刚.2013.农业与工业化[M].武汉:武汉大学出版社.

张文奎,丛淑媛,孟春舫,谢观正,方文,陈彬.1987.日本农业地理[M].北京:商务印书馆.

赵冈.2006.中国城市发展史论集[M].北京:新星出版社.

折晓叶,艾云.2014.城乡关系演变的制度逻辑和实践过程[M].北京:中国社会科学出版社.

马克思恩格斯.1972.马克思恩格斯全集:第3卷[M].中共中央马克思恩格斯列宁斯大林著作编译局,译.北京:人民出版社.

中国社会科学院人口研究所.1985.中国人口年鉴1985[M].北京:中国社会科学出版社.

中国社会科学院人口与劳动经济研究所.2008.中国人口年鉴2008[M].北京:中国社会科学出版社.

中国社会科学院人口与劳动经济研究所.2013.中国人口年鉴2013[M].北京:中国社会科学出版社.

中国社会科学院语言研究所词典编辑室.2012.现代汉语词典[M].北京:商务印书馆.

中华人民共和国国家统计局.1992.中国统计年鉴1992[M].北京:中国统计出版社.

中华人民共和国国家统计局.1993.中国统计年鉴1993[M].北京:中国统计出

版社.

中华人民共和国国家统计局.2014.中国统计年鉴2014[M].北京:中国统计出
版社.

中华人民共和国国家统计局.2016.中国统计年鉴2016[M].北京:中国统计出
版社.

中华人民共和国国家统计局.1985.中国人口年鉴1985[M].北京:中国统计出
版社.

《中国乡镇企业年鉴》编辑委员会.1989.中国乡镇企业年鉴1978—1987[M].北京:
农业出版社.

周大鸣.2012.农民的流动与转型——以湖南攸县为例[M].北京:知识产权出
版社.

周大鸣.2014.城市新移民问题及其对策研究[M].北京:经济科学出版社.

朱晓阳,秦婷婷.2014.农民城市化遭遇国家城市化[M].北京:科学出版社.

朱云成.1998.中国城市人口[M].广州:中山大学出版社.

二、中文译著

D.盖尔·约翰逊.2004.经济发展中的农业、农村、农民问题[M].林毅夫,赵耀辉,
编译.北京:商务印书馆.

H.孟德拉斯.2005.民的终结[M].李培林,译.北京:社会科学文献出版社.

安德鲁·甘布尔.2003.政治和命运[M].胡晓进,罗珊珍,等译.南京:江苏人民出
版社.

布鲁斯·罗宾斯.2000.全球化中的知识左派[M].徐晓雯,译.北京:中国社会科学
出版社.

弗朗斯瓦·魁奈.1979.魁奈经济著作选集[M].吴斐丹,张草纫,选译.北京:商务
印书馆.

何·皮特.2014.谁是中国土地的拥有者:制度变迁、产权和社会冲突:第二版[M].
林韵然,译.北京:社会科学文献出版社.

玛丽·道格拉斯.2013.制度如何思考[M].张晨曲,译.北京:经济管理出版社.

莫里斯·迈斯纳.2005.马克思主义、毛泽东主义与乌托邦主义[M].张宁,陈铭康,
等译.北京:中国人民大学出版社.

乔纳森·H.特纳.1987.社会学理论的结构[M].吴曲辉,等译.杭州:浙江人民出版社.

斯波义信.2013.中国都市史[M].布和,译.北京:北京大学出版社.

西奥多·W.舒尔茨.1990.论人力资本投资[M].吴珠华,等译.北京:北京经济学院出版社.

西奥多·舒尔茨.2015.经济增长与农业[M].郭熙保,译.北京:中国人民大学出版社.

西摩·马丁·李普赛特.2011.政治人——政治的社会基础[M].张绍宗,译.上海:上海人民出版社.

詹姆斯·C.斯科特.2001.农民的道义经济学:东南亚的反叛与生存[M].程立显,刘建,等译.江苏:译林出版社.

三、中文论文

阿朗戈,黄为葳.2019.移民研究的评析[J].国际社会科学杂志(中文版),3:114-125.

蔡昉.2003.城乡收入差距与制度变革的临界点[J].中国社会科学,5:16-25+205.

蔡昉.2008.中国农村改革三十年——制度经济学的分析[J].中国社会科学,6:99-110+207.

蔡昉,都阳,高文书.2004.就业弹性、自然失业和宏观经济政策——为什么经济增长没有带来显性就业?[J].经济研究,9:18-25+47.

蔡昉,王美艳.2007.农村劳动力剩余及其相关事实的重新考察——一个反设事实法的应用[J].中国农村经济,10:4-12.

陈锋,徐娜.2015.新生代农民工的返乡动因及其社会适应——以云南沙村为例[J].中国青年研究,2:63-68+62.

陈刚强,李郇,许学强.2008.中国城市人口的空间集聚特征与规律分析[J].地理学报,10:1045-1054.

陈江龙,曲福田,陈雯.2004.农地非农化效率的空间差异及其对土地利用政策调整的启示[J].管理世界,8:37-42+155.

陈冷僧.1934.上海的游民问题[J].社会半月刊,4.

陈文超,陈雯,江立华.2014.农民工返乡创业的影响因素分析[J].中国人口科学,2:96-105+128.

陈映芳.2003.征地农民的市民化——上海市的调查[J].华东师范大学学报(哲学社会科学版),3:88-95+124.

陈映芳.2005."农民工":制度安排与身份认同[J].社会学研究,3:119-132+244.

崔砺金,马克强.2003.保护浙江失地农民[J].北京:半月谈(内部版),9.

戴治勇.2008.选择性执法[J].法学研究,4:28-35.

党国英.2005.土地制度对农民的剥夺[J].中国改革,7:31-35.

盖庆恩,朱喜,史清华.2013.劳动力市场扭曲、结构转变和中国劳动生产率[J].经济研究,5:87-97+111.

高强.2002.日本美国城市化模式比较[J].经济纵横,3:41-46.

龚为纲,张谦.2016.国家干预与农业转型[J].开放时代,5:57-75+7.

管清友,郝大明.2013.第四轮圈地潮袭来[J].资本市场,4:92-97.

郭玲霞,高贵现,彭开丽.2012.基于 Logistic 模型的失地农民土地征收意愿影响因素研究[J].资源科学,8:1484-1492.

韩俊.2003.土地农民集体所有应界定为按份共有制[J].政策瞭望,12:32-33.

韩松.2014.农民集体土地所有权的权能[J].法学研究,6:63-79.

贺振华.2003.农村土地流转的效率分析[J].改革,4:87-92.

胡枫,史宇鹏.2013.农民工回流的选择性与非农就业:来自湖北的证据[J].人口学刊,2:71-80.

黄朗辉,孟庆欣,程学斌,曹子玮.2002.城市化进程的另一视角:农民市民化[J].中国国情国力,1:21-26.

黄伟文.2011.城市规划与城中村:谁来改造谁?[J].住区,5:102-105.

黄小虎.2007.当前土地问题的深层次原因[J].中国税务,2:46-47.

黄宗智.2010.中国发展经验的理论与实用含义——非正规经济实践[J].开放时代,10:134-158.

姜长云.2008.必须从战略高度进一步重视农业的产业组织创新[J].调研世界,10:3-5+27.

姜作培.2002.新时期农业基础地位问题研究[J].南通工学院学报(社会科学版),3:45-51.

解安,朱慧勇.2015.农民工市民化:自主选择与社会秩序统一[J].中国社会科学院研究生院学报,3:39-44.

金元欢,王剑.1996.韩国城市化发展模式研究[J].城市问题,6:48-51+35.

李骏,顾燕峰.2011.中国城市劳动力市场中的户籍分层[J].社会学研究,2:48-77+244.

李明桥,傅十和,王厚俊.2009.对农村劳动力转移"钟摆现象"的解释[J].人口研究,1:46-54.

李树茁,王维博,悦中山.2014.自雇与受雇农民工城市居留意愿差异研究[J].人口与经济,2:12-21.

梁心.2012.都市眼中的乡村:农业中国的农村怎样成了国家问题(1908—1937)[D].北京:北京大学,12-13.

林后春.1991.当代中国农民阶级阶层分化研究综述[J].社会主义研究,1:59-64.

林涓,冯贤亮.2013.民国江南的城乡关系及其乡土性[J].江苏社会科学,1:228-234.

刘文烈,刘晨之.2007.试论城镇化进程中失地农民权益保护问题[J].齐鲁学刊,3:135-141.

龙花楼,屠爽爽,戈大专.2016.新型城镇化对扶贫开发的影响与应对研究[J].中国科学院院刊,3:309-319.

龙瀛,吴康.2016.中国城市化的几个现实问题:空间扩张、人口收缩、低密度人类活动与城市范围界定[J].城市规划学刊,2:72-77.

卢福营.2014.近郊村落城镇化的路径选择[J].哈尔滨工业大学学报(社会科学版),3:41-48+2.

陆文荣,何雪松,段瑶.2014.新生代农民工:发展困境及出路选择——基于苏浙沪七个城市的调查数据分析[J].学习与实践,10:102-112.

马拥军.2010."市民社会","公民社会",还是"城市社会"?——生活哲学视野中的"城市社会"理论[J].东岳论丛,11:5-14.

毛丹.2009.赋权、互动与认同:角色视角中的城郊农民市民化问题[J].社会学研究,4:28-60+243.

毛丹,王萍.2014.英语学术界的乡村转型研究[J].社会学研究,1:194-216+245.

毛寿龙.2011.权力、市场与城市治理[J].理论视野,6:30-33.

潘毅,卢晖临,严海蓉,等.2009.农民工:未完成的无产阶级化[J].开放时代,6: 5－35.

綦松玲,鲍红红,张蒙蒙,等.2017.吉林省已婚育龄流动妇女婚育状况分析[J].人 口学刊,1:50－57.

乔明睿,钱雪亚,姚先国.2009.劳动力市场分割、户口与城乡就业差异[J].中国人 口科学,1:32－41＋111.

任远.2006."逐步沉淀"与"居留决定居留"——上海市外来人口居留模式分析[J]. 中国人口科学,3:67－72＋96.

任远,戴星翼.2003.外来人口长期居留倾向的 Logit 模型分析[J].南方人口,4: 39－44.

申兵.2011.我国农民工市民化的内涵、难点及对策[J].中国软科学,2:1－7＋15.

宋全成.2009.中国城市化进程中的失地农民问题及对策——非自愿移民与社会学 研究的双重视角[J].社会科学辑刊,2:43－48.

孙立平.2005.利益时代的冲突与和谐[J].理论参考,3:10－12.

唐家龙,马忠东.2007.中国人口迁移的选择性:基于五普数据的分析[J].人口研 究,5:42－51.

田珍.2009.农民群体分化与农民工市民化[J].宁夏社会科学,5:66－70.

王美艳.2005.城市劳动力市场上的就业机会与工资差异——外来劳动力就业与报 酬研究[J].中国社会科学,5:36－46＋205.

王竹林,范维.2015.人力资本视角下农民工市民化能力形成机理及提升路径[J]. 西北农林科技大学学报(社会科学版),2:51－55.

文军.2004.农民市民化:从农民到市民的角色转型[J].华东师范大学学报(哲学社 会科学版),3:55－61＋123.

文军.2006a.从季节性流动到劳动力移民:城市农民工群体的分化及其系统构成 [J].探索与争鸣,1:28－30.

文军.2006b.论农民市民化的动因及其支持系统——以上海市郊区为例[J].华东 师范大学学报(哲学社会科学版),4:21－27＋42.

文军.2009.农民的"终结"与新市民群体的角色"再造"——以上海郊区农民市民化 为例[J].社会科学研究,2:118－125.

文军.2012."被市民化"及其问题——对城郊农民市民化的再反思[J].华东师范大

学学报(哲学社会科学版),4:7－11＋152.

文军,黄锐.2011.超越结构与行动:论农民市民化的困境及其出路——以上海郊区的调查为例[J].吉林大学社会科学学报,2:18－24.

文军,沈东.2015.认知、移情与行为:新市民群体角色再造的内在机理——基于大都市郊区农民市民化的调查分析[J].人文杂志,1:111－119.

吴半农.1936.论"定县主义"[J]//陈翰笙,薛暮桥,冯和法.解放前的中国农村(第1卷).北京:中国展望出版社:535－538.

吴敬琏.2012.我国城市化面临的效率问题和政策选择[J].新金融,11:4－7.

吴开亚,张力.2010.发展主义政府与城市落户门槛:关于户籍制度改革的反思[J].社会学研究,6:58－85＋243.

吴晓刚.2007.中国的户籍制度与代际职业流动[J].社会学研究,6:38－65＋242－243.

吴业苗.2010a.居村农民市民化:何以可能?——基于城乡一体化进路的理论与实证分析[J].社会科学,7:54－62＋188－189.

吴业苗.2010b.农村城镇化、农民居住集中化与农民非农化——居村农民市民化路径探析[J].中州学刊,4:98－103.

吴越菲.2016.农业转移人口的"选择性市民化":一项类型学考察[J].中国农业大学学报(社会科学版),2:32－40.

吴越菲,文军.2016a.新流动范式:当代移民研究的理论转型及其论争[J].学术月刊,7:79－88.

吴越菲,文军.2016b.农业转移人口市民化的系统构成及其潜在风险[J].南京农业大学学报(社会科学版),5:1－10＋154.

许可.2005.美国大都市区化及中国城市化模式选择[J].齐鲁学刊,4:115－118.

杨菊华.2009.从隔离、选择融入到融合:流动人口社会融入问题的理论思考[J].人口研究,1:17－29.

杨涛,施国庆.2006.我国失地农民问题研究综述[J].南京社会科学,7:102－109.

叶继红.2007.失地农民就业的类型、路径与政府引导——以南京市为例[J].经济经纬,5:115－117.

叶俊焘,钱文荣.2016.不同规模城市农民工市民化意愿及新型城镇化的路径选择[J].浙江社会科学,5:64－74＋157.

于建嵘.2008.基本公共服务均等化与农民工问题[J].中国农村观察,2:69-74.

张方旭,文军.2016.从"脱嵌"到"嵌入":个体化视角下农业转移人口市民化的过程
    分析[J].人文杂志,7:122-128.

张海波,童星.2006.被动城市化群体城市适应性与现代性获得中的自我认同——
    基于南京市561位失地农民的实证研究[J].社会学研究,2:86-106+244.

张兆曙.2010."大树进城"中的城乡关系[J].人文杂志,4:148-154.

折晓叶,陈婴婴.2004.资本怎样运作——对"改制"中资本能动性的社会学分析
    [J].中国社会科学,4:147-160+208-209.

折晓叶.2008.合作与非对抗性抵制——弱者的"韧武器"[J].社会学研究,3:1-
    28+243.

郑杭生.2005.农民市民化:当代中国社会学的重要研究主题[J].甘肃社会科学,4:
    4-8.

郑有贵.1999.半个世纪中农业对国民经济的贡献[J].古今农业,3:1-9.

周聿峨,阮征宇.2003.当代国际移民理论研究的现状与趋势[J].暨南学报(哲学社
    会科学版),2:1-8+17.

诸振强.2006.二元经济结构下工业支持农业问题研究[D].武汉:华中科技大学.

左学金.2010."浅度城市化"如何破题[J].人民论坛,7:66-67.

四、中文其他文献

北京师范大学政府管理学院.2017.2017中国民生发展报告[R].北京:北京师范大
    学出版社.

蔡昉.2017."2016经济学家年会夏季论坛"发言[EB/OL].(2017-3-20)[2021-
    7-18].http://china.caixin.com/2017-03-20/101067779.html.

国家农委办公厅.1981.农业集体化重要文件汇编(下)[G].北京:中共中央党校出
    版社.

国家卫生和计划生育委员会流动人口司.2016.中国流动人口发展报告[R].北京:
    中国人口出版社.

李强.新型城镇化与市民化面临的问题[EB/OL].(2016-11-14)[2021-7-18].
    http://www.chinathinktanks.org.cn/content/detail/id/3005835

人民网.中国要解决好"三个1亿人"问题[EB/OL].(2015-07-01)[2021-7-

18〕. http://legal. people. com. cn/n/2015/0701/c188502-27233450. html.

上海市统计局. 1989. 上海市人口统计资料汇编:1949—1988〔G〕. 北京:中国统计出版社.

谢宇,张晓波,李建新,等. 2013. 中国民生发展报告 2013〔R〕. 北京:北京大学出版社.

新浪财经. 山东省农民工总量四年来首次下降是什么原因? 〔EB/OL〕. (2017 - 03 - 20)〔2021 - 7 - 18〕. http://china. caixin. com/2017-03-20/101067779. html.

新浪财经. 土地经营权流转的面积达到 4.7 亿亩 占整个二轮承包面积的 35.1% 〔EB/OL〕. (2017 - 10 - 03)〔2021 - 7 - 18〕. http://finance. sina. com. cn/7x24/2017-10-03/doc-ifymmiwm4246287. shtml.

张柠. 经验表述如何中国本土化〔N/OL〕. 社会科学报,2016 - 08 - 18(1522). http://www. shekebao. cn/? p=87&a=view&r=151.

中共中央组织部. 2017 年中国共产党党内统计公报〔R/OL〕. (2018 - 6 - 30) 〔2021 - 7 - 18〕. https://www. workercn. cn/32842/201806/30/18063014364740 0. shtml.

中国城市科学研究会,住房和城乡建设部村镇建设司,中国城镇规划设计研究院. 2013. 中国小城镇和村庄建设发展报告 2011〔R〕. 北京:中国城市出版社.

中华人民共和国国务院.《国务院关于进一步推进户籍制度改革的意见》(国发 〔2014〕25 号)〔R/OL〕. (2014 - 7 - 31)〔2017 - 6 - 30〕. http://www. scio. gov. cn/ztk/xwfb/2014/31332/zcfg31340/Document/1377156/1377156. htm.

中华人民共和国国家统计局. 2014. 中国统计年鉴 2014〔M/OL〕.〔2021 - 7 - 18〕. http://www. stats. gov. cn/tjsj/ndsj/2014/indexch. htm.

中华人民共和国国家统计局. 2015 年农民工监测调查报告〔R/OL〕. (2016 - 04 - 28)〔2021 - 7 - 18〕. http://www. stats. gov. cn/tjsj/zxfb/201604/t20160428_ 1349713. html.

中华人民共和国国家统计局. 2016a. 中国统计年鉴 2016〔M/OL〕.〔2021 - 7 - 18〕. http://www. stats. gov. cn/tjsj/ndsj/2016/indexch. htm.

中华人民共和国国家统计局. 2016 年农民工监测调查报告〔R/OL〕. (2017 - 04 - 28)〔2021 - 7 - 18〕. http://www. stats. gov. cn/tjsj/zxfb/201704/t20170428_ 1489334. html.

中华人民共和国国家统计局. 中华人民共和国 2017 年国民经济和社会发展统计公报[R/OL]. (2018 - 02 - 28)[2021 - 7 - 18]. http://www. stats. gov. cn/tjsj/zxfb/201802/t20180228_1585631. html.

五、英文专著

ARCHER M S, 1995. Realist social theory: the morphogenetic approach [M]. Cambridge: Cambridge University Press.

BECK U, 1992. Risk society [M]. London: Sage.

BECK U, WILLMS J, 2004. Conversations with Ulrich Beck [M]. Cambridge: Polity Press.

BURDS J, 1991. The social control of peasant labor in Russia: the response of village communities to labor migration in the central industrial region, 1861 - 1905 [M]. Pittsburgh: University of Pittsburgh Press.

BYAMUGISHA F F K, 2013. Securing Africa's land for shared prosperity: a program to scale up reforms and investments [M]. Africa Development Forum Series, Washington, D.C.: World Bank Publications.

DAX T, MACHOLD I, 2002. Voices of rural youth: a break with traditional patterns? [M]. Wien, Austria: Bundesanstalt fur Bergbauernfragen.

GIDDENS A, 1984. The constitution of society [M]. Cambridge: Polity Press.

HSING You-tien, 2010. The great urban transformation: politics of land and property in China [M]. New York: Oxford University Press.

HUANG Y, 2008. Capitalism with Chinese characteristics: entrepreneurship and the state [M]. Cambridge: Cambridge University Press.

JOPPKE C, 2003. Immigration and the nation-state: the United States, Germany, and Great Britain [M]. Oxford: Oxford University Press.

KINGSTON-MANN, Esther and MIXTER T, 1991. Peasant economy, culture, and politics of european Russia, 1800 - 1921 [M]. Princeton: Princeton Univerisity Press.

KOOTEN V, 2011. Land resource economics and sustainable development: economic policies and the common goods [M]. Vancouver: UBC Press.

KOPPEL B, HAWKINS J and JAMES W, 1994. Development or deterioration? · work in rural Asia [M]. Boulder: Lynne Rienner Publishers.

LIPTON M, 1977. Why poor people stay poor: urban bias in world development [M]. London: Temple Smith: Australian National University Press.

LOFFE G, 2006. Review of Grigory Ioffe, Tatyana Nefedova and Ilya Zaslavsky, the end of peasantry? the disintegration of rural Russia [M]. Pittsburgh: University of Pittsburgh Press.

MARX K, ENGELS F, 1952. Manifesto of the communist party [M]. Moscow: Progress Publishers.

MCNEIL W, ADAMS R, 1978. Human migration [M]. Bloomington, Ind.: University of Indiana Press.

MOORE B, 1993. Social origins of dictatorship and democracy: lord and peasant in the making of the modern world [M]. Boston: Beacon Press.

NEWBY H, 1980. Green and pleasant land? social change in rural England [M]. London: Penguin Books Ltd.

PAKULSKI J, WATERS M, 1996. The death of class [M]. London: Sage.

PARK R E, 1935. Race and culture: essays in the sociology of contemporary man [M]. New York: Free Press.

PIORE M J, 1979. Birds of passage: migrant labor in industries societies [M]. Cambridge: Cambridge University Press.

PRIES L, 1999. Migration and transnational social spaces [M]. Aldershot: Ashgate.

QIAN W, 1996. Rural-urban migration and its impact on economic development in China [M]. Aldershot: Averbury.

RIGG J, VANDERGEEST P, 2012. Revisiting rural places: pathways to poverty and prosperity in Southeast Asia [M]. Honolulu: University of Hawaii Press.

ROSEN G, 1975. Peasant society in a changing ecnomomy: comparative development in southeast Asia and India [M]. Urbana: University of Illinois Press.

SAMERS M, 2010. Migration [M]. New York: Routledge.

SIMMEL G, 1971. On individuality and social forms [M]. Chicago: University of Chicago Press.

TODARO M P, 1976. Internal migration in developing countries [M]. Geneva: ILO.

UN-Habitat, 2006. State of the world's cities 2006 – 2007 [M]. London: Earthscan.

WEBER M, 1978. Economy and society: an outline of interpretive sociology [M]. Berkeley, CA: University of California Press.

WHYTE M K, 2010. One country, two societies: rural-urban inequality in contemporary China [M]. Cambridge, MA: Harvard University Press.

ZHOU K X, 1996. How the farmers changed China [M]. Boulder, Colorado: Westview Press.

六、英文论文

AHLERS A L, SCHUBERT G, 2015. Effective policy implementation in China's local state [J]. Modern China, 41(4):372 – 405.

ANN T, WU Y, ZHENG B et al., 2014. Identifying risk factors of urban-rural conflict in urbanization: a case of China [J]. Habitat International, 44(4): 177 – 185.

ARCHER M S, 1982. Morphogenesis versus structuration: on combining structure and action [J]. The British Journal of Sociology, 3(4):455 – 483.

AUCLAIR E, VANONI D, 2002. Policies and local structures supporting the social and occupational integration of young people in Mayenne [M]//DAX T, MACHOLD I (eds). Voices of rural youth: a break with traditional patterns?. Wien, Austria: Bundesanstalt fur Bergbauernfragen.

BAKEWELL O, 2010. Some reflections on structure and agency in migration theory [J]. Journal of Ethnic and Migration Studies, 36(10):1689 – 1708.

BEAUCHEMIN C, 2011. Rural-urban migration in west Africa: towards a reversal? migration trends and economic situation in Burkina Faso and Co^te D'ivoire [J]. Population, Space and Place, 17(1):47 – 72.

BEBBINGTON A, 1999. Capitals and capabilities: a framework for analyzing peasant viability, rural livelihoods and poverty [J]. World Development, 27(12):2021 – 2044.

BECK U. 2007, Beyond class and nation: reframing social inequalities in a globalizing world [J]. British Journal of Sociology, 58(4):679 – 705.

BOONE C, 1998. State building in the African countryside: structure and process at the grassroots [J]. Journal of Development Studies, 34(4):1 – 31.

BRINT S, 2001. Gemeinschaft revisited: a critique and reconstruction of the community concept [J]. Sociological Theory, 19(1):1 – 23.

CHAN K W, BUCKINGHAM W, 2008. Is China abolishing the Hukou system? [J]. The China Quarterly, 195(1):582 – 606.

CHAN K W, 2010. Fundamental of China's urbanization and policy [J]. The China Review, 10(1):63 – 93.

CHEN H, ROZELLE S, 1999. Leaders, managers, and the organization of township and village enterprises in China [J]. Journal of Development Economics, 60(2):529 – 557.

COULON A D, PIRACHA M, 2005. Self-selection and the performance of return migrants: the source-country perspective [J]. Journal of Population Economics, 18(4):779 – 807.

DAYLEY R, SATTAYANURAK A, 2016. Thailand's last peasant [J]. Journal of Southeast Asian Studies, 47(1):42 – 65.

DE HAAN A, ROGALY B, 2002. Introduction: migrant workers and their role in rural change [J]. Journal of Development Studies, 38(5):1 – 14.

DE HAAN A, BROCK K, COULIBALY N, 2002. Migration, livelihoods and institutions: contrasting patterns of migration in Mali [J]. The Journal of Development Studies, 38(5):37 – 58.

DENG Q, GUSTAFSSON B, 2014. The Hukou converters —— China's lesser known rural to urban migrants [J]. Journal of Contemporary China, 23(88):657 – 679.

DICKENS W T, LANG K, 1985. A test of dual labor market theory [J].

American Economic Review, 7(4):792 - 805.

DING C R, 2007. Policy and praxis of land acquisition in China [J]. Land Use Policy, 24(1):1 - 13.

FAIST T, 2009. Diversity-a new mode of incorporation? [J]. Ethnic and Racial Studies, 32(1):171 - 190.

GILL N, CALETRIO J, MASON V, 2011. Introduction: mobilities and forced migration [J]. Mobilities, 6(3):301 - 316.

GLENDINNING A, NUTTALL M, HENDRY L et al., 2003. Rural communities and well-being: a good place to grow up? [J]. The Sociological Review, 51(1):129 - 156.

GOLLIN D, JEDWAB R, VOLLRATH D, 2016. Urbanization with and without industrialization [J]. Journal of Economic Growth, 21(3):35 - 70.

GOSS J, LINDQUIST B, 1995. Conceptualizing international labor migration: a structuration perspective [J]. International Migration Review, 29 (2): 317 - 351.

GUGLER J, 1991. Life in a dual system revisited: urban-rural ties in Enugu, Nigeria, 1961 - 1987 [J]. World Development, 19(5):399 - 409.

HALFACREE K H, RIVERA M J, 2012. Moving to the countryside and staying: lives beyond representations [J]. Sociologia Ruralis, 52(1):92 - 114.

HARRIS J R, TODARO M P, 1970. Migration, unemployment and development: a two sector analysis [J]. The American Economic Review, 60 (1):126 - 142.

HOEY B, 2005. From pi to pie: moral narratives of noneconomic migration and starting over in the postindustrial Midwest [J]. Journal of Contemporary Ethnography, 34(5):586 - 624.

KANDEL W, MASSEY D, 2002. The culture of Mexican migration: a theoretical and empirical analysis [J]. Social Forces, 80(3):981 - 1004.

KONDYLIS F, 2008. Agricultural outputs and conflict displacement: evidence from a policy intervention in Rwanda [J]. Economic Development and Cultural Change, 57(1):31 - 66.

KUEH Y Y, 1985. The economics of the 'second land reform' in China [J]. China Quarterly, 101:122 – 131.

KUNG J K S, PUTTERMAN L, 1997. China's collectivization puzzle: a new resolution [J]. Journal of Development Studies, 33(6):741 – 763.

LI X, ZHANG L, FANG X, CHEN X, LIN D, MATHUR A, 2007. Stigmatization experienced by rural-to-urban migrant workers in China: findings from a qualitative study [J]. World Health and Population, 9(4):29 – 43.

LI Y H, 2012. Urban-rural interaction patterns and dynamic land use: implications for urban-rural integration in China [J]. Regional Environmental Change, 12(4):803 – 812.

LI Y H, HU Z, 2015. Approaching integrated urban-rural development in China: the changing institutional roles [J]. Sustainability, 7(6):7031 – 7048.

LIN J Y, LIU Z, 2000. Fiscal decentralization and economic growth in China [J]. Economic Development and Cultural Change, 49(1):1 – 21.

LIN J Y, 1990. Collectivization and China agricultural crisis in 1959 – 1961 [J]. Journal of Political Economy, 98(6):1228 – 1252.

LIN N, 1999. Social networks and status attainment [J]. Annual Review of Sociology, 25:467 – 487.

LIPTON M, 1980. Migration from rural areas of poor countries: the impact on rural productivity and income distribution [J]. World Development, 8:1 – 24.

LIU Y, 2006. Why did it go so high: the political mobilization and agricultural collectivization in China [J]. China Quarterly, 187:732 – 742.

LUCAS R E B, 1977. Internal migration in developing countries [M]// ROSENZWEIG M, STARK O (eds.). Handbook of population and family economics, vol. 1B, Amsterdam: Elsevier Science B. V.

MABOGUNIE A L, 1970. Systems approach to a theory of rural-urban migration [J]. Geographical Analysis, 2(1):1 – 18.

MASSEY D S, ARANGO J, HUGO G, et al., 1994. An evaluation of international migration theory: the north American case [J]. Population and

Development Review, 20(4):699 - 751.

MCHUGH K E, 2000. Inside, outside, upside down, backward, forward, round and round: a case for ethnographic studies in migration [J]. Progress in Human Geography, 24(1):71 - 89.

MENDOLA M, 2012. Rural-out migration and economic development at origin: a review of the evidence [J]. Journal of International Development, 24 (1): 102 - 122.

MENG X, ZHANG J S, 2001. The two-tier labor market in urban China: occupational segregation and wage differentials between urban residents and rural migrants in Shanghai [J]. Journal of Comparative Economics, 29(3): 485 - 504.

MORAWSKA E, 2001. Structuring migration: the case of Polish income-seeking travelers to the west [J]. Theory and Society, 30(1):47 - 80.

MURDOCH J, PRATT A C, 1993. Rural studies: modernism, postmodernism and the post-rural [J]. Journal of Rural Studies, 9(4):411 - 427.

NELSON J M, 1976. Sojourners versus new urbanites: causes and consequences of temporary versus permanent cityward migration in developing countries [J]. Economic Development and Cultural Change, 24(4):721 - 757.

O'BRIEN K J, LI L, 1999. Selective policy implementation in rural China [J]. Comparative Politics, 31(2):167 - 186.

OKOLSKI M, 2001. Incomplete migration: a new form of mobility in central and eastern Europe. the case of Polish and Ukrainian migrants [M]//C. WALLACE C, STOLA D (eds). Patterns of migration in central Europe, Palgrave Macmillan, Houndmills/Basingstoke.

OUCHO J O, 1998. Recent internal migration processes in sub-Saharan Africa: determinants, consequences and data adequacy issues [M]//BILSBORROW R E (eds). Migration, urbanization and development: new directions and issues. New York: UNFPA and Kluwer Academic Publishers.

PAASI A, 2002. Bounded spaces in the mobile world: deconstructing 'regional identity' [J]. Tijdschrift voor Economische en Sociale Geografie, 93 (2):

137 – 148.

PERKINS D H, 1986. Prospects for economic reforms [M]//BARNETT A D and CLOUGH R N. modernization China: post-Mao reform and development. Boulder, Colorado: Westview Press.

PIPER N, 2004. Rights of foreign workers and the politics of migration in South-East and East Asia [J]. International Migration, 42(5):71 – 97.

POTTS D, 1997. 13 Urban lives: adopting new strategies and adapting rural links [M]//RAKODI C (eds). The urban challenge in Africa: growth and management of its large cities. Tokyo and New York: United Nations University Press.

SEDLACEK S, KURKA B, MAIER G, 2009. Regional identity: a key to overcome structural weaknesses in peripheral rural regions? [J]. European Countryside, 4:180 – 201.

SIMMONS A B, 1983. A review and evaluation of attempts to constrain migration to selected urban centers and regions [M]//TODARO M P (ed.). The struggle for economic development. New York: Longman.

SIMONSEN K, 1991. Towards an understanding of the contextuality of mode of life [J]. Environment and Planning D: Society and Space, 9(4):417 – 431.

SINGH S, 2016. Land acquisition in India: an examination of the 2013 act and options [J]. Journal of Land and Rural Studies, 4(1):66 – 78.

SKELDON R, 2002. Migration and poverty [J]. Asia-Pacific Population Journal, 17(4):67 – 82.

SONG Y, 2016. Hukou-based labour market discrimination and ownership structure in urban China [J]. Urban Studies, 53(8):1657 – 1673.

STONE G D, 1998. Settlement concentration and dispersal among the Kofyar [M]//SILBERFEIN M. Rural settlement structure and African development. Boulder, CO: Westview.

STARK O, TAYLOR J E, 1989. Relative deprivation and international migration oded stark [J]. Demography, 26(1):1 – 14.

STOCKDALE A, 2002. Out-migration from rural Scotland: the importance of family and social networks [J]. Sociologica Ruralis, 42(1):41 - 64.

TAYLOR J E, MARTIN P, 2001. Chapter 9 Human capital: migration and rural population change [J]. Handbook of Agricultural Economics, 1: 457 - 511.

TAYLOR J E, ROZELLE S, DE BRAUW A, 2003. Migration and incomes in source communities: a new economics of migration perspective from China [J]. Economic Development and Cultural Change, 52(1):75 - 101.

TREIMAN D J, 2012. The "difference between heaven and earth": urban-rural disparities in well-being in China [J]. Research in Social Stratification and Mobility, 30(1):33 - 47.

TSUDA T, 2012. Whatever happened to simultaneity? Transnational migration theory and dual engagement in sending and receiving countries [J]. Journal of Ethnic and Migration Studies, 38(4):631 - 649.

WALDER A G, 2002. Markets and income inequality in rural China: political advantage in an expanding economy [J]. American Sociological Review, 67 (2):231 - 253.

WANG M Y, 1997. Rural labour transition in China [J]. Asian Studies Review, 21(21):198 - 211.

WANG M Y, 2002. Small city, big solution? China's Hukou system reform and its potential impacts [J]. Sustainable Urban and Regional Development in China, 38:23 - 29.

WHALLEY J, ZHANG S, 2007. A numerical simulation analysis of (Hukou) labour mobility restrictions in China [J]. Journal of Development Economics, 83(2):392 - 410.

XU Q, GUAN X, YAO F, 2011. Welfare program participation among rural-to-urban migrant workers in China [J]. International Journal of Social Welfare, 20(1):10 - 21.

YAN H, CHEN Y, 2013. Debating the rural cooperative movement in China, the past and the present [J]. The Journal of Peasant Studies, 40(6):955 - 981.

YE X, Christiansen F, 2009. China's urban-rural integration policies [J].

Journal of Current Chinese Affairs, 38(4):117 – 143.

YORK A M, SMITH M E, STANLEY B et al., 2011. Ethnic and class clustering through the ages: a transdisciplinary approach to urban neighbourhood social patterns [J]. Urban Studies, 48(11):2399 – 2415.

ZHANG Q F, 2013. Comparing local models of agrarian transition in China [J]. Rural China, 10(1):5 – 35.

ZHANG X, 2006. Fiscal decentralization and political centralization in China: Implications for growth and inequality [J]. Journal of Comparative Economics, 34(4):713 – 726.

ZHAO Y, 2000. Rural-to-urban labor migration in China: The past and the present [M]//WEST L, ZHAO Y (eds). Rural labor flows in China, Berkeley: University of California Press.

ZHU Y, CHEN W, 2010. The settlement intention of China's floating population in the cities: recent changes and multifaceted individual-level determinants [J]. Population Space and Place, 16(4):253 – 267.

七、英文其他文献

FIELDS G, SONG Y, 2013. A theoretical model of the Chinese labor market [C]. Bonn, Germany: IZA discussion paper series, March (7278).

GAGNON J, XENOGIANI T, XING C, 2011. Are all migrants really worse off in urban labour markets: new empirical evidence from China [C]. Bonn, Germany: IZA discussion paper series, December(6268).

IOM, 2003. Migration and development: a perspective from Asia [R]. IOM Migration Research Series.

MPI, 2008. Top 10 migration issues of 2008 [EB/OL]. [2012 – 4 – 4]. http://www. migrationinformation. org/pdf/MIS-Top-10-Migration-Issues-2008. pdf.

UNESCAP, 2012. Statistical yearbook for Asia and the Pacific 2012. Bangkok [DB/OL]. http://www. unescap. org/stat/data/syb2013/F. 5-Natural-disasters. asp,2012.

WICKRAMASEKARA P, 2011. Circular migration: a triple win or dead end [A]. Discussion Paper no. 15, Global Union Research Network, International Labour Organization, Geneva.

WORLD BANK, 1997. World Development Report [R]. Oxford: Oxford University Press.

后　记

　　农业转移人口市民化是 21 世纪以来最引人注目的社会现象之一，也是反映中国城乡社会转型最为直接和鲜明的窗口，它在微观、中观、宏观不同层面涉及个人、群体、组织乃至整个社会文化的转型。农民转型是一个极为复杂的过程，它不仅仅包含城乡的维度，也不能被简单理解为从乡到城的单向、线性的发展进程。本研究在城镇化的差异情境中来考察不同类型的农业转移人口市民化，旨在用一手的经验材料来回应发展中国家农业转移人口的乡城流动与西方早发现代化国家所不同的差异性、多元性及不确定性。

　　《农业转移人口选择性市民化研究》的写作是在我的博士论文的基础上修改而成的。我们知道，市民化是一个具有中国特色的话语和议题。2000 年以来，农业转移人口的大规模进城，引发了国内学界对农民市民化问题的集中关注。纵观 20 年间的研究进展，市民化的研究取向已经由最初对于进城农民工同城同酬的劳动待遇关注转向了更为广泛的市民权获得。"市民化"的概念内涵也从早期强调收入、户籍、社会福利等外在标志转向了内隐的角色、文化、观念及价值等方面的变化。本研究起始于将市民化重新放在乡城流动的事实框架中加以考察，我所理解的"市民化"首先不是一个一次性的事件（比如获得城市户籍），而是一个动态的社会过程。它始终与"边界""位移"这两个概念密切相关。市民化是一个在更大层面上与社会流动相关联的议题，其实现方式越来越多元化并具有开放性。本研究将农业转移人口市民化视为一个多维度获得社会流动性的进程，包括突破市场边界而获得经济参与机会和职业流动，突破制度边界而获得权利与福利的身份流动性，突破社会边界而实现社会融入以及心理角色转型的社会文化流动性；而且获得社会流动性的方式呈现多元化，并具有开放性。

　　"市民化"并非一个自发且无阻碍的过程，需要看到其中结构性力量和主体性力量对边界的共同塑造、改变和管理。在当代中国,我们正处在一个开放而具有选择性的城市化时代。以往的研究过度将"流动性"视为一种问题,试图以社会稳定来减少流动人口、消除流动性或压制流动性。这种认识忽略了流动性作为一种能力在个体或群体上的表现,也忽略了"流动性"本身就是社会分层的重要动力。我开展的这项研究,追踪了一些具有典型意义的转型村落以及其中正在经历着转型的农业转移人口,为了呈现不同类型农业转移人口获得乡城流动性的差异图景,整个资料采集时间超过 5 年。

值得注意的是,对那些不断跨越城乡边界的农业转移人口而言,无论其是主动还是被动的,这一过程都充满了异质性和不平等性。在地方情境中产生的对农业转移人口市民化的开放型选择可能包含几种不平等的生产机制,需要被更多的研究和相关政策在制定时所关注。第一是回报抑制机制,即抑制一部分农业转移人口获得投入努力的充分回报。比如许多发展中国家通常存在农业转移人口经济上被接纳,但社会上被排斥的现象。第二是资源—机会锁定机制,即将特定的资源和机会限制在特定群体内部。当前正式的市民身份主要通过地方政府建立的竞争性规则体系来分配。在政策制定方面,尤其要注意规则体系对于农业转移人口的包容性以及政策续接的连贯性,防止城市资源的排斥性分配。第三是弱势叠加机制。对农业转移人口而言,多重边界的交织可能带来不平等的累积性影响,比如农村—城市、内部—外来、女性—男性等群体分割。可以说,市民化不仅是个人的转型,也涉及城乡身份体系、城乡社会系统转型中的正义和公平问题。因此,除了通过经验研究来呈现市民化的现实面貌,市民化研究还应当进一步拓展规范面向的思考。

本书的写作存在诸多不足。比如在流入地和流出地进行双重考察方面存有经验研究的局限性。农业转移人口的期待和选择通常是情境性的,并且与生命事件和生命历程紧密相关。受制于单一时间节点采集的数据,尽管研究通过访谈补充了历时性的生命历程叙述,但在对农业转移人口的市民化过程展开历时性的完整考察方面存在研究局限。特别是就其未来的市民化选择而言,可能因为缺乏跟踪数据而使研究者对主体选择形成片面的结论。当前,农业转移人口市民化无论在现实发展还是政策背景上都已经有了更多的变化。比如,根据最新的中国农民工监测数据,进城农民工的总量从 2020 年开始拐点性地出现了下降。尤其是外出农民工,相比 2019 年下降了 3‰。在城市劳动力就业市场的进入方面,已经从制造、建筑等第二产业进入第三产业就业。本地农民工的收入增速快于外出农民工,远距离地进入大城市务工的比例正在缩减;城郊失地农民的增量在近几年也有缩减的趋势。由于目前土地供给越来越紧缩,大规模圈地卖地的可能性在减少,加之拆迁成本上涨,土地财政越来越难以维系。从近两年的最新观察来看,农村征地拆迁方面的政策统一性、规范性、透明度都得到了很大程度的改善,包括引入第三方专业机构来处理。伴随着近年来社区治理与服务的发展,城郊农民市民化的诸多问题得到了一定程度的解决;对居村农民而言,其市民化的政策语境也大有不同。2017 年党的十九大围绕"产业兴旺、生态宜居、乡风文明、治理有效、生活富裕"的总目标提出了"乡村振兴"战略;2018 年中央一号文件进一步指出,实施乡村振兴战略,是解决人民日益增长的美好生活需要和不平衡不充分的发展之间的矛盾的必然要求;2021 年中央一号文件提出全面推进乡村振兴,加快农业农村现代化的意见。从"新农村建设"到"乡村振兴",扭转了长期以来对乡村的负面评价,转向"懂农业、爱农村、爱农民"的新乡村价值。可以预见,中国农民的现代化转型的路径是多元的,乡村同样可以是现代性发育的重要载体。总而言之,农业转移人口市民化是一个阶段性议题,相关的政策和现实状况变化得非常快。

本书的写作完成首先得益于我的博士生导师文军教授的指导,他是中国国内最早关注农民市民化议题的学者之一,多年来持续关注中国城乡关系的发展,积累了大量的研究成果,对我的研究产生着持续的影响。我的博士论文的前期理论准备主要是在香港中文大学"中国研究服务中心"完成的,特别感谢"中国研究服务中心"为我创造了便利的学习条件和科研环境。特别感谢对我的田野调查给予直接帮助的人们,不仅感谢国家社科基金重大项目"有序推进农业转移人口市民化研究"调查团队所有人的辛苦工作,也特别感谢对我完成补充调查和跟踪调查给予帮助的人们。最要感谢的是所有接受我们问卷调查和访谈的调查对象,如今我最怀念的是那些与他们交谈的片刻:在昏暗的地下室,在炎热的马路边,在漏雨的屋檐下。是他们的信任和支持,让我的研究能够与他们相连。未来中国仍然面临长期的城乡互动问题,农民转型的故事并未结束。本书的写作仅仅是对中国农民转型的一份知识记录,期待未来研究的进一步拓进,也盼学界同仁的共同关注。

2021 年夏于上海·丽娃河畔